西路军

西路军
生死档案

冯亚光◎著

陕西新华出版传媒集团
陕 西 人 民 出 版 社

图书在版编目（CIP）数据

西路军．生死档案／冯亚光著. —西安：陕西人民出版社，2009（2024.10 重印）

ISBN 978-7-224-08879-3

Ⅰ. 西…　Ⅱ. 冯…　Ⅲ. 红四方面军－史料　Ⅳ.E297.2

中国版本图书馆 CIP 数据核字(2009) 第048881 号

西路军 · 生死档案

作　　者　冯亚光

出版发行　陕西人民出版社

（西安市北大街147号　邮编：710003）

印　　刷　西安市建明工贸有限责任公司

开　　本　787 毫米 × 1092 毫米　1/16

印　　张　26.75

插　　页　2

字　　数　414 千字

版　　次　2009 年 5 月第 1 版

印　　次　2024 年 10 月第 12 次印刷

书　　号　ISBN 978-7-224-08879-3

定　　价　45.00 元

序言

追寻悲壮

我们同时代的朋友，你到过中国西北角千里素白、横亘长天的祁连山吗？你知道闻名遐迩、贯通中西的丝绸古道中段的河西走廊吗？哦，那是一幅绚丽多姿的画卷：祁连雪峰，瀚海沙漠，戈壁绿洲，长城烽燧，古堡关隘，石窟寺塔，流沙坠简……驼铃声中，商队穿梭，琵琶伎乐，舞裙摇曳！

在这条丝绸古道上，不仅流通过不同民族不同特色的灿烂的古代文明，而且也曾狼烟屡燃，杀伐迭起。朋友，你只有真正贴近河西走廊，才能感受到它那特有的魅力，认识它那由严酷和温厚、粗犷和柔媚所组成的真面目。

当踏上这块古老而神奇的土地时，我们感到心中的层楼八面来风，漫卷起缤纷的历史烟云。狼烟袅袅，战马嘶鸣，霍去病、班超越祁连击匈奴；金秋黄昏，孤雁南飞，持节不失的张骞、虔诚合掌的玄奘，迈向了西域；旌旗飘扬，驼铃声声，走过了和亲远嫁的细君公主、弘化公主、文成公主、金城公主；巍峨的雪峰，纵横的瀚海，回荡着远谪新疆的林则徐“我与山灵相对笑，满头晴雪共难消”的悲啼……当缤纷的丝绸之路把远古的文明史话展现在我们面前时，也许你会为它的壮美而惊叹，而感慨；也许你会为它的流彩而目眩，而神摇！

历史的步履匆匆，但历史的时空流在某一点上会处于胶着状态，留下永不磨灭的辙痕。1936 年 10 月，中国工农红军两万一千八百余名将士西渡黄河，组成西路军，向甘西、新疆挺进。为了中华大地的光明，他们沿着冷寂的丝绸古道，融进了浓重的黑暗之中；为了中华民族的解放，他们把自己的信念和生命，铸入了那雄浑粗犷的荒原和雪山！西路军孤军奋战，流血裂冰，伏尸盈雪，粮绝弹尽，惨遭失败，几乎全军覆没，在中国革命战争史上写下了悲壮的篇章。

红军将士在丛蒿野草中踩出的荒漠小道，如今已变成平坦如砥的光明大道。我们多么想把红军走过的路描绘成一串盛开的鲜花，但花开了总是要凋谢的；我们多么想把它渲染成一抹飘浮的彩虹，但风来了彩虹会消逝的；我们多么想把它抒写成高山和大海，但山的巍峨和海的辽阔不足以表现它的崇高、它的悲壮！这条印满带血脚印的大道，凝聚着红军健儿的痛苦与欢乐，绝望与希望，奋进与搏击。这是震颤跌宕的红色音符，记载着丝绸古道上一曲动人心魄的悲壮乐章……

我们踏上宽阔的新公路，匆匆而行；我们在崎岖的山路上攀登，脚下坎坷不平。我们沿着红军血染的道路追寻，看了许多，听到许多，想说许多……我们的心不能平静，那桩桩虽已过去，但永远不会消逝的往事，渐次累积在心中，铸成一座远比阳光照耀下高入云天的祁连雪峰还要巍峨、辉煌的纪念碑。

伫立黄河岸边，我们凝望着虎豹口拍岸的惊涛、峭立的壁石，浮想联翩的思绪在抢渡黄河的战场上驰骋。我们仿佛看见红四方面军总指挥徐向前、总政委陈昌浩在陡峭的山崖上，任冷风吹拂着单薄的衣角、干裂的嘴唇、火热的胸膛。沉沉夜色中，他们挥手指挥红军健儿奋勇渡河。

1936 年 10 月 24 日夜，一个孕育着烛天的火焰，浴血的搏击，悲壮的毁灭，永恒的纪念的夜晚！从此，虎豹口这个鲜为人知的龇牙咧嘴的峭峰，就写入了红军军史。虎豹口奏响了红军西路军西渡黄河远征的高亢战歌！

我们登上紧依古浪县城的西山头，在早春略带寒凉的野风扑打下，听着穿城而过的火车的鸣笛声，望着鳞次栉比、充满生机的古浪城。古浪是座美丽的城，滔滔的古浪河从脚下流过，巍峨的祁连山在身后突起。这里曾是红九军与马家军激战的战场。在冰天雪地封冻着的山冈，在凄风苦雨吹打着的壕沟，在城里的每一道街、每一条巷、每一个院落，都曾倒下过英勇血战的红军指战员。红九军参谋长陈伯稚，二十五师师长王海清，二十七师政委易汉文以及两千余名红军将士长眠在这里。

我们在高台县烈士陵园陈列室，被几张从敌伪档案中缴获的照片紧紧地吸引。其中一张照片，中央的条凳上并排放着三颗血淋淋的人头。红五军军长董振堂，政治部主任杨克明，十三师师长叶崇本（一说是九军军长孙玉清）。我们的心被一种浓厚的悲愤情绪所笼罩，一种撕心裂肺的情绪。从腥风血雨的冷酷旧社会到温暖的新中国，这绝不是时间的流程，而是老一辈革命者用理想，用鲜血，用头颅浇铸成的康庄大道。阳光溢满陈列室，我们久久地站在照片前，总觉得有股热浪不断地冲击着眼眶，眼前变得模糊了……

老槐树铮铮挺立在高台县人民政府的院中。这是一棵两人才能合抱的大树，分出密杈疏枝，遮住了蓝天白云。它劲松般挺直的树干，是那么坚定，拇指般大小的绿叶，是那么青翠，生机勃勃，朴实无华。马家军曾经将一名红军护士长，用两根长钉活活地钉死在树上。我们抚摸着老槐树粗壮躯干上的树皮，开裂而斑驳。老槐树粗干上下有两块碗大的陀螺似的伤疤，50 年来越来越大，突兀的瘢痕似乎向人世间昭示着一条颠扑不破的真理：历史不是凝固的，光明终将代替黑暗。

高台群众喜爱老槐树，尊老槐树为“红军槐”。“红军槐”老枝嫩叶，郁郁葱葱，清风掠过枝头，时而像高歌长啸，时而似浅唱低吟。是啊，老槐树在唱歌，在唱一支悲壮的歌，在唱一支欢乐的歌！

我们徜徉在倪家营子村旁的枣树林里，不止一次地萌生过这样奇怪也是合乎逻辑的念头：在这新盖的农舍下面，说不定就有当年红军的白骨；在这枝叶茂盛的枣树下，抓一块普通的土坷垃，说不定就凝结着红军的血渍。这里的小巷、房屋、土墙都可以告诉你几个催人泪下的故事。

红三十军政委李先念刚刚端起饭碗，辘辘饥肠正期待着清汤粗米。枪声响了，马家兵已冲到军部跟前，他扔下饭碗，拔出短枪，旋风般地卷出了军部。代军长程世才怀怒火，发恨声，要亲手解决几个敌人。斜刺里冲出一个马家兵，闪亮的刺刀指向了他的左肋。人影一闪，一个小战士箭步上前，双手攥住了刺刀。“呼”又上来一群战士，几把枪托砸碎了敌人的脑袋。小战士一甩血淋淋的手，捡起武器又冲上去了。

红军将士被仇恨烧灼着的目光正向敌群射出雷电，那是从心灵的瞳仁中迸射出来的雷电！这雷电将把哀愤炸成齑粉，在倪家营子写下红军的伟烈和悲壮！

“救救我们吧！快，快！里边还有吃奶的尕娃！”茅屋起火了！一个老乡似火人般地爬出门外，指着烟雾腾腾的屋内。“涝池”被马家军严密地封锁着，许多井也因人多而干枯。“汤，用汤救火！”炊事班长指着一锅米汤——那是用全部米袋刮出的米粒煮成的一锅清汤。“哗——”第一盆泼上去了，“哗——”第二盆泼上去了。没有一个干部犹豫，没有一个战士抱怨。火灭了，孩子救出来了，米汤也泼完了。“好人哪——”老乡一家齐齐地跪了下来。

红军走了，可是在这里留下了希望。“打完日本和反动派，日子就会好起来！”村民们永远都记着这句话，永远都忘不了“徐向前、李先念在我们村住过”的荣耀。

西路军剩下人数不多的队伍，撤进了祁连山。啊，祁连雪峰！腥风血雨的年代，你和炎黄的优秀子孙共同肩负过中华民族的苦难！你亲眼看到红西路军总供给部部长郑义斋，为了及时向总指挥部上交军费而被马家骑兵砍死；你亲眼看到红九军政委陈海松，为了掩护更多的战友安全撤退而血洒梨园口；你亲眼看到红九军军长孙玉清，负伤被俘后是何等的大义凛然，英勇不屈，最后惨遭敌人的杀害……

胜利的鲜花扎起了共和国的凯旋门。人们不会忘记红军为中华民族的奋进搏击。

我们怀着虔诚的心情深一脚浅一脚地行走在河西走廊。轻风拂过，粉红色的果花纷纷扬洒下来，到处散射着蓬勃的热情和馨香。几只矫健的苍鹰，在碧绿的果园上空低低地盘旋；无数笔直的白杨，在宽阔的大道远方汇成一片；片片嫩绿的麦田，被夕阳镀成金黄；沉沉暮霭里，美酒逸散着芬芳。一群群农民从地里回家，摩托车、自行车像鸽子一样飞翔！广袤、富足的土地啊，是谁赋予你新的生命？啊，半个世纪前，红军把青春和生命带给了你。

我们伫立在山坡上，仿佛看见复兴的中华民族如祁连雪水卷起的激越的春潮，哗哗的水声似万千英魂在云端长笑！

哦！河西走廊，早已从恬静中苏醒过来的河西走廊！你曾经掩埋过红军健儿的铮铮铁骨，你曾经浸润过革命英烈的殷殷热血。河西走廊啊！我们静静地匍匐在你的胸脯上，倾听着你的血脉的搏动，感受着你从地心里播放出来的温暖！问一问丝绸之路上残存的堑壕，问一问祁连山凌空翘起的巨石，它们全会深情地诉说，诉说当年的硝烟战火，血雨腥风……

目　录

第一章

从血淋淋的死亡世界走出来的人

背负着失败的沉重和血泪

祁连山，冷峻的山峰像铁骨铮铮的硬汉挺立在劲风里。西宁，坐落在祁连山东南的大坂山和拉脊山之间的湟水谷地。时间悠远，一如那祁连山中流来又流去的溪水。溪水流去便流去了，但山峰目睹了历史的足迹。从森林松涛的呐喊中，从云空岩鹰的哀鸣里，都分离出半个世纪前在此演奏过的苍凉悲韵。

残冬。茫茫夜色，寒风一阵紧似一阵。天似乎被饱蘸浓墨的大笔狠狠地涂抹了，黑得使人悚然。西宁昏瞎了眼似的，蜷曲于黑色的夜空之下。

被俘红军指战员四五十人，被押到南滩“万人坑”。又深又大的两个坑里填满了红军的尸体，空气中散发着浓浓的血腥味。

马家兵两三个人揪住一名红军，连砍带戳踢进坑里。

胡秀英感到自己还在呼吸，睁开眼睛，周围一片漆黑，但见满天星斗。她缓出一口气，慢慢地试着抬起手来，把胸前和头部的土松开些，从万人坑中挣扎着爬了出来。她咬紧牙关，对天盟誓：“杀不死的胡秀英，我又活过来了！只要有口气，我就要找红军，消灭这些马匪军，为死难的战友报仇！”

胡秀英，妇女团一营副营长，19 岁，处于生命的最好年华。红四方面军转战进入川北，解放巴州，她次年参加红军。当时的任务主要是扩红。她参加宣传队，先后三次用七个多月时间，动员1100多名青少年男女参加了红军，以成绩卓著，于第二年4月入团，8月入党。

西路军西征，她多次参加战斗。大拉牌战斗，她们全排二十多人，在战壕里向不断冲击的马家军射击，击中十余名敌人，她亲眼看到一个一个敌人从马上坠下来。敌人冲到战壕跟前，她又用盒子枪击中几个敌人。战斗中她右臂右腿受伤，全排有六人牺牲。倪家营子战斗中，她带领全排战士冲入乱敌之中，端着缴获的轻机枪猛射，打倒敌人一大片，又乘机带领战士占领敌人的掩体，与疯狂反扑的敌人激战。她以战功晋升为一营副营长。

胡秀英被俘后和近百名女战士关押在张掖一个大房子里，三天三夜没有一点吃喝。敌人不断提审拷打，逼问谁是当官的。第四天夜，马家军把她们用麻绳捆绑着连在一起，押向城外活埋人的大坑前。胡秀英和战友们互相鼓励："不要向匪徒们低头求饶！""要死得刚强！"

凶相毕露的马家军官，手里挥舞着短枪，大声吼着："这几个坑里埋的是胆敢反抗，胡踢踏的共产娃们。你们这些共产丫头！自己说，是下去的好，还是活着的好？"

月照荒野，风拂蒿草，一片寂静。

马家兵用手电在红军女战士的脸上照，面对他们的是张张愤怒的面孔。军官又进一步逼问："你们怎么不回答啊？难道你们真的不想活啦？"

"少废话，要杀要砍随你的便！"

"红军不怕死，怕死不当红军！"

"放着日本强盗不敢去打，却在妇女面前逞疯狂！"

红军女战士们生命的全部力量似乎都在随着灼热的血液沸腾，都在顶着撕肝裂胆的话语外涌。

威逼的把戏破产了。军官挥舞着手枪高声吼道："想死？没那么容易，都给我带回去，看我有没有办法收拾你们！"

昏暗的冬日，她们和100多名男战士一起被押送到西宁。经民乐城、炒面庄、扁都口、翻过几座山，走了8天，到了西宁。200多红军将士，沿途因饥饿病重走不动或因反抗而被杀害的就有好几十个人。妇女独立团一营营长胡廷秀在大坂山下被杀害。

她们被关在西宁大校场，每人每天只给两碗杂面糊糊。有人说："这是迷魂汤，喝下去，糊里糊涂拉出去活埋！"大家笑了。经受过战场和刑场死神考验的红军将士，的确能在死亡面前谈笑风生。这笑，带着泪水，带着悲痛。

敌人把胡秀英和一些被俘红军押到羊毛厂做苦工，几天后，她又和七八个人被挑到马家军陆军医院。陆军医院有 20 多名被俘红军在做苦工，他们干最脏最累的活，还动不动受伤兵虐待，拳打脚踢，还挨军棍和马鞭的抽打。

残冬的寒气逼得胡秀英瑟瑟发抖，但她逃出人间地狱的决心却异常坚定。一天，她和难友杨桂芳、何玉兰，趁哨兵不注意溜出大门，逃到北门外湟水河边。湟水河带着凛冽，翻腾着蜿蜒而去，她们却被巡逻队抓回。

陆军医院院长把她们毒打一顿，说："这个共产婆，本性不改，不能再用！"就在这天夜里，她和四五十名战友被押到万人坑活埋。

从万人坑逃出，胡秀英先在西宁南山山洞里躲了些日子，以后就装哑巴，在平安、保安等地讨饭，给人帮工。她学会了一些农活，也慢慢地学会了青海话。

敌人将被杀害的红军干部尸体用毛毡包裹准备送南京国民政府请赏

时间像湟水河畔那古老的水车一样沉重而缓慢。1940 年，胡秀英在流浪中遇见妇女独立团的两名战友。一个是一营二连连长李生华，另一个是营部司号员何连海，两人是从敌人工厂里逃出来的。三人邂逅相遇，共同去找部队成为心中的希望，但等待她们的是死亡和苦涩的泪。

马元海手下一个穿便衣的，偷听见三人商量下一步行动，立即领来四个武装士兵，把她们押到贵德县马元海公馆。

场院支起三个三叉高竿，三名红军女战士被吊起来拷打。

马元海穿着长袍马褂，吼道："给我往死里打，打死为止!"

李生华和何连海被打死拉到一边喂狗去了，昏死过去的胡秀英被扔进深坑里。

残阳夕照。胡秀英苏醒时，听到一个苍老而慈祥的声音："你还活着!"农民老汉看到胡秀英睁开眼睛，就从坑上扔下了一个馍馍。胡秀英拿起馍馍，慢慢地一口一口吃起来。

天黑之后，老汉带了三个人把她救出，用毛驴驮到 20 多里以外的自己家里。

老汉姓张，老两口，只有一个女儿。老汉把胡秀英藏在地窖里，用酒、黄表纸给她治伤，还给她服中药。五个月过去了，她的伤病才医好。由于马家兵四处搜捕红军战士，张老汉怕她再次落入马元海手中，拿出仅有的五块银元，让她离开贵德逃命。

胡秀英在同仁、贵德等地流浪，给人帮工做活。她与贵南农民李福结婚，迁到贵南拉乙亥地方居住。

人生对她来说，就像一条榛莽塞途的荒野小道，只有艰难地跋涉。她背负着西路军失败的沉重和血泪。

西宁，笼罩着一派血色

黄科林一行伤病员 80 多人坐着马车到了西宁。马车停在三官庙军部门口，马步芳看了他们一下。傍晚传来马的命令，叫把他们"扛过去"。"扛过去"就是杀掉。

有人谎对他们说："你们都是伤病员，把你们送到医院去!"

伤病员都上了马车，被拉到南门外预先挖好的大坑前。敌人凶相毕露，乱刀砍杀，每人一刀，是死是活都推入坑内。伤病员脸上带着痛苦的愤怒，沉重地栽倒在大坑内。血，像喷泉般流淌。满天星极是遥远地灿烂。

刀光血影之中，一个马车夫趁夜黑把黄科林拉到一边。

他逃到一处菜园低矮的小屋里，种菜的老汉给他洗去手、脸和衣服上的血污。

他在农村讨饭度日，但没多久又被抓住。

马步芳随从副官马英的传令兵见他年龄小，把他要出带到自己家的饭馆里拉风箱。马步芳下令搜查"共产娃"，凡藏共产的人不交出者都要罚款。传令兵又把他送到大十字旅社做杂工，不到一个月，他被抓到"工兵营"做苦工。1946年底工兵营解散，他才结束了噩梦般的生活，在化隆甘都被招为女婿，从此务农。

黄科林是红九军二十七师八十一团交通连指导员，湖北省红安县人。他在永昌战斗中腿部负伤，住进水磨关总医院治疗。当时战斗失利，首长来医院看望他们，说部队先走，把伤员留下。他自己带伤赶到倪家营子，被一位称"赵老爷"的老乡收留在家。

马家军搜查红军，将他从窖内搜出，当时就要杀掉。赵大爷和几个老乡苦苦求情，说他还是个小孩，又带着伤。这才幸免一死。

他被押走时，赵大爷叫自己的女人给他的两条袖内缝满干粮，一袖子炒面，一袖子炒豆子。

从此，死的阴影久久不散，陪伴着他走过洒满血泪的路。

从西宁市西行，渡过潺潺湟水，沿响河峡步步高升，头顶上就压着日月山。日月山留下文成公主西去的足迹。她举起手中的日月宝镜，窥见长安城中的繁荣景象，再与眼底下那曾被唐代诗人杜甫形容为"君不见青海头，古来白骨无人收"的凄凉景色相比较，不禁如雨的泪水汇成一条河流自东向西倒淌而去。后来，文成公主想起了父王唐太宗的嘱托，为了汉藏人民友好，便将日月宝镜掷在山下，擦干了眼泪毅然西行。人们为了纪念她，就把这座叫

“赤岭”的山更名为“日月山”，把那条向西流去的河称作“倒淌河”。

倒淌河啊，你流淌的究竟是文成公主辛酸的眼泪，还是西路军将士沸腾的热血?

“早死晚死只有一个死，十几年后又是一个大丫头!”女红军李桂珍和战友们被活埋时这样说。

她和好几百人被押在南门外火神庙。每人每天一个饼一碗水。天天审问，审问时用针扎手指甲缝，还用麻绳绑着头往后拧，痛得要死，眼珠都要迸出来了。

白杨树开始爆芽的时候，他们被分批活埋。

夜，昏沉黑暗。和她一起有很多人被押到南山根。马家兵用铁锨、板镢给每人一下，打死打不死都推下很深的坑内。大坑有三四层楼房那样深。

她被铁锨砍了一下，砍在脚上，推下坑去。她没有死，什么都知道，就趴在坑边。马家兵在上面压土，没有压在她身上。

雾霭袅袅，浮云也变得灰厚。到处都是吃人的狗，很凶。她怕被狗吃掉，藏到一个山洞里，后又跑到山上老乡家里。老乡给她吃的、喝的，脚伤慢慢好起来。她不愿牵连人家，就到处要饭去了。

高原寒风吹透她的衣衫，四处要饭饱尝辛酸。她又要到西宁来了，被马家公安局的人抓住，准备杀了。局长王道明的老婆徐阿兰把她留下，要她和另一个女红军当丫鬟。三年后，她和王家赶马车的结了婚，过着只能遮体糊口的日子。

姚芝珍是红五军卫生战士。当这段充满血泪的历史掀开第一页时，她只有15岁。

她被押到西宁的第二天晚上，马家兵对她们说：“走，送你们回老家去!”

那是终生难忘的冬夜，空空荡荡，冷得出奇。在南滩万人坑前，有的红军战士被截肢、割鼻子、砍耳朵。王启忠未等刽子手的棍棒打下，就高呼“中国共产党万岁”“打倒国民党反动派”跳下深坑。姚芝珍脚上被砍了一刀推下坑去。她苏醒后，忍着伤痛和王启忠一起爬出了万人坑。

姚芝珍带伤难以行动，不忍拖累王启忠。王启忠依依不舍地给她留下家乡的通讯地址。

她爬呀爬呀，爬到张奶奶家，躲了半个月。张奶奶准备了一些干粮对她说："你快逃命去吧，马家军天天来搜查，万一把你查出来，连累了我们，要杀头的！"张奶奶告诉她，"不要走大路，沿山上小路走，不会被人发现！"

她带着伤痛连夜走，两天过去，又饿又累。第三天碰到一户庄稼人，把她藏到地窖里，白天藏起，晚上出来。他们用尿给她洗伤口。两个多月过去，她的伤完全好了，要回四川。女主人说："四川那么远，你怎么能回去，你学会青海话，做我的女儿吧！"她想说句感谢的话，却心里一酸，喉咙哽得说不出话来。

她在甘德青家落下脚来，后来甘德青的儿媳患咽喉病死了，她做了儿媳。

姚芝珍，四川苍溪县人，13岁参加红军。岁月飞逝，她已步入晚年，但她的心依然很沉，说不出是啥滋味。她常常卷起裤腿，脱下鞋袜，让人们通过她那断了脚趾的伤疤窥看一段沉重的历史。

"不能走的一挂打掉"

红军总医院驻地，临泽县贾家屯庄。几间相通的大屋里，住满了红军的伤病员，有200多人。地上铺着草，中间架着火。岳仲连的大腿在淌血，北屋里的一个红军娃娃来到他身边照顾他。

马家骑兵猛冲过来，个个黑脸秋风，眼睛溢满肃杀之气："能走的带走，不能走的一挂打掉！"

赤血白浆喷天溅地。红军伤员扑倒在地……

马家兵问岳仲连能走吗，他说不能走。"叭"一枪，红军娃娃扑到他身上，子弹从娃娃的脑袋穿过，又从岳仲连的左肩穿过。那么小的娃娃当时就死了。他心里明白，自己还没有死，痛恨地看着敌人。马家兵见他没死，又上来在他脖子上、头上连砍三刀，他顿时不省人事。马家兵抢死人的东西，把东西拉过来拉过去，把地上的麦草引着了。

第二天，岳仲连又活了过来。地上、墙上全是凝固的血迹。战友的遗体遍地都是，有的被烧得面目全非，尸体上烧着的衣服和皮肉冒着缕缕青烟，散发着令人窒息的焦臭。他无法挪动身子，便咬紧牙关支撑着抬起头，还有一个活的，下巴被打掉了，脸上、身上全是血，样子十分吓人。

潮动的晚霞向大地泣下血泪……

岳仲连，四川省南江县人，1933 年 14 岁参加儿童团，后正式成为红军战士。因为年龄小，红军打仗时不让他们参加，给他们找个隐蔽的地方藏着。如果仗打胜了就叫他们打扫战场，捡拾东西；如果退了，就叫他们一起撤。长途行军，小孩子走那么多路，跌倒就睡着了。老战士烧了热水给他们烫脚活血，否则第二天就没法走。几年后他任警卫排班长，西路军组建骑兵师，他随警卫排的一个班到了骑兵师。骑兵师增援高台，几百人牺牲。他大腿负伤，被送到贾家屯庄红军总医院。

风吹旷野，发出阵阵鬼哭似的啸声。

附近的老乡来掩埋尸体，发现岳仲连还有一丝气，就悄悄地把他抬到沙河的一个小庙里。天黑后，一位姓贾的老爹给他送来一罐热乎乎的洋芋小米汤。老爹扶起他，一口一口地喂。他喝了米汤后，感觉清醒了许多，慢慢地能说话了。凛冽的寒风传来阵阵鞭炮声，他意识到这一天是大年初一。

第二天，又有一位牧羊老人送来一小袋炒熟的黄豆，搬来了几块冰，放在他身边。他饿了嚼上一把黄豆，渴了咬一口冰块。十多天过去，他终于能动弹了，就试着爬出去要饭。

最初的一个多月里，他是爬着乞讨的，手、脚、腿磨破了，脚指甲也冻掉了。由于行动不便，还被狗咬过一回。一位老大爷送了他一张破羊皮，裹在身上。他的伤渐渐好了，就辗转张掖、临泽、高台一带，放羊、薅草，干些杂活谋生。刚找上个落脚点，又被马家队伍抓了兵。他 1946 年逃走，定居玉门。

多年来，他每年都给红军娃娃烧纸。他常说："要不是红军娃扑到我身上，我早死了！"

受伤的心至今愤愤啜泣

张掖，裹在浓重的夜幕里，每寸土地都冰冷阴湿。一群红军被押到东门外东校场，面前是一人多深的大坑。刽子手挥舞马刀，一个一个砍头，连砍带推，推进大坑。马玉莲个子小，站在人群中，只觉后背被推了一下，头上被砍了一刀，就不省人事了。

马玉莲渐渐苏醒，摸了摸头，把手捂在嘴上呵了口气，知道自己还活着。她和几个没断气的人推开压在身上的尸体，挣扎着从浸透着鲜血的泥土中爬出了坑。她说："同我一起出来的有七个同志!"声音酸涩而哽咽。

她拖着满是伤痕的身体，一路讨饭到了大、小湾一带。一位给地主家做饭的妇女告诉她，民团正在抓人，让她躲进这家地窖。搜捕的过去，她从窖里出来，又逃到北大山里。她腿有伤，踽踽而行，又被马家骑兵发现，抓住关在一间土屋。夜里她挣脱捆在身上的绳子，逃了出来。她躲进烽火台躺了两昼夜，靠吃野菜支撑奄奄一息的生命。

几个月过去了，夏日的一个中午。戈壁滩热气蒸腾，她头上、手上的伤口全化脓了，上面爬满了苍蝇，她连摆手驱赶一下苍蝇的力气都没有。她被一个

关押在张掖的西路军被俘伤病人员

放羊的老乡悄悄背回家，又活了过来。

碱滩有个年轻人在平山湖放羊，见她衣裳褴褛，满身伤痕，给她米汤喝，烧土豆让她吃，采药给她治病，还把自己的羊皮背心脱给她。她拾发菜、拔野葱、挖大黄混口饭吃。大雪封山，他们就用石磨把骆驼草磨碎，煮草糊糊吃。牧民们劝他俩成亲。结婚那天，她放声大哭了一夜，又大病了一场。她知道，有了这个小家，就很难再回到红军大家庭了。

似乎远去了，那严寒中屠刀下生命的颤抖，那浪迹天涯倒在荒原悲愤的呻吟。在平山湖的第二年，她生下儿子邢满山，可是平山湖并不太平，她因头上的枪伤引起民团怀疑，又被民团抓去了。丈夫四处说情，找了保人用钱才把她保了出来。

碱滩的婆婆想看看从未见面的儿媳和孙子。三人回家看望老人，到家第三天马家兵又来搜人。婆婆用身体和木杠死死顶住大门，她和丈夫、孩子匆忙从后院墙洞逃走。马家兵进门，没找到马玉莲，用乱棍把她的婆婆活活打死。

马玉莲是妇女团二营一连的指导员兼政治干事，四川省南江县人。她 7 岁时父亲病故，15 岁又失去母亲。她这个童养媳，1933 年 16 岁时参加了红军，第二年加入中国共产党。她先被编到红三十一军列宁缝纫工厂，后来调到供给部被服厂，还在文工团工作过。

西路军兵败祁连山中。总部命令将不能用的枪支炸掉，其余的枪弹收回，不能落在敌人手中。供给部给她们发了点白银、大烟，给连、排干部分别发了一两颗手榴弹，以备急用。她们按照上级指示，召开全连会议。连长、排长都牺牲了，只剩下两个班长和二三十个战士。她们将白银和烟土发给个人，并动员大家坚持斗争下去。部队出发，身强力壮的走在前面，妇女和伤员跟在后面，不准咳嗽，不准讲话。马家部队突然出现，把后面的妇女和伤员拦腰截断。大家拼的拼，跑的跑……

她同郑兰英、年明秀、杨秀英跑到一个煤窑里躲起来。寒风狂吼的日子，即使在家里，鼻眼也会冻得冰凉。她们在煤窑里冻得受不了，只好下山。她两只脚冻得红肿化脓，又两天两夜没有吃东西，还发着高烧。她和杨秀英相互搀扶着走了 10 多里，伤势很重的杨秀英终于离她而去了。她们被马家搜山部队抓住，押到张掖城南关回民店，先是搜身，后又遭受拷打和凌辱。

人生岁月流逝不返，马玉莲已是满头白霜，满额皱纹。她走过了一条长长的洒满泪水的路，受伤的心至今愤愤啜泣。她不愿回想过去，不愿敞开心扉。这会触动心头的隐痛，勾起一串伤心的回忆。

沉重的人生

在祁连山的支脉冷龙岭以南，大坂山及青石岭以北，蜿蜒奔流着银波翻滚的浩门河。浩门河也叫大通河，流经门源，到民和享堂附近与湟水汇合，到甘肃河口注入黄河。浩门河发源于5000公尺以上的高山峡谷，倾珠泻银般地直流而下，清澈晶莹，沁冷甘美。浩门河翻腾澎湃，声响两岸，宛如在讲一个沉重的动人的故事。

红军老战士贺颜太1966年到海北州和门源县两级政府所在地浩门镇，参加州积极分子代表会。他在会议期间，去看望把他从马家军屠刀下救出的宋元春夫妇。当他穿过绿树成荫、高楼耸峙的主要街道，寻找当年的住处时，哪里想到两位老人都已去世。他赶到老人坟上，哭了整整半天。冷冷清清的坟冢上，几株衰草瑟瑟抖动。他思绪翻腾，穿过斜风细雨，穿过岁月时空……

贺颜太是红三十军兵工厂班长。他从梨园口进入祁连山后，十个脚趾五个被冻坏，行动困难不幸被俘，经门源押往青海。夜密得像一张网，紧紧地裹着十几个伤病员，他们被拉出去处死。眼前一片浓黑，贫苦出身的警察宋元春悄悄地把他和另外两名难友藏到路旁壕沟。宋元春把他背回家中，又将另外两名伤员托别人安置起来。

宋元春老两口，给他敷药治伤，端屎端尿，简直就像待亲生儿子。他伤口渐渐愈合，可以走动，可以干活了。

他看着两位老人额头上深深的皱纹，看着老人清癯的面容和忧郁的眼睛，从内心感激救护之恩。他称宋元春为爸爸，称宋的老伴为妈妈。

灾难又一次降临到他的头上。马家军搜寻红军流落人员，搞得越来越紧。1938年乍暖还寒时，他又一次被捕，编入被俘红军组成的苦役队，到门源县下大坂山修公路。他被抓走的时候，宋元春夫妇几乎哭成了泪人。

两位老人跑到下大坂山修路的地方看他，怕他挨饿，给他送吃的东西，怕他伤脚受冻，给他送来棉鞋。望着二老慈祥的面容，呆滞的眼神，他感动得直落泪。二老见他受冻挨饿服苦役的样子，伤心地哭了。

贺颜太逃跑了。在朦朦胧胧的暮色中，他就像一个孤独的幽灵在空寂的山野上移动。他不敢回二老的家，逃到祁连县八宝东草河，给李成才家放牛。李成才给他介绍对象，从此落脚在八宝东草河务农。

岁月汤汤，风雨凄凄。贺颜太已是垂暮之年，但每当想起宋元春二位老人，他的心情就难以平静，止不住喉咙发热，眼圈发红。

裂地惊天的屠杀

西宁

新编第二军军长马步芳的传令队传令长马英——

一批红四方面军俘虏130多名，押在西宁大南门外的土地局里。1937年元月，马步芳以及厅长、委员们决定，叫传令队将俘虏来的红军押送出来，从街道上走过，马步芳等人要观看一下。

马步芳和委员们、厅长们在观井街军部门口。俘虏的红军从观井街走到军部门口站着。马步芳观看以后对委员们和厅长们说："别看这些人穿得烂，没有劲，像讨吃一样，可把我们兄弟杀掉得多。你们一定要替弟兄们报仇。"

新中国成立后，党和政府组织群众将分散各处的红军战士遗骸起出集中掩埋

晚上9时，马步芳亲自给我说："马英，今晚传令兵在南滩杀红四方面军俘虏，你监管去，不要让跑掉一个。若跑掉一个俘虏，我就要杀你的头。你要亲自杀，你对杀人还有一套本领。"我就一个

西路军战士遗体

人先走了，随后跟我来的有马颜林、白八甲、陕少祖、尕拉文、陕金全、马明胜、尕拉木七人。

我们八人到南滩杀人的地方，马进朝传令兵大队长已经带了传令兵杀掉十多个红军了。我们在坑沿上拉着红军就杀。我杀红军8名，用枪打死2名，共10名。白八甲杀了15个。陕金全杀了三四个，杀完后说："我的刀不利，杀得慢，有的没有杀死就推进坑里去了。"陕少祖杀掉红军七八人。马颜林杀掉七八人。尕拉文是用小刀，杀掉红军5名，其中没杀死的有2名，推进坑里（我用枪补打死的那两个）。马明胜是用苏联大刀杀的，杀掉红军19人。尕拉木杀掉红军七八人。

马英老婆莫枝华——

那时我大约21岁，住在西宁的骡马市。那年冬天半夜时，马英由外头回来，手上拿着二尺多长二寸多宽的刀，刀上有血。马英的上装和裤子上都有血，脸上也有些血。我问哪里来的血，他说是杀人的血，并且说："人血闻着心潮得厉害。"他对我说："杀的是俘虏来的共产，我们传令队都去了。被杀的人骂得很厉害。有的一刀没杀死，还在坑里大骂。我们就用石头往死里砸。"这样一连杀了两夜。

马子文（曾任马步青参议，新中国成立后曾任西宁市副市长，政协副主席）——

1955年，由我负责挖掘活埋红军的万人坑。

挖掘的地方有两处。一处在苦水沟，三个坑，挖出人头1000左右。一处在南城门里头，当时有两个庙，一个叫火神庙，一个叫三官庙。火神庙有三个坑，挖出人头700左右。万人坑中还挖出一些烈士遗物，其中有一张湘鄂赣的布钱票。还挖出一个小人头。每10个人头装一个红布口袋。那时是我数的，总数1700个人头。

河西被俘红军从扁都沟下来，在大梁这地方，马步芳的三兄弟马步瀛把三十多个红军的胆取下来做眼药。

我在凉州见到被俘红军，问他们这样吃苦图了个啥。他们说，我们是为了主义，生是为了主义，死也是为了主义。

修烈士墓时，我买了20辆架子车拉运烈士的遗骸。沿途烧纸的群众有三四百人。

杨永德（西宁市民政科主办优抚工作）——

红军被害烈士忠骨都用柏香、黑龙纸包裹后装入红布袋内。每袋7—15具，共装袋103个。

南滩流水沟万人坑，是长宽各3米多的一个正方形，坑深10米，是人工挖成的坑。挖掘的时间是1955年10月中旬，下挖2米后才见忠骨，分五六层掩埋，每层埋土约1米。此处共迁忠骨七八百具。其余两处是水冲的坑，比较浅，有略加挖掘的形状。

烈士的头骨约三分之一有伤痕，是打伤的，伤洞较大。根据分析是用镢头、榔头、木棍、铁锨等铁木石器砸的。伤痕骨参差不齐，有的骨片与头骨连着，有的骨片已经脱落，有的胫骨已断，可能是用铁锨铲的，有的脚、腿、手、两臂也有伤痕。参加挖掘人员和围观群众都为之伤感，甚至落泪。

武威、永登

李惠民（骑五师补充旅上校参谋长，新中国成立后曾在我军后勤学院任教，曾任青海省政协委员）——

1937年元月下旬2月初，被俘红军的重伤病员由武威送永登，由补充旅接运到青海。伤病员能走的就勉强走，不能走的坐在骡马大车上，大车是由武威兵站派的。马呈祥告诉我："主席（马步芳为青海省政府主席）来电话说，把不能走的伤病员就地处理。"过了两天，旅军需主任宋海峰在旅部大门口偷偷问我："昨天夜里，一些伤病员在东山背后，由'牙齿'带着人去埋掉了，你知道吗?"我惊异地说："不知道!"宋说："那是旅长（马呈祥）偷着搞的，悄悄地。""牙齿"是旅部中校副官马超群，因为牙全是补的，所以人给个绰号叫"牙齿"。马超群是马呈祥的至亲亲信，也是帮会里的骨干。这次残害红军据说是利用哥老会的人搞的。

1937 年大概在 10 月间，马步青部旅长马禄，到前方去抗日，道经永登时，由补充旅第三团（红军编成，1000 人左右）调拨一二百人补充。一天午后，马禄、马呈祥、王绳祖和我到永登西门外河滩。第三团按一、二、三营次序排队等候。王绳祖宣布了要选拔一些人补充骑兵旅到前方抗日。话刚一说完，大约有十来个红军战士举起右手，口里喊着报告说"我愿到前方去抗日"跑出队列。前后有十几个人出队。马呈祥很不高兴地说："不服从命令。"以后我同宋海峰扯到这件事时，宋说，那些自动跑出来要求抗日的红军战士一个也没叫去，并且在当天晚上也是利用哥老会的人在东山背后埋掉了。

骑五师补充旅军需主任宋海峰——

1936 年 11 月间，马呈祥从古浪向永登送来红军俘虏二十多名，由我交给喇平福团长。在他的营房后院挖了两个坑，砍一刀不论死活都埋了。当时我也在场，看了三四个就走开了。到 1937 年 2 月，马呈祥让重新挖出，在夜间用大车将死尸拉到城外山沟内埋了。

1937 年元月由武威押送红军俘虏，汽车到永登后换大车派人送往青海。在永登派车派人都由我和参谋长李惠民负责。估计前后共送红军 800 来名，完全被马步芳活埋残杀。有一次，马步芳给永登马呈祥来电，叫将俘虏中伤势重的挑在永登，不要再送青海。马呈祥就令李惠民、马成义等去挑，到夜间令营长马成义派人将挑下的红军俘虏活埋残杀于永登的东山沟内。前后共计挑了三次，每次十来名。我也参加挑过一次。

张掖、门源

张掖。1937 年古历十一月初四，一〇〇师三〇〇旅旅长韩起功，下令将分到各连去的女红军以及孩子，集中到大衙门后和东西狱庙。午夜时分，全城戒严。有人说："送你们回家!"她（他）们被推上大车，拉到东关外飞机场。

被人们称为“万人坑”的张掖东校场

每个人的身上戳一刀或头上砍一刀，推进两个长4丈、宽3丈、深6尺的大坑里。第二天拂晓，当地居民李成文看见，地上甩满了军帽、背包、饭碗和鞋子等物，大坑两侧鲜血像水一样流向公路和周围地里。有一个女的和两个娃子，浑身血淋淋的从死人坑里爬出，又被马家骑兵检查队发现埋掉。从此，人们都叫飞机场为“万人坑”。有句民谣：“死人怕的飞机场，活人怕的韩阎王。”

韩起功指挥他的部下和民团，在张掖的东校场、牛王宫、王母宫、高家庄、下滩子、十里行宫、北城下面、义园广场、韩家花园等地方多次活埋红军。

国民党门源县政府巡察队员李春芳——

1937年二三月，一天晚上，上面的命令来了，叫我们拿上绳子，说是去拉草。我们到了西门，见有很多人。马匪兵说两人一个，一个人拉住，一个人绑绳。都是小红军，绑住以后就扔到大车上，从城壕口去麻尼旗杆那里，被马匪兵都杀了。开始是打枪子，因为是夜里，我们没见用刀砍的情况，实际刀也砍了。这一次是杀21或23人。又有一次是县政府的副官通知我们，叫我们拿上铁锨埋人，埋的就是被杀的战士尸体。晚上在窑沟槽埋的，只觉得一大片，多少人不知道。

听说大桥、古城那里都杀过红军。有一个战士走不动，被马匪兵砍一刀，没死，后来用石头砸死了。

当时门源民团是两个团。第一次民团是强人强马，有枪有马，第二次就差了一些。我们这些人是第三次。当时的任务是盘查行人、放哨、抓红军散兵。

国民党门源县政府巡察队员张承学——

头一次是隍庙那一次。把手、脚冻掉的不能走动的红军被俘战士四五人，拉到窑沟用刀砍死了。有的红军战士叫不要用刀砍，说有一块铜钱买个枪子，用枪打了算了。第二次是在麻尼旗杆那里，20 多人。事先马匪兵都准备好了，是用枪打的。当时我们在外围，打了以后我们拉到坑里埋的。

红军战士穿的是破毡中间挖个洞捆到身上，都是破烂不堪。

被害红军将士总数

据张掖地委党史办统计，西宁、河西等地被害红军将士总数为 4643 人。

红军将领的人头

骑五师副官处长薛克武——

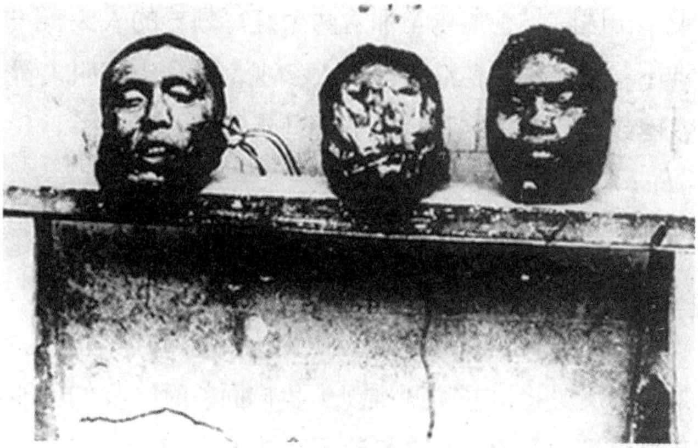

敌人将董振堂（左）、杨克明（中）、孙玉清（右）的首级割下，送南京政府邀功

我到张掖慰问马匪部队伤员，从张掖返回武威途中到山丹南关时，与马禄说话。马禄说，这位郭先生（郭锡山）汽车上带去，见一见师长（马步青）。马禄交给马彦彪一个木匣，我们就离开。我同郭坐在前边同司机在一起，到武威后我才知道郭锡山是红军师长。郭见过马步青后，就住进副官处与我在同一间屋子。马克俭叫修械处人把木匣打开，才知是董振堂的头，面上有血。马克俭从医院叫来了两个看护，用酒精把血洗净，拍了相片。

马步青河西医院院长张琪——

马匪由高台将董军长等四颗首级带回武威后，即令传令兵等送到医院，说这是董军长等的首级，并令以前被俘的小战士在医院当护士的来认。小红军只认识董军长的首级，其他三颗不知是谁。传令兵等临走时说：马师长令妥善保存，不准损坏。第二天，马步青亲自到医院来观看，对我说用药水好好的保存起来，不准腐坏，以便向中央领赏。我说医院没有酒精，不能保存。马立即严肃地大声说：没有酒精买烧酒作酒精，领赏回来二八分成。用这样威胁利诱的鬼话来压迫，使我敢怒而不敢言。他说这话的原因，是因为他欠医院的经费很多，怕医院无钱向他要钱。经费几个月才发一次，并且不按数目发。在此种淫威下，只得服从他的命令，买了几十斤烧酒作酒精（因医院只存几磅好酒精），又用白铁做了四个筒子才将四颗首级保存起来。在医院放了两三个月后，由匪徒们送至西宁交给马步芳。

马步芳中山医院院长星天光——

1937 年我在卫生队，中山医院院长是谢刚杰，谢的前面是我当院长。听说中山医院护士詹乐圣保管两个红军领导的人头，一个是董振堂的，另一个是谁不知道，用酒精泡着。有人参观，詹拿出来叫人看。以后这两个人头交给胡宗南或蒋介石了，我只是听说马步芳叫人送走了。

血淋淋的瞬间

日月轮转，时序更新。西路军将士的遭遇，已经成了回忆中的惨烈。但是，当历史将这些瞬间推现到我们面前时，我们不能不让这些悲壮的故事携带我们深沉的思索，久久地绕于历史的长廊……

乔元玉在倪家营子被俘。在押往新城的路上，敌人恐吓他们，把一位连长吊在山庙前的一棵树上，脱下衣裤，用刀剥皮致死。

一名病弱走不动的红军战士，被马家兵在腰下戳刺一刀，抽出一截肠子拴在马尾巴上，鞭马狂奔。

有的被俘红军被捆绑起来，在脖子上割一刀。马家兵拿上馍馍争相蘸血吃，说什么吃了人血馍馍能“壮胆”。

一个红军女战士被杀害时，马家兵把她的七八岁的小孩绑在她身上，将女战士一刀砍入坑中。小孩随着惨叫一声“妈!”堕入坑里，又被石头砸碎了头颅。

押往西宁途中，一男一女两个红军被马家兵绑住手脚，全身用棉花包上，倒上油点着。被烧的人疼痛难忍，跳着挣扎。马家兵高喊："好看哪！好看！"哈哈大笑。

湟源民团押往青海的红军，一行四个女的，八个男的（都会理发）。其中一个男的冻掉了脚走不动，到流水沟被民团用石头活活砸死。其余七人因民团三个营争着叫理发，你争我夺相持不下，被拉到河滩用刀砍死了。

红五军卫生队队长被敌人钉死在高台城内（现县政府院内）的大槐树上

永昌水磨沟，马家驻警那里关押了七个被俘红军。一天下午放风，一个马家兵说："我来打个靶！"该兵问俘虏谁愿当靶子，自然没有人愿意。他便拖了一名年龄约30多的红军，押到200公尺左右的地方，命中心窝。这兵还炫耀地问俘虏："我的枪法怎么样？"大家都低头默默地看着牺牲的战友。

血淋淋的刽子手

马平安，将被俘红军绑在树上，活活剥开肚子取出胆来。

李贵在武威东门外小南街子杀害7个红军。第二次把13个红军杀在东门外，第三次又把6个红军杀在东门外。杀6个人时，李贵用软馍馍蘸血吃。他还拿来两个人心让赵德炒着吃。

蓼泉乡刘家墩子。四名负伤的红军娃爬到刘宗福母亲家门苦哀求救。刘母将红军娃藏于炕洞，同济温饱。甲长刘文恒引着马家兵，来刘母家讹诈恫吓，从炕洞里搜出四个红军伤员，拖到门外场地。刘母双膝跪地颤抖着求告宽容红军伤员，非但无救反被脚踢，又用枪托捣打一顿。众目睽睽之下，刘文恒手执木榔头直照红军伤员头颅砸去，一榔头一个，顿时脑浆四溢，血肉横飞。

一男一女两个红军，在农民夏季看菜的土场房子里暂避风雨。赵延典，号称“三贼”，来到场房勒索红军的白银、烟土，又剥去衣服，洗劫一空。经过一夜，红军被冻为两具僵尸。

李寨乡三寨村马福成，将失散的一名红军司号员俘获，要夺军号。司号员抓住军号不放，马毒打他。他操着四川口音骂不绝口，并高声喊：“革命不怕死，怕死不革命！”马福成将他缚在大庙门前桩上，用土炮将胸部轰烂，鲜血直流，活活痛死。

肃南孙录，用木杆插入一红军女战士阴道内，将其折磨致死。

马家军围观西路军被害人员

第二章

军长之死

他用头颅和身躯书写惊叹号

黄河发源于青海，它哪一纹涟漪带着西路军将士温暖的气息？哪一片波光隐着西路军将士刚强的身影？哪一丝水汽裹着为人民解放而战的硝烟？黄河岸是曲折的锯齿形，除因大自然风浪剥蚀，是否还留有西路军跌宕多难的痕迹？这条曲折而漫长的河流，这条古老又年轻的河流，每一纹涟漪，每一片波光，每一丝水汽都在历史赋予的时空里沉思，回味长夜的黑暗与黎明的霞光，都高高地举起手来，举起一串震撼心扉的金属之声！

《青海日报》1937 年 5 月 18 日报道："马指挥忠义搜剿黄番残匪时，缉获伪第四方面军第九军军长孙玉清，及伪总政治部要员 4 名，昨均行押解抵青。孙玉清为湖南人，年约 30 余岁，其妻前俘虏抵省后，现安置医院中云。"

青海省政府二堂东厅。马步芳骄矜地坐在右上方沙发上，左右簇拥着一些卫士。

孙玉清踏进大厅，马忠义紧紧跟着。马步芳的两道目光直直地迎了上去，盯着被俘的红军将军。

孙玉清漠然瞄了对手一眼，眼光炯炯。他头已剃秃，面容清癯，眼角有点皱纹，穿蓝布中山装，风纪扣紧扣着。马步芳指着左下方的沙发让坐。孙玉清坐了下来，冷静地观察着对方。

这次审讯采取了异乎寻常的座谈方式。马步芳的高级幕僚马绍武、马德、陈显荣、马骥参加了会审，青海日报社社长陈秉渊以记者的身份到会旁听。

“你是孙军长，年纪轻，有多大?”马步芳问。

“28 岁。”

“你为什么参加红军，哪时当军长?”

“19 岁那年在湖南参加，家里很穷，自小劳动。参加红军后在湖北、河南一带作战，逐级提升上来。”孙军长缓慢而有力地回答。

“你在四川北部、青海南部作过战?”

“记不清楚，那一带许多都是游击战。”

“河西总记得清楚吧?”孙军长沉默不语，没有回答。马步芳矜持地继续问道，“你怎么被我们俘虏过来了?”

“弹尽援绝，身陷绝境。”

“有子弹，你还要干?”

“是的！一个红军上战场离不开枪，干是红军的军纪。”

“你说离不开枪，今天离开了吧?”马步芳狂笑几声，带着傲慢的口吻望着孙军长说。

孙军长长叹一声，大有英雄无穷感怀之慨。

“我们损失很大，总算解决了五军、九军、三十军，把你也捉住了!”

“我军西渡黄河，不幸就走上一条绝路。地理生疏，没有后方，补给中断，粮弹都缺，战略上错误，战术上就起不到大的作用。被俘很不幸，愧对已牺牲的战友!”

“我军作战怎样?”

“只能以庞大的兵力硬拼，不能以少胜多，也不能以对等的兵力取胜!”

“你是军长，我也是军长，今天你被俘，还有什么话可说?”马步芳不甘心于孙军长的奚落，又以骄横讽刺的语气从牙齿缝里挤出这句话来。

“我干的是正义的事业，有话说不尽，自有后来人!”孙军长态度沉静。

空气立时紧张，全厅屏息无声。马步芳在地毯上搓了几下脚，想再说什么终于说不出来。好一阵才问：

“家里有什么人？不想念吗?”

“离家已久，从来不通信。我本是穷人，管什么家!”

马步芳似怒非怒地冷笑着，转向在座的幕僚们：“他不管家?”

“他不管家?”“不管家，他管什么?”幕僚们随声附和着，交头接耳，窃窃私语，气氛松动了一些。

马步芳回头对马忠义说：“前方归来的将士们好好休息几天，弟兄们太辛苦了。”接着又问孙军长，“你们怎样对待士兵?”

“我们红军官兵平等，为了革命团结在一起!”

这天，预先准备了一席饭，既是为马忠义接风，也是对孙军长软化诱降的优待。马步芳知道难如其愿，改换口气说：“算了吧，我们吃饭。”

马步芳坐在上首，孙军长坐在对面，幕僚们两旁就座。马德讨好地说：“今天的饭是喜宴，是献俘的喜宴!”幕僚们随声附和。马步芳脸上的肌肉有了几分轻松。

孙军长双眉紧锁，冷眼旁观。席间，他不举箸，不言语，只端起杯子喝了一口水。

孙军长被关押在东关马忠义临时寓所，他只能在院子内外走动，离开较远就被制止。马忠义有时“邀”孙军长到大街上溜达，往往坐一辆轿车，很少让其步行。

青海日报社社长陈秉渊曾几次采访孙军长。“我军是北上抗日的!”军长慷慨激昂，只表示抗日救国的坚定志愿。

马步芳曾亲自“陪同”孙军长，到南门外看望在那里强迫劳动的被俘红军。

“这些都是你手下的人吗?”马步芳问。

“是的！你别看这些人年纪小，打起仗来可英勇!”

马步芳还“请”孙军长到被俘红军编成的“补充团”讲话。孙军长到“补充团”看望了自己的战友和部下，激昂地说：“同志们，西路军虽然失败了，红军仍然存在，红军是杀不完的！党中央在陕北建立了根据地，陕北的红军壮大了!”

马步芳的“劝降”一次又一次破产，只好向蒋介石如实上报。蒋介石很快就下了“处以极刑”的命令。

黄河穿过长云笼罩的河湟谷地向东流去。大坂山和拉脊山褪了黄白，染上青黛。险峻陡峭的高山驮着一轮血淋淋的落日，嫣红的云涛如同万顷血波，浸透了暮色之中的青山翠冈。

孙军长被捆绑在柱子上，面对屠刀，昂首屹立。他那双深邃的眼睛，像山岩深处的两个深潭，纵然飓风来临也不为所动，含蓄而深沉。他向壮丽的云空发出长风般的狂啸，那啸声孤独而高傲。他沉沉的声音叩响了酷寒中融融的春风，叩响了暗夜中曙色的诱惑。他脚下已经泛青的苦艾草在飞掠的风中摇荡起伏，好像为天边正在升起的黎明而欢呼高唱。灰蓝色的天际，隐隐涌现出崇山峻岭般的风云，仿佛是夜空的重重梦境，又仿佛是美丽理想的雄姿。

孙军长身首异处，他用头颅和身躯书写了一个大大的惊叹号！

他从鄂豫皖走来，倒在青海高原。这个被红四方面军指战员称为“战将”的军长，遇难时年仅28岁。

孙玉清烈士纪念碑

妻子岳兰芳

岳兰芳——

1933 年我 18 岁时，红四方面军在南江县扩军。我因受不了婆婆的虐待参加了红军，分在红九军剧团，长征后在红九军政治部工作。第二次过草地后，南下天全、芦山，在甘孜曲河，我和九军军长孙玉清结了婚，同时结婚的还有参谋长等几对。孙玉清个子不高，不黑不胖，待我很好，结婚时给了我一套新军服。

在甘肃靖远过黄河后，我在妇女团三连一排任排长。河西战役中，我右臂负过伤，留有伤痕。在整个河西战役中，我再未和孙军长见过面。

我们进入梨园口后，弹尽粮绝。领导召集大家开了个会，叫各自找生路。我们上了山，马匪放火烧山，只得出来，就这样被俘虏了。和我一块儿押到西宁的还有赵璧仙、万玉秀等人。

到西宁先在羊毛工厂撕羊毛，后被弄到马家陆军医院给伤兵洗伤口、洗衣服。我们一块儿的女红军有三四十人，还有几个男的。

每天一听到马匪叫我的名字，心就怦怦跳，以为是要拉出去杀害。

有一次，我没有及时给一个伤兵洗伤口。伤兵拄着拐杖来找我，举起拐杖就是一下，打在我右脸部，打得我头昏眼花，耳朵嗡响。我气得抓起一把切刀朝伤兵砍去，被一块儿的女红军拉住了，不然我也没命了。

一天，我正在房子里。“岳兰芳!”一个马匪兵叫我的名字。我吓了一跳，转过身来，见孙军长在三四名马匪兵押送下走到身边。马匪问孙军长这个是不是你的老婆，孙军长说是的，并对我说，你不要害怕。因为马匪站在旁边，军长再没有说啥。过了几天，军长又来了一次，也没有说啥，因为马匪一直在旁边。

又隔了几天，我们一块儿的女红军偷偷告诉我说，孙军长被马匪杀害了。我难过得一天没吃饭，在床上睡着。陆军医院的马匪见我不给伤兵洗伤口，就来了几个人把我从床上拉下来。一个按住我的头，一个按住我的脚，用棍子在我背上、腿上打……

我在医院一个多月，和另一名女红军被马元海弄去当了丫鬟。大约一年时间，又被马元海的老婆带到贵德的公馆。我到时，被俘女红军杜正英已在这里的伙房做饭。以后，我和马元海公馆劈烧柴的长工喇成德结了婚。

我在土改时曾任农协会副主任，此后一直务农。由于红军长征时受的伤，造成腰酸背痛，手脚麻木，眼花耳鸣，1969年丧失了劳动能力。

“文化大革命”中“四人帮”横行，说我是叛徒，经常批斗，成了专政对象，还在贵德隍庙关了40天。

1983年的一天，当朝阳射穿晨雾时，岳兰芳弃世而去。

马家军中目击者言

一〇〇师二九八旅参谋长韩德庆——

孙军长在文殊沟一带被民团抓获，送到酒泉二九八旅旅部。

马步康旅长问：“你当什么官?”孙答：“没有当官。”孙军长被送到火神庙和红军俘虏关在一起。有一年轻红俘站起，说：“孙军长!”送孙军长的人就把孙带回旅部。

孙见马步康，仍不承认是军长。马步康叫我陪孙军长去洗澡。我在洗澡时对孙军长说：“马步康是马步芳的哥哥，你是个军长，马步康、马步芳对你还要按上宾对待呢!”他犹豫一会儿，突然坐起说：“我就是孙军长，不识字，由班排连营团长升任军长!”

当时，马步康在房外探听，一听说是军长即进房内和孙军长握手，连说很好。马步康离去，派人将新衣送来。

我二人一同回到旅部，和马步康旅长同室居住吃喝在一起。马步康给马步芳发电报说明俘获经过。马步芳回电：“对孙军长妥善照顾，等马忠义旅长返肃后，将孙军长交他负责带回西宁。”

一〇〇师三〇〇旅副官长赵述——

马忠义由酒泉带孙军长路过张掖，居住了三天。由三〇〇旅旅长韩起功在旅部设宴招待马忠义等及孙军长，我也参加。席间谈论双方作战情况，孙军长说：“我军这次失败，犯了兵家所忌的孤军深入的错误，弹尽粮绝，同时吃了你们骑兵的亏。你们的作战没有计划，专靠猛打猛冲，胜利是侥幸的。”马忠义离开张掖带孙军长回西宁。

一〇〇师电台总台报务主任熊维邦——

我们电台分台主任周作锷，不知什么关系与孙军长相善。一次，我和张之俊去周家闲谈，偶尔遇见了孙军长，经周作锷介绍才知道这位红军军长。

孙军长中矮身材，浓眉大眼，面色黑黄，非常健谈，说起话来谈笑风生，旁若无人。桌子上摆着一大堆花生米和五香瓜子，边吃边谈。孙军长手握一柄约两寸半长短的旱烟袋，旱烟加香烟一刻不离。他从未提到政治上的问题，对两军胜败情况作了旁若无人的批评。他说：“我们这次失败，主要是犯了兵法大忌而招致的。一来孤军远征补给无着，二来天气寒冷没有根据地。你们的情况恰与我军相反，如果调换一下位置，你们纵然有200团兵力，我们也可以轻而易举地打垮。因为你们的作战是盲目蛮干毫无作战计划，你们说我说的对不对?”

我们谈了约四个钟头，为能和一名红军将领会面而引为荣幸。走后，张之俊对周作锷开了一个玩笑，说：“这样一名身经百战之人，不知在他手里杀了多少人，像你这样一个穷酸人家，肯定要踏断你财眼的!”

事过不到三四天，张之俊对我说，孙军长已经被马忠义杀害了。我说，你根据什么说的? 张说蒋委员长来电指示要处以极刑，昨晚在东关马忠义司令部执行，临刑时他大喊共产主义万岁呢!

青海南部警备司令部马彪旅电台台长应焕章——

孙军长到西宁后，专派该旅参谋长耿文魁负责监护，住在东关德兴店内。农历三月底我到电台主任周作锷家碰见孙军长，正和周作锷、张含英、耿参谋长一起打麻将。孙军长中等身材，圆脸庞，态度从容自若。周的电台曾派到马忠义团工作过，耿和周交情很深，因此耿带孙军长到周家打牌消遣。

一〇〇师电务处中校主任赵焕辉——

我在伪师机要处翻译电报。红军军长孙玉清送来西宁，马步芳即打电报给蒋介石，请示如何处理。大约过了一星期，接到蒋介石的回电，其主要内容是“以危害民国罪，处以极刑”。

马忠义的传令兵喇文彬——

我们去河西同红军作战，我们团是最后回西宁的。在回来的途中吃饭时，发现一位红军干部，白天和马忠义在一起，晚上不在一起。

到西宁后，我们先驻扎在后子河，那个军长已送到马匪步芳的军部。十天后，马忠义住到东关洋火厂。马步芳把红军军长又交给马忠义，住在洋火厂。洋火厂一进两院，中院是两层木楼。军长和马忠义住在楼上，在那儿住了十几天。

一天晚上来电话，集合传令兵。当时我在土店里住，等我到洋火厂时，已把孙军长杀在后院的马槽下面，头丢在一边。凶手是马昌龙，在场的有马国成（传令兵）、老尕（马忠义的舅子）。这时旅部的参谋长耿文魁命令我们把尸体送出去。我们用一条女人裤子把孙军长的头包起来，连同遗体一起放到马车上，连夜送到南门外的一个坑里。同去的有马国成、我和车夫。

第二天，耿参谋长又派人来说，军部要孙军长的头，要照相。马昌龙又到坑里去取孙军长的头，用一块包袱布包好，由马国成送到军部。

杀害孙军长的时间大约在 1937 年五六月份。

李先念给青海省委党史委员会的复信

中共青海省委党史资料征集委员会：

来函收悉。我和孙玉清、熊厚发同志是很熟悉的，也非常怀念他们。他们是我们党的好党员，是人民的忠诚战士，是我军的优秀指挥员。关于孙玉清同志的情况，由于事隔几十年了，很多事情记不起来了，或者记不准确了，现将我能够回忆起来的情况，简要提供如下。

1931 年我在四方面军十一师三十三团任政治委员时他当营长。1932 年我任十一师政治委员时，他任团长。四方面军西征时，在枣阳新集的战斗中，他率领部队英勇阻击敌人，身负重伤，为保卫总指挥部的安全发挥了很大作用。他伤好后，被调到九军去工作，后又任九军军长。西路军时，古浪战斗失利，主要责任也不在他。1936 年 12 月，他从九军调到总指挥部工作，未到三十军当副军长。三十军副军长是熊厚发同志。1937 年 3 月，西路军在倪家营子突围时，孙玉清、熊厚发同志受重伤，无法行走，未能和部队一起转移。后来听说，他们……牺牲时也非常英勇悲壮。

以上情况仅供你们参考。熟悉孙玉清同志的还有徐帅、程世才、李天焕、李卓然等同志，可向他们进一步调查。

李先念

1983 年 5 月 13 日

（引自中共青海省委党史资料征集委员会编《血染河湟》，青海人民出版社，第 1 页）

遗腹子

孙玉清军长被杀害的噩耗传来，陈淑娥卧床数日，不进饮食。她想起那幼小的生命，那战火中留下的骨血，濒于死亡的心渐渐复苏过来。她的眼睛分明地亮了一下，随即，那点亮光又消失了，眨着忧虑和惆怅。

红四方面军前进剧团驻扎在西康的炉霍地区时，经常为驻在此地的红九军演出。每次演出前军首长都要热情欢迎，每次演出后军首长又要热情款待。那时，陈淑娥刚刚 19 岁，像一朵出岫的轻云，爱上了已经结婚的红九军军长孙玉清，虎生生一条汉子。爱情的种子撒到她的心灵深处，终于发芽、开花、结果。

红九军兵殇古浪，孙军长负伤挂彩。前进剧团奉命前往慰问演出，可是还未赶到九军驻地就被数倍的敌人包围。陈淑娥带着身孕被俘，当天夜里被满脸大胡子的马家军前线步骑总指挥马元海糟蹋了。她想到了死，但是腹中的孩子躁动了。她心中凄惨，欲哭无泪。孙军长押到西宁这天，马家军为了显示"战绩"，曾让孙军长站在高台上，面对人群。陈淑娥也被驱赶着站在人群之中，远远望着孙军长。孙军长泰然处之，神情自若。陈淑娥泪如雨下，心如刀割。这是她最后一次见到孙军长。

在马步芳的"新剧团"里，她的身孕慢慢大了。为了让孩子顺利出生，经过好心人的周旋，马步芳参谋处的参谋牟文斌把她接到家里分娩，生下个男孩子，牟参谋十分高兴，将她母子收养在家中。孩子还不满月，她又被马步芳要回到"新剧团"。马元海点名要她当小老婆。每天，泪水冲洗着她呆滞木然的面孔。

一天，天黑下来，她悄悄溜出二门，又侧身从大门缝中轻轻挤了出去。游荡的风像一把长鞭，抽打着生命微小的野花，凋谢的花瓣在寒风中孤独地纷飞，飘舞。她朝着一位四川同乡家中飞奔而去，想先藏下身来，然后接出孩子逃离青海，远走高飞。同乡十分同情她的遭遇，将她转移到更僻静的好友家去。不巧，这家人外出，他们只好折返回来。她本来身体虚弱，这么来回奔跑，加上紧张担心，刚迈进院门就一头栽倒在地。同乡一家慌忙将她抬到草房中，用干草掩藏起来，先设法给她治病，调养身体。

马元海派兵在各个路口设卡堵截，四处张贴告示悬赏缉拿。马元海怀疑这是和牟参谋串通好的，就派人到牟家把孩子夺了过来，把牟参谋五花大绑，押到城内大街小巷寻找陈淑娥。陈淑娥不愿连累别人，更担心孩子的安全，便主动离开同乡家，向大街上走去，碰上被押解着找她的牟参谋。牟参谋埋怨地说："你怎么能逃得出去？这一下孩子在我那儿也待不成了，真可惜！"

她被押回马元海家关了起来。孩子无人照看，放声嚎哭。哭声撕裂着她的心。

马元海狡猾地说："孩子不准留在身边，也不准过问去向。只要安心待在我这儿，孩子就不会有危险。如果再跑，就别怪我无情！"

孩子被送到贵德县的刘副官家中，童年像青杏子一般酸涩。究竟不是跟着自己的亲人，六七岁了还穿不上裤子。冬天蹲在炕上，或者在阳光充足的中午蹲在那被太阳照得白晃晃的墙根底下；夏天爬在河边，远望晶莹的雪山。吮着凄冷的风长大的孩子经得起风雪，孩子身体很壮实，每天无忧无虑地四处欢跑。

她暗暗打听到孩子的下落，远远地一动不动地望着孩子，睁大的眼睛里泪水冰晶般地凝结着。她多想亲近孩子，可是不能呀，万万不能，一旦被马家发现，就连这样看看孩子的机会也会永远失去的。

马元海有个远房侄子，是个厚道的庄稼人，侄媳也有个好心肠。一次，侄媳妇来公馆邀请她到家里做客。她去时，先到的红军姐妹正在说笑。这些红军姐妹，失散在这一带，难得有这样相聚的机会。不一会儿，侄媳妇领着孩子进来，指着坐在炕沿上的女红军们，向孩子发问道："好好看看，坐在一起的这几个姨姨，谁是你的亲妈妈？”

孩子瞪大眼睛，用手直指陈淑娥，稚气地说：“是她，她是我的亲妈妈！”

“妈妈”两字，催得陈淑娥泪水涌流，嘴唇哆嗦。她紧紧咬住舌头，好不容易才憋住没有哭出声来。

她一把拉过孩子，抚摸着，眼泪直往下掉！她多么想说：“孩子，我是你的妈，我就是你的亲妈呀！”她再也控制不住自己，双手捂住脸冲出了房门……

她要设法照顾一下孩子，尽一点妈妈的责任。可是，严酷的现实把她这一点愿望也给粉碎了。冬天，孩子没有过冬的棉衣，一位嫁给商人的红军姐妹给孩子做了一件衣服。新衣引起了周围人的注目，消息传到马元海那里。马元海勃然大怒：“这个共产娃的消息到底走漏了！”他把商人抓来，扒掉衣服痛打一顿，整整打掉了背上一层皮。

凄风苦雨的10年过去了。马元海年事渐高，将陈淑娥逐出了家门。她流落到兰州，给别人当女佣，做针线。

新中国成立了，她回到四川平昌老家。土改为穷苦人带来欢乐，也促动了她对孩子的怀念。她告别乡亲，长途跋涉回到了兰州。

孩子参军时是1950年正月，还不满13周岁，第二年就到朝鲜去了。1955年孩子回青海探望养父养母，贵德的流落红军告诉他：“你的亲妈在兰州，赶快去找呀！”

一天，陈淑娥正在一位老红军姐妹家串门，张罗着蒸包子。她收养的一个小女孩飞跑来：“妈，快回去！家里来了一位解放军。”

“解放军？”陈淑娥疑惑地问，“你是不是看错了？会不会是派出所的叔叔？”

“不是派出所的叔叔，帽子不一样，是大盖帽。妈，快回吧！”

红军老伙伴说：“你先别忙走，包包子吧！我替你去看看。”不一会儿，老伙伴连跑带喊地回来了：“快，快回去！是你儿子从青海找你来了！”

她扔下手中的包子，发疯似的往家里跑去。推开门，一个虎虎实实的青年军人站在面前。

她浑身颤抖着、哽咽着：“儿子……儿子……我的儿子！”她的心儿被热血与激情冲得颤动了，流下了止不住的泪水。多少年的含辛茹苦，多少年的忍辱负重，被泪水冲刷得干干净净……

第三章

青海的逃亡者

给敌人当医生吗？宁愿死也不干

祁连山的泉水，在崇山峻岭中旋流、跌宕、飞泻。泉水叮咚，不舍昼夜，坎坷地汇成大河，浩浩荡荡地汹涌而去，向着东方。

欧阳辉在睡意蒙眬中，感觉到周围出奇地寂静，连忙爬起来一看，不禁呆住了。有人怔怔地站着，有人默默地哭泣！他冲到一位老大哥面前，摇着胳膊问："告诉我，发生了什么事情？"老大哥嘴唇哆嗦，半晌才嘶哑着嗓子回答："我们与总部、主力失去了联系！"欧阳辉疯了似的奔上土丘眺望，除了半天流霞，看不见总部、主力的一丝影子。他心头感到一阵颤抖，痛苦的泪水刷刷流下。

欧阳辉原在红一方面军工作，翻越雪山时因生病掉队留在红四方面军总医院当了医生。

他们跑进山里，一清点竟有200多人。大山深处只有呼啸的山风，沉睡的林木。他们三天没有吃东西了，一些伤残体弱者奄奄一息。

大家相互搀扶来到山口一个村庄。敌人像是刚走不久，村里的群众也早已跑光。群众大概走得太急，有不少牛、驴没有拉走。他们高兴极了，七手八脚杀了几头充饥，并按红军的纪律给户主留下银元。然后，大家找了一些便衣换下军装。

黄昏，苍灰色的天幕散发着最后的亮色。突然传来一阵枪声。他们急忙分头往外冲，但是都被打回来了。敌人已包围了村庄。

他们12人躲藏在一间小屋里。敌人发觉他们没有武器，肆无忌惮地端着刺刀闯到屋前："你们跑不了啦，快投降吧！"

"哗啦"一声，几把明晃晃的刺刀从窗口伸进来。

那位老大哥镇静地向敌人的刺刀扫了一眼，转身对大家说："同志们，我先走了！你们如果有幸不死，一定要找到党，找到红军，替西路军雪耻，为死难的同志报仇！"说完，他和大家一一握手，从容不迫地走出小屋。几个敌人一拥而上。他用力推开敌人的刺刀向前走去。"嘣！"枪声响了，他倒下去了。

护理员小刘第二个走出去。敌人见他是十四五岁的尕娃，便推到一边，说要带回去当儿子。

女护士小林擦干眼泪走出屋子。敌人先是贪婪地盯着她，接着蜂拥上来肆意调戏。小林破口大骂，拼命反抗。

目睹这不堪入目的一幕，欧阳辉的肺都要气炸了，呼地跳出屋子去救小林。然而，三把刺刀冷冷地挡住了他。一个长着大胡子的家伙像是小头目，两只眼睛在他穿的皮大衣上转了几转，恶狠狠地命令两个喽啰："去，给老子脱下来。"

在红四方面军，医生受优待，大衣、帽子都是特制的。两个士兵一左一右地把他的大衣、帽子强行扒下来。他腰里挎着的药包露了出来。大胡子见了，眼睛一亮，问道："你是医官？"他把头一扬没搭理。那家伙火了，挥拳就打。这时，身后有人冷冷地说道："慢着！"大胡子闻声收回拳头，对那人媚笑说："啊！马副官，这小子是个医官。"

"你是医生？"马副官40多岁年纪，棕红色的脸膛和上过漆的皮靴一样，见他只穿着短裤，从地上捡起条毯子扔给他说："跟我走吧！"马副官把他带进自己的住房，问他是哪里人，多大岁数，当过几年医生，还说自己家境贫寒，有些文化，就提拔为副官。"你们红军作战真勇敢，被俘后一个个都不怕死，我实在很佩服。"马副官找来一身军装、一把军号、一匹马，要他扮作他们的号兵。欧阳辉夹在大队人马中到了西宁。马步芳下令把被俘红军集中起来，强制劳动。马副官对他说："小兄弟，我是没法留你了，你到了那里要好自为之，多多保重。”他含泪向老大哥深深鞠了一个躬。

敌人从被俘红军中间选拔了18到20来岁的青年300多人，编成一个营，调往民和享堂镇，完成享堂桥东西两岸艰巨的石方工程。完工后，又将他们迁到循化查汗大寺、古什群峡等地，开荒修渠，筑路造桥。

欧阳辉面黄肌瘦，拖着疲弱的身体一歪一歪地抬石头。监工手持鞭子笑着叫他回屋里去，说什么：“你小子有造化，小娘们接你来啦！”欧阳辉猜疑，在这个集中营里谁会来看他呢？回到屋里一推门，一个衣着整齐的女人一头扑过来抱着他。他定神一看，啊，原来是王桂英！

桂英原来是和欧阳辉一个医院的护士，长得很秀气。两人在医院里很要好，然而在战事频繁的环境里，不允许窃窃细语，爱意缠绵。部队分散行动以后，两人在躲避敌人的追击中跑散了。现在欧阳辉才得知桂英没有死，当了敌人一个医院院长的干闺女。

欧阳辉冷冷地看着她。桂英似乎从他的目光中感到谴责和鄙视的意味，便呜呜地哭了起来，向他诉说了跑散以后的遭遇和对他的思念之情。

欧阳辉望着她那泪汪汪的眼睛，心里不禁一阵难过。

“欧阳辉呀！看你瘦成这个样子，我的心都要碎了。”桂英见他默默无语，拭去脸上的泪又说：“你有技术，跟我到医院去吧！我和院长说好了，让你当医生！”

给敌人当医生吗？为杀死自己无数战友和兄弟姐妹的刽子手治病？不！宁愿死也不干。欧阳辉把这个想法告诉了王桂英，她惊讶了。

“我没想到你的性子还是这么烈，你就不想一想事到如今，我们还有什么

卫生队长遗体

别的办法。回老家，千里迢迢，插翅难去！找党，找红军，又到何处去找呢？再说从狼窝里回去，人家能不嫌你身上的臊味吗？还是跟我去吧，让我们永远在一起！”桂英的眼里闪烁出灼热的光芒，热辣辣地盯着欧阳辉，期待着他作出回答。

欧阳辉细细回味着她的话，然后说：“桂英，你这样关心我，我很感动，但是我不能如你的愿。我在这儿虽说很苦，并随时有被杀害的危险，但这儿有我的战友，和他们同生死，共命运，我心里会快活些。桂英，让我们各自面对现实，忘掉过去吧！”

欧阳辉的这番话，沉重地触痛了桂英的心，她有一个更为辛酸的故事。她低着头，默默流着眼泪，过了好久，挣扎着站起来，掩面离去。

欧阳辉望着她那渐渐远去的身影，内心深处体验着辛酸和炽热的感触。桂英走后，又多次捎信让他去，并给他带来不少的食物和穿戴。

岁月旋转了一个轮回——春夏秋冬。1937 年底，国民党向青海征兵，于是马步芳将被俘红军一部顶了青海应征国民兵的名额。第一批没有抽上欧阳辉，第二批又没有轮到他。他就暗暗地找到送兵的马排长，要求把自己带上。

山溪带着冬的凛冽，叮叮咚咚地蜿蜒而去，他的梦在坎坷的逃跑路上变为现实。

他们走到兰州，又被分批用火车送往南方前线。闷罐车行到临潼停下加水，欧阳辉装作要小便，跳下车躲进附近的厕所里。他忐忑不安地蹲在厕所里，一分钟比一天还要难挨。好不容易等到汽笛一声长鸣，火车开动了。

“你是干什么的？”正当欧阳辉出站时，不料从旁走出一个持枪的哨兵拦住他问，“你小子是想开小差吧？你是从火车上溜下来的。走，到团部见长官去。”

欧阳辉看看四周站着的全是国民党兵，不敢违拗。尽管他并不是从这个部队逃跑的，还是被“赏”了几个耳光，然后押到团部电话排当了二等兵。

一天晚上，欧阳辉到车站转悠，见到一个 50 岁上下，身穿灰军装的人，正和一群旅客说着八路军打日本的事儿。那人一口浓重的湖南口音，立即引起他的注意。

他止不住热血沸腾，不顾一切地挤进去把那人拉到外边，问：“你是八路军?”

“是啊，是啊！八路军一一五师师部电话班班长，听你口音是江西人吧?”

“对，对，对！同志，我可找到你们啦！告诉我，咱们的部队在哪儿？我要回部队去。”

漫长的一个月之后，他俩悄悄从灵宝上火车到了灞桥，离西安还有40多里路。灞桥车站驻有国民党贵州地方部队一四师。欧阳辉和老班长一前一后往出走，引起了哨兵的注意。哨兵狡猾地要他们拿出证明来。他俩悄悄出逃，哪里有证明。哨兵把他们带进连部。

连长很不耐烦地说：“好了，好了，老子没空和你们磨牙，是八路军也好，是逃兵也好，统统不追究，就留在这里当兵吧，亏待不了你们。”

“不行，我们是八路军，你不信就到西安办事处去问嘛!”他们一听让留下当兵，连忙拒绝说。

“少他娘的啰嗦，去，跟部队出操去。”

他俩打定主意不去。

连长见他俩这么坚决，便恼悻悻地说：“好吧，既然你们是八路军，老子也不留你们，不过先打来一个证明才行。”他指着老班长说：“你去打证明吧！来了证明，老子再放他走!”

老班长走后，欧阳辉故意大发脾气，又跳又骂，闹得许多士兵围上来看热闹。连长轰了几次也轰不走，见留不住人，便说：“滚，滚吧！给老子把棉袄、棉裤脱下来，滚!”时值寒冬腊月，谁也不相信他会脱掉棉衣。

这时候走，真有拿整个生命赌上去的意思了。欧阳辉回部队心切，又在火头上，连脱带撕地把棉衣裤扔在地上，拔腿就朝西安方向跑去。

“站住!”欧阳辉耳际又响起一声嚎叫，眼前又闪出一柄刺刀。铁路边的一个哨兵狞笑着把他挡住。这，把他气急了，对着哨兵的脸狠狠地打去。哨棚里冲出一群如狼似虎的士兵，对他拳打脚踢，把他打倒在地……

欧阳辉历经磨难，1938年2月初回到西安八路军办事处，春节过后，到了延安。他被分配到军委警卫营当医生，不久任军委卫生所所长。

日日夜夜的梦实现了

两千年前，一支罗马军团迷失在亚细亚地区，行踪如同泥牛入海，在史籍中消失得无影无踪，成为一个千古不解的谜团。近年来，一些乐此不倦的中外学者把搜寻的目光投向了古丝绸之路的重要地段——河西走廊，引经据典地说河西走廊是这支西方军队的最后归宿。

两千年后，西路军在河西走廊逆风西行，人的长发，马的鬃毛，队伍的旗帜，都飘成了风的姿态。西路军的执著在河西走廊形成了一道惊心动魄的闪电，融入了昏昏黄黄混混沌沌的大自然生命之中。

西路军兵败祁连，陈昌浩政委在山上石头窝里召集师以上干部紧急会议。康海生是陈政委的警卫员，负责会议的内卫，不叫别人听。冬夜用黑暗、酷寒和沉寂吞噬了山野。会议结束，康海生烧掉了保管的电报。他和陈政委的另一个警卫员邱国春，徐向前总指挥的警卫员赵家仕、王茂金，总部政治部的保卫部长袁立夫等，跟随陈、徐首长化装离开部队去延安。

祁连山长云暗雪峰。他们在山里转了六七天，敌人盘查很紧，出不去。一天下午，徐总指挥要他和王茂金、赵家仕在前面侦察。他们走到一条冰河附近，忽然，敌人的骑兵从斜刺里呼呼地跑过来，从他们身边冲过去，过去之后又拐回头来把他们围住。这时候，他们想什么也来不及了。

他们身上的东西被敌人搜去，其中有份地图使敌人起了疑心，几十只眼睛狠狠地盯着康海生。一个小鬼指着他，一口咬定说："他是徐向前的参谋!"这时，他才看出那个小鬼原是红军。天黑时，敌人把他们带到指挥部，关到一间小黑屋子里，派了个提大刀的哨兵守在门口。看来事情严重，这帮家伙真把他当成徐总指挥的参谋了。

两天后的晚上，敌人的前线总指挥马元海把他们叫去，要亲自审问，派了好几个提刀挂枪的跟着他们。

马元海住的是堂屋。他们一进去，就看见一个胖家伙蹲在炕上，披着大衣，跟前放着一张八仙桌，黑胡子长满脸，把他们打量又打量。马元海叫他们朝他站着，几个提刀挂枪的人分散在周围，然后慢吞吞地问：

“在红军干什么呀？认不认识徐向前？”

康海生按照预先想好的说：“我们当勤务员，不大认得！”

“不大认得？他到哪儿去啦？”

“那天夜里走散了，早就跟他分开了！”

“怎么分开的？”马元海看着他们，眯缝起眼，说：“咳！你们知道，就带我们去抓嘛，回来有赏！”

他们不吭声，只是用斜眼盯着胖家伙，心里暗自高兴，知道敌人没有找到徐总指挥。

后来，敌人又问了一次就没有再问，看守也松些了。有些老兵跟他们混熟了，叫他们“尕娃”，不断地来闲聊，问长问短。那天有几个人说闲话，康海生在一边听了听，他们讲“老共产”“新共产”。敌人把从鄂豫皖、江西来的叫“老共产”，把四川同志叫“新共产”。敌人说“老共产”坚决，抓到就要杀头，“新共产”不至于杀头。

一天，敌人准许他们晒太阳。他们蹲在墙根下，把衣服脱掉，咔哧咔哧地捉虱子，敌人哨兵在一边看着，直咧嘴。一个当官的走过来，看了看他们，很惊奇的样子，蓦地问：

“怎么？你们这么大个小孩子也闹共产呀？”

“小孩子？小孩子就不准革命吗？”康海生心里想，看了当官的一眼。当官的又问他们是哪儿人？怎么参加的红军？康海生说是在陕西参加红军的。当官的不信，说他的口音像河南人。这可吓了他一跳，心想：“是不是找老共产呀？”他就说是从河南到陕西挖药，参加了红军。后来，他知道了当官的家是河南潢川的，跟他家光山是连县，从前在孙殿英那儿当炮兵，“四马拒孙”时被俘虏来当了炮兵副营长，主不了事，很受歧视。也许是因为这个缘故，也许是因为河南老乡，对他挺亲近。没多久，就把他们要去喂马。

康海生想也许不会杀他了，哪知一天下午太阳快落山时，马元海把他叫了去。马元海坐在村边的石碾子上，面前站了好多人。他走到跟前一看，都是红军里的老同志，九军的组织科长、八十八师的总务科长都在。这时他脑袋里嗡嗡地响起来，坏了！敌人准是把他当成“老共产”了！马元海挤着眼，慢腾腾地说：“送你们走！去甘州……”他敏感地觉察到，敌人要杀人了，便把心一横，死了拉倒！

林木和衰草发出低沉的叹息声，四周一片寂静，连太阳也寂静地往山下沉落。一队敌人押着他们往河滩走去，听说那儿是万人坑，很多人被送到那里就不见了。康海生走着，心里乱极了，没边没沿的事一下子全进到脑子里。他想到家，想到苏区，想到首长们……

快走近河滩的时候，他的河南老乡忽然来了。老乡骑着个骡子，从他身边跑过去，慌慌忙忙拉住监刑的副营长，悄悄说起来。康海生隐约听老乡说："咳！多杀一个少杀一个嘛！还不就那么着……"他被留下了。老乡告诉他，出差刚回来，听说他不在，连牲口都没有换就赶了过来。他望着老乡，心里很感动，只听老乡喊："来，拉着骡子尾巴，跑一阵！"说罢，老乡骑上骡子，带着他跑起来。刚才走了几十分钟的路，现在一股风似的就回来了。

山中的暮霭已经越来越浓重，太阳也早就跌入了远处的山谷。他的脑袋总算没有搬家，按说是庆幸的，可是想到那些走向河滩的同志，心情又沉重了。他知道眼泪正在不知不觉流出来，他听不见眼泪滚落的声音，只听见四周山谷散发着沉沉的叹息声。

康海生被押往张掖，关在大车店。马家军的一个旅长被打伤，要用担架抬回青海，来被俘红军中挑强壮些的人。康海生和赵家仕都被挑上，共八人。康海生观察，八人中最少有两人是干部，都不说自己的真实姓名。

寒风从扁都口山峡迎面吹来，远处山顶白雪茫茫。世界似乎有点单调，有点苍凉。敌人一个连的骑兵护送。八个人轮换抬担架，走了十多天才到青海西宁。

康海生和赵家仕因年纪轻被分到工兵营，他们那个连里都是小孩。开始在南城根打土块，后来修惠宁桥，一个班一顶帐篷住在湟水河滩里。每人一天两个豆面窝窝，一碗盐水，饱不饱就那。

马步芳陪红九军军长孙玉清到小桥工地看过大家。马步芳说："这是你们的军长，看你们来了！"

康海生怕九军长看见他，会想起陈政委、徐总指挥而难过，就悄悄挤到后排去了。哪知军长一上台，还是认出了他，瞧了他几眼。他见军长脸色铁青，嘴唇紧闭，皱着眉头，瘦削的面孔上，一双充满隐痛和忿恨的眼睛，闪闪地望着大家。孙军长给他们讲了话，说："现在是国共合作，共同抗日！……"这以后不久，他们听说孙军长被马步芳杀害了。

康海生寂寂的心中常有暖潮在涌。他和赵家仕，还有一个安徽人两次商量想跑。康海生认识几个字，负责考虑逃跑的路线，安徽人负责偷豆面，搞吃的。可是三个人虽在一个连，却不在一个班，晚上分住在三个帐篷里，集中不到一块儿，所以始终没有跑成。

天气渐渐暖和起来，河里已经能洗澡了。康海生在小桥出着苦力，妇女团参谋长彭玉茹找过他一次。康海生是陈昌浩的警卫员，彭玉茹是张琴秋的警卫员，陈、张是夫妻，因此康、彭也熟识。彭玉茹眼里流露着真诚，叫康海生想办法逃跑，并把张琴秋和她都带走，说："你不要暴露你的身份，张琴秋现在歌舞团做饭，没暴露自己的身份，歌舞团的同志们对她好，把她保护下了！"

现实与心愿相反。康海生空有壮志，四顾茫然，说："马匪兵对我们看管得很紧，一时跑不出去！"

1937 年 10 月，青海红军俘虏编成的补充团经门源、大梁等地去张掖。他们行走在荒漠戈壁，满目尽是黄色，间或有一小片绿意也被黄色夺了去。康海生踏着戈壁乱石，凝视远方天地相接的地平线，一步一步艰难地向前走着。路上遇到大雪，很多人冻死冻伤在冷漠的风雪之中。他们到张掖修飞机场，修公路。

当时，他们住在野地里，顺公路两边搭着帐篷，近处是一片片的庄稼地，包米长得没了头顶，谷子也快有人高了。这可是偷跑的好时机，正巧敌人又把他调到营部当通信员，常叫他去买东西，做饭。他借机会打听到，兰州

扁都口

有“八路军办事处”。

一天，部队集合点名，他只穿了件衬衣，晃晃悠悠地装着去解手，转到挨庄稼地边的厕所背后，四下瞧了瞧没人，一躬腰就钻进庄稼棵里了。

康海生辗转一个多月，终于回到兰州八路军办事处，日日夜夜的梦实现了。当时，谢觉哉是办事处党中央代表，伍修权是处长。他开始在办事处当通讯班长，以后当副官。

他因“表现不好”而回归

张宜友没有机会逃走，他们被送到西安后，回到八路军驻西安办事处。

张宜友腿部负伤，在高台被俘，被押往青海。一路上，大部分重伤员被敌人杀害，活着的被送到了青海监狱。马步芳的部属把红军一律当做共产党。他们把被俘人员分为“老共产”“新共产”，鄂豫皖人、江西人是老共产，四川人是新共产。他年轻，腿上的伤很快好了，被编入“补充团”修桥梁、修公路。

有个四川兵说他是董振堂的手枪队队长，报告了敌人，敌人又把他送进监狱。这个监狱关的都是“重犯”。和他同关一个牢房的是青海循化县县长，县长问他：

“你是红军吗？”

他不作声。

“你是哪里人？”

“四川人。”

“你又像四川人，又不像四川人。你别怕，我也是坐牢的，因为马步芳怀疑我贪污，把我抓进来。”县长说他是湖南人，大学毕业，认识毛泽东，离毛家不远。“红军的主张我清楚，不是他们宣传的杀人放火。”县长又说，“马家不会杀你的。”

“为什么？”

“蒋介石派了一个中央委员来青海，不让杀红军俘虏，要把你们送到南方去当兵。”

马家的监狱不管饭，都是家里人送饭。县长看出他的难处，说：“不要紧，我叫我太太多送点饭就有你吃的了。”

一天早上，看守喊他的名字，他以为这回革命到底了。县长安慰他说：“早上出去不会杀的，也许是送你到县监狱。”果然，他被送到了县监狱。

张宜友在那里又认识了一个马家军的排长。这位排长说他带七个班投红三十军，三十军不要，让他回来了。马家军之所以没有杀他，是因为有人作保。排长说他是地下党员，他的领导是县政府秘书长，就是秘书长每天给他送饭的。这样，张宜友又跟着这个排长有了碗饭吃。

1937 年 8 月，马家军清理被俘红军，把那些所谓“表现不好”的干部和老弱病残送交国民党部队顶兵，把他也送走。

他们到西安后，正赶上发大水，把铁路桥冲断了，火车就在西安停下。八路军驻西安办事处得到消息后，便向西安行营要人。第二天，一名行营少将副官主任来到车站，气势汹汹地对他们讲：你们谁愿意回共产党，就给我下来！这位副官的态度很坏，他们谁也不敢下车，怕上当受骗。副官说，怎么没人下来？不是说要回延安吗？副官回去后告诉八路军参谋长叶剑英，说没一个人愿意回延安。

叶剑英很奇怪，亲自来了。叶穿着中山装，站在站台上给大家讲话：“我是叶剑英，现在国共合作，搞统一战线，枪口对外打日本，你们回来吧。毛主席、朱总司令在延安欢迎你们回去。”他们谁也不认识叶剑英，只是听说过。他们几个年轻人先跳下车，走到叶剑英跟前，看见叶戴着红五星纪念章，便喊：“是自己人，都下来吧！”一些人陆续跳下了车。张宜友又去动员原红四军十一师政委甘龙泉，甘过去打仗很勇敢，后来因为没有守住一个阵地，被张国焘撤职当了挑夫。甘说他不想回去，干革命连自己的命都差点送掉。甘到南京后，回家了。他们那一车 1000 多人，下来 300 多，妇女 300 多人，只下来 30 多，其余的人都送到了南京。

他们到了西安七贤庄八路军办事处，洗澡，换衣服，大家高兴极了。休息一天，坐上汽车，向延安出发。

汽车经过三原，援西军正在这一带改编为八路军。朱总司令在三原，给大家讲话，他说：“西路军的战友们辛苦啦！西路军虽然失败了，但不怪你们，不是你们不能打，现在活着回来就是胜利。你们身体很弱，要好好休息，然后到抗大学习，武装头脑，中国革命还需要你们挑重担子!”

张宜友坐在汽车上，深邃的目光闪着兴奋的光芒。他回到了延安。

“补充团”与“工兵营”

“君不见，青海头，古来白骨无人收。”

“青海城头空有月，黄沙碛里本无春。”

“烽火城西百尺楼，黄昏独坐海风秋。”

青海是凄凉世界，西宁是边塞孤城，西路军被俘将士困在这凄凉世界、边塞孤城。

艰苦的人生是经过洗涤的人生，悲惨的人生是经过砥砺的人生，被俘红军在“补充团”与“工兵营”是艰苦的、悲惨的。

被俘红军18到20多岁的青年被挑选出300多人，组成三个劳动队。时间是1936年11月，寒风已起。三个劳动队被调往民和享堂镇，担任享堂桥东西两岸艰巨的石方工程。开工时编为一个营，叫工兵营，归当地驻军第一〇〇师补充旅旅长马全义管辖。同年底，在西宁又组织了一个300多人的劳动队。这次征拔年龄延伸到30多岁，修筑由西宁东郊到山峡的车马大道，长20华里，用了3个月。1937年2月，享堂桥码头工程竣工，工兵营调回西宁，改称工兵第一营，劳动队称为工兵第二营。第二营调到循化查汗大寺、古什群峡，开荒2500余亩，修干渠1条，连支渠长约几华里。第一营调到化隆甘都大滩，开荒约5000亩，修渠几华里，还修建房屋多处，名之为“新村”；先后由化隆、循化移民一百多户，从事耕种。

为进一步从被俘红军中攫取财富，1937年三四月间，又选拔十五六岁到40多岁的青壮年一千四五百人，将原有两个工兵营调返西宁，合编为一个团。起初叫工兵团，不多日又叫特务团，可是与正额编制的特务团同名，不便应用，最后改名为陆军新编第二军补充团。补充团下属4个营，每营4个连，618人，连属4个排，排以3个班组成。团直属2个独立连，各有173人。全团共计2850人，最高额达到3300人。全团官佐154人，都是马步芳由新编第二军调派，马腾任团长。补充团驻西宁西郊，被勒令修建该处的大桥和昆仑中学的校址。1937 年 7 月，孟全禄任团长。孟全禄原是第一〇〇师三〇〇旅六〇〇团团长，由甘肃张掖赴庐山受训，因交通阻塞中途折回。马步芳即令其抵西宁接任补充团团长，并叮咛“要特别提防”。

孟全禄到职后，将担任建桥任务的一个营逐渐减为两个连，其余人力投入昆仑中学工程。他每天来往于两个工地，监督干活，规定晨 7 时上工，晚 7 时收工，中午一个小时的午休吃饭。

马步芳接受国民党青海省党部的建议，在一个时期里对补充团进行所谓精神讲话。讲话在劳动间隙，一般由孟全禄担任，党政负责人也轮流前往。其中有 CC 系的马绍武、复兴社的李晓钟、地方系的陈显荣等。有次马步芳派魏敷滋到补充团，魏对战俘说：“你们走上了歧路，现在得到宽大，只有好好劳动，以求生路。”在军官层层严密控制下，全场麻木冷漠鸦雀无声。那天，适逢大雨倾盆，毫无遮拦地浇在战俘身上。孟全禄不准战俘稍微移动一下。

补充团战俘终年吃青稞面，蔬菜很少，肉类更谈不到。每人年发单衣和棉衣一套，布鞋一双，长期艰苦劳动以致破烂不堪，衣不蔽体，大半赤足。劳动工具只是简单的铁锨、镢头、背篓。晚间以班为单位住在单布帐篷，每篷只有破毡两条，每人盖着一件报废的烂皮袄，虱子丛生。破毡还让给病员和体弱的使用，其余都睡在烂草上。遇到大风大雨，缩成一团，互相依偎。

孟全禄向马步芳邀“功”心切，嫌战俘做活迟缓，一再命令各级军官加速督促。平时集合哨音一吹，行动稍慢或队形站得不整齐的，动辄就打。劳动中直腰喘气的，也施以种种折磨和体罚。孟全禄心中稍有不快，往往在战俘身上逞凶发泄。

湟水，蜿蜒飘逸，由西向东，滚滚而来，穿城而去。修桥工程中的战俘，每天在湟水中干活，打河底桥基或捞运石头。清晨河水刺骨，肌肉发紫，虽被石块划破，还得忍痛照常钻水干活。施工中被淹死砸死多人，受重伤的多达几十人。一座渗透红军战俘血泪的四孔木架大桥，终于横跨湟水之上。

昆仑中学校址工地距离营地约有 10 华里，每晨迫令战俘从小桥毛胜寺，抬着所需大小木料，赶往开工。笨重的长途搬运已使人精疲力竭，到达后立即动手干活，不许延误，收工后又要返回小桥。校址地势低下，必须先在 2000

多间的房基上挖壕填石，因而大多数人到湟水捞石。雨天不能施工时，全体冒雨找石料，决不让休息。

补充团在完成上述工程之后，从西郊小桥移位于东郊乐家湾。马步芳命战俘挖土窑住宿。当时天已逐渐寒冷，立刻开工。在孟全禄的严厉督促下，半个月就完成了任务。一个土窑住一个班，仍和住帐篷一样，没有什么应有的设备，艰苦情况并未改善。

1937 年 11 月初，补充团开往甘肃张掖，归第一〇〇师韩起功指挥，临行前破天荒地发给每连杂牌步枪 25 支，以及少量的子弹。这些枪大体上是废品。全团所有官佐，每人都带枪一支，以便管制战俘。11 月的青海已是寒彻大地，行军至大梁，彤云密布，漫天大雪。受冻致伤 100 多人，其中半数牺牲，半数成为残废。因不堪迫害，在夜行军中逃走了 20 多人。韩起功将残废战俘遣散回家，但他们衣食无着，其凄苦情景可想而知。

韩起功将分散在张掖、民乐、山丹、临泽一带红军战俘，收罗了 300 多人，补齐了补充团的缺额，同时又组成一个 200 多人的补充营。韩唯恐战俘聚集一处发生事端，即于 12 月初开展所谓冬训，一直到 1938 年 3 月底结束。

马步芳为了解决西宁至张掖之间的交通运输，于 4 月间令补充团突击宁张公路八盘顶至卡子峡段的艰巨工程。这一段路在海拔 3700 多公尺以上，地势高峻，雪峰壁立。夜值大雪，帐房压翻。经过三个多月苦役，于 7 月初终于修竣完工。在一年多的惨苦岁月里，孟全禄狐假虎威，先后完成了三项艰巨工程，用战俘的血泪作为向上爬的垫脚石。

1938 年 8 月初，马步芳命令孟全禄将补充团第一营留驻青海，其余及张掖补充营的全部战俘 2800 多人，分批解送兰州国民党第八战区。马步芳将其中 1500 名顶替了青海省应征的壮丁，转手向青海各族人民榨取了一大批壮丁折价款，掠取银元约 120 万元之巨。

当时补充团的团部有两个传令班，一个由男红军组成，另一个由女红军组成，约 20 人左右。女红军班的班长叫王安华，20 多岁。补充团送兰州时，她不愿去，留在了甘州。当骑兵旅开到兰州后，她提出要回四川仪陇。孟全禄同意并给了她路费，她回四川去了。

补充团集体送走之前，也曾向兰州送过人。补充团连长冶建福带一个排长一个司务长，把各营各连年龄较大，20 多岁到 30 岁左右的红军战士挑出约 200 多人，送往兰州拱星墩交给国民党中央军感化队。1937 年四五月份，军法处军法官陈廷俊押送 295 名被俘红军到兰州，其中女红军 5 人。在青海境内由马步芳的兵站供应吃喝，在享堂出青海时每人打了 4 天的口粮。这 295 名红军也被送到拱星墩国民党中央军的感化队。

补充团第一营的被俘红军留了下来，就像跌进无底深渊。一营在张掖修飞机场，完工之后调回西宁，修西宁至兴海大河坝的公路。这以后一营就叫工兵营，营长马世祥。

修路时跑了几个人。马世祥怕红军再跑，就命令晚上把所有红军人员的衣服脱光集中放在连部，早晨出工再发。苦苦干活，吃的却是难以下咽的豆面和青稞面。马世祥把上面发下来的 10 多头牦牛让他舅子赶回家了。10 多头牦牛真正到每个人碗里，也不过是星星点点，但人们还是恨得咬牙。马世祥还向藏族千户敲诈了 200 块白洋，给每个连长 20 块，连副以下没给。营部一位年纪大的山东籍战俘文书，把马世祥克扣贪污的事，给马步芳写了信告了状。工兵营回西宁途中在扎麻隆休息了三天，马世祥把山东文书叫出去。从此，再没人见过这个文书。

工兵营修路五个月，1938 年夏天回到西宁乐家湾，改名森林警察局，有人仍习惯叫工兵营。全营将修路时跑掉的 10 多个人由搜捕的流落红军补充后，一连二连到大通县郭麻寺拉运木头，三连四连到循化县宗吾、占群地区拉运木头。以后，又在大通收菜子，修煤矿。

马世祥因贪污被撤换，由马德林任营长，原二连连长宋占彪任副营长。

1939 年 2 月，工兵营从乐家湾出发到循化赞卜乎开荒。在赞卜乎上庄、中庄、下庄，五年总共开了 1000 多亩地，修了六个水车，六十几个庄廓，每个庄廓里修了五间住房。赞卜乎被马步芳看中，就叫工兵营搬到结什塘去开荒。马步芳在赞卜乎修了公馆，安了庄头。庄头种赞卜乎的地给马家交租。工兵营在赞卜乎开荒时，还在化隆甘都东滩、西滩开荒 1000 亩。

1944 年工兵营搬到结什塘，一待就是近三年。修建铺面 200 间，油坊一个，学校一个，清真寺一个，水磨两盘，修了仓库，修了街道，在两面山坡上开荒地四五百亩。

1946年，穆永珍当营长，来时带了10多个人。他来以后把原来的营长、副营长、连长、排长一齐换掉。宋占彪把原来的连长、排长带回乐家湾办了退伍手续，给每人3块银元的退伍费。穆永珍在附近森林打猎，曾将一名红军打死。

1946年秋，马步芳把穆永珍撤职，叫军部情报科科长尹焕彩接任。尹去后把没修完的房子修完，把庄稼收完，然后回到西宁报告。马步芳对尹说决定把工兵营全部遣散。

尹焕彩领上遣散证和路费来到结什塘。工兵营4个连432人，这时因逃跑只有二百五六十人，其中带家属的20户，内有夫妇俩都是红军的10户左右。每次遣送10人，也有20人的，送出青海循化与甘肃分界处的大力架就算完事，发给遣散证明和路费。这样送了两个多月，最后剩下有家属的20户，分散安置在结什塘庄户处。

马步芳以"公德堂"名义登记了黄河南北工兵营的劳动产业。马步芳指示黄河以北是儿子马继援的产业，黄河以南包括赞卜乎和结什塘是他的私生子马崇德的产业。

血溅逃亡路

黄河源头，青海省巴颜喀拉山，海拔4800米，比起黄河入海口来真好比在天上一样。黄河，是中华民族的摇篮和象征，它用自己的乳汁哺育了神州亿万儿女，又用百折不回的行动给中华儿女灌输了自强不息的民族精神。黄河，还载着红军西路军被俘将士的牺牲和热血，以一刻也不肯安分的进取的波涛流向大海。

光阴似箭，已经是1944年了。青海被俘红军组成的工兵营，在循化县结什塘开荒，修街道，盖水磨……循化在西宁的东南方向，是黄河从青海出境流向甘肃的地方。为了获得久已失去的自由，逃亡成为他们孜孜奋斗的目标。

杨利民和唐文华由工兵营逃出，到了黄河岸边，看着河水奔腾而去，却过不了黄河。可怜两个逃亡者，面对的不仅是无法逾越的黄河，还有血淋淋的追索。营长马德林命令排长王福宝带人去追。王在黄河边一个叫依玛目的庄子追上了杨利民和唐文华。两人躲藏在撒拉族老人家里。王福宝赶去时，杨利民站在院中，双眼闪着光，令人不寒而栗。杨利民用随身带的藏刀自杀而死，倒在血泊之中。他宁愿血溅逃亡路，也不愿再受无休止的折磨。落日像血，像火，像即将凋谢的玫瑰。

王福宝让当地保长把人头割了下来，押着唐文华回到结什塘。营长命人把杨利民的人头挑起来，挂在营房外面的高杆上示众；命人把唐文华身上的衣服剥光，打了背花。什么叫打背花？两名手执皮鞭的打手站在被打者左右，一人一鞭交替在光背上抽打，叫打背花。打背花常把人打得血肉模糊，死去活来，轻者致残，重者死亡。

打背花、砸骨拐、打懒弯（打屁股）统称“三大套”，是马家军对蒙难红军经常使用的酷刑。

王英武——

补充团第一营在窑街修路期间，每天斤半面，没有菜，没有盐，没有油。菜蔬钱被营长贪污了。每天劳动，以班为单位分给任务，白天干不完，晚上继续干。由于吃不饱，穿不上，劳动量大，有病没医生看，死亡人数越来越多，有 70 至 80 人。我们三连就死了 40 人，死人最多。我亲自埋了我们连死的 30 多人。在阎王沟吊空作业，炸石头，打炮眼，绳子断了，跌到窑街河里三个人，全都死了。我们三连伙夫因到善麻湾山上打柴当天没回来，第二天被抓回来打背花，打得半死不活，从悬崖上抛下跌到窑街峡河里死了。

王正贵——

1937 年 10 月，我们去甘州，走到黑城子。晚上快睡觉时纷纷扬扬下起大雪，紧急命令出发。雪有二尺深，我们的人越走越少。马家军官发现人没跟上来，就叫吹号调人，人还是没来。团长孟全禄就地住下，连长们去找人。发现好多人冻死在雪里，有些活的人藏在羊圈里。死的人就地埋了，冻坏了不能走的从洪水要了木车先拉到洪水，能走的往甘州继续走。

甘州休息两三天，营长召集班长以上开会，叫抓当地年轻人补充死伤的。抓了一礼拜左右，把 70 至 80 个老百姓抓来补充到每个班里了。我们营还补充了原在甘州的工兵连，全是红军战士，有 100 多人，年纪很小。

已经是开始种庄稼的时候了，马家军官内部闹矛盾。营长不满团长，在一个晚上悄悄儿开会说："尕娃们，我死你们跟着我死，我当官你们给我当兵，我当百姓你们给我种庄稼。"第二天晚上营长把我们带上跑了，又经洪水、炒面庄等地到大通后子河住下。营长说："你们把人安置住下，我前头去见马主席的面，好脸给我就返回来，好脸不给我回来我们往山里上，当变兵。"营长去见马步芳，第二天就回来了，并拉来了一汽车衣服鞋袜，每人发了一套衣服、三块白洋。我们到了西宁小校场，每个班给了一头牛吃。一个礼拜后开往湟源石板沟，开始修路，一直修到大河坝。修路大约三四个月，又回到乐家湾住窑洞。10 至 20 天，我们工兵营到大通郭麻寺伐木头，给煤窑修房子，包括收油菜，搞了三个月，又返回乐家湾住窑洞。一礼拜左右，我们到循化黄河桥头扎巴滩修房子开荒。

在循化开荒种地期间，地域比较大，有活动余地，跑到甘肃拉卜楞黄司令地区没人抓。跑的人越来越多，间隔 10 天或半月就有人跑。我在循化开荒一年，也就是搞了一茬庄稼，就跑出来，跑到化隆县科沿沟挖金子。

黄科林——

我 1937 年逃过了活埋之灾，又进了人间地狱，1939 年被抓进工兵营。工兵营当时住在乐家湾的窑洞里。

在小桥修路时，马匪怕我们跑了，夜晚把帐房放下来，把我们都盖在里面，周围压上石头。在恰卜恰时，怕我们跑了，晚上把我们衣服全拿走，第二天起床时再给我们。

在工兵营受的苦很大，我们都商量二三人一起逃跑。有人逃跑时，我们就想一切办法买些鸡蛋和黄纸，准备万一被抓回打坏时好用。虽然抓回打得死去活来，有时还被杀，但是我们的人还是逃跑了不少。在循化，工兵营四个连最后还剩 200 多人。

工兵营夏天发一套衣服，冬天发马匪骑兵换下的旧皮衣，发的鞋是牛皮子缝在一起的。有时我们就用这个鞋做碗用，因我们全吃面糊糊，又没有碗。

王元诗——

工兵营四连文书王志明是红军战士，经过暗地串联，带着男女七八个人逃跑了。敌人追赶到循化县张沙村把他们抓了回来。所有人都被打了背花、懒弯。王志明被送进了循化县监狱。他举目无亲，吃饭喝水都很困难。警察白顺德看他孽障（可怜），向老母亲李存妮说了。他们家里也是有上顿没下顿，怎么办呢？李存妮想不出好办法，就提着篮子去讨饭，将讨下的饭送到监狱里给王志明吃。大约半个月，王志明身体慢慢好些，他怀着对李存妮母子的一片深情，最终逃离了魔窟。

第四章

西路军被俘将士解送青海知多少?

超过7000人

湟水，像一条狭长的飘带，由西向东滚滚而来，穿过西宁古城流去，汇入黄河。湟水，西路军将士悲壮与惨烈的见证者，至今依然悄悄地呜咽着。血水，泪水，难道早已逝去？留下的只是沉重的历史？

西路军被俘将士解送青海一共有多少人？

红五军教导总队及卫生队被俘人员

1937年4月6日《青海日报》:“……此次俘获男女共匪六七千人，内有伪参谋长、政治部主任及团营长约17人，迷信共产主义甚深，不易感化已分别枪决外，其余解送到省。”从这条消息看，西路军被俘将士解送青海到4月6日为止已至6000多，其后该报还陆续有所报道。4月7日报道:“俘匪380余名，昨晨由甘州解抵省。”同日又报道说:“男匪280余人，昨由甘州解来省。”4月8日报道:“在甘州搜获女匪14名，于昨晨由甘州派员解抵省。”5月18日报道:“匪伪军长孙玉清等昨押解抵青。”《河西日报》4月27日报道，原西路军组织部部长张琴秋已被“解送青海”。

如果把4月6日的六七千人折中计算为6500人，再加上380余和280余，被俘解青的红军就超过了7000人。

大通公平煤窑

马步芳在吞并许多私窑的基础上，成立了他独家经营的“大通公平煤窑”。煤窑里的工人，一是原来私窑上的，二是抽来的壮丁，三是捉来的路人和盲人，四是被俘红军。其中主要是壮丁，因而煤工便被称为“煤兵”了。盲人一般是在井上摇辘轳。

总窑把马如林，经常持有两支手枪，可以任意捕人杀人。每个把头都有单梢鞭、双梢鞭、三环鞭、拱套鞭等多种皮鞭。他们吊打煤兵至死，叫做神仙不落地；把左手和右腿绑起来吊打，叫做凤凰单展翅。此外还有坐板凳、拔断筋、砸骨拐、倒吊葱、鸭子浮水、兔儿蹬鹰、鲤鱼翻身、张飞挂肉等名目繁多的毒刑。

公平煤窑用残酷手段强迫煤兵劳动，并且规定，父亲死了要儿子顶替，哥哥跑了要抓弟弟。实际上，煤兵成了世袭的奴隶。一旦进煤窑当了煤兵，就很难活着回来。当时大通流传着这样的说法：一个老人有两个儿子，一个进了公平煤窑，一个抓去当了兵。人们问老人，你两个儿子到哪里去了？老人回答说:“一个埋了没死，一个死了没埋!”“埋了没死”形象地说明了煤兵的悲惨处境。

独此一家的公平煤窑，垄断着青海的市场，煤的售价往往为成本的10倍，从而获得了巨额利润。据一般估计，它每年可赚银币 50 万元，成了马步芳掠夺人民聚敛财富的一个重要基地。

苏永贵——

我是四川南江县人。部队到达甘肃临洮，我在送信时遇马步銮骑兵，左肩和后颈被匪兵砍伤，昏倒后被俘。我与同时被俘的七名战士一起被押送到河州，经循化、化隆、平安驿等地押到西宁，被送往大通县桥头小煤洞煤窑做苦工。

马匪军将我们八人押送到煤窑，交给一个姓马、一个姓牛的两个副官。煤窑规模不大，只有几十名当地工人和我们八名红军战士劳动。每天弯着身子到 30 丈深的井下往上背煤，劳动时间很长，每天都在 14 个小时以上。砸伤、生病，煤窑概不负责。窑长、副官的任务就是监视和看管工人与红军战士。服此折磨摧残人的苦役，仅仅换得一点粮食，维持生命。

1938 年底 39 年初，我们八名红军战士又被送到乐家湾，编入工兵营。当时工兵营的营长是马德林，副营长是由二连连长提升起来的宋占彪。

义源工厂

义源工厂是马家军的军需物资制造厂，地址设在西宁东关。生产各种服装以及鞋、袜、鞍鞯、皮件、炊具、毡衣、毛口袋、车马挽具、铁木用具等产品。民国十九年，马步芳只拥有军队 4000 人，成立陆军第一〇〇师后扩充到 23000 人，至民国二十七年又扩充到 42000 人。因之，厂内的工人人数，从 140 多人增加到 1000 多人。每人每月工资平均二三十元，但不发现金，多数以青盐顶替，有时也给些茶布之类，作价高于市值 30% 至 40% 。民国二十七年 11 月，冶成荣担任厂长后，为适应军需物资的供应，扩大生产设备，增加了工人。由部队中调来士兵 200 多人，名义上拨充为工人，实际是进一步对该厂所有工人进行监督，实行军事化管理。原来的车间小组，改为营、连、队组织，强迫工人延长劳动时间，提高劳动强度。

义源工厂厂长吴志明——

马步芳原在化隆当营长，我在化隆开铺子，他经常来买东西，我们比较熟悉。1930 年 8 月成立义源工厂时，马步芳让我当了厂长。

义源工厂开始还有商业性质，给别人做些活，以后随着马步芳部队扩大，需要的东西多了，工厂人又少，就专门为部队服务了。义源工厂开始时 100 多人，有 24 盘做衣服机子，到 1938 年我不干时，人有 200 多，机器有 30 盘左右。我不干以后，厂长由冶成荣接替，冶以后交给赵焕然，赵以后又交给马俊寿，一直到新中国成立。

河西战役被俘的女红军被马步芳分配到义源工厂，最早是 1936 年 11 月来的，分几批共有 41 人。她们吃住在工厂，住集体宿舍。因她们没有被褥衣服鞋袜，来工厂后我们给发了被子（羊皮的)，三人一床，每人发了鞋袜，衣服实在不行的也给发了衣服。她们到工厂后主要是纳鞋底，纳衬底，装棉衣，锁扣眼等。

这 41 人中，有三人经我同意找了对象，离开了工厂。一个姓王，叫王世莲，找了义源工厂的一个铁匠；一个姓什么记不清了，找了该厂的石印学徒工，新中国成立前死了；还有一个姓陈，好像是个大学生，有二十二三岁。她曾要求我准她回湖北老家，看望老母亲，说她母亲 80 多岁了。我没有同意，怕马步芳追查。我给她出了个主意，说找个对象离开义源工厂我就不管了。她后来找了马步芳的汽车司机袁师傅。我开始不敢同意，经请示马步芳同意后，通知他们可以结婚。他们结婚时，因我和袁师傅熟悉，给姓陈的女红军送了一套衣服和一床被子。听说他们结婚一个月左右就走了。

有一次，马步芳通知我，叫剩下的 38 个女红军停止干活，收拾一下到别的地方去。三四天以后马有侠来领这 38 个女红军。一个月以后，有一天我见到马有侠，问他把她们送到哪儿了。他说送到西安胡宗南长官公署，还说路上一人生病死了。

义源工厂厂长马俊寿——

1944 年到 1949 年我在该厂任大队长、厂长。该厂是以供应马步芳各部队被服鞍韂为主，兼制昆仑中学及各小学学生冬夏服装的综合性军工厂。

厂长直接领导三个大队，每大队分三四个连，每连分三个排，每排三个班。各级均以大队长、连长、排长相称，都有军衔。每大队人数 400—500 不等，以军事编组进行生产。

工人来源，以河西酒泉平民学校为基础，各部14—15岁的不能当兵的小兵和藏民娃、哈萨娃等组成。与1937年被遣送的红军战俘统统组成各种产品的手工生产徒工。

1944年到1949年，被俘红军剩有侯进忠、董朝兴、马友仁、曹喜武、刘秉贵、袁庆德、刘××。刘××长期病休中，乘机逃跑了。被俘红军战士分别编入军鞋、皮革等生产工序。

陆军医院

陈世英——

我在高台被俘，同时押解西宁的女同志有杜桂英、王兰英、李志真、冯有连、张文秀、张桂兰、张茶清，还有三个不知姓名的男同志。当时年龄都很小，一般在12—17岁之间。最小的张文秀只有12岁，因在路上走不动被杀害在民乐县的炒面庄。

赵文秀在山丹被俘，同时押送西宁陆军医院的还有陈明杰、姚才昌、薛秀英三个女同志。

先后送到陆军医院的有好几批女同志，大约40名。另外还有被俘红军医生三名男同志，一个姓黄，一个姓赵，一个姓刘。这三个男同志分配在医院做大夫，其他女同志分配做杂役，如倒屎尿，洗衣服，打扫卫生，护理伤病员等。我们40名左右的女同志编成三个班，由张福清、陈兰英、陈学书任班长，陈明杰任看护长管理着。

我们白天要全力劳动，稍有不对就挨耳光、脚踢和杖笞，晚上要被奸污，若不顺从，就随口加罪往死里打。一天，姓刘的医生对我们说："姐妹们，要团结好，要互相照顾，要设法逃脱，这里不是我们待的地方！"自那次后这个刘同志再没见过，可能被敌人杀害了。

一天下午，马匪把女同志集合起来，站成一个单行队伍，把匪军下级军官也排成一个单行队伍，并将男女相向而站，对准者即为夫妻，不许挑选，由马匪领走。最后因匪少而女同志多，还余下六名，不知去向。我当时对了个胡子长得很长、年龄很大、个子很高的一个河州回回。我坚决不从而逃跑了。

中山医院

阎秀文——

我们被俘女战士惨遭马匪军奸污凌辱，押送西宁路上，鞭打刀砍不计其数。我们五六十人被送羊毛厂做苦工撕羊毛，撕不好就挨鞭打，年岁较大的女战士随时都被工头拉去奸污。我们做苦工，受凌辱，每天只能吃上两碗豆面糊糊。我们说："你们杀就杀，这罪受不下！"

一周后，工头把我们召在一起问："谁在红军当过护士？"我们 20 多个当过护士的被挑了出来送到中山医院。

在中山医院，我们洗绷带，打扫卫生，还要到陆军医院侍候马家军伤员。天下乌鸦一般黑，奸污女战士的事时有发生。每天大约五两粮，没有菜没有盐，早晚两餐各两个小馍馍和糊糊，吃不饱。大家身上无衣，脚上无鞋，晚上睡在土炕上没有被子盖，又饿又冻，因之更加怀念红军大家庭的温暖，一想起离开部队所受的凌辱就啼哭。有时回忆起革命战斗岁月，大家就高兴地唱起了国际歌和"鼓声咚咚红旗飘飘，战士们好英勇"……

一天早上，三个伪兵拿来一个红包袱，放在桌上要中山医院院长验收。他们把我们红军战士叫来，说："这是你们军长的头，你们再闹就是这个样子。"大家非常气愤，说："你们做啥，煮着吃嘛！"医院里有人说："你们闹啥，里面还有哩！"我一看里面玻璃瓶里还泡得有一个吗两个，没看清。

此后，马匪军官背着枪来中山医院两次，叫红军战士排队出来，他们任意把女红军赏人做老婆，做佣人，最后，只剩下我和王海会、唐风安、邵桂英、阎秀珍五人。不久，又让我到中山医院内科主任金学道家当佣人两年多。金学道这衣冠禽兽，不仅奸污了我，还把生殖器放入我嘴里。他玩够了，把我赏给他的内亲米成德为妻。

军乐队

何成新、杨明杰——

马步芳军乐队约120人，其中红军失散人员40多人。红军失散人员一进军乐队，每天的见面礼是有理无理要挨三大马棒，先挨了打再说；再是揪耳朵，狠扭一放手，头碰到墙上，一碰头上就是一个大包，还不准哭叫。马匪军官对待被俘人员要打就打要骂就骂，永无休止地体罚，还要给他们当牛做马，打扫清洁，洗衣服，干勤杂，吃的是豌豆面糊糊汤。有些人后来到了张掖韩起功的一〇〇师军乐队。何成新曾经到张掖韩起功的军乐队干了几年又回到西宁的军乐队里。

军乐队中尉分队长马生武——

1933年左右我去军乐队学吹号，当时军乐队属省政府秘书处管，主要负责马匪军官来去的迎送，群众结婚丧葬的奏乐。1937年夏天，马匪从羊毛工厂、义源工厂给我们军乐队拨来30名红军，全是十五六岁的男孩，来了也是学吹号。当时每月给工资二至五块白洋，吃的是一半白面，一半杂面。大约是1943年左右有三四人被分去小桥开开山机，三四人去军队训练班受训，余下有10多人。当时有的已结婚，军乐队还拨给粮食、煤等让其生活。后来这10多人向马继援要求回四川，马说，要问主席哩！后来马继援说，主席准了，给他们每人发给10块白洋，他们带着家属回四川了。马匪还雇了汽车把他们送到兰州后让他们自己走。现在记得起当时在军乐队的红军有龚山珍回四川，唐进才回四川，田顾农回四川。

新剧团

王定国——

我们西路军总政治部前进剧团过了黄河以后，有干部战士八九十人，隶属总政治部宣传部领导。那时的宣传部长是刘瑞龙。

我们接受总部命令，至二十里铺的红九军军部驻地慰问演出。我记得是庆祝苏联十月革命节后不久，上级发给我们每人两块铜板。我们都舍不得花，全体人员将自己的铜板凑起来，买了些物品，准备慰问红九军在古浪战斗中负伤的伤病员。

12月5日清晨5点钟，全团人员和九军派来的几名保卫人员一行从县城出发，冒着隆冬早晨的严寒徒步行走，到达目的地时已经8点钟左右。不巧，因敌情变化军部已经转移。我们正在犯难踌躇，忽发现数里外大道上尘土飞扬，是敌人的骑兵赶来。大家调头朝西跑了一华里路，有一个大土围子就闯了进去。这个围子是郭家下磨庄，进去以后发现老百姓已外出躲避了。我们一部分人用杂物堵塞门洞，一部分人爬上房顶，占据庄门门墩，控制碉楼和庄墙，在庄墙顶部四周的围裙墙上整理了射击垛口。马步芳一〇〇师之马步銮骑兵团（黑马队）向我们据守的围子涌来。

敌人不停地用步、机枪朝庄墙垛口射击，还有一门炮也向庄内打。两架敌机飞来周旋了几圈朝西飞走了。大家解下裹腿带连起来，七手八脚拧搓成一根绳子，从十多米高的围子上吊下去一个男同志。他爬过外围子墙，穿过围子南边的一块树林，冲出了敌人的包围圈。

时近黄昏，凶恶的敌人用密集火力朝庄内扫射。七八个敌人爬上了围子东面的一棵十五六米高的大杨树，居高临下朝庄内射击。正在屋顶指挥战斗的支部书记、政治指导员廖赤健同志在战斗最激烈的时刻中弹壮烈牺牲。战士们以满腔仇恨，奋起反击，把树上的敌人统统打了下去。敌人再不敢上树了，但火力更加凶猛，发起一次次进攻。剧团政委易维精，团长周汝功，副团长汪贤巨，导演任弼璜（任弼时的哥哥）等十多名干部战士相继英勇牺牲，还有不少战友负了伤。

整整一天，干部战士滴水没进口，粒米未沾牙。饥饿严寒胁迫着每一个红军战士，但大家一鼓作气，打退了敌人一次又一次的进攻。活着的每个人都滚打成土人儿，只有两只眼睛滚动。

临近傍晚，红三十军八十八师郑维山政委派来的人说，要我们设法突围撤退。干部和年龄大一点的战士都牺牲了，弹药消耗殆尽，无战斗力，无法突围。我们在敌众我寡的条件下准备坚守到天黑以后再想办法。大家把武器砸折、分散埋了，只留些长矛、马刀、木棍，又搜集砖块、石头、瓦片作为弹药断绝后的武器和敌人拼杀。不料，夜幕拉下的时候，毒辣的敌人用汽油、柴火烧开了庄门，蜂拥而入。我们剩下的五六十人寡不敌众，全部被俘。

半夜，把我们解到马元海设在东十里铺一座庙里指挥部的后院关押起来。关押期间，总部曾设法营救我们，给马元海来了信，要求释放我们，他们不

敌人强制被俘西路军战士组成的新剧团旧址——西宁市雷鸣寺街8号

干。总部又以一条山战斗中俘虏的敌人工兵营为条件交换我们，马元海也不干。在这座庙里把我们关押了三四天后，押送到凉州新城，监关了很长一段时间。这些天里，让我们这些"共产丫头"挖树坑罚苦役，备受欺凌。不久，又将我们其中的一部分解押到青海西宁送给马步芳，逼迫组成了"跳舞队"。

任芝芳——

我8岁参加儿童团，9岁参加新剧团。河西战役时，我才13岁。我们从永昌去二十里铺演出，还没有走到，就被包围。敌人放火把门烧了，冲了进来。我人小，钻在桌子下面老乡的一个背篓里，被敌人抓了出来。我们是被马步青的部队俘虏的，第二天到武威。在押送路上，几位女同志被马匪奸污了。这一次被俘的有黄光秀、何德珍、苟兴才。在武威10天左右，一半送到青海，一半留了下来。

何德珍、苟兴才都给马步青当了媳妇，我年纪小，跟她们当了丫鬟。何德珍后来被送给了一个姓马的处长，这个人新中国成立后被捕劳改了，何以后回了四川老家。我给苟兴才当丫鬟一年多，一次因我反对了她，她把我给了一个营长家当丫鬟。我15岁时，就和马匪部队一个喂马的结了婚。

刘明清——

我们被俘女同志编了一部分到新剧团，为他们跳舞唱歌。我记得新剧团人员最多时60人左右，后分配给甘州一部分，还有30人左右。我记得有黄光秀、党文秀、陈淑娥、安明秀、王定国、孙桂英、罗秀英、秋秀英、秦云杰、苟先珍、张琴秋和我等。

在新剧团，我们自己做饭，自己管伙食。每天都是杂面（青稞、豆面）

糊糊，也没有菜。不仅生活不好，还经常挨打受骂。但我们是不甘心受压迫的，大家想了不少方法同马匪作斗争。

马匪让我们跳舞唱歌，但他们没有人教，仍让我们跳红军的舞，把红军的歌改几个字，用原来的曲调唱。我们红军有一首歌歌词是“鼓声咚咚，红旗飘飘”，马匪把“红旗”二字改为“国旗”，可是我们演唱中仍唱“红旗飘飘”。有时他们不注意，就过去了，有时听出来了，就把我们打一顿。挨了打我们心里也是高兴的，因为我们唱的还是红军歌。

还有首歌是：“马步芳在西北阻碍抗日真可恶，压榨人民心狠毒。我们要活捉马步芳，消灭马步芳，建立后方把日抗，收复失地才有望，共产党的好主张！”这首歌词是在河西战役时编的，我们一有机会就唱。有一次被马匪的人听到了，就吹哨子紧急集合。我们每人挨了一顿打，有的同志被打得昏了过去。

还有一次在山河会馆，举行欢迎白崇禧的晚会，让我们跳舞，还让马匪的“义女”（实为马步芳的娼妓）跳舞。我们跳的是红军的“海军舞”。为了表示我们的不满，就故意把鞋甩在前面第一排白崇禧的茶桌上，结果我们每人少不了又挨了一顿打。当时张琴秋同志曾对我和党文秀说，可惜我们没有一颗手榴弹，如果有，利用今天跳舞的机会，炸死他们有多好呀！我们牺牲也是光荣的，早死晚死，反正总有一次死。

西宁警察一分局局长马英——

党文秀经常到马步芳军部去跳舞，而马威是马步芳的随从、传令兵，又是姑舅表兄弟关系。马威就向马步芳要党文秀。

马威和党文秀于1937年秋在西宁结的婚。当时请了客，请了厨师，摆八大盘。黄光秀、陈淑娥、赵全贞等歌舞团的人也来了，还带来了舞蹈服装，在我们家里跳了舞。

结婚后，党文秀就住在家里，费玉秀（马英的大老婆，北京人，原为妓女）、莫枝华（马英的小老婆）、党文秀三人轮流做饭，每人一星期。

1938年秋天，有一天上午10点钟左右，我从警察一分局回来，看见党文秀穿着马威的灰制服，腰间围着子弹带，背着盒子枪，在大门口走来走去。党文秀一见我就赶紧跑回家去。

我回到家里，看见马威在睡觉，便叫醒骂了一顿。马威就把党文秀打了。我向马步芳做了报告，说马威把党文秀管不住。马步芳对马威说："娶党文秀做老婆不合适。你们分开，你可以到女子师范去挑，你看准谁，我给你谁。"这样，党文秀就又回到了歌舞团。但是，过了一段时间，马威又把党文秀从歌舞团接回来。

党文秀接回来那天穿得很阔气，还带着包袱，是用骡子拉的轿车接回来的。马威当时没有钱，从莫枝华那儿要了一块银元付了车钱。

那天晚上，我正在一分局值班，马步芳来了电话，说找党文秀到军部去跳舞。当时在军部的还有马忠义、马步銮两个旅长及其他人，但党文秀被马威领走了。我告诉马步芳，我已两天没回家，不知道这件事。马步芳叫我赶快回家把党文秀找回来。同时马步芳还派了传令兵队长马有福、传令兵李生存来要人。

我带着马、李二人到家。马威一听动静，翻房顶逃走了。党文秀藏到厨房里案板下的窑里。我用手电一打，发现了她，就交给马、李二人带走。

过了一两天，我问马有福，党文秀怎样了。他说军长发了脾气，把党文秀枪毙了。

我的老三兄弟马威，我也把他找到了，叫他去见马步芳。马步芳因为与我们有远亲关系，就把马威开除，令他马上离开青海。马威离开青海后，在甘肃武威混了几年，以后回到了河州老家。

黄光秀被马步芳霸占，在他的玉石公馆住。以后因马步芳的儿子马继援反对，说如果他父亲不把黄光秀弄走，他就要把黄光秀打死。这样，马步芳就派马绍武用飞机把黄光秀送到四川去了。

陈淑娥嫁给了上校参谋牟文斌，生了一个孩子，后被马元海霸占。马元海带着陈淑娥乘骆驼到西藏、尼泊尔、印度等地去游历。回来后，把陈淑娥安排在贵德他的公馆里。

赵全贞后被马步銮霸占，新中国成立前夕由马步銮带到台湾去了。

孙桂英当时到甘州去了。

董桂芳——

我 1933 年正月参加儿童团，11 月到红四方面军新剧团，在乐队里打"当当子”。当时新剧团有50多人，团长姓易，外号易莽子，个子大，是鄂豫皖的人。

剧团到一条山，我病了住进医院，跟医院到永昌。剧团被马匪俘去了。我出院后分配在供给部，到倪家营子又让我到三十军政治部当宣传员。人还不熟，就突围到梨园口，快到康隆寺时被打散。我藏到冰窟窿里，天亮后，看见到处是死人。民团搜山把我们18个人一起抓住了。我们女的没有武器，男的有武器也没有子弹了。

敌人把我们押到张掖大衙门，王定国她们已先关在里边。共有7个男的，14个女的。我记得还有孙桂英、陈桂兰、苏佩珍、蔡德贞、李玉珍、陈秀英。孙桂英四方脸，高个子，很苗条。敌人让我们站起队来，韩起功问：“共产党好还是马家军好?”我们说：“共产党好!”我们被打了一顿。

敌人的参谋罗平见孙桂英长得好，想要。韩起功不给罗平要给回族，孙桂英不同意。韩又说送她去凉州，是韩的清水副官送的。清水副官的女人是被俘女红军，过了几天哭着对我说：清水副官把孙桂英杀掉了，是奉韩起功的命令。

陈桂兰被分给了韩起功的一个参谋，苏佩珍被分给了韩手枪队的一个汉族传令兵。

蔡德贞和张水清结了婚。张水清的外号叫张九九。一天晚上，韩起功打发人来叫张水清，一去就没再回来。第二天，敌人装傻，问：“张九九怎么没上班?”蔡德贞说：“被你们的人叫去，没回来!”事后，敌人把蔡德贞卖给了回民阿訇。

陈秀英分给韩起功手下的人，不到一个月就喝大烟水死掉了。李玉珍也给了韩手下的人，到青海去了。我们“新剧团”那个男的李汉炳，被编到敌人的补充营，跑掉了，在张掖住过，1952年回了四川老家。韩起功把我分给手枪队的传令兵，叫刘根强，是河南洛阳县人。1943年韩起功调青海，刘根强带我逃了回来。我们无法共同生活，他常骂我是“老共产”，又找了个小老婆，我骂他是马匪。我们1956年离婚，他1958年被法办，去了新疆再没有音信。他那个小老婆也改嫁到新疆了。离婚时，我最小的孩子还没生。离婚后，我给人家洗衣裳，纳鞋底，挖大粪，后来又到搬运社。

一〇〇师三〇〇旅副官长赵述——

1937年夏，马步芳将“新剧团”的一部分约有十七八人送到张掖，交给三〇〇旅旅长韩起功。其中有个女战士孙桂英，思想进步，意志坚强，对敌斗争激烈，所以马步芳对她很不高兴，暗示韩起功寻找机会将孙杀害。当时韩起功对我说：“武威骑五师师长来电报要孙桂英，你给马步青写一封信派副官韩世昌送到武威去。”

实际上韩起功对我说的完全是一套假话，暗中又给韩世昌另有指示：“你将孙桂英送往凉州，路经张掖东二十里铺时，在沙窝给枪杀掉。我早已派人在二十里铺沙窝里挖好坑了，枪杀后就埋在那里。”

据韩世昌说：“我在沙窝准备掏手枪时，孙桂英猛地一下把我的手腕握住了，争持了半天才击毙了。”

第五章

草木不因寒而不泛绿开花

一份未发出的电报

电台报务主任熊维邦透过玻璃窗看到，总台台长张之俊引着六名红军被俘人员进了大门，立即知道是红军通讯人员无疑。

张之俊把电台所有工作人员熊维邦、董琳、张之杰叫来，说："这几位是共产党部队通讯人员，是我们的同行。我们都是干军队的，如果被人家俘虏后恐怕不如他们!"

红军电台高级技术干部刘景炎在康隆寺附近被俘，刘原是冯玉祥总部的工程师，在无线电界享有盛名。骑五师无线电台台长梁魁、大队长杜友三，都是刘的学生。刘是青海所部俘获，通过梁、杜的师生关系，由马步青打电报要到凉州骑五师，任命为无线电总工程师，娶了老婆安了家。刘景炎到凉州后即与马步芳电台的总台台长张之俊电来函往，逐渐成了至交。在马步芳杀俘高潮时期，刘景炎给张之俊发了一份电报，说："被俘红军内无线电通讯人员，大都是我的学生，恳求念彼此同行关系，大力给以营救!"当时，张之俊在马步芳面前能说上话，他相机向马步芳进言："我们团体日后扩大，所需人员缺乏，虽在继续培养，一时尚不能满足需要，被俘人员中肯定有这种人才，能否清查一下?"马步芳点头同意。

六名红俘衣服褴褛，形容憔悴，处处表现出警惕神态。六人住在报房隔壁的两间房屋，没正式分配工作。每人每月口粮45斤，菜金1．5角，煤每人每日2斤，一月为60斤，各发蓝色制服1套。

熊维邦工作时六人常到报房，熊也为了表示信任，时常让他们上机工作，发现曾庆良技术最好。熊刚结婚，爱赌博，有时间就回家或赌博，因而经常私下找曾庆良代他工作。

曾庆良一次悄悄地对熊说："熊先生，我的爱人听说也被俘到西宁。她是一名医务工作者，要是未死的话，可能在医院。你能否替我找一下?"

熊立即答应，说："你的老婆我不认识，我一个人找有困难。我们俩明早饭后一同去找比较方便!"曾庆良说恐不方便吧，熊回答说没关系。

翌日早饭之后，熊维邦引曾庆良到中山医院。他俩刚一进门，就遇见一位女俘。曾庆良发愣了，那个女人也愣住了。二人心中大恸，挥泪相向。

曾庆良说："我在电台与这位熊先生在一块儿还好，以后情况如何尚不能预料。希望你不要过于悲伤，再看情况如何!"

熊叫两人多谈几句，曾说恐出问题，敦促速回。

张之俊听说这件事后稀奇地说："太奇了，太奇了！我们设法撮合他们，也为子孙积一点德!"

六人表情一天比一天轻松。熊维邦在业余时间常陪他们到城内游玩。一天晚饭后，熊同六人一同去到南城墙上游玩。熊有意识地介绍了西宁市的东西南北方向和关卡渡口情况，六人聚精会神地听着。熊还指点着自己的村庄，说一旦有必要的话可去他家找他。

虽说被困，但心的荒野升起一缕缕轻烟，还跳动着红色的火焰。六人每日乘晚上工作完了的机会，以练习收发为借口，常窃听延安的新闻发布。延安每日以电码向各地发布新闻，因为当时还没有广播电台。

熊本人时常窃听延安的新闻，所以很了解报机刻度盘上该台的波长位置。熊一进门，六人若无其事地将度盘的位置转移，熊为避免他们产生恐惧心理，也时常若无其事地退出。

一天，熊偶尔到六人的房间，发现他们头对头地在写什么，见熊进来，便轻轻地以纸盖了。熊装作没有看见似的谈几句就退了出来。

据报，红军一部在祁连山中西进。马步芳即派马步銮部一个团的兵力，由旅参谋长郭全梁率领取道都兰向北追击，又以“旋密”急电尚在张掖的马彪派骑兵一部星夜追击。

当时，马步芳部的密电码都是在明码本的基础上稍加改变而成。特别是河西战役已近尾声，译电人员在保密上更是不太注意，用得最多的是“旋密”，很简单，稍有通讯知识的人一看便知电文内容。抗战胜利以后国民党中央才发了统一的保密密本。

曾庆良发现上述电文内容，当即大胆扣发了这份电报。译电处催要该电回文，熊追问发送情况，曾说因声音微弱天电干扰无法发出。

总台台长张之俊、电务处长朱长玉以及电务处译电主任赵焕耀，欷嘘嗟叹，手足无措。张之俊以右手砸左手，对熊维邦说：“看你捅下这个祸!”赵焕耀说熊：“老兄，你的庇胆大呀!”

这件事如果让马步芳知道，大家都有责任。为了事态不致扩大，几人对曾庆良未动声色。后据报，红军在玉门的青头山一带出现，由刘呈德堵击。郭全梁由都兰撤回，马彪派兵也已没有必要。这份电报也无发出的必要了。

熊维邦和赵焕耀是电务训练班的同期同学，关系很好，张之俊是他们电务训练班的老师，和他俩既是师生，又是上下级同事关系。熊承蒙二人的大力包庇，以声音微弱、声音嘈杂等客观原因敷衍过了马步芳。

张之俊为了避免风声外传，将熊维邦及时派赴同德县。六人也被隔离电台。

第二年，熊维邦回到西宁，问曾庆良等六人情况。张之俊感慨地说：“共产党不知用什么方法教育人，照理说曾庆良等千辛万苦，九死一生，已经脱离了艰难环境，生活方面也算有了一些改善，但他们临走时毫无留恋的表情。”

张出示了六人之中刘玉亭的一封来信。这封信是刘给张、熊二人的，说：“在西宁多承关照，甚感盛情。我们已入‘抗大’学习，后会有期!”他俩为了避免嫌疑，未敢回信。

岁月不居，时节如流，将近30年过去了。“文化大革命”开始的1966年端阳节，由重庆派来的外调解放军战士来青海找到熊维邦，勒令他去重庆交代问题，并和曾庆良对证。

通讯兵工程学院院长曾庆良将军坐在会议厅的角落里，此时他只配坐在角落里。然而，他必须面向大厅，掰开已经结痂的记忆，回顾那份没有发出的电报，回顾那段充满艰辛的俘虏生涯……

自传摘录

黄良诚 1944 年 8 月在师政直属干部整风班写的自传的第四部分介绍了西路军失败时的被俘经过。

失败到被俘

1937 年 3 月间，西路军在流水沟战役之后，即最后确定了失败的命运。3 月 13 日在喇嘛寺之战斗后，我和刘俊英（队长）、刘玉亭（机务员）、曾庆良（报务员），带一架干电池电台随九军军长孙玉清、参谋长李聚奎，回向敌人背侧挺进，有意暴露目标，以引敌人向后转，使主力摆脱敌人而北进新疆。

我们离开主力的那天晚上，孙李二首长仅带十数匹马溜之大吉，只有一个负伤的团政委带着我们和 200 人不到的一支部队行动。3 月 15 日，我们在喇嘛寺东南山林里埋伏了一天，杀了老百姓 30 余只羊。当时计划组织一些有枪的能跑的人，冲过有八九十里的平原到没有战斗过的东山去避几天，让敌人回师青海后再冲渡黄河回陕北。

16 日晚，行不及 10 里路，通过一条冰河。我们有一个骆驼在过冰河时掉了队，后卫班也就不耐烦地向前走了，待我们过了冰河已失去联络，找不到部队了。我们没有冲过平原，回到西山的一个小茅棚。

17 日又回到 16 日休息的那个小羊场，当天运输员又跑一个晚上，在离羊场不远的山林中住。

不幸，18 日我们向东南山走的时候，与敌人的搜索部队遭遇，我们六个人就被俘了。

被俘到离开西宁

被俘即被两个骑兵押到团部，他们也就立即报告了师部（马彪），当晚师部派来了一个军法官。

3 月 19 日被送至该师，马彪当时对我们说："你们干事的人（指技术人员不是当兵的）到哪里不一样？你们不要怕，不为难你们（指杀），即使捉到徐向前也不为难他，中央有命令。"

马彪电台主任即队长与刘玉亭同志在西北军共事过，因此他帮助我们不少。西宁知道之后，电台总主任张之俊打电报来保我们，故当时我们知道不会有性命危险，后随马彪回师青海。

到西宁后第三天，被送到电台张之俊处，张是兰州汉人。每人发了一套便衣，他们电台人全穿便衣。我们可以在街上自由出入，当时要求张允许我们回家。

在西宁时，我们常去陆军医院玩，那里有十几个女看护，是西路军被俘的。曾庆良同志的老婆也在那里，有一次游灯大会在街上遇见。

一方面我们要求回家，另一方面国民党中央有命令，要所俘之共产党干部一律送到南京，因此我们被送到兰州九十七师。

在西宁时，我们准备积一些钱待机跑回。离开西宁时，张主任又把曾庆良的老婆从陆军医院调出来，并再三问："你们哪位有家眷，在这里告诉我一路去。"并说："难中夫妻前世有缘。"我们没有想到这是救陆军医院女同志出西宁的一个好机会，同时也不知道到兰州后将如何。临行时，张送我们每人 20 元，刘玉亭 50 元，作为路费。省政府每人发 30 元。我们虽很高兴脱离回回区，但不了解到兰州后的死活如何，所以一路上多请了马和轿子。

被俘到脱险时政治活动

1．未到西宁前，我们没有什么活动，只是说我们红军官兵平等，主张停止内战，中国人不打中国人，红军主张抗日。他们认为抗日拥苏是不对的，把日本人打走了俄国人进来了还不是一样。

2．到西宁后首先有无线电训练学校的学生来看我们共产党电务员，他们毫无国家和政治观念，对共产党和红军毫不知道。我们告诉他们红军官兵平等，优待技术人员，以及统一战线等。但他们与我们接触不多，怕训练官知道了被处罚。

张主任要我们好好干，将来立家。我们在生活上刻苦精神始终表现很好，但在赴兰州途中，因不知道到兰州后死活，就不愿吃苦了。发给的路费大多用在坐轿子、雇车子和吃饭上。

3. 到兰州之后，我们没参加什么活动。在离开平凉的两天路上碰到自己的一个报务员龚兴贵，他病重，一路讨饭，我们脱下衣服给他穿，使他回来。他现在一二九师。

曾做过两件对党有利但很危险的事：有意扣压一份关于命令肃州部队立即去追到新疆的红军的电报；另外曾写过一些小纸条的标语丢在戏园子里。

第六章
武威浸泡过血泪

“年纪不大，能从虎口逃出，真不简单！”

武威北门外右侧，有一个高大的土台。台上飞檐斗拱的庙宇，在青松翠柏和古榆老槐的掩映下，显得巍峨壮观。因为庙内供奉雷祖，俗称雷台。举世闻名的东汉铜奔马，就是于1969年10月在雷台下发现的。铜奔马昂首啸鸣，飞跃奔驰，三足腾空，右后足踏一飞燕。飞燕展翅回首注目惊视。奔马的力和速度融成充沛的气韵，浑然一体地贯注在昂扬的马首、健壮而呈流线型的躯体和四条飞奔的腿及踏石有迹的蹄上。

谁哟，指着奔腾的铜奔马说：它能把武威载往明天……

是的，武威在奔向明天，但又有谁能忘了昨天，忘了西路军被俘将士在这里洒过的血泪？

“我，回来了！”当李开芬由武威来到八路军驻兰州办事处，扑向迎出来的党中央代表谢觉哉、主任彭加伦、秘书长朱良才时，她再也抑制不住自己的感情，泪如泉涌，泣不成声。

路过兰办去莫斯科的毛泽东夫人贺子珍，特意将李开芬拉到身边，用欣喜的目光左看右看，赞扬道：“年纪不大，能从敌人虎口里逃出来，真不简单！”

李开芬出身于四川达县蒲家乡的一个破落封建家庭，1931年不满14周岁，就在当地的女子高小参加了革命活动，并入了团，1933年春又在家乡参加了红军。

这年冬天，“左”倾机会主义的肃反扩大之风刮到了川陕根据地。16 岁的红小鬼李开芬也成了肃反中的杀头对象。

一队人马拖着飞扬的尘土急促地从远处飞奔而来，她们勒住缰绳，翻身下马。出现在人们迷惑而又惊异的目光里的竟是清一色背短枪的女红军。

“把她放了！”

“那……那你到底是谁？”

“我，张琴秋，政治部主任！”

张琴秋走到李开芬身边，用手为她理顺零乱的头发：“多好的小姑娘！”

张琴秋和王长德（谭政夫人）救了李开芬，将她留在工农总医院。肃反对她心灵的打击和震撼之大是可想而知的，但她没有退缩，没有绝望，也没有后悔。行军，打仗，救护，筹粮，爬雪山，过草地。1936 年深秋，李开芬调到妇女抗日先锋团任秘书。

朝朝暮暮，征途上的狂风暴雨鞭挞着红军，李开芬的倔强就是在这种鞭挞中成熟的；年年岁岁，征途上的严寒酷暑锻炼着红军，李开芬的意志就是在这种锻炼中淬火的。

西路军悲壮地失败了。妇女团的 10 多人和 10 多名男同志，在祁连山中在敌人的封锁中周旋。大家靠着太阳和星星辨别方向，沿着浩瀚的荒山雪岭，顽强地向着东方摸去，辗转多日。草鞋磨烂了，跑掉了；单衣单裤，被枯枝利岩剐成了破布条；手脚冻肿了，紫黑的血水凝结在伤口上。有的人走着走着就一头扎到雪窝里睡着了，有的甚至失脚摔下深崖。傍晚，他们在荒山脚下发现了三孔没门没窗的破窑洞，20 多个人拥了进去，横七竖八地躺在地上睡着了。酣梦中，李开芬被一阵响动惊醒，猛地一下睁开双眼，在朦胧的晨光下正要抓身边的枪，几把明晃晃的刺刀已抵住了她的胸膛。妇女团团长王泉媛、特派员曾广澜和她七八岁的女儿等 20 多人，全被马步青的士兵抓了起来。

李开芬和 100 多名女红军被关在武威一个旧式大院里。前后两个院子，前院关押着许多男红军，后院关押着女红军。高大的围墙，双重的大门，森严的警卫。马步青妄图用恐吓和“感化”来征服红军女战士，然后再“赏赐”给他的军官们当“太太”。“慰问”、“训话”、“游览”、发衣服、看电影、组织

“参观”……敌人挖空心思，要弄一个又一个花招。李开芬和特派员曾广澜、二营营长何福祥、沈秀英、王子俊等秘密串联在一起，组织、团结大家同敌人展开了坚决的、有策略的斗争。白天敌人来训话，晚上她们就分散给大家讲革命故事、唱革命歌曲，鼓舞大家的斗争勇气。敌人要组织“参观”，她们就鼓动大家装病；敌人让给其部队缝袜底，她们就怠工或故意缝得歪七扭八的无法穿。李开芬还代表全体女红军给党中央写信，给马步青写信，坚决要求回红军，上抗日前线。

夏天的一个上午，忽然来了一大队敌人，将她们100多人全部押到了马步青的师部大院。先是马步青胡诌了几句假惺惺的“关怀”的话，然后就宣布第一批获“自由”的名单。每念完一个红军女战士的名字，就有一个同时被念到名字的敌军官站到了女战士的身旁。

“同志们，拼啊！”随着一声炸雷似的怒吼，李开芬猛地跳了出来，振臂高喊道，“快把姐妹们抢回来呀！跟敌人拼啊！”

“要杀就杀，要毙就毙，宁死不受侮辱！”女战士冲上去，跟敌人又咬又打，又踢又撞，扭打在一起。可是寡不敌众，30多个姐妹被眼睁睁地抢走了。

敌人一再当众宣布：“谁要是不听话，谁要是逃跑，就抽了谁的脚筋，就将谁分给士兵们共妻，然后再吊死，喂狼狗！”敌人还采取拉拢、分化与零敲碎打的强硬手段，将女红军们三个一批、两个一拨地“分”了出去。最后，监狱里只剩下十几个人了。“马师长知道你知书达理，让你给他当秘书！”对这些无耻谰言，李开芬每一次都是高昂着头，毫无畏惧地回答道：“要杀要砍随你便，要我当秘书，当老婆，休想！”

“共产婆，你敬酒不吃吃罚酒！”敌人将李开芬、沈秀英等三名“闹事”的女战士安置到城外一所民房。当夜熟睡中，突然，一阵砸门声将她们惊醒，还没来得及下炕，门就被一脚踹了下来。三个手持马鞭马棍的家伙闯了进来，连打带踢将另外两人赶了出去，举起马鞭、马棍朝李开芬就打。一个家伙的马棍打断了，嘴里狠狠骂了一句，解下武装带，更加残暴地劈头盖脸地挥动起来。三人一直把李开芬打得不省人事，才扬长而去。

被打伤的李开芬，每天只能一动不动地趴在炕上，梳洗、吃饭、换药，全靠姐妹们轮流照料；但她是属于红军阵营的，即使烈火金刚都无法把她刚毅的心灵撕裂。她一时一刻也没有放弃越狱的念头，身子不能动，就通过沈秀英做工作，争取了一个姓盛的传令兵。这个传令兵原是副官，后被降职，良知尚未泯灭，愿到红军队伍里参加抗日。为可靠起见，15 岁的沈秀英和传令兵结成兄妹。十几天过去了，李开芬的伤口虽然还没痊愈，但已能下炕走动了。

9 月的一个夜晚，天黑得伸手不见五指。整个大地都沉睡了，听不见一点声响。李开芬和沈秀英和衣躺在炕上，每一个毛孔都似乎警觉地张开了，听着空寂苍穹中的每一个微小的声音。一会儿，传令兵就要来接她们，她们也早将标志着没有异常情况的破脸盆放到屋外的窗台上。“嘭——嘭——嘭——”，三下轻轻的敲窗声像铁锤一样有力地撞击她们的心扉，心儿突地一下“怦怦”狂跳起来了！李开芬在夜色中被扶到马背上，沈秀英骑在后边抱住她。她们在当地老乡的带领下，悄悄从野地里绕城而过，不顾天黑路险，飞驰而去。

为躲开追捕，李开芬装成官太太，沈秀英扮作随身丫鬟，由传令兵护送而行。快到兰州时，有个村庄横挡在路上，三人正要设法绕过去，七八个手持长枪大刀的民团从路边拥了过来。传令兵大摇大摆地迎了上去，先给当官的递了一支烟，又朝他耳边嘀咕一阵子，再亮了亮上衣口袋里的小卡片。当官的挥手放行，点头哈腰地对骑在马上的李开芬连声说：“对不起，误会了……”

三人一进村口，就见“女共匪李开芬拐骗人员马匹潜逃……抓获者，赏银元×”的通缉令贴在路口的一面墙上。李开芬冷冷一笑，头一昂，提缰策马就过去了。

回到八路军驻兰州办事处不久，经过审查，李开芬恢复了党籍，留在兰州办事处工作。沈秀英到延安学习和工作。

在兰州办事处，李开芬和朱良才结为终身伴侣。朱良才是西路军教导团政委兼团长，此前曾任红五军团政治部主任、红三十军政治部主任。石窝分兵，右支队由王树声、朱良才带领。朱良才与方强等人被搜山的敌人捉住，押解的路上传来枪声，他乘机挣脱绑绳跑进树林。他走出树林，迎面又碰上一群敌人的骑兵。正在进退无措、无计可施时，就见一个留有及胸胡须的老人，赶着一群白羊，仙人般突然出现在逶迤的山路上。老人向他招手，叫他把羊皮袄反过来穿，趴在羊群里。老人手中那根牧羊鞭，将羊群赶拢，瞒过了敌人的眼睛。此后，一只讨饭碗伴他住寒窑、宿旷野，混入被俘红军的遣返队伍，瞅机会逃了回来。

“文化大革命”，正在四机部任政治部副主任的李开芬，又一次遭到劫难。她顽强地挺过来了。

李开芬回到部队，任北京军区后勤部副政委。要知道，只有为远大目标而奋斗的人，才会有蓬勃的生命。李开芬是一个有蓬勃生命的人。

永远难以下咽的苦味

冬日余晖，穿不透寒凉的暮色，从扁都口冰峰雪岭之巅默默地落下，回到大地的胸膛去了。

扁都口峡谷长28公里，宽约10余米，峰峦叠嶂，险隘深邃，真是“扁都隘口气萧森，鱼贯行来溪峰深”。扁都口是祁连山的一个峰口，是河西走廊天造地设的一个重要门户，也是古代中原进入西域的必经要道之一。

寒风凛冽的夜晚，一队被押解着走向青海的红军战士，宿营在这里的炒面庄。敌人吆喝三位女红军挑水做饭。她们来到河边，见四下无人，凑到跟前一商量，跑！何福祥、李开英、李文英，在结冰的河谷中摸着、爬着、跑着……

何福祥，湖北红安人。她16岁时在家乡参加革命，同年加入共青团，1934年入党。她在游击队中送过情报，在红军部队当过看护，在供给部被服厂任过排长、连长等职。部队长征到阿坝时调她到党校学习，当时康克清在党校任支部书记。她在党校一边行军一边学习，会宁会师以后调到妇女团任二营营长。她经历了红四方面军创建鄂豫皖苏区和川陕苏区的斗争，经历了西路军悲壮的毁灭……

何福祥三人白天藏山沟钻窑洞，晚上披着夜色沿小路向东走，碰到村庄，悄悄敲开老乡的门讨点吃的。她们一开口人家就知道是红军，有人给点吃的，有人却赶她们。

“你们是总供给部的吧？”三人到了山丹城郊，碰到一位挑担子走村串户的老毡匠。老毡匠打量了她们好一会儿，悄悄发问。

她们迟疑着没有回答。

老毡匠放下担子认真地对何福祥说：“怎么，不认识我了？打下山丹后，你们不是建了一所小作坊吗？那个又高又胖的郑部长找我帮着做毡衣、毡靴。你那时常给作坊送羊毛，忘了？”

“哦！大爷，是你老人家呀，记得，记得！”经毡匠这么一说，何福祥才辨认出来。

老毡匠把三人领到自家后院，吩咐家人赶紧做饭。他感叹道：“你们这些好人啊！怎么才过了几个月，队伍就变成这个样子？你们那位郑部长呢？他现在什么地方？”

何福祥一听打问郑义斋部长，不觉失声痛哭起来。早在鄂豫皖苏区，何福祥就在郑部长领导下工作。当时郑部长没有成家，缝缝补补，洗衣做鞋，都是何福祥帮助料理。可现在，郑部长已经长眠于祁连山中了。

老毡匠听说郑部长牺牲，心痛地连连顿足：“哎呀！太可惜了，多好的一个人啊！”

三人在老毡匠家藏了几天，这一带风声更紧了。她们不愿连累老毡匠，执意辞别。

一天，她们走到大马营一带要饭，忽然窜出恶狗咆哮着猛扑过来。牧场狗凶，当时就把李开英的腿咬得鲜血淋淋，摔倒在地。等何福祥、李文英上前把狗赶开，李开英已经被狗咬伤多处了。何福祥背起李开英，李文英托着她咬伤的腿，挣扎着找到一个窑洞。

当何福祥、李文英出去讨回一碗酸面条端到李开英嘴边时，只见李开英脸色发青，浑身颤抖，痛苦地咬着牙关，只有微微一丝气息了。两人发现李开英身上带的那块换饭吃的鸦片不见了。原来，李开英怕连累她俩，吞吃了鸦片。

两人紧紧抱着李开英哭成一团。李开英挣扎着说：“我知道自己已经不行了，不死也难活着回去，你们快走吧！将来如果能见到我的儿子冼兵文，他在九军当勤务兵，告诉他我死了……”

何福祥和李文英抱着战友渐渐冰凉的躯体，失声哭着。她俩守着战友坐了一夜，哭了一夜。窑洞外呼呼的北风，为李开英抚慰伤痕累累的人生，为她笑出一滴滴血声，为她呢喃着春天。

李开英，四川通江人，妇女工兵营指导员。红军到她家乡前，她们那一带男人绝大多数抽大烟。红军来后各地办起戒烟所，她带头送丈夫戒掉了烟。扩红中，她先动员丈夫参军，自己也以30出头的年纪带着12岁的儿子参加了红军。她的丈夫和儿子都已牺牲，不过儿子的死她并不知道，她在伤痕累累的拼搏中，始终思念牵挂着儿子。

何福祥和李文英出去，想找把铁锹把战友埋掉。等她们回来，老乡把李开英的衣服、绑腿全剥去了。当地乡长找来一张席子，帮她们把李开英埋在坡上，说："你们走吧！马家军搜山的多，这里不能久住！"乡长的老婆给了她俩几个青稞面馍。她俩远远望着祁连山，祁连山留下红军的伤痕，红军的悲愤。

天麻麻黑，两人遇着一帮人，说："你们快进窑洞，快进，韩旅长的队伍来了！"她俩跟着进去，里边大洞套小洞，小洞里边还有个大坑。两人觉得不对，想回头出去。那帮人已把何福祥绑住，一脚踢倒，用刀背乱砍。

李文英说："走，去见你们韩旅长，是韩旅长把我们放出来的！我把你们一个个认下，等我们大部队来了，到时饶不了你们！"

民团小头头嘻嘻地笑了笑，对李文英说："到里边窑洞谝一谝，我就放了你们！"

李文英走了出来，可眼泪正涓涓地流回心底。小头目跟出来，下令给何福祥松绑。

李文英，四川阆中人，13岁给人当童养媳，受尽了苦。1933年2月，红军来到她的家乡。她参加了游击队，给红军送柴送信，站岗放哨，第二年正式参加部队，分配到红四方面军总供给部妇女工兵营，后升任班长。

她俩一路乞讨，向东而行，又碰上几个失散的红军。大家结伴而行，当走到武威、永昌、民勤交界的三岔口公鸡堡时，被民团的马队抓获。

马家兵把她们的手反捆起来，一路走，一路打；把她们的衣服脱掉，逼着从结冰的河里蹚过去，腿上被冰碴子割得尽是血口子。沿途的老百姓实在看不过眼，有的跪下为她们求情。有位老太太拉住马家兵的马缰绳，说："老爷，饶了吧！这些女娃真可怜，你们也是有儿女的，积点阴德吧！"

她们被抓进武威临时设置在一所旧式大院中的监狱。何福祥、李文英在这里遇见了许多战友，曾广澜、李开芬、吴先璧、吴兰英、杜新兰、沈秀英等。妇女独立团团长王泉媛也关押在这里。何福祥、李文英虽然身陷囹圄，这时心中却相对地踏实了，因为和这么多的战友在一起。敌人把监狱里先去的女红军编成九个班，何福祥是十班长，班里有李开芬、李文英等。

夏天就要来了，阳光对于心灵凄苦的人来说过于明亮了。敌人押她们到海藏寺洗澡，已是6月天还有人穿着毡衣。马家兵骑在马上向两边的老百姓喊叫："快来看这群共产共妻！这就是共产的下场！"她们在又脏又臭的房子里被关了几个月，一个个蓬头垢面，被折磨得不成样子，但没有人低头，个个昂首挺胸。老百姓看到她们如此坚强，许多人都流下了泪。敌人把狗推到河里，让狗和她们一块儿洗，并侮辱说："你们连狗都不如！"大伙气极了，厉声向马匪呵斥道："你们如果不把狗拉出去，我们就和你们拼了！"敌人怕把事情闹大了，不好收场，把狗拉了出去。洗澡回来，李文英气愤不过，对王泉媛团长说："他们为什么这样欺负我们?"说着，就骂了几句。特务团团长马阁麟知道后，亲自领着爪牙把李文英狠狠地打了一顿。他们打，她就骂，还说："死就死，我根本不怕……"

8月的一天早上，敌人把100多名女红军押到师部大院，排成一列长队。马步青训话，假惺惺地说什么国共合作了，要释放在押的红军，给大家"自由"，接着就宣布了第一批获释的名单。大家高兴极了，甚至有点不敢相信自己的耳朵。就在兴奋惊疑之时，突然院中的马家军乱作一团，趴在地上抢纸球，没抢上的捶胸顿足，抢上的嬉皮笑脸地来到女红军身边拉扯。大家明白了马步青的所谓"获释"原来是把女红军分配给他的部下当老婆。战友们气坏了，和敌人扭打起来，高声叫骂："要砍就砍，要杀就杀，绝不给这些畜生当老婆！""要命有一条，宁死不受辱！""我们是来革命的，不是给你们当老婆的！"她们势单力薄，有30多个姐妹被抢走了。李文英被分配给一个县参议，她又喊又打又骂。特务团团长马阁麟挨过她的骂，知道厉害，说："那个日奶奶的，太野，不能要！"县参议不敢要她了。后来，她和一个汉人结了婚，就在武威定居下来。

何福祥被分给一个排长，至死不从。有位看守悄悄地对她说："我乡下有个种地的亲戚，你愿不愿意跟？若愿意，我就想办法！"她想，跟劳动人总比跟马家军官强，就答应了。不久，那人的嫂子进城来，偷偷领着她跑到一个叫张义堡的村子。她在这里隐姓埋名10多年，在不停歇的劳作中千百次地咀嚼永远难以下咽的苦味。

何福祥终于盼到了胜利的一天。她万分兴奋，浑身是劲，率先在张义堡投入反霸建政，土地改革。她又像陀螺似的“嗡嗡”旋转起来，成了这一带有名的积极分子，当选为妇女会主任。

1949年冬天，有股100多人的“反共救国军”土匪，准备袭击区政府。何福祥探听到消息，背着五个月的孩子连夜到区上报告。区政府立即召集民兵做好准备，粉碎了土匪的围攻。

1957年元旦，何福祥意外地收到一封寄自酒泉的挂号信，拆开一看，原来是老战友杨文局写的。杨文局是郑义斋部长的妻子，西路军失败后被俘，后逃离虎口。她现在担任酒泉新生被服厂书记，来信问她如果想参加工作可以到酒泉。何福祥打点行李，带着孩子，来到酒泉。

新中国成立以后，何福祥一直向组织申请，要求恢复自己的党籍，但因种种原因长期得不到解决。1966年，“文化大革命”开始时，她再一次向党组织提出恢复党籍问题，非但没有得到解决，造反派反而给她定了“大叛徒”，将她关进了牛棚……

乌云终于过去，何福祥鼓起了新的勇气和信心。她把申请恢复党籍的报告写给中央组织部，写给省委，写给地委，写给厂党委。甘肃省委组织部根据酒泉地委的报告，同意恢复她的党籍。

老人用颤抖的双手轻轻打开红布包。啊，是一包钱！有1角2角的，1元2元的，更多的是5分、2分、1分的硬币。总在一起，200多元。这些钱，是老人许多年来1分2分、1角2角积攒起来的。老人又把落实政策补发的头两个月工资放进了红布包，一共460元。460元当时不是个小数目，一般人的月工资不过四五十元。这是她恢复党籍补交的党费，蕴含着一片心和渴盼已久的希望。当她把这些钱最终交给党组织时，苦苦期待的心终于感到一丝轻松……

他的脚板砍掉了

他俩躺在小山包上，贴着天幕，像一幅铁色的剪影。这是一段砥砺人生的经历，一段艰难无比的经历。已经是第八天了，山上的夜晚特别冷，肚子又饿，伤口又痛……

李屏仁对谢良说："老谢啊，我俩已到山穷水尽的时候，还是革命到底好些，免得被敌人抓去受罪！"

谢良理解李屏仁的意思，虽然不想死，哪还有什么办法能活着出去呢？便问："怎么死法？"

"我治腿痛身边还有一二斤烟土，就吃大烟去见马克思吧！"

"那就咱俩分着吃吧！"

"不行，分着吃谁也死不了，我吃烟土，你上吊！"不等谢良回答，李屏仁就拿出烟土往嘴里送，一会儿就吃完了。

暮霭飘来荡去，隐匿了山，隐匿了树。战友要走了，他也只能陪着一起去，找不到绳子，只好解下绑伤口的绑带布往大树上挂。由于腿伤爬不上大树，挂在小树上，小树太矮又吊不死。

第二天拂晓，谢良正在发愁，李屏仁的烟毒发作了，口吐白沫，舌头发硬。谢良连忙喊："老李，老李！"李屏仁已不能说话了。

巨大的、无边的宁静悄悄地罩着宏大深邃的山野。怎么办呢？谢良拿树枝和雪把战友埋好，尽了一份革命同志的友爱。

他孤独地坐在雪地上，深思着往事前尘，冷涩的岁月把记忆的底片漂濯得愈加清晰。

谢良和李屏仁是老战友。谢良是江西兴国人，1930 年参加红军，同年入党。李屏仁是江西宁武人，1931 年 12 月宁都暴动参加红军，第二年入党。长征路上，李屏仁任三十七团团长，谢良是政委。渡河西征，李屏仁任红五军参谋长，谢良是红五军十三师政委。李屏仁在永昌敌人夜袭中被打伤左腿，胯骨也打碎了；谢良在山丹阻敌时左腿负伤。五军解散后，他俩都在西路军卫生部治伤，随军行动。

石窝会议之后，西路军政治部主任李卓然塞给谢良三块银元，不忍抬头地宣布了组织决定："西路军失败了，剩下的部队分散行动。你们伤员不能随军行动，自己逃生走吧！"

"行！我懂，我走，决不拖累大家！"

伤病员和家属各按自己的希望，有的向北，向着森林走去，有的向南，向山下走去。谢良、李屏仁带了警卫员和饲养员往北面的大森林走去。一路上，有骑马的，有走路的，有男的，也有女的。

大家怀着失望的心情，承受着内心的痛苦，漫无目的随着人群走啊，走啊！谁也不讲话，好像都是哑巴似的。走了一夜，也不知走了多少路，拂晓时走到黑河边。人们不约而同地奔向河边，用茶杯或面盆盛水洗脸，把脸上手上黑乎乎的泥土洗干净，烧水吃点干粮。大家仍然不说话，实际上也没有什么好说的。

谢良的视线划过河面，不觉向远天远地眺望。啊，苍茫大地，裸露着黄褐色的肌肤。他和李屏仁决心向陕北方向走，找中央派来的援军。这个愿望不仅急切，而且近于悲壮，他俩一拐一瘸地全靠警卫员、饲养员照顾。腿伤发炎痛得实在无法走了，两人对警卫员、饲养员说："你们年轻，身体好，找部队去吧！再拖下去把你们也连累了！"警卫员和饲养员一听哭了，再三表示不能把首长丢下不管。谢良和李屏仁反复说服，他们才勉强同意。临走，大家把剩下的炒面吃了。警卫员和饲养员还给首长拾了些柴，烧了些水，尔后才依依不舍地走了。

大地苍茫，群山肃穆。谢良掩埋好李屏仁，心想，战友已如冬草偃伏在荒野，自己给敌人抓去还不如跟着战友一起去见马克思，也算革命到底。想到这里，他又去上吊。这时走过来两个自己人，把他救了下来。

谢良腿不能走，又没有拐棍，只好把捆伤口的绑带一头挂在脖子上，另一头绑在左腿上，手扶着地顺着山沟往下爬。沟沟坎坎，石头像刀子一样尖。他的衣服和手脚都磨破了，棉裤也被血水浸透，一天只能爬二三里。

他发现山沟里有个牧民的帐篷，便向帐篷爬去，想向牧民要点吃的。牧民怕连累，不肯帮助他。他把藏在伤口附近的三元钱拿出来交给牧民。牧民见他很诚恳，又很大方，就给他一些吃的，但不让他进帐篷住。他只好在离帐篷不远的山沟住下来。

马家骑兵搜山，在小帐篷后面发现了他。骑兵中有个当兵的喊他："谢政委！"他一惊，抬头一看，原来是红五军的一个通信员，被俘后当了马家骑兵。

谢良没有答应，也没有否认，就这样被抓走了，关在营部。营长带一个连搜山还未回来，只有一个女人。她是妇女团的班长，四川人，被俘后被强迫当了营长的妻子，说：“年轻漂亮的文工团员都送给大官当太太。妇女团几十个人被俘，谁抓到就当谁的老婆，没法子呀!”

谢良劝她：“不能忘记啊！你是红军战士，应当劝你们营长不要打骂，更不要杀害红军战士，为来世做些好事!”

她说：“我是红军战士，我听你的话，尽力做营长的工作，多做些好事!”

谢良被用马车送到花寨子。花寨子有一二十户人家，有一个二层楼的砖房。楼上住着旅长马禄，还有被俘的三四个文工团员，都当他的“老婆”。楼下住的是被俘的团以上红军干部，有红三十军的参谋长黄鹄显。

谢良的伤口发炎，臭气熏天，大家都讨嫌他。他在这里住了四天，伤愈来愈严重了，被送到凉州城里陆军医院。

凉州医院有三四百个伤病员，其中多数是红军，大家都不说话。医院里每天只吃两顿饭，每顿两个黑馒头，一块咸菜。马医官给他治病，因他的腿发炎厉害臭味很大，不愿意挨近他，就用二三尺长的水管给他冲伤口，上些消炎药，包扎一下就算治疗了。他痛得要命，也不敢说什么。

抗日民族统一战线建立，红军改编为八路军和新四军。5 月的一天，一个副官陪他坐公共汽车去兰州治病。谢良进了省立医院，被安置在三等病房。这个病房有 20 张床位，只住了八个红军伤病员，大部分是冻伤的。医院让他洗了澡，换了衣服。他精神上轻松了不少，这是几个月来第一次打扫个人卫生。伤口继续发炎，医生把他的脚板砍掉了。这样一来，他就不能走路了，但炎症是好些了。

谢良的老上级、原红五军团政治部主任朱良才来看他，告诉他：“八路军办事处向马步芳、马步青要团以上干部，你是第一批，第二批有黄鹄显、马良俊等人。”

1937 年 8 月 15 日，朱良才接他出院到八路军驻兰州办事处。他又经过西安办事处被送到云阳留守处，和云阳留守处主任周碧泉一起回到了延安。

女红军，小红军

骑五师参谋处上校处长吴辑庠——

红妇女130余人被俘获。旅、团、营长及团副等带兵官，自己私藏了一些。红妇女到凉州后，马步青派传令兵到团长、团副、营长等家中逐户搜查，统统交给特务团。马禄家未搜查，准留作妻室。听说给青海30人左右。妇女团名义是团实际是连，由特务团长马阁麟总负责，特务团二营营长外号黑鼻营长马维福具体负责。妇女团长王泉媛负内部管理的责任，连排班干部都由王泉媛指定。妇女团中挑出了能歌善舞的19人，包括来的女演员，编为歌舞队住新城师部副官处院内，由副官处负责管理。歌舞队是专供马步青玩乐消遣的。以后因马步青到旧城交际处的空隙，副官处的副官和传令兵，对歌舞队成员有污辱行为。歌舞队成员向马步青做了控诉，马即派炮兵团加设了岗哨严禁出入。最后马步青认为将妇女留在部队，不便管理，容易发生男女问题，遂下令将所有的妇女配给官兵。马步青心中认为总会得到妇女的同意，但宣布之后，却遭到了大部分妇女的反对拒绝。于是马步青在新城花园内连续演了三夜卑鄙无耻的春宫电影，引诱妇女观看。第三夜将妇女排成队，将官兵用手巾蒙住眼，逐个去摸，摸到谁就是谁。女团长王泉媛配给了匪团长马进昌。马步青自己留了一个叫苟兴才的，给他当老婆，以后被他的大老婆折磨死了。马步青给秘书长孟练百三个做使女，以后也被孟的小老婆折磨死了。

马步青将10岁至15岁的小红军400多人，合编成骑五师童子军，由马步青兼任总队长，马阁麟兼教育长，马天麟（马阁麟之弟）兼教育主任，郭维坤任大队长，唐增智任大队副。下设四个分队。

特务团团长马阁麟——

被俘红军小战士是1936年11月到1937年2月间送到武威的，前后陆续送来200多人。马步青将他原有的小孩子200多人，共400多人合编为骑五师童子军。他们训练的地点在武威旧城军法处后边营房，年龄都是15岁以下10岁以上的小孩子。马步青训练的目的，是培养成长好后，将来给伪部队作班排骨干。

1938年骑五师改编为骑五军时，我调为军部参谋，特务团改编取消，童子军调到新城编了个工兵营。营长是马秉毅，营副是张生喜。约在1938年初才送兰州伪第八战区接管，接管后听说将红军小战士编入第八战区特务营了。

第七章

兰州集中营

秘密党支部

黄河像一条蛟龙，扭躯摆尾从兰州市穿流而过，泽被后裔，惠流千秋，唱着一曲永不衰老的歌，唱着夜的衰败死亡和黎明的临盆出世。

兰州东郊黄河南岸拱星墩，集中关押了一批西路军被俘红军。集中营是陆军营房改造的，土坯砌成两丈多高的围墙，墙顶电网，四角哨楼。大围墙里还有一个小围墙，军官队关在里面。军官队的小围子西面有个门可通士兵队，但不准出入，到外面的唯一通道是东门，设有岗哨。军官队 130 多人，士兵队 1200 多人。

西安事变和平解决，实现了第二次国共合作。马步芳、马步青“二马”迫于各方面压力，先后挑选年龄较大的红军被俘人员，分批押送到兰州拱星墩交国民党第八战区集中营。

集中营上校大队长给军官队“训话”：“兄弟我研究过三民主义，也研究过共产主义，可是我……”他咳嗽了两声，“可是我就不信那一套！”

大家哗然，七嘴八舌。有的说：“别他妈装蒜，前几天还讲什么三民主义才能救中国，今天就不信三民主义了！”有的说：“你看他猪八戒照镜子——里外不是人，还研究过共产主义哩，嘻嘻……”

上校叹了一口大气，说：“我奉劝诸位，你们目前在患难之中，不要去相信什么主义！以后，唉，如果蒋委员长准许你们回共产党那边去，唉，回去以后再相信你们的主义也不迟呀！”

“你不相信你们的三民主义，那是你的事，我们管不着！我们相信我们的共产主义，是我们的事，你也不必操心！”方强操着满口湖南口音反驳说。

大家你一声我一语，在下面嚷成一片。上校面红耳赤，青筋暴跳，来回踱了几步，急促地喊了一声“解散”便转身走开了。

国民党称集中营为“感化队”。上校大队长每周给军官队“政训”一次，“政训员”专门给士兵队“政训”讲话。这些家伙明知西安事变和平解决，抗日民族统一战线已经形成，但仍不时地对红军“训话”，大讲什么“中国只能有一个党，只能有一个主义，只能有一个政府，只能有一个军队，只能有一个领袖，只有三民主义才能救中国。共产党应该取消，红军应该改编，服从蒋委员长指挥……”

“政训”真让大家头冒蒸气，怒火上升。党支部认为有必要进行驳斥。这次与上校“训话”针锋相对，就是一次驳斥。

方强是集中营秘密党支部的书记，红九军政治部宣传部长。西路军在临泽倪家营子时，处在马家军的重重包围之中。总部决定由红九军政委陈海松带七十五团、八十一团加妇女独立团，佯攻甘州，掩护主力东返。部队在夜色掩护下到达甘州南关，陈政委对方强说：“为保证主力东返，我们要堵住几十倍于我们的敌人，将要承受敌人的围歼，可能全部牺牲……”方强做好了牺牲的准备。西路军因故没有东返，改向祁连山突围。陈政委带领部队掩护主力进山，牺牲在梨园口。方强在石窝分兵以后突围时被俘。

红九军政委陈海松牺牲的地方——梨园河西岸的寺望山

1937 年的春天来了。方强和卜胜光、刘振堂、任国章、金中、张先进、夏康林七人，从河西走廊的武威被押送到兰州。他们走上黄河铁桥，脚下是奔腾的河水。清风过处，黄河上傲然挺立的水车，自得其乐地大转特转。

他们被关进东郊拱星墩集中营，一进小围墙，军官队的一些同志就围拢来看望他们。方强认识秦基伟、徐立清、徐太先、辛元林等。大家紧握双手，问寒问暖，诉说各人的遭遇和战友的牺牲。人人心重如铅，方强悲痛地流出了眼泪。

他们七人被分编到各班，方强和卜胜光编在一起，班里有徐立清、徐太先和一个团政委、两个营长。班长是肖显望，曾任红三十军作战参谋，充实基层后任营长。

方强和卜胜光在武威监狱时就关在一个牢房，现又关在一起。他俩埋藏在心底的话常常不知不觉从口中流出，当前局势……统一战线……陕北延安……抗日前线……他俩感到很有必要组织个党支部。两人找红九军政治部主任徐太先商量，决定成立秘密党支部，方强任书记，卜胜光任组织委员，徐太先为宣传委员。

党支部成立后，首先联络党员。徐太先联络了秦基伟、徐立清、刘毅、熊德如等；卜胜光联络了冷赤才；方强联络了刘振堂、辛元林、张先进、夏康林、任国章、金中等，还在士兵队联络了欧阳楚强、钱义民、李明等。党支部每一个同志都心怀梦想，那个梦就是，终有一天回到党的怀抱，终有一天从延安的黄土坡出发奔向抗日前方。

集中营伙食很差，党支部成功地组织了反贪污、反克扣，伙食自治的斗争。统战工作也有收获。军官队队长经过团结教育，后来毅然奔向延安到抗日军政大学学习，改名傅进展。有个原东北军团长，在中央军吃不开，现在是这里的中尉文书，他感慨地对刘玉亭说，共产主义比三民主义好，共产党的主张是为劳苦大众的，所以得人心。国民党太腐败了，将来的天下一定是共产党的。

集中营大队部要从士兵队挑选一个勤务兵，看中了还没有暴露身份的骑兵师一位指导员冷赤才。冷怕政治上背包袱不愿去。党支部认为这是了解狱方情况的好机会，便动员他去。

一天，冷赤才怀着喜悦的心情跑来向党支部报告："从电话得知，经过国共谈判，在西安、兰州等地设立了我们的办事处。还从大队部人的谈话中知道，我们党中央正向国民党交涉要把关押在兰州、西宁的红军将士全部要回。"支部立即将这些消息向同志们作了传达。大家高兴得彻夜难眠，纷纷表示心志信念，尽管处境艰险也要坚持下去，争取早日回到红军队伍。

落日淡淡的余晖在高墙和房顶流连。冷赤才匆匆地跑来说："大队部接到电话，说我们党中央最近要派一个叫张文彬的代表来看望大家。"党支部得到这个喜讯，立即召开支委扩大会，讨论如何欢迎代表的问题。可是张文彬同志是谁呢？感到名字有些陌生。大家一致意见由方强起草向中央代表写报告，汇报支部情况，要求早日回红军，早日上抗日前线。这些天来，迎接党代表到来之事，成了大家从早到晚谈话的主要内容。人人喜笑颜开，按捺不住快乐。

上校大队长和"政训"尉官们奇怪起来，惊讶地问："这几天你们高兴什么？有什么事情值得高兴？"

"抗日民族统一战线取得初步胜利，国共合作，你说高兴不高兴呀？"

上校听了晃了晃脑袋又说不出所以然来，只是说几声"是呀，是呀"。

张代表终于来了，那是阳光灿烂的6月。太阳升到当顶，光芒四射。一辆马车在集中营大门口停了下来。张代表从车上下来，身后跟着三个便衣特务。随后，国民党九十八师的政训处长坐着汽车赶来了。

张代表一到，消息就飞快地传遍了整个集中营。同志们争先恐后蜂拥而上，热烈鼓掌，高声呼喊。这些历经风霜、出生入死的人们，个个都融进欢乐之中。张代表看到大家在这样艰苦的环境里，依然心向党心向革命，心情十分激动。他含着泪珠，频频鼓掌，招手。方强亲切地拉着张代表的手说："我们大家热烈欢迎你！"张代表和方强以及围上来的同志紧紧拥抱。当晚，党支部让冷赤才把给党中央的报告送交张代表。

翌日上午，张代表在上校大队长"陪同"下来到牢房看望大家。张代表到方强住房后，要方强、卜胜光、徐太先三人同他一起看望大家。张代表走遍了军官队和士兵队的每个房间，和每个人握手，亲切地慰问。

在大家强烈要求下，集中营终于答应召开欢迎张代表的大会。天空很蓝，云彩很白，风是暖洋洋的。下午3时，欢迎会在军官队的院子里举行，院子里溢满阳光。强烈的歌声冲破高墙，飞向天空，传向四方。张代表在暴风雨般的掌声中登台讲话。台下一片肃静，每个人都全神贯注洗耳恭听。张代表的讲话使许多人热泪横流，哭声哽咽。大家拼命鼓掌，久久不能平息。讲话结束，又是一阵暴风雨般的掌声。方强等分别带领大家高呼口号：

“拥护抗日民族统一战线!”

“拥护国共合作!”

“我们坚决要求回红军，要求上前线抗日!”

……

张代表将方强和卜胜光、徐太先等请到他的住房，说：“你们的报告看过了，你们的工作做得很好。我过两天回西安，向周恩来副主席汇报。你们回红军的要求一定能达到，一定能够走上抗日前线!”张代表拿出一个小包，说：“这次来兰州，没带经费，这是我从自己的旅费中节约的40块钱，留给大家买点针线，缝补衣服!”张代表临走特意留下两本新华杂志，由冷赤才转交方强。杂志上刊有关于中国共产党在抗日时期的任务和政策的文章，有毛主席关于抗日民族统一战线政策的报告。

国民党当局决定把兰州集中营的被俘红军押往西安，再由西安上火车到南京。九十八师一个营负责押送。

烈日当头，热风扑面。这支被押送着的长长队伍，晃晃荡荡地向东行走。方强望着前方炎炎赤日普照着的广袤山野，激动的心正如躯体一步步迈向早已向往的方向。

平凉是国民党另一个部队的防区，押送的九十八师一个营换成了四十三师一个营。在平凉飞机场旁大操场，敌人对士兵队点查了人数，对军官队逐个点名检查。点名查数后双方办理移交手续。

路过一个小镇，墙上贴着红军写的标语：“拥护抗日民族统一战线!”“团结抗日!”最为引人注目的一条是“欢迎西路军同志们回红军!”。对于受尽苦难的红军，一条一条标语，就像一滴一滴蜜糖流淌在炽热的心窝里。每一条标语都点明了大家的夙愿和期望。

队伍向四十里铺行进时，“援西军侦察员”的故事，一传十，十传百，飞快地在大家中间传着："我们的队伍就在不远处，就在四十里铺以东！"

四十里铺。太阳金红，斜在西天，渐渐消失在暮色中。方强和卜胜光、徐太先趁着敌人布置警戒，队伍解散分配住房的忙乱之中，以买吃的为由脱身而去。他们在高粱地的青纱帐中向东飞跑，高粱秆发出嚓嚓的声响。

锅盔中的纸条："四十里铺以东是游击区"

军官队又送来六个人，刘玉亭、刘俊英、曾庆良、冯国寿、陈祖任和黄良诚。他们是进军官队的最后一批。六人被指定住进东排最后的"87"号房间。房间很小，八九平方米，一个小窗户。床铺是用木板架成的，上面放了20多块砖作枕头，其余什么也没有。

六人刚进"87号"，一个身穿破烂红军服装，头发长长的像个女人的人，悄悄地来看望他们。

"同志，你们是哪个单位的？干什么工作的？"

"这些用不着你管！"黄良诚气呼呼地顶了一句。

"嗬，好厉害的小家伙，像个样！"来人笑嘻嘻地说。

"你们是从哪里来的？"来人又问。

"从西宁来的。"刘玉亭回答。

来人看他们不愿多谈，便走出房间。六个人七言八语猜开了，谁知道这个问"单位"问"工作"的人，到底是干什么的？

夜幕降临，六个人躺在木板上，小声议论着。

"我看，军官队这么多人，一定有党的组织，莫非来问的那个人，就是来了解我们的，或者是跟我们取得联系的？"刘玉亭首先提出看法。

"这也有可能，不过，我们要提高警惕，谨防叛徒！"黄良诚接着说。

"小黄说得有道理！"曾庆良说。

"我们应该仔细观察一下问话的人再作决定！"刘玉亭接着大家的话说。

几天来，他们暗暗地注视着那个人，发觉那人达观开朗，对同志很热心，大伙对他也很亲切。显然，一个叛徒要在红军干部中有这样好的关系是办不到的。他们后来知道那人叫辛元林，曾任团政委。辛元林有空就和他们攀谈，不过他们只是平常的闲谈，彼此都在考察着对方。

军官队里，除个别同志公开了自己的身份，其他人都没有暴露真正的身份，不是说自己是参谋，就是文书，再不就是收发、司务长。六人断定这里一定有党组织。

夕阳在天上织出红、黄、青、蓝的晚霞，透过铁窗映进牢房。刘玉亭代表六人开会回来，告诉大家已经和党支部接上头，联系人就是辛元林。六人无从知道党支部成员，但估计几位职务较高的干部如方强、秦基伟、卜胜光、徐太先、徐立清等很可能是支部领导人。

集中营伙食很差。一天两顿，清清荡荡，泥沙很多，把牙磨痛了还吃不饱。党支部决定闹一次伙食斗争。

早饭的号声吹响。大家拥进厨房，看看饭菜。这个说："饭太少吃不饱!"那个说："饭里尽是沙子，菜又脏又少!"厨房内外闹成一团。

集中营上校大队长闻风而来，大发雷霆："真他妈的不想吃，好，就饿你们几顿……还想吃好的，也不看看自己是什么人，在什么地方……"

大家一拥而上，把他围个水泄不通，指着鼻子质问：

"我们一天多少粮?"

"我们一天多少钱?"

"要求公开伙食账!"

"我们自己管理伙食!"

人们又叫又喊，此起彼落。上校满头是汗，低声下气说："请各位静静，既然是伙食问题嘛，那好商量，好商量！请你们派代表来共同商议商议。"

党支部要各班推选一个代表到集中营大队部参加伙食谈判，并动员部分同志届时在门外助威。他们组刘玉亭参加了"伙食谈判会"。

监狱大队部坐满了人，门外站满了人。大家都去了，提出伙食自治三条意见：一、公开伙食账目；二、为防止贪污，各班轮流派人上街买菜，自己上账，监厨；三、饭菜要保证干净，常换花样。

"代表"据理力争，并提出要到兰州上告。上校自然害怕事情闹大，自己的贪污会被揭露，影响国共关系的责任更担当不起。除上街买菜外其他条件全部答应。

士兵队听到军官队伙食斗争胜利，派人来商量，准备冲军官队的厨房。当天下午饭时，士兵队几十人冲过来把军官队的饭菜全拿光了。经这一闹，士兵队的伙食也改善了。

春风早已拂绿大地。党的代表张文彬来到监狱。同志们蜂拥而上，把张代表团团围住。泪珠，滚烫的泪珠，挂到一张张激动的脸上；掌声，暴风雨般的掌声，从一双双历尽磨难的手里弹跳出来。张代表从大家的泪珠里看到喷涌的热血，从大家的掌声中听到了战斗的鼓音。他含着热泪，频频向大家鼓掌握手，和围上来的人紧紧拥抱。

四周的国民党士兵被这个场面惊呆了，他们军队里哪有过这样的场面?

欢迎张代表的大会在军官队的院子里举行。士兵队也集合过来。军官队挥着军帽向士兵队欢呼致意，士兵队也挥帽还礼。军官队里响起歌声，士兵队马上随着唱了起来，一阵比一阵嘹亮，一阵比一阵高扬。雄壮激昂的声音，从窄窄的围墙飞出，回旋在广袤的山野上，缭绕在黄河那滚滚的波涛上。

6 月下旬，国民党当局决定把大家从兰州押走。党支部商议采取半路逃跑的方式回延安。

从兰州出发已经走了九天，到了隆德县和尚铺。午饭过后，军官队准备出发，忽然看见几个国民党士兵，推搡着一个血肉模糊的人来到跟前，后面跟着敌人王参谋。那个被押着的人，衣衫撕得稀烂，浸着斑斑血迹，铁青的脸上不时冒出点点滴滴的血水。王参谋凶神一般对大家说："这是士兵队的，逃跑被抓了回来。大家看应该怎么处置?"敌人显然想杀一儆百。

大伙看见战友血肉模糊的惨状，早已怒不可遏，一听姓王的问话，更是火上加油。刘玉亭站出来愤愤地说："你们把他打成这个样子已经不像话了，你立刻放了他!"军官队的人一致高喊："放了他，放了他!""你们把人折磨成这样，太残忍了!"士兵队的也蜂拥而上，把姓王的团团围住，大声吼叫着。姓王的咬牙切齿答不上话来，看众怒难犯，只好挥了下手走开了。那个战士向军官队的同志点点头，吃力地回到自己的队伍中去了。

队伍路过华家岭。一位蓬头垢面，脸色蜡黄，颧骨高耸，两眼深陷的人，呆呆地看着刘玉亭、黄良诚他们。他衣衫褴褛，腰间系根草绳，脚上穿着两只各不相同的破鞋，手拄木棍踉踉跄跄地向他们走来。

“是讨饭的穷人，给他点钱吧！”曾庆良说。

“你们……难道……真认不出我来了吗?”那人热泪涌流，一手拉着黄良诚，一手拉着曾庆良。

“啊！龚兴贵！”几人又端详了一阵子齐声惊叫起来。龚兴贵原是红一方面军电台政委，大家在一方面军时就熟识。西路军失败分别只有两个多月，龚兴贵的模样却完全变了。看到老战友遭到如此磨难，凄怆之感涌上心头。

老龚揭起裤脚指着两腿说：“被狗咬得稀烂，我今天实在走不动了，想不到遇见你们……”

大家不管三七二十一，忙着从自己身上脱衣服，你一件，我一件，一齐塞到老龚手里。龚兴贵眼泪刷刷，双手打战，换下了自己的破烂衣服。“当啷”一声，他怀里揣着的只有半边的破碗和几颗烂山芋头一起掉在地上……

老龚两腿稀烂，晃晃荡荡，站都站不住。他们就架着他走。

平凉到了。押送的九十八师把俘虏移交四十三师。晚饭后，刘玉亭等接到党支部递来的纸条，上面写着“卧床不起”四个大字。

第二天。军官队不仅起床晚，还闹着包了一顿饺子吃。12 点过后，才晃晃荡荡上路。队伍前头的方强等带头行动起来，耍笑连长说，吃饱了快点走吧？连长傻头傻脑认为是好事呢，跑得飞快。大家也都跟着行动起来。“报告，我要小便！”于是跟上一个士兵去路边看守撒尿的；“报告，我要大便！”于是跟上一个士兵去地里看守拉屎的。接连不断报告，这个要小便，那个要大便，张三要喝水，李四要整理草鞋带。前面走的，一路小跑飞快，后面走的却像没睡醒似的软耷耷迈不开步子。100 来人的队伍拖了五六里长，东一个西一个，七零八落。每个人身边跟着一个敌人士兵，大家风趣地叫“警卫员”。

太阳火辣，暑热灼灼。黄良诚和他的“警卫员”走进一个小铺，用张代表发的一元钱买了一盒香烟，两碗茶水。他不会吸烟，却顺手取出一支吸着玩，一盒烟都送了“警卫员”。“警卫员”乐得够戗。他看见三三两两骑自行车的人从跟前飞过，隔一会儿又回来了，来回奔跑在公路上。忽然，一个人推着自行车进来，车后绑个提篮，里面装着锅盔、香烟。来人买了一碗茶水，一边喝一边打量着大家，口里不住地说：“好热，好热！”喝完水便兜揽起生意：“喂！老总，走路肚子饿得快，买几个锅盔吃，很便宜，1 角钱 10 个！”

黄良诚的肚子的确有些饿了，于是买起锅盔来了。大家都给自己的“警卫员”买了两个。生意人有些奇怪，给红军拿时，总是翻下面的，要一个也是拿两个，甚至于还拿三个呢！他递给大家锅盔时，总是挤眉弄眼地说：“你好好看看这是两个……这是三个！”黄良诚拿着两个锅盔在桌下掰开一看，中间夹着两块钱和一张纸条，上面写着：“四十里铺以东便是游击区。援西军侦察员。”侦察员让每个同志都吃到他的锅盔以后，才愉快地推着车子走了。

军官队磨磨蹭蹭，好容易走到四十里铺。这个镇上没有敌人的营房，也没有能容纳1000多人的大院，只好让人们分散住在老乡家里。敌人营长派了两个连分布在镇四周麦地里警戒，一个连的两个排分布在镇上街头，另一个排守卫营部。

大家三个一堆，五人一伙，坐在树荫中、屋檐下开起小组会来，旁若无人似的半公开议论着回延安的事。敌人发现动静，但担心的不是有人要跑，而是怕战俘晚上暴动。营长为了安全起见，把分布在街头的两个排撤回营部加强防守。营部门口还架起机枪，放了双岗。

灰蒙蒙的天宇下隐约可辨那山丘起伏的深黛色身影。这天夜里，不少人夺路脱险。方强、辛元林等，刘玉亭、黄良诚等都逃离虎口，回到援西军驻地。龚兴贵因是“要饭的”，不在花名册，已先他们回到援西军。

阳光明丽，烟萝叠翠。援西军刘伯承司令员、张浩政委、宋任穷政治部主任等首长来看大家。刘司令员满面笑容，时而挥手，时而鼓掌，亲切地向大家致意。许多人眼泪哗哗流个不停，有的竟放声号啕大哭。

“你们的人太好了，东边就是你们的地盘！”

集中营的敌人大叫况书记站出来。况玉纯戴个瓜皮帽站在一个高个子后面，没有吭声。敌人让冷赤才来认，冷转了几圈没有认出。敌人让军官队的人来认，徐太先和二六四团团长、政委、政治处主任、军部作战参谋等人都到队前来认。况玉纯提心吊胆，不知道情况会怎样发展。他们看了一下异口同声说没有，他才放了心。

况玉纯在士兵队。士兵队不是修路就是修飞机场，而一天只有九两面，里面还包括柴油盐酱醋的钱。每天两顿稀汤，饿得两眼直冒金花。军官队在隔壁院里，粮食比士兵队要多。有天在院子吃饭，军部作战参谋肖显望过来悄悄劝况玉纯自己报告到军官队去，省得饿肚子。

况玉纯说："我当军部书记算不了什么官，他们查我的目的不过是要了解红三十军的情况，因为敌人认为三十军能打，现在还有一部分到新疆去了。"

肖显望同意他的分析，又对他说："军官队有党支部……"

"我这边没有支部，你把我的名字记在你们支部里，有事情需要我做的时候，尽管告诉我！"

肖显望从房后窗口给况玉纯送过一次馒头，后来敌人管严了没有再送。

况玉纯是红三十军军部的书记，二返倪家营子充实基层时，到八十九师二六四团一营任教导员兼一连指导员。况玉纯记不起张代表的名字，只听说是三军团的保卫部长。张代表向全体被俘人员讲话的时候，大家高呼口号欢迎。张代表看到这个场面很激动，面对着墙停了好一会儿才转过身来，开始讲话。

有一天，敌中队长在机场训话，大骂共产党是共匪，共产共妻，大讲三民主义怎么怎么好。

况玉纯气极了，说："蒋介石搞的三民主义是杀民主义，民族主义是卖国主义，民权主义是富人有权，民生主义是民死！"敌人一个分队长听见了，过来抽了他两皮带，然后叫他到外边墙角去。分队长悄悄地对他说："你要留心，我打你是为你好。兄弟在江西跟红军打仗被俘过，你们的长官给我们大米饭和猪肉吃，临走还给我们发钱。哪像我们的这些狗长官，每天只给你们吃两顿稀饭。你要小心，回去吧！"况玉纯跟出去的时候原以为这下可完了，没想到得到了奢侈礼遇。他想这是受红军俘虏政策教育的结果。

大家要求给被俘人员看病治伤，经过斗争才带他们到围墙外面的军医站换药看病。看病要站队等，看时也不好好检查。况玉纯站在队里不耐烦地大声说："这些家伙不道德，不给我们认真看，敷衍了事！"这话被带队的分队长听见了，过来甩了他一皮带。他真想照脸给这小子一拳，但最终还是决定沉默。

他们被押送西安。翻过六盘山到平凉西时，一位店铺里的老太太说："你们的人太好了，打这里往东走不远就是你们的地盘！"

平凉城东机场附近的半山坡上，押送的敌人在这里交接班。交接时，敌人将剩余的伙食费分给每人一块钱，还发了些面做干粮。

况玉纯看到房东墙上整齐地钉着挂枪用的钉子眼，问房东谁在这里住过。房东说："这是你们的马队来这里买布做生意时候钉的，他们就住在山那边！"况玉纯望着对面山上的苍凉暮色，和一位营长以及另外三人烙着烧饼。

一团浮云蔽翳了月亮。他们听到同院敌人中队长熟睡打鼾的声音，不顾一切冲过机场，冲到对面山脚下，见到敌人巡逻队，紧贴田坎趴下。巡逻队用手电筒照路，没发现他们。黑沉沉的夜空，点点繁星眨着眼睛。他们顺着山沟往上爬，土崖不好上，就解下绑腿接到一起，一个一个吊了上去。

他们登上山梁，天已大亮。人人似乎一下子从苦楚的低谷登上欢乐的峰巅，沐浴着晨风和阳光。

他们翻过山梁，找到红三十一军筹粮处，见到亲人，流下热泪。同志们送他们到了新城三十一军合作社，从合作社又到三十一军一个师政治部。他们理发、洗澡、吃饭，傍晚填完登记表又吃了一顿。他们到一处，同志们招呼他们吃一顿，这一天吃了好多顿饭。

清晨，空气新鲜清润，旭日柔媚纯洁。政治部已经收容了从西路军回来的几十个人。军政委郭述申来看望大家，听他们说一天之内吃了好多顿饭就笑了起来，嘱咐他们不要吃得太饱了，免得吃坏了肚子。

仲夏朗日，他们到了镇原援西军总部。援西军的同志们打听西路军的熟人，谁在谁不在了。提起失败，虽然那黑烟一般的噩梦已经消失，但他们不由得又掉下眼泪……

山丹大佛寺背靠瞭高山，面迎山丹河，内有坐佛一尊，高13丈，凿山为之，为河西走廊三大佛之一。传说张掖卧佛、山丹坐佛与武威站佛为三兄弟，同去西天取经，走累了，因速度不一，便前者等后者取卧、坐、站三势。坐佛亲眼看见西路军的英勇牺牲，可惜在"文化大革命"中毁于一旦。瓦砾堆下的半截佛脚，似乎在向人们诉说着什么……

此刻，况玉纯正疲累地走在山丹西面，向着东方。部队撤向祁连山时，他因手部负伤和总医院在一起。医院打散后，他和几位战友乘夜黑走出梨园口，而后分散行动。

况玉纯走出山丹城西四十里铺镇，碰着一个保长，说他不像讨饭的。他没吱声，但眼睛在冒火。保长喊过来两个骑兵，把他的破毡帽一揭，指着头发说："你不是共产人是什么?"

两个骑兵把他身上带的藏红花、银元和中央票全都搜去，让他跟着到山丹城。他说脚打泡走不动，骑兵说拉着马尾巴走。他不拉，蹒跚地跟着走到山丹。一进城，两个骑兵把马一拍跑了。他很纳闷。

他怕小巷走不过去，干脆走大街，一直朝东走。两个马家兵在站岗，把他拦住，说他是"共产人"，把他送到旅部。

旅长问他是哪一部分的，他说是骑兵师的。据说敌人抓着红军，是几军的就杀几刀，敌人最怕三十军，抓着三十军的人就要杀 30 刀，所以他谎说是骑兵师的。

旅长说："你就在我这里当兵吧!"

"我家有父母，我随父亲到山丹卖布，才参加红军没多久。"

"那你打算怎么办呢?"

"我要回家，讨饭也得回去。你们的弟兄把我的钱全拿去了，得退我一些作路费!"

没想到旅长派两个护兵带他找到两个骑兵住的地方。那两个家伙只退还他一块钱，两个护兵又送他出了东门。

他走了七八里地，坐在路边休息。天极高，云极淡，大地赤裸裸地横躺着，一片乏极了的静。前面又来了五六个红军失散人员，大家一起走，路过一个村庄，进去要水喝。男主人让他们到家歇歇，腾出大炕给他们住。况玉纯从主人那里了解到山丹城里住的是马禄的部队。主人说："马禄旅长不抓红军不杀红军，你们放心在我家住一晚!"他才恍然大悟。

原来，西路军西渡黄河，一条山战斗把马步青部的马禄旅残部连同他本人围在一个堡子里。为了抗日大局，红军把马禄放了。马禄残部撤出堡子时，红三十军集中起司号员和宣传队，吹着军号打着洋鼓夹道欢送。

雾霭蒙蒙的东方，闪射着晨曦时隐时现的辉光。大家走出山沟，又碰到三个自己人。他们九人快到永昌城遇到一个小商贩，是湖北孝感人。小商贩听出况玉纯是湖北人，告诉他说："昨天有你们的人路过，向县长要粮，县长给了些白面。这个县长是汉人，才上任，手下只有七八个衙役。”

大家商量进不进城，有人说进，也有人说不进，怕进去出不来。多数人说县长只有七八个人，怕什么。于是九个人进城到县政府要粮，要到半口袋面粉。他们又找到军部电话班住过的地方，把面粉做成烙饼。

永昌要粮以后，他们思想有些麻痹。大家走到武威西边一个村庄，也不察看一下，便分两路进村，正遇着敌人招兵的队伍，把他们堵在胡同里，只有一人从村子的东北角逃出。

他们被押到武威，关进南关一个院子。况玉纯被编到红九军政治部主任徐太先和九军政治部宣传部长方强所在的班里。徐太先说，明天一早就向永登押送，永登可通青海也可通兰州，如果往青海走，半路上大家得想办法跑，如果往兰州送，过了铁桥就更好跑了。

第二天走了一天，眼前是一片洒过鲜血的土地，一片陷入沉思的土地。他们住在老百姓家里，又是挑水又是背柴。徐太先说自己目标太大，过去“得罪”不少人，让况玉纯替他当班长。况玉纯不愿当俘虏班长，徐太先说没关系，别派他外出公差就行。况的鞋子穿破了，女房东给他一双鞋，说前面要翻山，没有鞋怎么行呢？

路在山野中蜿蜒延伸，他们磕磕碰碰行走在坎坷里，跋涉两三天到了永登。

的确有不少人对徐太先有意见。八十八师政治部党委秘书吴昌炽来找况玉纯，两人过去很要好。吴对况说徐以前整过他，要去告发。况说：“他是为了革命，不是为了别的，你这样做不好！”吴就作罢。八十八师政治部的宣传队长也说徐整过他，但他没说要报告敌人。

有位商人要个掌柜先生，敌人让况玉纯去。这虽然能让苦难中的人怦然心动，但况玉纯断然拒绝了，他不愿离开患难与共的战友。

敌人来挑兵，让他们在操场跑步，以判断每个人身体好坏。况玉纯和徐太先还有二六五团一营营长约好，装跑不动。徐太先个子高而且胖，本来不灵活，营长虽然年轻但负伤残废，况的手负伤拿不起枪。敌军官把他们三个挑出来站在一边，恶狠狠地说：“你们三个共产人大小都是个官，挑兵没挑上的都要去做苦工，修马路！”说完踢了他们一人一脚。

挑兵之后还有几百人，押送到了兰州拱星墩，敌人招考“师爷”，考了20多人都没有要。敌人宣传当“师爷”一个月有多少钱，伙食由连长补贴等等。徐太先让况玉纯去考，因为考上了好跑，况说不沾敌人的边。敌人把徐太先弄到军官队，其余的人重新编队，老红军、四川人、甘肃人分编。

况玉纯终于逃走，回到自己队伍，但在兰州集中营这段经历无疑是难以忘怀的。

“瞧准了机会咱们也跑”

晨曦里刚刚苏醒的山川和田野，像水墨画似的浓浓淡淡地展现着。太阳渐渐升得老高，仰起头来看到的是一片叫人眩晕的日光。过了平凉，经常有一些骑自行车或挑担子的人从他们的队伍旁边擦身而过，不时指指北边小声说：“红军在那边！”

起初，梁昌汉还不太留意，后来发觉队伍中逃掉的人越来越多，有一个晚上竟然跑了五六百人。气得押送的军官破口大骂：“你们再跑，就用机关枪扫了！”

梁昌汉对站在身旁的骑兵师一位指导员老陈说：“瞧准了机会咱们也跑！”

机会终于来了，是到长武的那天下午。乌云笼罩着天地，毛毛雨下个不停，队伍在泥泞中深一脚浅一脚地行进。梁昌汉拉拉老陈的衣角：“该跑了！”说着，两人一猫腰冲进了雨中，只听到后面“哇哇”的喊叫声。他俩没有理会，只顾拼命地连滚带爬，一口气跑到泾河边。一位老艄公用木船把他俩渡到了河对岸。

雨过天晴，绚丽的晚霞变幻着炫目的色彩。梁昌汉和老陈轻快地走着，东张张，西望望，禁不住满心的喜悦。

村口的地碉里跳出了两个战士挡住他们的去路。八角帽！红五星！是红军，是几个月来日日思、夜夜梦的红军！梁昌汉连忙说：“我是来当红军的！”

两位战士热情地引他们到连部，原来这里是红一团的驻地。他俩洗了澡，换了新衣服，把长满虱子的破衣裳扔进了火堆。喝着同志们招待的糖水，两个人心里比蜜还要甜。

梁昌汉，红三十军医院医务部主任。

西征河西，特别是在倪家营子，战斗白热化到了没有前线后方之分。周围充满了枪声、拼杀声和惨叫声。子弹从耳边“嗖嗖”掠过，炮弹在不远处爆炸，震得耳膜痛。梁昌汉和医务人员经常一手提着枪一手架着伤员奔跑在战场上。刚把伤员安置在一块大石头或一堵墙后头，还没有喘一口气，只见光着膀子，口里怪声呼喊，舞着长枪大刀的敌人又追了上来，于是他们连忙拉动枪栓扣扳机，撂倒几个敌人，背起伤员来再跑……

最惨的要数伤员。药品几乎用完了，连碘酒和红汞也用尽了。过草地时医院还有一些从四川带的中药，沿途还可采到一些草药，而这时天寒地冻不见寸草。负伤的战士血流不止，没有纱布，只能用藏区带来的哈达、店门口悬挂的幡布来包扎止血。后来，甚至盐也十分紧张，无法给伤口消毒。军医只能用双手给伤员挤出伤口的脓水。有许多伤员虽负轻伤，但因伤口感染而牺牲，重伤员常常因为战斗紧张来不及随队撤走。

部队撤进祁连山。冰天雪地，洁白的山川，洁白的树木，寒风呜呜作响。

黄昏的山坳斟满残余的些微昼色。有几匹马，梁昌汉跑近一看，马旁还站着几个人，他们是八十九师师长邵烈坤，八十八师政委郑维山，八十九师政治部主任皮晓约，八十八师参谋长，八十九师供给部长，二六八团政委，军部参谋张方明和几个警卫员。

梁昌汉跟邵烈坤是老熟人了，曾经几次给邵师长医过伤。邵师长见到他，大声向他招呼：“梁医官，跟大喇嘛（过草地时红军队伍中对指挥员的谑称）走，向东，过黄河去!”

他们躲进山坡上的一片原始森林，在山里转了几天来到黑河边。苍茫夜色，黑河墨一样地流着，夜气缓缓地从树梢上掠过，远远近近是一片寂然的黑。他们用石头砸开冰，洗脸和身上的血污，又美美地喝饱了水。但是光喝水怎么行？得吃点干粮。荒凉的山沟里，哪来的人家？他们四顾张望，不知谁喊道：“快看！那是什么?”北边不远处的山坳里，有一点火光忽隐忽现。

山坡上有一间帐篷。几个放羊的汉子给他们煮了两小锅米饭，宰了一只羊，还给他们找了一个避风的山洞。

为了避免引人注目，大伙儿决定分散行动。大家依依惜别，互相鼓励一定要活着到陕北见。邵烈坤师长从怀里掏出三块大洋，拉过梁昌汉的手放在掌心里。梁昌汉从此以后再也没有见过邵师长，邵师长那双布满血丝热泪盈眶的眼睛，永远深深地印在他的脑海里。

梁昌汉把一件从敌人手里缴获的皮大衣面子扒掉，换上了一件对襟破夹袄和一条满是窟窿的棉裤。为了装扮得像烧窑工，他的脸上脖子上还抹了黑煤灰。他和张方明一组，他俩把枪拆成零件，扔进山谷，走出了祁连山。

黄昏苍苍茫茫，两人分头去要饭。梁昌汉刚走出村口，听见后面有马蹄声。一个声音大喝道："站住!"他回头一看是马家兵，转身就跑。敌人从后面追了上来，还大声喊："站住，不杀你了!"他没命地跑，可是身体太虚弱了，踉踉跄跄地没跑上几步，就被一把揪住。

敌人把他关在地主宅子的小屋里，里面已经关着八九个和他一样被逮住的红军战士。敌人把他们押到凉州，在他们当中寻找徐向前、陈昌浩。不久，他们又被押到兰州拱星墩集中营。

张文彬来看望兰州的被俘红军将士，给大家讲了西安事变之后国共两党第二次合作的形势。当时，梁昌汉他们看到这么个穿西装戴领带的人，还不太相信是自己人。

军官队到达平凉四十里铺，一个晚上跑了一大部分。命运也给了胡云龙机会。第二天，一个难忘的夏日晚上，胡云龙和一位姓黄的难友也跑掉了。胡云龙听说，军官队送到西安时只剩下 8 人或 18 人。士兵队送到西安等着上火车，八路军办事处去宣传，又跑回来很多人。

胡云龙即将迈进镇原援西军总部，一股热流涌上心头，一汪泪水充满眼眶，他不能不回首昨天。

胡云龙，河南新县人，1928 年参加农民暴动，1929 年参加红军，同年 5 月入党。西路军西征时，他先由营长调任总部四局参谋，和秦基伟在一起，整编充实基层时任红三十军八十八师二六四团二营营长。部队退入祁连山，还未到喇嘛寺，二营全垮了。石窝会议之后，部队分散游击，后勤人员、妇女、小孩等三四百名战士组成游击大队。红五军保卫局局长钱义民任政委，胡云龙任司令，政治处主任是一位女同志，在祁连山中牺牲。他们的任务是在祁连山中打游击，把妇女小孩带出山，设法找个出路。祁连山留下他们深深的足迹，敌人搜山部队发现并打散了游击队，最后剩下钱义民、胡云龙和一个秘书、两个通信员。他们分开活动，不久先后被俘。他们被带到花寨子马禄旅部，又转送武威监狱。敌人给每人发一个沙锅子，一天两顿稀汤，肚子饿得咕咕直叫。他们从武威出发时 107 人，路上收容 1 人，共 108 人，到兰州交国民党九十八师，全部关在了拱星墩集中营军官队。

他们被押到拱星墩时，已是黄昏。层阴沓至，夜黑正在渗入两丈多高的围墙之中。生命不断梦不断，胡云龙在黑暗中的梦想就是回到自己人当中，新的历程的帷幕已经在他的内心开启。

“再见，老子找红军去了!”

王儒云在一条干涸的河沟昏睡过去。一阵脚步声使他惊醒，他伸手抄武器，可是抓了个空。他想起来了，枪已经砸碎，刺刀也已拼断，心里一急，脑袋“轰”地一声，又昏了过去。再次醒来时，他发现自己躺在一座庄户人家的院子里，面前坐着一个马家军军官，旁边还站着两个凶神恶煞的马家兵。他明白，这是被敌人抓住了。他挣扎着站起来，军官盯着他问道：“你是干什么的?”他说：“我是红军卫生员!”

“跪下!”军官泄愤似的吼道。自打他 15 岁参加红军，这是第八个年头了，从川陕根据地到长征途中，从西渡黄河到河西走廊，大小战斗他参加了几十次，见到的只是敌人举手向红军投降，从没听说过红军下跪。他想起，他们的师长熊厚发胳膊被打断了，也没有吭一声，他的同乡战友陈见祥一条腿被打断，抱着一个敌人滚下悬崖……他冲口而出：“老子脑壳掉了也不跪!”

“好硬的骨头!”一个马家兵抡起马刀向他砍来，他挺起了胸膛，刀背重重地砍在他的脖子上。他轻蔑地看了看这几个马家兵，记起在西洞堡的战斗。那次，他们八十八师一个反冲击，就把马家军的宪兵团全部歼灭，当时地上跪了一片俘虏。想到这儿他忍不住笑了。几个马家兵疑惑不解地问，笑什么?“大概你们跪惯了，我当了红军，腿就没有打过弯!”

马家军军官只好命令把他押到古浪城东的一座房屋里，里面还关押着三十军和九军的七个红军战士。傍晚，一个马家兵送来半桶高粱米饭，他下定了牺牲的决心，心里很平静，吃完饭，躺下就睡了。

第二天，他们八个红军战士被押解着向永登县走去。这条路上到处遗留着战斗过的痕迹。几个月前，他们三十军与马步青的骑五师在大靖打了四个来回，杀得骑五师退守城里不敢出来。在土门，他们八十八师一鼓作气，俘虏了马步青的工兵营。

到了永登，敌人把他们和从武威押来的被俘红军，关在城西的一个大院子里。次日，敌人把200多名被俘红军集中到城东的一个大场院，四周架起机枪。一个马家军连长手提军棍，先讲了几句跟他们干可以吃喝享福的话，然后高叫，愿意跟我们干的站出来。红军队伍没有人移动脚步。连长提高嗓门喊，站出来，要钱给钱，要官给官。

红军仍然一个个站着不动。王儒云清楚地记得1932年入党时的情形，鲜红的党旗，庄严的誓词："革命到底，保守秘密，永不叛党!"他向周围望了一下，没有一个人吭声。敌人拉出一个十五六岁的小红军，对他说："谁是营长、连长？报告了给你一百块大洋!"小战士回了一句："给我多少钱，我也不知道!"敌人"啪"地打了他一个耳光，这个小红军晃了几晃，咬着牙，鲜血从嘴角流出来。马家军连长见无人吭声，只好解散队伍，分散押在各处。

敌人每天强迫他们修公路、修碉堡。20多天后把他们押到兰州集中营。

5月的一天上午，敌人把他们集合起来，十分不情愿地说："共产党的代表来看看你们。"大约11点多钟，党代表来了，站在他们面前。党代表激动地说："西路军的同志们，你们吃苦了，你们在战斗中很勇敢。"这是半年来第一次听到党内同志的声音，大家心情激动，热泪盈眶，刹那间，队伍里响起了一片抽泣声。他的泪水流进了嘴里，是苦的也是甜的。

敌人挑选出一批红军的伤病员，说是送回老家，谁知道是不是送到南方，编入他们的军队。王儒云打定主意，在路上寻找机会逃跑。

6月初，王儒云随着伤病员队伍，拖着虚弱的身体被押着离开了兰州，沿着西兰公路向陕西走去。一路上，饥饿折磨着他们。一天，一个押送他们的军官说："你们饿了吧？前面是通渭县，你们找吃的去，抢了就跑，有人问，就说你们是红军俘虏，他们也没有办法。""不要脸的东西!"他狠狠地低声骂了一句。“这家伙贪污了我们的生活费，还想破坏红军的声誉。饿死也不拿群众的东西，不给红军丢脸。”

6月中旬，他们到了陕西境内，遇上了西北军的一支骑兵部队。他悄悄地问了一声：“这里有没有红军？”其中一人回答：“在北边，不远。”

一个军官押着他们上山砍柴。他在山脚下仔细地观察了地形，便往东边走去，先藏在一块大石头后面，然后悄悄地爬上山头。

敌人发现他，干吼着要他下来。他高声叫着：“再见，老子找红军去了！”说完便向北跑去。他在老乡家藏了一夜，打听到绕过淳化往北，就是红军的天下。第二天天一亮，他告别老乡，翻山越岭，直朝北走。

他终于找到了红军。一军团的一位管理员给他买了五个烧饼，把他领到军团司令部，报告了聂荣臻政委。聂政委立即接见他，紧紧地握住他的手说：“同志，你吃苦了，我们欢迎你！”

他痛痛快快地哭了。

兰州拍卖的女战士

西路军将士人人都有一个坎坷的故事，历尽酸辛的故事。熊秀英曾在兰州被公开张榜拍卖。

熊秀英是四川南江县人，1933年14岁在家乡参加少年先锋队、地方游击队，还参加过打土豪闹翻身。父亲是乡苏维埃主席，哥哥是农会委员。红军走后，父亲被敌人暗杀，哥哥远走他乡，母亲在悲惨中死去。她参加红军后，先分配在总供给部电台，扛机器拉电线，又到总医院四分院当护士，会宁会师后被编入妇女抗日先锋团。

西路军兵败祁连，她和一些失散红军在山里同敌人周旋。在牙根冷得发抖的日子，饥饿也压迫着肚子，随时还会和敌人遭遇。他们和敌人碰了个对面，无处可躲，抱着头从山上滚下去。大家走散了，她身边只剩下李文英。树上残剩着锈铁皮一般的零星枯叶，枯瑟瑟的枝叶在风中抖抖地战栗着。在饥寒的肆虐中，她俩一路要饭向东而行。有次分头要饭，李文英再也没有回来。

她落脚在一对老农民的家中，白天藏在洋芋窖中。她拿出身上带的几块银元贴补老人家的生活，托老爷爷买套衣服，打算改换老百姓装束继续东去。

保长领着几个马家兵闯进来，说："如今没事了，把人找出来送回原籍老家去吧！"未经世故的老奶奶信以为真，将保长领到地窖前喊话。她听说能回家，回延安，心里高兴，打了打绑腿，从地窖里走出来，被马家兵用绳捆了起来。老奶奶后悔不迭，难过得直擦眼泪。

她被押到古浪，又和集中起来的100多名红军被押往兰州。男的被送交拱星墩看押，女战士被押到东城壕附近的孤儿院。

孤儿院里有二十七八位女红军，圈在内院。晚上挤在土炕上，没有被褥没有炉火，冻得一夜夜不能入睡。吃的就更不用说了，早晨一碗馓饭，临黑一个馒头。大家面容憔悴，有人病倒，也有人死去。

敌人借口收回伙食钱，减轻百姓负担，将这批红军女战士标价张榜拍卖。孤儿院外墙上贴出白纸黑字告示，告示上的每个人名下面都标着籍贯、年龄、价钱。女战士被一个个生拉死扯地弄走了，情景悲惨。

兰州崔家崖一家富户用30块大洋买走了熊秀英，准备给身有残疾的儿子当老婆。熊秀英一进家门，全家人的饭食就由她操持。她从小离家，本不会炊事，更弄不成面食。崔家肆意奚落，改让她担水，劈柴，扫场院，干粗活。十六七岁的熊秀英，一天忙到黑，十分劳累。当她知道要被许配给驼背小儿子时，便打算逃出崔家。

她趁捡地皮菜之机，跑进南山。她碰到野狐，以为是狼，吓呆了，转身没命地跑。有人听到呼救声，呐喊吆喝起来。崔家的人也被惊动，赶到山上一看，是熊秀英。崔家人没好气地将她拖了回来，怒斥说："再跑，喂了狼才好咧！"

崔家人知道留不住熊秀英，将她原价转卖给城里一个姓龚的卖菜人。姓龚的家穷，是借了高利贷买人的。愚昧的丈夫和婆母把还不清的阎王债归罪在她身上，每天不打则骂。她天不亮爬起来到烟厂去做工，直到日落西山才返回家，拼死拼活地苦干三年，还清了买身债。

兰州还有失散的红军姐妹，她渐渐和这些姐妹有了往来。姓龚的丈夫脾气太坏，她不堪忍受暴虐，决定离家出走，凭自己的双手吃碗省心饭。

她在一位红军姐妹家找到安身处。兰州有红军办事处的消息传到了她们耳中，她们顿觉一股暖流扑身，但由于她没有文化，不知八路军的正式名称是国民革命军第十八集团军。有位姐妹去打听，竟然错找到国民党的军队里。

时光如流水，她离家几个月了。姐妹们两面相劝，她又回到了龚家。

解放的炮声震撼了高原省城兰州。解放军一支部队的指挥部就设在靠山根的熊秀英家附近。她欣喜若狂地去找部队，要求分配任务，为消灭马家军出力。她一刻不停地动手赶做大饼和饭菜，又冒着炮火和解放军战士一起，把食物一批批送到火线上。她激动地对战士们说："同志们！吃饱吃好，好好消灭马匪军，为西路军的先烈们报仇啊！"

新中国成立了，熊秀英底层的人生也发光发亮了，她积极投身城市街道工作，成了积极分子，当选为妇女代表。她长期担任街道治安委员，发挥了自己的一份光一份热。

第八章

永登补充团

“是啊，我就是徐向前！”

谈清林回到延安，在总部通讯连当兵。他到北门外窑洞送信，遇到一位瘦瘦的首长。首长听他是四川口音，看他个子不高，就问他过去是哪个部队的。

“西路军，”谈清林说。

听说西路军，首长忙搬凳子让他坐下，又倒了杯茶递给他。他看看首长，和自己穿一样的衣服，脸上挂着和蔼的微笑，也就毫不拘束地坐了下来。

“真巧，我也是西路军回来的！”首长亲切地说。

谈清林更像是见到老朋友一样，一路上的坎坷不平、颠沛流离，都在脑子里集拢起来，恨不得一下子都讲给首长听。他越谈越有劲，一直谈到西路军失败，铩羽而归。

“你可知道西路军的总指挥是谁？”首长笑盈盈地问他。

“徐向前！”谈清林毫不迟疑地回答。

“你认识吗？”

“见过面，记不清了！”

这时，首长像逗孩子似的笑了笑说：“你看我像不像？”

“啊！”谈清林猛地站了起来，一下就看清了，“真是您！”

“是啊，我就是徐向前！”

只身东返找到援西军的徐向前（左）回到延安后和周恩来合影

谁能想到呢？在自己面前的就是总指挥。他真后悔不该把自己的苦谈得那么多，站在那里不知该怎么才好。

徐总指挥也站起来，笑着拍了拍他的肩说："向东走，这条路算走对了！"

那时，谈清林走出了祁连山，走出了包围圈，和三个战友摸索着向前走。陕北在哪里？谁也不知道，但觉得朝着出太阳的方向走，朝着东方走，就没有错。为了避开敌人，他们把白天和黑夜颠倒过来，白天认准方向就睡觉，晚上赶路。三人走着走着，又与三三两两的战友遇到一起，成为一支二三十人的小队伍了。经过多少弯弯曲曲的道路，他们来到张掖至西宁的公路边。大家隐蔽在西边的山腰上，准备晚上越过公路。

午夜时分，没有一点动静了。他们一个个蹑手蹑脚弯腰弓背地往公路上摸去。谈清林因伤口没好，身体虚弱，落在后边，一步一步往前赶。突然，一阵马蹄声，从左右两边包围过来。"站住，不许动！"一片粗野的喊叫声响起来，紧接着就是一阵扭打声和同志们的呻吟声。谈清林好像被一盆冰水泼在身上，赶忙转身往后跑，躲到一堆碎石子后面。敌人搜索，他的心"怦怦"直跳。

谈清林形影孤单，感到孤独。回想每一个同志的面容，他伤心地哭起来。天色蒙蒙，四野沉沉。光哭有什么用呢？还不如趁着天没亮爬过公路去。在空旷的走廊平川，他的身影显得那样孱弱、单薄和茫然无助，脸上露出焦躁不安而又惶恐的神情。他只有 17 岁，是红三十军后勤机关的一名战士。

谈清林遇到一个年龄比他还小的小鬼。小鬼见到他，流露出惊奇的目光。他也像在什么地方见过小鬼一样，看了几眼，终于想起来了，小鬼是新剧团的小演员。这个爱唱爱跳的小鬼，现在瘦得皮包骨，两眼凹得很深，头发蓬松有几寸长，拄着根小棍呆站在那里。望着望着，谈清林的眼泪又扑簌簌地往下掉："小兄弟，你上哪儿去?"

小鬼一听四川话，就猛地一头栽到他怀里，大哭起来，任凭泪水潸潸而下。这是人真正伤心时才会有的那种泪如雨下的哭泣。谈清林心里难受，但他到底比小鬼大，说："小兄弟，跟我一起走吧!"

两人蹒跚地朝着出太阳的方向走去，疲惫和饥饿，明明白白地写在他俩缠满红丝的双眸和深深下凹的双颊上。

甘泉子附近，有马家军的关卡。马家兵一听四川口音，不容分说把他俩绑了起来。两人被押到凉州，从此分开。

监狱里关着1000多个难友，几十个、上百个关在一个阴暗的房子里。每天吃两桶麦麸稀饭，还当面掺上两担凉水。晚上，穿着单衣躺在潮湿的地上，没有被子，只好互相挤在一起取暖。每天都有不少人被审问、拷打。

他们被编进"补充团"，到永登一带修路。谈清林年纪小，编在小鬼班。马家军在周围监视，一不顺眼，就要打人。他抬不动大石头，常常被打得浑身血痕。有人就这样被折磨死了。听说逃跑了几个人，是真的吗？要能逃出去该多好啊！谈清林想和谁商量商量，但试了几次，都没有敢张嘴，要是"小演员"在一起该多好啊!

转眼到了9月，突然给他们发军衣，还给每人两块钱，说："现在为了抗战，共产党投降了国民党，红军也改编为八路军了。"当时他们听了不敢相信，但有一点，就是大伙知道共产党还在，红军也没有被消灭。

有一次，谈清林抬不动沙石，被监工拿洋镐把子揍了一顿，身上、腿上、手上，血殷殷地流淌。一位30来岁、长着络腮胡子的难友，把他扶到帐篷里。谈清林又疼又伤心，就抽抽噎噎地哭起来。

"你想跑吗?"难友突然问。

谈清林一下愣住了，看着对方半天没敢说话。

"你要想跑，明天我们带你出去!"

谈清林一把抓住他说："愿意，往哪儿跑啊？"

"明天晚上，等人睡定了，你就悄悄地溜到西边。"说着他轻轻地把帐篷揭开一道小缝，指着离山不远的一个帐篷说："那边看得松些，先跑出去，再折向东……"

"向东！"谈清林猛地重复了一句，还想再问些什么，但难友说"时候不早了"，就上工去了。

谈清林想着络腮胡子、细高个子、河南口音，大概是一位鄂豫皖吧！想着想着，就好像自己真的逃出去一样，身上痛苦也不觉得了，第二天干活也好像有了力气。好容易等到晚上，大家都睡定了，谈清林按指定地点找到鄂豫皖，一共聚集了六个人。他们向西逃出，跑了几里又向南走了一阵才折向东。为了避免目标过大，大家不得不分散走。

"两块钱还在吗？"鄂豫皖问他。

"在！"

"好好留着路上用！一个人上路也不用害怕，一直向东走，一定会找到主力！"

谈清林蹒跚疲惫的脚步渐渐接近兰州城，他真有说不出的高兴，但黄河铁桥被卡死了，没有证件别想过去。他扶着一块岩石望着铁桥，岩石冰冷极了，如同他此刻的心情。他只得在河北边的一座破庙里住了下来，饿了就到附近一个小饭店里买两碗稀饭吃。兰州的学生、工人、农民，到处宣传抗日救国。他急得直打转，却想不出主意。

饭店老板是一个小老头，看他9月底还穿着单裤，天天来吃稀饭，就故意对他说："现在的年轻人，都在上前线打日本鬼子，你怎么还在这里闲逛？"

他一听也不好说什么，随便回了一句："抗日行啊，可我到哪儿去抗日呢？"

"现在到处都是国军，我把你送到国军里去吧，怎么样？"

"我不当兵！"他摇摇头说，觉得老头在注视着自己，好像看穿自己的心思似的。当然他不能说自己是红军，就胡诌说："我要回家看看，又过不去桥，父母都老了。"

老头见他不吐真言，就把他拉到僻静处说："你要不愿意当国军，我有一个朋友能把你带到抗日的地方去，行吗？”

这句话问得他莫名其妙，就说：“到哪儿去？”

“到那儿你就知道了！”老头沙哑的笑声像一阵风在树梢摩挲的声响。

第二天，来了个像工作人员模样的人，把他带过铁桥，又把他领到兰州东门汽车站，给他找了个地方住下，说是等车去西安，说完留了些钱就走了。兰州东来西往的汽车不少，要等什么车呢？他看到兰州只有一条大路是向东去的，心想西安一定在东边，心里好像安静了些，又不敢乱问，只好将信将疑地等了四五天。

第五天，来了一部大卡车。那人不知从什么地方又出来了，对他说：“这趟车是去八路军西安办事处的，坐上吧！”“八路军”，他一听，马上想起监狱中马家兵的话来，想着八路军不就是红军吗？他一下高兴起来，正想问那人，那人又不见了。车上有好几个人，他也不敢问谁。一路上，谈清林还想着小老头和那个人，他们都是什么人呢？

雏菊给山野染上点点的白色，秋风把玉米抹上浓浓的金黄。

汽车一直开到八路军西安办事处门口。一个穿着军衣戴着国民党帽徽的人出来接他们。谈清林吃了一惊，难道真如马家兵说的那样，红军投降国民党了吗？跑吧，又怕跑不掉，只好硬着头皮跟进去。“国民党帽徽”把他带到一间小房子里住下，和气地招呼说：“可别出门乱跑，免得惹事！”接着又出去给他拿来一床棉被和一套灰色的新棉衣。“这到底怎么回事呢？”他奇怪地想着，觉得这人举动不像国民党当官的样子，但仍然不相信这就是红军的地方，给他的帽子，他不敢戴。

一位干部找他谈话，好像看透他的心思，一开口就说：“八路军就是过去的红军，为了团结抗日才改编的，它还是共产党的队伍，总部在陕北延安。”“陕北，我听说过……”没等说完，他就一下跳起来，把自己的遭遇全部倒了出来。闷葫芦打开了，心里亮堂了，连房子也好像亮了许多。

他离开徐总指挥的窑洞，仰起脸迎向柔柔的风，任思想自由飞翔。啊！那安详如仲秋轻轻的和风，那幸福如傍晚天际的霞光。

五天之内逃跑不是瞎说

耿万福是红五军财务科科长，在祁连山中带领一支游击队阻止敌人，迷惑敌人，扰乱敌人，掩护左支队西进，分散游击时被俘。他被俘后被押到凉州监狱，被编入永登“补充团”，补充团属马步青骑五师。

补充团负责修建凉州至西宁公路。耿万福在一个连里当文书，利用工作之便，常做同志们的思想工作。首先是叫大家严守机密，他先后跟好多同志强调不能讲出任何人的职务。大家都很赞同，并注意严格地遵守。连里有不少师团干部，都没有暴露，到他逃走时，敌人还不知道他的干部身份。

补充团排以上的官职由马家军充任，常常对他们连打带骂。耿万福对他们说：“我们红军是讲官兵平等的，你们用歧视打骂的办法压制我们，是得不到什么好结果的！”一次，马连长从外弄来一只鸡，出工前把鸡扔到伙房，伙夫以为是叫给收拾一下，便杀了。马连长回来一见，怒气冲冲，因为回族杀禽畜都要由阿訇主杀。这要照以往，这位马连长非大打出手不可，可这次只是把鸡扔到一边，一声不吭地走了。

补充团的十二连连长家中有兄弟五人，都在马家军，最大的当团长，他是最小的。他叫耿万福代他写家信时告诉耿，他的四个哥哥都在战场上被红军打死了。但这位连长没有骂红军，而是跷起拇指说：“你们红军打仗真是好样的！”敬畏红军者，在敌人中是不少见的。耿在营部当文书时，营副就曾悄悄地对他说：“将来中国的天下是你们红军的！”耿问：“你怎么看出来的？”营副说：“没有谁能和红军相比。”

耿万福和三位难友分别在一、二、三营和团部当文书，因每天要到团部取口令，接触较多，自然形成一个互通情报、指导行动的核心。大家齐心协力，想的是怎样早日逃出敌营回延安。开小差的事时常发生。第一个逃出敌营的是三营勤务兵夏和成，只有十七八岁。一位红军指导员带领的一班人住在城外的大庙中，外边是敌人的岗哨，为逃出敌营，这位指导员每天托病不出工，在供桌下一点一点地挖着厚实坚硬的墙壁，一连干了四五天。一个夜晚，他率领这一班的红军战士逃出了敌营。

一天，营里叫耿万福到区上要点修公路用的工具，年轻的区长接待了他。区长三十五六岁，穿着很讲究，是西宁中学的毕业生。工具一事他满口答应下来，并坚持要送过河。他俩站在皮筏上，顺流急下，谈得很亲热，没留神皮筏险些撞到暗礁上。上岸后，耿万福对区长说："我们这些人在你区上，不少人想'家'，三两天就要跑一些，还望你多照顾。"区长激动地说："不要说照顾。我对红军是同情的，你们跑出的人在我们这儿吃饭、睡觉、找向导，我们尽可能相助，从没有把一个人送回马家军。要相信我们！"

营里开会，专门研究防止"开小差"问题。会后营部军需官李某悄悄告诉耿万福："营长在会上说'可别叫老耿跑了'，叫我看着你。"他问耿万福：

"你想跑吗？"

"是的。"

"什么时候？"

"五天之内。"

"有把握吗？抓回来可不是闹着玩的。"

"既然想跑，会设法不被抓住！"

李某主动提出先给他做套便服再走，能方便些。

"不用了，只要你不说出去就行。"

李不满地说："老弟，你还不了解我吗？"

的确，耿对李是比较了解的。他到营部就和李住在一起。

耿万福说五天内逃跑不是瞎说。他一直在进行着准备工作，和要与他一起走的三位难友早已做了严密的计划，决定找一个有利的夜晚行动。为避开敌人的追捕，他们出城后要先向北走，然后绕到城南，向东南渡黄河，奔赴延安。为了麻痹敌人，他用家里寄来的钱买了许多日常生活用品。行动的前几天，他到伙房偷了些"锅盔"，作为路上吃的干粮。

1937 年 8 月 30 日，恰好是耿万福所说的五天之内的最后一天。入夜，飒飒凉风，毛毛细雨。营长、营副在二连打牌。约定的时间到了，四周悄没声的。耿万福轻轻地下了床，穿好衣服。他望着躺在床上装睡的老李，默默地告别。

他来到后院，翻过一丈多高的大墙直奔村外小河。平时这河水不过两三尺深，可他忘了下雨后水会涨，脚下去便淹没了嘴巴。这一惊非同小可，他不会游泳，但一想到要逃出敌营到延安去，胆子就壮起来。他踮着脚尖一点点地往前移动，过了小河。

四处狗叫，由远及近响起急促的马蹄声和嘈杂的人声，像是有四五十个骑兵。他钻到一片大烟地里藏起来，听到有人喊："老耿啊！不要跑呀！你家那么远，往哪跑啊！"耿万福屏住呼吸蹲在那里一动不动，追的人朝兰州方向去了。

他们几人会齐，向黄河疾走。"呯、呯——"后边突然响起枪声。回头一看，远处尘土飞扬，一队骑兵飞驰而来。几人赶紧向山坡树林里跑，耿万福岁数大点，身体差点，没能跟上大家。

夕阳西下时，他走到一块谷地边，见一位老乡正在拔草，便上前问路，得知拔草人是红五军团特务团的总支书记。战友相逢，格外亲热。总支书记领他到红四方面军总医院管理科长老王那里住了一晚，两人正在攒钱准备奔赴延安。第二天，他谢绝了两位战友的挽留，独自一人向黄河岸边走去。

黄河就要到了，有一村落，村边有十余匹马，不用说是敌人的骑兵。他找到一位老乡打听能不能过黄河，老乡说前边渡口有十几匹马。老乡看出他是红军，暗示渡口被敌人封锁了。他问老乡还有没有其他渡口，老乡说：

"你真想过河，我可以给你找一个人来。"工夫不大，老乡带来一位打着赤脚，穿着背心，非常壮实的小伙子。

"能过去吗？"他焦虑地问。

"那要看你有没有胆子冒风险了。"小伙说。

"风险不怕，只要能过河就行！"

小伙扛来羊皮筏，从河边一处草坡小心翼翼地往下移动，河水湍急，稍不留神掉下去就一命呜呼。小伙子熟练地把皮筏放到河水中，让他上去，用篙一推，皮筏离了岸。小伙用篙往坡上一撑，身子一跃跳到皮筏上。一会儿，他俩顺利地到达彼岸。

他拿出两块钱作为酬谢，说："我是红军，可能还会有许多红军要从这儿过，有些人可能没有钱！"

小伙抢过话头说："只要是红军，我就不要钱！"说着把两块钱退了回来。

“这两块钱是我们红军的心意，你就收下吧，只要能帮助红军过河就好！”

两人的手紧紧握在一起。

耿万福由北门入兰州城。他为找一个住的地方，几乎走遍所有的旅店、会馆，可因为穿得破破烂烂，到处遭白眼。晚霞渐淡，耿万福拖着沉重的双腿。城外有处大宅院，大门对面有座小土房，像是许久没有人住了，他想在这儿过一夜。一进去却见有两个要饭的，是老两口，怎么也不许他住下。耿万福火了，质问：“都是穷人，怎么连这点情面都没有呢？”吵嚷声越来越大，引来许多看热闹的人。

人群中走出一位头戴礼帽，身穿长衫，绅士模样的人，仔细瞧瞧他问：“你是哪里人？”“河北。”“噢，那咱们是老乡，我是山东。”那人让耿万福到他那儿住，边说边指大宅院，并叫几个工人打扮的人领着去。他向工人打听到大宅院中有修建兰州飞机场的办事处，方才那位“绅士”就是办事处的主任。

翌日，办事处主任把耿万福叫去，叙起乡情来。当得知耿万福一个本家叔父与自己同是保定军校二期学员时，显得更加亲近。

耿万福常利用出工休息同工人攀谈，工人中有四川、湖北人，细一打听才知道也是红军。他问他们，怎么不走呢？他们说天渐冷了，怕走不回去。他说：“要走就抓紧，到延安也就十天半月。”许多人不久便走了。

八路军驻兰州办事处，简称兰州八办

耿万福听说八路军在许多地方有办事处，希望能在兰州找到八路军的办事机关。

大槐树下有个不大的小院，门口挂着一尺多宽、五尺多长的木牌：“国民革命军第十八集团军驻兰州办事处”。

“见了鬼!”耿万福心里嘀咕着：“我要找八路军，怎么冒出个十八集团军?”他正纳闷儿，从门里匆匆走出一个人。这不是军卫生部的管理员吗?耿万福马上迎上前去，管理员也认出他来。

办事处秘书长朱良才听了他的汇报，说：“我们在兰州国民党内正缺少内线，你有上层关系，就在这儿干地下党吧?”耿万福在西路军时的战友徐一新，领来一位30多岁的上海人。几天后，耿万福在街上遇到他，热情地上前招呼，可人家连理都没有理就走了。耿万福恍然大悟，这是地下工作的纪律呀。他为不习惯这种工作而十分恼火，于是借汇报工作之机向办事处摊了牌，说：“地下工作我不适应!心里总想着延安。因为这是西路军党组织交给我的任务，我一定要完成，为许多壮烈牺牲的战友还了这个心愿!”

耿万福终于到达延安，第一次望见巍峨的宝塔山时，心里一阵发酸，泪水模糊了双眼。

一天，他突然听说在马家军中受难的1000多人回来了，便急匆匆地奔向他们的住处。大家正在晒太阳，一见到他便又惊又喜地叫起来：“这不是老耿吗?”“耿科长你怎么回来的?”“一路上吃了不少苦吧?”无数充满激情的手紧紧地握在一起。

1937年12月9日，是耿万福难以忘怀的日子。红五军团老战士请毛主席同他们一起合影，纪念红五军团成立六周年。

毛主席微笑着说：“今天是你们五军团六周年纪念日，我不是你们军团的人怎么行啊!”“我们都是在毛主席领导下的!”大家异口同声地回答。

照相后，在大家请求下，毛主席奋笔疾书为留影题字：“以宁都起义精神用于反对日本帝国主义，我们是战无不胜的!”

他只能看帐篷，用左手勉强给战友烧烧开水

王定烈冻醒时，已是下半夜了。凄凉的月光下，满目惨景：牺牲的战友，砸断的枪支，摔碎的电台……

他身孤影只，痛不欲生，真想大哭一场。王定烈原是红五军四十三团团部

书记员。高台失败以后，五军在临泽的四十三团和三十七团合并给其他部队，撤销了五军番号。他所在的四十三团与八十八师二六八团合并，他被编入五连二排当战士，在祁连山中石窝附近阻敌时左胸中了一弹。

他忍着剧痛向山下爬去，找到两根棍子，艰难地拄着走。他遇到两名伤员，一个挂着绷带，一个拄着棍子。三人不谋而合：寻路下山，讨吃要饭，爬也要爬回陕北！

三人互相搀扶着下到山沟，不远处有间独立小屋。原以为有人家可以找点吃的，避避风寒，可是进去一看，里面尽是红军伤员，约有二三十人。他们也都被伤痛、饥饿、疲劳折磨得不成样子，又手无寸铁。冰冷的睡意袭来，大家挤在一起晕晕地睡着了。

“哒，哒，哒……”王定烈被枪声惊醒，眼看敌人从窗户伸进来机枪步枪一阵乱扫，紧接着就闯进屋来。刀光闪闪，猛向王定烈头上砍来……

雪峰之上，有一片殷红浮动。哦，是如血的晚霞，是如血的残阳。

王定烈苏醒过来，眼睛被血重重糊死，什么也看不见。他想用手摸一摸，可是浑身剧痛，两臂抬不动。屋里死一般静，他轻轻喊大家，竟没有一个人回答。他用舌头舔了舔嘴唇，一股血腥味。休息了好久，他用劲抬起左手抹去糊眼的血，能看见了。屋里一片血海，尸体横七竖八。

王定烈心头袭来阵阵酸楚，多么希望还有幸存的同志啊！他爬到每一个人身边，边喊边摇。他们看样子和自己的年龄一般大小，顶多十八九岁，几个月的磨难，都骨瘦如柴，不成个样子。噢，祁连，你高峻、严酷，你可感到这滚烫的血，悲惨的死！

天将黄昏，忽然传来脚步声，王定烈佯装死去。进来的是个三四十岁的农民，被满屋的屠杀场面吓呆了。

“老乡！”王定烈喊了一声。老乡吓得没命地跑，大概以为见到了鬼。过会儿老乡又转回来了，王定烈对他说：“我们是红军，你不要害怕！”

“咱们都知道红军是好人！”老乡给王定烈包了包伤口，战战兢兢地说：“你快走，马家军还会来的，他们见了红军的人全都杀死，真惨啦！真造孽啦！”

老乡给他一块饼子，一根棍子，指了一条小路。

王定烈头晕目眩，全身散了架一样疼痛，两三个钟头只走了二三百步。

落日归去，夜幕壁合，气温骤然下降，冻得他神经发麻。远处传来狼的叫声。他此时真想敌人能出现在面前，他还能咬，跟敌人同归于尽……

太阳升了起来，阳光无力地从云中斜出，照射着险峭的峰巅，粗犷地勾勒出群峰嶙峋铁骨般的轮廓。

四个伤员先后凑拢来，大家抱头痛诉一场。他们饿极了渴极了就嚼草根，吃冰雪，互相搀扶着，鼓励着，走了两天，终于走出山区，望见平川了。他们隐蔽起来，想天黑后拼命越过敌人封锁线，穿过平川到北山，沿北山向东走。

暮色垂临，星光疏淡，他们刚下到河滩突然听到疾驰的马蹄声，于是立即分散隐蔽，但敌人快得多，几十道手电光照得通明。

王定烈被敌人扭住。他推那家伙一下，不仅没有推动，反使自己的臂伤剧烈疼痛。敌人把王定烈在山丹城赶制的大衣和绒衣都剥了下来。又冷又硬的枪口抵在他的背上，连连叫喊："跪下，跪下！"王定烈拼上命不跪，心想："你妈的蛋，枪毙老子就够了，还要老子跪下，办不到！"敌人连踢带骂，"哗啦"一声子弹上了膛。

王定烈知道要开枪了，鼓足劲喊了一声："共产党万岁！打倒蒋——""蒋"还没出口，就被当头一拳打倒在地。这时不远处有个敌人喊："不要开枪，不要开枪，要活的，要活的！"

3 月下旬，祁连山脚下的冰雪刚刚开始化冻。敌人押着他们在冰水中蹚过，裤管冻成了冰筒。别说是些伤员，就是健壮的人也难以忍受啊！在一个小村，他们被塞进地窑。窑口像井口，只容一个人上下，里面塞了二三十名伤病员。每天一碗几乎可以看见碗底的稀麦汤。

敌人陆续搜来 100 多人，押到甘州城内，关在一个骡马店的院子里。夜露日晒一个月，几乎每天都有死亡的战友被抬出去。

天气渐暖。王定烈的五处伤口四处化脓、腐烂、发臭、生了蛆，浑身虱子成了堆，手却不能去捉。他骨瘦如柴，稍稍挪动一下，就眼冒金花，耳朵鸣叫，天旋地转。多少次昏迷，多少次差点离开人世，可是他心里的火总不能熄灭！他每天躺在院角马槽里，眼睛一闭就想起董振堂军长、杨克明主任，各种战斗场面就像放电影一样一幕幕重现……

有些老乡渐渐地敢到院门口摆小摊，卖小吃，可他们身无分文。战友们悄悄地向老乡要了些盐水给他洗了洗伤口，高金城的福音堂医院又送了点药来，才使他得了救。

甘州聚集了300多红军伤病员。5月上旬，敌人押解他们去凉州，步行八九天，走不动的被屠杀，走得慢的遭鞭抽。他不知挨了多少次皮鞭的抽打。

他们到达武威的那天下午，全部集合在一个广场上，就地而坐。叛徒——原红五军十四师师长兼四十三团团长郭锡山这时当上敌人的什么“参议”，身穿长袍马褂，头戴黑呢礼帽，脸吃得油渍渍的，操着河南口音劝降大家，说什么共产主义不合中国国情，国民党怎么可以升官，怎么可以发财等等，让大家报名当“国军”。可是，衣着褴褛、蓬头垢面、伤痕累累的300多号人没有一个动摇的。

王定烈知道郭“狗嘴里吐不出象牙”，干脆用手捂住耳朵不听。最使王定烈生气的是，横在腰脊上的那一颗子弹卡得他老是直不起腰来，如今在叛徒面前躬着个背真窝囊。他气愤之下咬紧牙，硬是一挺，疼得当场栽倒在地。想不到这一挺，那颗横着的子弹顺过来了，腰竟然能直起了。这颗子弹在他腰上待了16年，新中国成立后才取出来留作纪念。

他们二三十人被关进一间牢房，只能勉强坐下，想躺是不可能的。牢房里四壁空空，刺鼻的臭气令人发呕。一天两次麦糊糊，只放一次风，二三十分钟。

太阳喷射着光线和暑气，空气中也弥漫着焦热。在暑热蒸腾中，他们被押到永登，编入补充团。王定烈被编入五连二排四班。每连有敌人的三个军官，连长、一排长、司务长。王定烈坚持不当敌人的兵。二排长余嘉斌原是红九军的连长，因负伤被俘，悄悄地对他说：“你现在不能走，敌人说是往兰州送，实际上都去活埋。你等伤好了，留得青山在，还怕没柴烧吗？何必硬要送死？”王定烈听了觉得有道理就留了下来。余嘉斌后来同他们一道回到抗日前线，在鲁西南战斗中牺牲。

补充团开去修筑公路。挖山背石，打洞运土，一天干十几个小时。王定烈的伤口由于得不到医治一直不好，左手不能动，右手挂一条布带，只能看帐篷，用左手勉强给战友烧烧开水。

七七事变的消息冲击着补充团。红军战士纷纷要求上前线抗日。敌人增加看守部队，严密封锁消息，禁止对外接触。但是工地上天天出现标语口号，有用石头摆的，有用粉石写的："我们要上抗日前线！""欢迎马步芳抗日！""打倒卖国贼！""共产党万岁！"等等。敌人严加追查，杀了好几个人。

补充团二营营部书记官袁世昌，后来在团部当书记官，是原红四方面军总政治部组织部的干事。袁世昌接触外面较多，消息比较灵通。五连的司书吴昌炽跑了以后，敌人让王定烈当司书。他们争取在各连合法组织起了"识字班"，以识字为掩护，吸收坚定者为骨干，恢复党的组织生活，待机行动。

甘肃省主席根据上面命令，通知武威专区征集壮丁。马步青将壮丁留下，用红军顶替。开拔之时，马步青给每人发了三块钱路费，一套军衣，其余劳役所挣的钱都被中饱私囊。

他们到兰州后乘汽车，经六盘山到达西安。敌人打算当晚就用火车把他们拉往武汉。他们也有安排，立即派代表去找"十八集团军西安办事处"，强烈要求回延安。办事处党代表立即接见，并安排他们就近在一个学校住下。学校正放暑假，房子空着。办事处还送来数十小车蒸馍，每人发一条线毯。他们捧着白白的大馒头，摸着软绵绵的线毯，都激动地流下了眼泪。

敌人派出宪兵督促他们上火车，并威胁道："这是违抗军令，不上火车立即逮捕！"

中共中央及八路军西安办事处过问此事，向国民党当局作了交涉。吃尽千般苦，尝尽万般难，他们终于回到了梦寐以求的延安。翌日，在桥儿沟飞机场召开军人大会，毛主席、刘少奇、朱德都去看望了大家，并讲了话。王定烈心潮澎湃，热泪盈眶。

集体回延安

永登县境内的汉代长城是从汉武帝元鼎六年开始，分段从令居（今永登县境）修筑到敦煌的。目前，永登境内长城断断续续，风化日蚀，虽失去旧时宏伟壮观的面目，然而从这些蜿蜒曲折的断垣中，仍可依稀看到当年长城的雄姿。这段长城脚下，曾驻过西路军被俘将士组成的补充团。被俘红军在永登补充团的经历是一段凝重的历史，它让许多红军老战士频频回首、没齿不忘。

此刻，马家军连长命令班长刘居宽打吴兴涛。对自己同志下手让人心碎而大恸，明抗又抗不过，于是班长就高高举起军棍，再轻轻落下。连长勃然大怒，反过来亲手将班长狠狠打了30军棍，直打得皮开肉绽，惨不忍睹。徐斌和同班难友将遍体鳞伤、奄奄一息的班长抬回帐篷。

敌人为了加快修路进度，迫使被俘红军每天日出以前上工，天黑下来才收工。干起活来更是不让喘息，动作慢一点就要挨皮鞭。劳动强度大，生活条件差，生病的人越来越多，进度赶不上去，敌人就滥用肉刑。每天收工各连站队点名，连长常常寻找借口，任意点出人来当众惩罚。点名出列的难友，先被辱骂一顿，然后掀翻在地打几十军棍。敌人将打军棍称为军法，用棍子打，可以把屁股打烂，起先由敌人军官执行，后来命令红军自己打自己人。晚点名被称为“鬼门关”。

苦挣苦熬，不堪忍受，大家酝酿集体逃跑，并进行了分工。徐斌负责勘察路线，他年龄小，个子也小，不太被人注意。高原的夏天过得快，还没等他们想出好办法，已经到了带着凉意的9月。大家都是破衣烂衫，约定等发了棉衣行动。

徐斌，四川人，14岁参加红军，开始在红四方面军总部保卫局，后入红军大学学习测绘，分配到总部一局，调查行军作战路线和绘制军事地图。西路军西征时，他刚16岁，为充实基层，被调到红三十军军部测绘训练班。西路军濒临险境，退入祁连山中，徐斌下到二六八团当战士，在李先念等率领下转到左翼大山打游击。徐斌本已消耗殆尽的体力因拉肚子更虚弱了，怎么也迈不开沉重的脚步，最后竟倒在地上爬不起来。他遇到一位掉队的同乡，年龄相仿，结伴同行。他们太劳累了，找到一处山洼歇息下来，头刚挨地就睡死了过去。马家军来了，他俩发觉时已跑不掉了。

他们被押送到张掖花寨子集中，后又转押马步青骑五师司令部所在地武威。敌人在被俘红军中挑青壮年，徐斌被挑出，送进了永登补充团。补充团团长是王绳祖，下属三个营，每营四连，每连三排，每排三班，排以上军官都由马步青部派人充任。徐斌编在三营三连三排九班，和班长刘居宽以及吴兴涛、王永兴等过去就认识。经历过痛苦、流浪、受辱的人，懂得天底下的真实。大家常在一起袒露心怀，决意远走高飞。

补充团开到红古，修筑通往青海的公路。工地四周架着机枪，杀气腾腾，过路的老百姓都远远绕道而行。军官随身带着鞭子，连部备有各种刑具。红军人员稍有不慎，就会被毒打或上肉刑。上厕所要大声“报告”，晚上睡觉衣裤都由军官集中收藏。红古公路修完，补充团又开至乌鞘岭修路。在乌鞘岭工地，徐斌多次见到流离东返的战友。

一道命令传来，被俘红军返回永登。敌人堂而皇之地宣称：“现在开始全面抗战，国共两党合作抗日。你们都是军人，国家需要你们效力。队伍很快就要开赴前线，命令一下就开拔。”原来，“八一三”日寇进攻上海。蒋介石下令“二马”抽调部队，征集新兵。1500 人的补充团被当作新兵调去应付。

逃的力量时时迸发，又有两名被俘红军逃跑被抓，敌人当众拉出枪杀。此时枪毙人，自然是为了杀一儆百。

马家军高级军官“点验”了补充团，给每人发了一套军装，还破天荒地发了一点零用钱。补充团的军官大批调换，那些劣迹昭著民愤很大的被调离。大概害怕路上激起事变，给南京方面交不了差。换来的军官中，不少是外籍，平时不受信任，借此也就把他们打发了。徐斌那个排的排长，换成麻脸汉，人称王大连副，最后同大伙一起奔赴延安，并留在了延安。

1937 年 10 月底，补充团从红城子出发，步行到兰州。跨过黄河铁桥抵达兰州的当天，八路军驻兰办事处党代表谢觉哉，就派原西路军的王定国与补充团熟悉的战友联系，又派办事处处长彭加伦到驻地看望大家，向大家讲话。

谢老亲自约见补充团负责押送的副团长杨明亭，对他晓以大义，指出国共两党合作抗日，原红军的人员交还八路军是天经地义的事，希望他顺水推舟，不要从中作梗。杨明亭深知送交补充团是件苦差事，害怕中途发生变故交不了差，只盼能顺利交接回河西复命，至于谁接收对他来说无所谓。他当即痛快答应，说只要上级有命令，他绝不横生枝节。

谢老几次会见国民党第八战区司令长官朱绍良，提出严正要求，将补充团交还八路军。朱绍良一边借口事关重大，要请示南京政府，一边暗地调集一批汽车，连夜将补充团运走，离开他的防区。兰州办事处急电西安办事处通告了上述事实。

1000余人分坐几十辆民用汽车从兰州出发，在平凉住了一夜。车队颤动，缓慢爬行，终于进入陕西地界。徐斌所在的三营走在前面，进入西安。国民党当局害怕这么多红军集中在市区，就将后面的车辆阻留咸阳。三营在革命公园的亭子周围休息，八路军西安办事处就派人来了。八路军这时穿着和国民党部队一样的制服，因而并不显眼。办事处的同志十分慎重，只在一旁观察，不动声色。徐斌眼睛突然一亮，发现一张熟悉的面孔，是过去和徐斌同在总部一局的机要员张海清，张也看见了徐斌，暗暗告诉他办事处就在附近的七贤庄。

徐斌亲眼见到在八路军办事处工作的老战友，按捺不住心头激动，约上同班吴兴涛瞅空直向七贤庄奔去。在办事处会客室，徐斌和吴兴涛紧紧拉着伍云甫的手，压抑已久的希望终于如火山爆发一样喷射而出，话未出口就已泣不成声。作为红军战士，他俩想立即融入革命队伍。伍云甫理解地抚着两人肩膀说："我完全理解你们的心情，但是，要组织补充团全体都回来啊！"一语三冬暖，徐斌、吴兴涛顿感心中明亮。

八路军办事处党代表林伯渠和处长伍云甫多次找顾祝同交涉。伍云甫、熊天荆等同志还以公开身份看望和慰问了分住西安和咸阳的补充团全体被俘红军，讲了话，介绍了抗日战争的形势。经过交涉，由办事处接收了他们，安排住在省女中，教室都住满了。省女中刚成立，是新盖的校舍，尚未开学。八路军办事处给每人发了一床里外都是白布的小被子、一条毛巾、一个缸子、一个碗和一双筷子，还发了零用钱。

八路军驻陕办事处（即西安八办）

他们在省女中住了一星期，上海演剧队来演过一次露天活报剧。一周后，八路军办事处派人送他们到延安，是步行。

梦想终于成真。初冬的乳白

色的柔软的阳光刺激着徐斌的眼睛，令他激动不已。他们人人感到生命的复苏，感到激情在涌动。这种由内在意愿而化成事实的振奋，实在是人性中的至美。他们一共走了9天，途中住宿的地点有三原、耀县、宜君、黄陵、洛川、富县、甘泉等，到延安后住在柳林、十里铺一带。

彭德怀和陈昌浩同志到十里铺来看望大家。陈昌浩主持大会，彭总讲的话。延安的各个单位和群众团体轮番前来慰问，发放衣物，改善伙食，给他们规定了“吃好、睡好、娱乐好”的特殊任务。之后，相当一部分人分到八路军教导队，也有一些同志分到抗大学习。徐斌分到军委通讯队。

补充团杨副团长和军官们受到极其热情的接待。八路军总司令朱德、副总司令彭德怀看望了他们。朱总司令还和杨副团长进行了长时间的谈话，并挽留军官们在延安参观，到处看看。杨副团长考察了延安的方方面面，深感共产党领导的八路军确实和马家军有天渊之别。八路军官兵平等，情同手足，长官清廉，作风民主。边区充满了蓬勃向上的朝气，百姓安居乐业。他还亲眼见到朱总司令和士兵一起打篮球。

杨副团长回河西路过兰州时，特地去八路军办事处拜访谢觉哉。谢老在1937年12月22日的日记中写道：“送补充团到延的杨团长来，云略拼挡家事，即转延上学。杨意气颇好。”

第九章

逃离国民党军队

西安有八路军办事处

1937年7月7日全面抗战爆发了，毛炳文部奉命开赴上海，补充正在前线作战的三十六师。这对陈宜贵来说是一个逃跑的好时机，但他把机会错过了。去上海要先到宝鸡，由宝鸡乘车东去而后南下，长官们为了便于把部队带走，就扬言到宝鸡发饷。逃走虽有十分把握，但等领了饷有了路费，再走岂不更好？结果呢，到了宝鸡马上就被装上了火车，哪里还发什么饷。就这样，一直到了上海。

他们被编进三十六师，投入对日寇作战。陈宜贵在战斗中负伤，被送进中山医院。他终于摆脱了监督，可以自由行动了。

一天，一位医生告诉他说："你既然还能动弹，何不赶快到后方去？上海马上就要沦陷了！"于是，他就拼着性命挤上了火车，到了江西。

陈宜贵一面攒钱，一面想办法了解八路军的情况，做逃走的准备。几个月过去了，他的伤渐渐好了，路费也多少积攒了点，还从报纸上知道西安有八路军办事处。当时江西地方政府发给所有伤兵每人一枚"八一三"抗战纪念章，凭它，车费可以不用为难。这时他所缺的只是一张通行证，没有合法的证件，无论如何也难以通过经由四五个省的长途。可是，通行证怎么能弄到手呢？

说也凑巧，医院里一位事务长有办法。陈宜贵用那点可怜的积蓄，常常请他吃喝。心想，只要弄到通行证，情愿路上挨饿或者要饭。一次，他请事务长吃喝，酒喝到八九分的时候，他说："我要回家，求你给弄一张通行证。你做些好事，以后一定会有好运气，当连长、营长，说不定还能当司令哪！"

事务长飘飘然，前仰后合大笑不止。忽然，将手向桌上一拍，瞪着两只醉得血红的眼睛对他说："小兄弟，放心吧，老子没有办不成的事！"

陈宜贵弄到了一张通行证，乘上了火车。列车徐徐地开进了西安车站，他一年多艰难的行程也随着列车到达了终点。他怀着一颗因难以抑制的兴奋而剧烈跳动的心，走向八路军办事处。

一位白发银须的老人接见了他。老人是林伯渠，是党中央驻西安办事处党代表。他看着林老慈祥的面孔，倾听着充满爱怜和鼓励的话语，千头万绪一齐涌上心头。他沉浸在从未有过的温暖之中，用手抹去激动的热泪，向林老诉说着苦涩的经历。

陈宜贵是九军保卫部长，他的100多人的游击队只剩下他和三中队长了。两人走出祁连山的第二天，遇到他们九军政治部的管理科长、一个通讯员和总部的一个报务员。管理科长三人遇到他俩觉得有了依靠，他俩也觉得有了三人增加了力量，因而大家都很高兴。

他们白天到山野住宿，天黑进村讨饭。一天晚上，他们进村找到一户人家。陈宜贵上前拍了拍门，低声叫道："老乡，开门哪！"门吱地一声开了，一位老人走了出来。

"我们做生意赔了本钱，实在没有办法，求你老人家给碗饭吃，救救我们这几条命吧！"

老人打量着他们，乱糟糟的长发垂在两腮，长久不洗的脸黑糊糊，连鼻子、眼睛都模糊不清了。身上穿的麻袋、烂袄，一块块的用小绳拴着，脚上包着一层层的破布、烂棉花，外面又缠了几道绳子，成了松松的两个大圆疙瘩，要饭的布袋挂在腰间，手里拄着根棍子。

老人一声没吭，带他们进屋，弄好了饭让他们吃。老人给他们讲了一个"恶有恶报"的故事，陈宜贵也把红军的故事讲给老人听，越说话越多，直至夜深方罢。他们在老人家里美美地睡了一大觉，醒来天已大亮。

他们刚一出门，一队马家骑兵径直而来。只听一位老乡连喊两声："快，快！”示意他们快躲起来。他们混在老乡中，装作在村头干活的模样。敌人过去了，陈宜贵暗想，如果刚才在场的老乡只要有一人努努嘴，他们五个人就全完了。

一天晚上，他们遇见一个煤窑，便走进窝棚向窑工讨饭。饭后，主人留他们住宿。其余四人躺倒呼呼地睡熟了，只陈宜贵瞪着眼睛出神。

“兄弟，你怎么不睡呢？有什么心事？”

“这里离黄河还有多少路？”

“还远着哪，你们走，至少得一个月。”

一个月不算长，自出祁连山以来不是已经走了40多天吗？陈宜贵想，要是现在躺的这个窝棚在黄河岸边，那该多好呢！

夜已经很深了，主人毫无倦意，说：“我们窑人没法活了！我们吃的是些啥东西，你已经知道了，你还不知道，我们家里人就连这样的东西也吃不上，老婆还光着屁股呢！”主人接着说：“咱们都是穷人，你能不能帮我们一下？”

陈宜贵一边坐起，一边说道：“只要能办得到的，都行！”

窑工用力拍一下他的肩膀，说了声：“够兄弟！”接着便道，“这南边有一家大财主，满仓的粮食，就是不借给我们。你们几位都有枪，今晚只求你们跟我们去一趟，借点粮食，就算是救了我们几家老小的性命，我们至死不忘！”

陈宜贵说了声“行！”主人便一跃而起，钻出门外。不一会儿，便领来了七八个结实的小伙子。队伍在茫茫的黑夜里出发了，事情办得十分顺利。他们一枪未发，窑工满载而归，一个个莫不兴高采烈。第二天一早，窑工把他们藏进了煤窑。马家军搜捕时，窑工近前搪塞，他们安然无事。

天黑下来，他们要上路了。窑工们一个个恋恋不舍，送了好远。

渡过黄河，来到河东，已是5月天气。一天中午，他们走得又热又乏，就在一棵大杨柳树下坐了下来。杨柳树紧挨着大池塘，一个留着女人一样头发的壮汉，手擎钓竿，蹲在树下，正全神贯注地注视着水面。钓钩几次提起，全无半点收获，看他那身穿戴，显然不是以钓鱼为生，只不过消遣而已。见到他们，钓者主动搭讪。陈宜贵正想问路，就聊了起来，他问：

“你知道延安离这里还有多远？”话一出口，觉得失言。

“各位是到延安？”那人反问道。

“不，那里是共产党，我们怎么去得了呢？听说国军逃跑的弟兄常有到延安去的，所以打听一下。”

钓者把去延安的路线详细地说了一遍，最后又道：“天不早了，各位也走累了，今晚先到我家住一宿，明天我亲自送各位一程，你看怎么样？”

“不敢劳驾。”说着，他们转身要上路。

那人突然一声大喊：“红匪，交枪！”随即一手抓住陈宜贵的衣领，一手夺他藏在衣内的驳壳枪。

他们见此情景，一齐掏出枪来，喊道：“招打！”

那人撒腿就跑，女人一样的长发在脑后飘舞着。

天黑了，他们进村找了一户人家住下。主人见他们这身衣服，自然要问长问短。他们接受白天的教训，只说是抓逃兵的，别的一字不漏。主人不冷不热，饭后自去安歇。第二天清晨，他们尚未起身，主人就过来对他们说：“昨晚招待不周，各位弟兄多多包涵。今早又备了些饭菜，请用过再走。”

他们执意要走，主人却再三地挽留。陈宜贵越发地疑惑了，为什么昨晚那样冷淡，一夜工夫就变得这样殷勤呢？难道这又是圈套？看这户人家虽不贫苦，但也远不像有钱人家。不管怎样，还是马上离开才是，于是他们穿好衣服告辞出门。

一出门，迎面就碰上昨天那个“钓鱼人”。只听厉声喝道：“小子们，哪里走！”“砰”地就是一枪，子弹从头上掠过。一群人各执刀枪，迎面而来，齐声喊道：“活捉红匪！”他们见事情不妙，径直奔村外跑去。

他们举起枪，“砰砰……”打了几个连发，民团闪出一条路来。他们前面跑，民团后面追，子弹不住在耳边嗖嗖响。眼看追上了，回头便一个反击。就这样边打边跑，等到太阳偏西的时候两条腿实在拖不动了，子弹也打光了。万般无奈，只好停下。一会儿的工夫，只听四面山上都在喊：“红匪，投降吧！”

好一会儿，下来一个人，说是要和他们谈判。陈宜贵说：“你们说怎么办吧！”

“把枪交出来，可以留你们活命，不然一个也活不成！”

“去你娘的，我们会把枪给你？”一枪便结果了来人。不料，陈宜贵射出的竟是最后一发子弹，其余的枪早已空了膛。正在这时，阴云密布，山野昏暗，顷刻雷电交加，大雨如注。在风雨和黑暗的掩护下，他们再次冲出绝境。

一天中午，他们面前出现了一个不小的村落。因为看来不像个偏僻山村，所以不敢轻易走进，陈宜贵派报务员先去打探一下。

这个地方，离延安只有几百里路了。陈宜贵躺在一条沟沟里，屈指计算着行程，大约再有半个月光景，就可以到延安了，一边想着一边就睡着了。

“跟我们走吧!”不知从哪里传来一句冷酷而陌生的话语。他睁开眼来，抬头一看，上面站着四五个手执长枪的国民党士兵，枪口指向他们，进村打探的报务员呆呆地站在一边。他明白，被俘了。由于年轻的报务员听信了“红军和中央军现在一样了”的鬼话，就老老实实地领着国民党兵来找他们。多亏大家没有暴露他的身份，只说都是红军士兵。

原来，这里是秦安城的西关，国民党毛炳文部驻扎在这里。他们被抓了壮丁，被迫当了新兵。

“别看穿的是国民党兵的衣服，你们是红军!”

敌人从拱星墩集中营关押的红军中挑了些年轻、身体好的约100人，作为“新兵”补充进国民党九十七师。潘峰、王恩厚、何南阶、张纯德、王乃荣、周力、董少彦这几位“兵丐”小分队的骨干成员，又被编进同一个团。彼此心思都明白，利用每天野外训练的机会碰头，建立了秘密党小组，商讨着逃出牢笼的计划。

1937年6月，国民党九十七师开拔到陕西邠州，离陕北不远了。

“跑吧，妈拉个巴子!”他们晚上碰头，骂出心中积压的恶气，谋划着逃跑的细节。他们派周力去察看地形，探明城墙哪截低矮，矮墙外是什么地形。周力年龄小，长得俊，像小孩一样活泼可爱，敌人不太注意他。他蹦蹦跳跳溜上了城墙，找了一截好爬的矮墙，望望墙外面有个土堆，跳下去摔不着。他回来报告给潘峰，潘峰又派他去通知分散在各连的人，晚上9点以“下馆子”为名请假出来，到一个小岔口集合。

傍晚，军营外一座房子后面。按潘峰事先约好的时间几个人先后到了，可王恩厚不知什么原因没有跑出来，等了一个多小时也不见露面。他们等得心急火燎，惊慌不安。不等吧，这是决定命运的关键时刻，此次不逃，以后可能就难寻机会了；等吧，时间一长，国民党军夜间增设岗哨和游动哨，出逃的机会就可能葬送。他们急得像热锅上的蚂蚁，时间一分一分地过去，再有半小时就该轮到潘峰站哨了，多日策划的逃跑眼看着要成为泡影。时不我待，潘峰一挥手，几个人便沿街向周力选定的城墙走去。

一路上碰到不少熟人，问起他们去哪里？潘峰轻描淡写地以“下馆子”或“找个熟人”搪塞，内心却很紧张，生怕寻根问底。天黑了，他们一行顺利地走上城墙，只是周力太紧张，怎么也找不到白天选好的地点，急得团团转，蹲在城墙上哭了。眼看着游动哨和巡逻队增多起来，一旦被发现抓回去，即会就地枪毙。越慌越不见土堆的影子，潘峰决定不找了，说：“别无选择，就从这往下跳吧，生死就这一下了。”

“我先跳！”张纯德自告奋勇，“咚”地一声跳了下去。其他人紧跟着跳了下去。幸好下边是些酸枣树、枸杞子之类的枯枝，只擦伤点皮，没有伤筋动骨。

他们急急忙忙走了20华里，碰到一位在山坡上干活的老太太。老人豁达热情，把他们领回家，做了一大盆小米干饭，还给些咸菜疙瘩。他们吃得有滋有味，心满意足，觉得像在自己家里一样踏实。

“老人家，你知道我们是什么人吗？”潘峰问。

“看得出来，别看你们穿的是国民党兵的衣服，你们是红军。过去不少人了，都是好人啊！”

“他们都往哪去啊？”潘峰又问。

“离这不远是苏区，刘志丹的队伍来过这里。”

难怪老人这样明白事理，原来受过红军的熏陶。他们匆匆别过老人，大步向苏区走去。眼看就要走进苏区，回到日思夜想的部队，他们激动得流出了眼泪。

队伍向东开拔途中，许多人利用各种机会逃回了红军。王恩厚被送到西安后，跳下火车，跑进城里，找到八路军办事处。他悲喜交加，热泪盈眶，同志们安慰他，并给他立即换上了八路军的军衣、臂章。他休息了三天，就被介绍到山西临汾八路军总兵站部医院工作。

潘峰是红三十军八十九师二六九团的一位营长。部队进祁连山后，仓促撤退之际，左支队首长命令他率领一个排掩护。他们在山头上支持到天黑，身后全是敌人了，已无法与支队联络。大家分散行动，三五人一组，各自想办法回延安。敌人封锁了各个山口，抓住男红军便问："你是徐向前吗?"抓住女红军便问："你是张大脚（张琴秋）吗?"

他们在林中草丛躲藏，冷风刺骨，饥饿揪心。敌人不断喊话，以"优待俘虏"、"吃饱穿暖"引诱投降。有个司号员熬不住寒冷与饥饿跑向敌人，吃饱喝足之后，举着敌人的喇叭筒朝他们喊起话来了："弟兄们，快过来吧！这里长官的确优待，有吃的，有喝的，还有羊皮袄，我穿得暖暖和和。你们躲，在那里会冻死饿死的，不值得，快过来吧!"

这样的喊话在此时此刻很有诱惑力，一个团俱乐部主任犹犹豫豫地试探着对潘峰说："老潘，咱们过去吧?"

潘峰很惊讶，白天刚表态讨饭也要回延安，怎么现在就变了卦想投敌呢?他沉默了一阵，斟酌词语说："谁愿意去，我不阻拦，人各有志嘛！过去或许能留条命，可我不去！几年来扛枪打仗、吃苦受罪，可不是为了今天当个叛徒。我还是那话，讨饭也要回延安，各位请便!"潘峰说得斩钉截铁，战士们都点头称是，那位俱乐部主任也为一时的动摇感到羞愧。

夜晚，寒冷无遮无拦地袭来，他们烧起一堆篝火。火光吸引了躲藏在周围的散兵，人越聚越多，惬意忘情地烤着火。敌人悄悄摸了上来，急急忙忙地开了枪。大家闻声撒腿就跑，转瞬消失在夜色和丛莽之中。

潘峰一个人黑灯瞎火地乱转，转到了敌人哨兵身旁，听见了说话声，还看见了棚子里被俘的红军。他吓出一身冷汗，悄悄地后退。他碰到七八个红军，便带着临时拼凑的七八个人一起行动。

王恩厚是红三十军八十九师的卫生部主任，部队分散行动后，他跟着熊厚发师长疏散。熊师长左臂负伤，肿得老高，他负责换药。大家摸黑走了几小时山路，停下来休息，集合再走时，他便与熊师长失去了联系。天黑得伸手不见五指，被敌人冲散的红军伤病员挨挨撞撞，不知谁是谁，又不敢叫喊。他怎么也找不到师长了。

王恩厚牵着匹马跌跌撞撞地往前挤，迎面碰到军政治部主任李天焕。

“李主任，看到熊师长吗?”他拦住李主任问。

“就在前头，不远。”李主任匆忙往前一指。

这一指可害苦了他。他牵着马往前跑，沿路碰到的都是稀稀拉拉的散兵和伤病员，不见熊师长的影子。其实他往前走时，熊师长还坐在原地休息，南辕北辙，越找距离越大。他又骑上马回头去找，找到原地已人去影空。他的头一下子大了，头发根根直立。师长丢了，到处已是敌人的吆喝声，十八九岁的他还从来没有遇到过这样的险情。正在他愣怔怔地失去主意的时候，军部的敌工部长和民运科长骑着马走过来。王恩厚无可奈何，缠着两位首长带他和通信员一起下山。他们一行四人乘着夜色，脱离了敌人，在山上转悠，碰到了潘峰他们。

天空中一朵颜色暗淡的白云，无奈地从天这边飘横到天那边。大家一起朝祁连山下走去，又碰到几个伤病员和女红军。重伤员哀求将他们带走，可伤在腿上怎么带得动?伤员痛苦至极，恳求补一枪让他们解脱，可谁能朝自己的战友开枪?女红军更是可怜兮兮，都是一些十七八岁的姑娘，经历过战争可没经历过惨败。她们感到六神无主，有一种将下火坑，将入地狱的绝望。她们的话格外凄婉：“同志哥，把我们带出去吧?只要带下山去，我们可以自个儿走，讨饭度日。求求你们!”言者眼泪汪汪，听者也眼泪汪汪。

他们还是硬起心肠拒绝了。人多目标大，女同志目标更大。马家军发现女的穷追不舍，非弄到手做老婆不可。他们中也有例外，敌工部长年纪大点，也许是于心不忍，带了一个女宣传员走了，民运科长也带了一个女红军走了。带上女红军就得离开小分队，各自方便。小分队剩下七个人。

一个黎明前夕，他们终于绕过敌人岗哨，走出了祁连山。

雾霭慢慢散尽，东方射来阳光，天地空旷起来。他们惊喜地发现一户独门独院的人家，便冲了进去，把门一堵，手枪一亮，请他们生火做饭。主人连声答应，中年妇女说屋里没有烧柴了，要出门去抱点。他们没有经验，也小看了妇道人家。那位妇女一出门就一溜烟跑到河对面报告了马家军。马家军冲这边放枪放炮，大声吆喝“共匪投降”，但不知这边虚实，不敢贸然过来。他们催促屋里的老乡赶快做饭，边做边吃，饱餐一顿，扬长而去。此后，他们吸取教训，冲进一户人家，把门一堵，任何人不得出去，吃完饭拔腿就走。以武力讨饭比赤手空拳来得顺利，也不用说那么多可怜巴巴的话。

他们人多，贫穷的老乡连半顿饭也管不起。大家决定早晨分散出去讨饭，傍晚在指定地点集合。

这天晚上，他们指定在一座庙里集中。先回来的几个进庙一看，已没有了插脚之地。这是一座小庙，没有和尚没有香火，如今被红军散兵和伤病员借住，像沙丁鱼罐头一样塞得满满当当。伤的病的快死的，躺着坐着斜靠着，鼾声和呻吟声此起彼伏。潘峰他们退了出来，立在庙门外边等没到的人。他们把人等齐，已是将近黎明。寒风呼号，大戈壁空旷而冷森。大家疲倦得站不住走不动，硬着头皮挤进小庙，往人身上一靠，也不知被靠的人是谁，愿意不愿意，打个盹再说。

翌日，大家还是分散乞讨。潘峰几个融在淡淡的早春的曙色里，朝大路走去。走上大路，太阳已经升起来了。他们朝马路两旁寻摸着找个人家讨食。这户人家独门独户，男人下地了，女主人带着孩子守家。潘峰刚要启齿，女主人抢先开口：

“不说也知道，你们是苦难的红军，过了不少了。”

“大嫂，我们两天没吃饭了，能不能给点吃的?”

女主人面露难色：“我们家穷啊，娃都没衣穿……”

他们一看，家徒四壁，一个10多岁的小孩光着脊梁，在屋角瑟缩。“大嫂，我这破皮袄给你孩子御寒，换口饭吃，行吗?”潘峰说着脱下破皮袄，扔给女主人。一行人中他穿着皮袄，别人都是单衣。他把皮袄一脱，大家平等了。

女主人接过皮袄给孩子披上，高高兴兴地从缸里挖了两碗小米，给他们熬粥。缸底刮得山响，似乎诉说着主人家的艰辛。不一会儿，香喷喷的小米粥端上来，他们饿狼似的喝完，向女主人告辞。女主人见他们仍朝大路走去，追出门来叮嘱：“老乡，你们不要走大路，大路上有马家兵，你们顺小路向东向南都中，老天保佑你们!”

太阳缓缓落山，月亮高高升起，山野一片静寂。他们与王恩厚的一路碰了头，又走了半夜，来到永昌县水磨关一带。他们分析前面黑得最浓的一团是树林，在河西走廊有树林就有村庄或寺庙。走近一看，是座孤零零的大庙。这座庙叫猴塔寺，庙门口的狗很凶，狂吠着扑了过来，一口咬住了王恩厚的大腿。王恩厚打了一枪，凄厉的枪声把狗吓跑了。

一个慈眉善目的老和尚执烛出来迎接，捧捧手，说："善哉善哉。不用说，诸位先生一定是失利的红军，本方丈欢迎大驾光临！"

"打扰了！我们想借住一宿，天不亮就走，不连累你们。一天没吃饭了，麻烦方丈搞点吃的！"潘峰也不客气。

"好，好！"老和尚眼盯着他们腰间的短枪，赔着笑脸一连声说。

老和尚领他们到后边的大殿住下，不一会儿小和尚就送来了热饭热菜。吃饱喝足，他们倒头躺下。多少天没有睡过好觉了，在这又避风又暖和的大殿里，他们睡得格外香甜。潘峰虽然也疲倦已极，脑子里却还绷着一根弦，老和尚过分热情，会不会要心眼？他心里正嘀咕，门外传来噼噼啪啪的脚步声。

"开门，开门！"几个和尚在门外叫嚷，气势汹汹。潘峰急忙趴到窗前一看，只见老和尚领着七八个小和尚，点着蜡烛，杀气腾腾地拿着菜刀、斧子。慈眉善目的老和尚凶相毕露："红军的几个汉子，你们交出枪来，老老实实跟我们走，不然，别想活着出去！"来者不善。潘峰他们立即端着手枪拉开了门，和尚们一闪，他们冲了出去，跑进了浓浓的夜色里。

讨饭太难了，他们往往是两三天粒米不沾，全靠喝点冷水维持。有一次，户主端着米汤让他们拿碗。他们没碗，正在为难之际，户主拿来一个喂猫的碗，把米汤倒进去递过来。那碗沾着猫狗的屎尿，看着恶心，可又饿又渴，潘峰端过来就喝。

他们忍渴挨饿，总算走到了凉州北边的一个盐务所。大家一个包围冲了进去。盐务所有警无枪，没有抵抗能力。"我们是送信的，饿了，做点饭吃吧！"他们把手枪往腰间一插，大咧咧地提要求。盐警们诺诺连声，赶紧烧火做饭。他们吃了一顿饱饭。盐警在枪口的威胁下还送了他们每人一块钱。

他们胆子越来越大，晚上走到一个羊场，住进帐篷，逼着场主宰羊烧肉，打了一餐牙祭。

翌日，大家又分散开走。

王恩厚他们走进沙漠，沙漠陷脚难走，走了10多里累得不行。早春中午的阳光暖融融地晒在沙子上，春风也带来丝丝暖意。大家躺下休息，商量快到黄河边了，带枪行走反而危险，便把枪埋在沙漠里。他们没有想到，盐务所和羊场报了信，100 多个马家兵循着脚印追进沙漠，把他们抓住了。马家兵搜他们的身，将一块钱搜走了，破衣服也剥光了，把埋在沙里的手枪也挖出来了。他们含辛茹苦逃了一路，没想到在快见着黄河时被俘了，好不丧气。

潘峰带着几个人跑到长城跟前，在一个土洞里坐下来，讨论要不要继续带枪的问题。大家认为在平原上带枪困难，碰上敌人打不赢，反而暴露了身份。他们把为生存立下汗马功劳的手枪拆散了，变成一堆零件，埋在城墙下的沙窝里。

一天夜里，风刮得地动山摇，卷起的沙石打得脸生疼。他们无法前进，便想找个地方避避风，远远看见前面有个黑堆子，估摸是小村庄，到跟前一看是座小庙。他们小心地靠近小庙，见没有动静便走了进去。庙里挤满了流落的红军，估计有二三十人，其中还有几位女红军。所有的人全躺在冰冷的地上，看样子都快冻死了，连呻吟声都很微弱。他们无处可去，只好挤在濒死的难友们中间，倒下便进入了梦乡。睡意蒙胧中，潘峰感觉有响动，睁眼一看，面前站着的全是端枪的马家兵，凶神恶煞般吆喝他们爬起来。

他们被押送到凉州，在凉州监狱关了两个月，又被押送到兰州拱星墩集中营。

“只要不打死我，我就要逃跑！”

西路军进梨园口，退康隆寺。特务团政委晏福生指派团俱乐部主任李宽和和参谋左叶带一个班到附近村落搞些粮食，填充饥饿已久的肚子。李宽和和左叶在一个小山庄搞到了一些青稞，还有十来头牛。

天已近黄昏，透过云层的阳光像一把金色的刷子，把远近的山头涂抹得金黄。好久没有这么轻松了，李宽和与左叶加快步伐返回部队驻地。途中传来阵阵枪声，他们急匆匆地爬上山头，只见黄尘滚滚，人喊马嘶，特务团又被敌人包围了，经过一番短促拼杀，部队夺路突围，被打散了。李宽和与左叶商量，十几个人边打游击边找部队。

第三天，他们这支小分队也被搜山的敌人冲散了，只剩下李宽和孤身一人。天色渐渐黑下来，搜山的敌人吆喝着离去。他从山洞里钻出来，望着茫茫天际，想着白天被冲散的战友，想着不知在何处的部队，想着七年前参加红军的难忘场面，再看看眼前的荒漠阴森景象，不禁悲愤填胸。他这是头一次独自离开部队，离开了并肩战斗、患难与共的同志们，真比离开父母、离开家园还令人难受。五尺高的汉子，第一次流下了泪水。夜风袭来，寒气逼人，饥肠辘辘，他顿然感到，再难再险，也要活着回去。

一天拂晓，李宽和爬到山下河边，匍匐在大石边的杂树丛里。雾很浓，十几步远就看不清了。他感到这里的地形和这时的天气对隐蔽十分有利，正在盘算下一步怎么办，不料，一个被敌人追赶的红军战士从右边拼命地朝他躲藏的地方跑过来。虽然从他身边跑过去了，马家兵却向他藏身的地方包抄过来。在一片骂娘声中，他被一个满腮胡子发现了。满腮胡子先是一惊，继而狂叫："在这里！"马家兵闻声呼啦一下子全都趴在地上，端着枪向他靠拢来。

"哈哈，你这个共产党到底插上翅膀也没有跑掉，快出来！"

他无力自卫，便牙根一咬，猛然站起，怒目而视。马家兵把他团团围住，见他没有武器，一个老兵就大着胆子喊叫："看你还往哪跑，搜！"几个兵痞应声上前，推推搡搡，全身上下搜了个遍，把他换粮食用的一点鸦片全翻出来了。马家兵见了这东西，乐得眉开眼笑，你闻闻，他舔舔。

"你是什么地方人？"

"贵州人。"其实他是福建人，但为了不暴露红军的身份，没有实说。

"干什么的？"

"给红军挑担子的。"

"认不认得徐向前？"

"没见过。"

"怕不怕死？"

李宽和瞪大了眼睛回答："随便，落在你们手里，反正迟早总要死！"

"你不怕死，定是个共产党！"

"穷人也不是孬种！"说完，他闭上了眼睛。敌人用枪筒在他后脑勺上戳了几下，但好一会儿也不响枪。

在这需要献身的严重时刻，七年前举行入团宣誓的情景清晰地浮现在他的眼前。那是1930年10月，他们红军第四军十一师三十三团，驻在江西崇仁县城的时候。参加共产主义青年团的愿望要实现了，这是他这个红小鬼最大的心愿。宣誓那天，他又兴奋又紧张，跟刚穿上新军装成为一名红军战士的那一天一样，又是连饭都没有吃好。团政委谭智材领着他们这批新团员宣誓，墙壁上挂着“CCP”“CCY”字样的红旗，气氛十分庄严隆重，特别是“革命到底，永不叛党”的誓词，永生难忘。

“砰”的一声枪响了。他的心一跳，可是身上不像负伤挂彩那样，没有一点疼痛的感觉，更没有失去知觉。耳边只听马家兵发出戏谑的哈哈笑声，其中一个对他说：“尕娃子，留下来给我们做事。”

另一个说：“算你走运，饶你一命，还不谢长官不杀之恩。”说着过来就按他的头。他脖子一梗，脸一侧，对说话者睬也不睬。

他被关进一间破漏的土房里，里面已经关了七个人。一天挨过去，只给两顿残羹冷饭吃，不给水喝。天黑后，睡在冰冷潮湿、光秃秃的地上。黑沉沉的夜，沉甸甸的心，八个人默不作声，大概都在想着各人的心事。他陷入迷茫的深思，难道真的给敌人当牛马吗？一个共产党员，怎能受这个屈辱？逃，能逃得脱吗？往哪里逃呢？思前想后，渐渐从乱麻一样的思路里捋出一个头绪来，只要敌人不打死我，有机会，我就要逃跑，去找部队。

两天后，他们被押送到张掖。在张掖，不断传来马家军杀害红军的噩耗。这种精神上的折磨，使人的心理处于极度紧张的状态。他再一次感到，离“革命到底”的日子不远了。

一天晚上，敌人把他们八个人叫出去，他以为这下轮到自己头上了。从难友的脸色看，虽然表情不尽相同，但似乎都意识到了这一点。人们默不作声，缓缓地在漆黑的夜色下走着。他们被一根绳索串着，难以逃脱。一路上连块大点的能够砸死敌人的石头也没有，看来只有赤手空拳拼命了。他正这样想着，马家兵已经把他们带进一座大院子里。一个军官模样的人向他们吆喝：“我们的长官负伤了，你们老老实实抬担架，跟老子把长官送到西宁去，谁不抬，就枪毙，不老实，就抽你！”听了这话，他紧绷着的神经一下子松弛下来。噢，这次不是被拉去砍头。

沉重的担架压在肩上，他们排成单行在通往青海的大路上吃力地走着，稍微慢一点，皮鞭和枪托就落在背上。一个生病的难友，经不住长途跋涉的折磨，昏倒在地。马家兵二话不说，挥刀就砍，将他杀害了。

从张掖经民乐进入青海境内，向俄博行进的途中，他腹痛起来。开始是隐隐作痛，走了不多一会儿，疼痛加剧，刀绞一般，两脚越来越无力，肩上的担架仿佛一下子加重了千斤。因为支持不住就要停下步来，敌人冲过来就是一枪托，他眼前立即映出了前几天倒下去的难友被野蛮杀害的惨状。他不能重复这种无谓的牺牲，硬是顶着难忍的病痛，踉跄着走到住宿的地方。

到了西宁，关了五六天，敌人又把他们用绳索一串，押解到兰州。敌人把被俘的红军集中起来甄别，查党员，查干部，决定把部分红军俘虏遣返原籍。李宽和没有暴露身份，于是也给他照了相，发了路费，押解着登上还乡的路程。

和李宽和同时被遣返的有九个人，大多是江西、福建、湖南、湖北人。一离开兰州，他心里就开始盘算，送回老家去，这不是离开虎口又进狼窝吗？那里的地主、“铲共团”能放过他这个“赤色分子”吗？想来想去，只有乘机逃跑，找红军、找党，才有活路。

在这批被遣送的人中，有一个他在教导团认识的战友，是江西兴国人，当过技术书记。技术书记的双脚冻掉了八个趾头，走路很吃力。他搀扶着战友，打尖、住宿也尽可能照顾技术书记。他俩闲谈时扯到今后前途，技术书记流露了回家比再去干红军好的思想。十个脚趾没了八个，他又能怎样选择呢？

他们这群衣衫褴褛犹如叫花子一般的俘虏到了会宁。在县城街心，他看见一个穿着又破又脏的人正在沿街乞讨，瞥了一眼，觉得面熟，定睛一看，原来是朱良才。朱良才在教导团当过政委，那时他在教导团当组织干事。见老领导这副模样，他心里一阵酸痛，便趁押送的敌兵不注意时，一把将朱良才拉进了队伍。敌人是一县一县传递押送的，交接并不认真。

朱良才来后，本来就少得可怜的盘缠更不够用了。但同志间患难与共，精神上是充实的。白天，两个人走在一起，你扶我搀；晚上，两个人睡在一起，裹着一件破衣袄，咬着耳朵谋划逃跑的办法。

五月下旬的一天，他们来到离平凉县城 20 多里的蒿店。这是小镇，四面环山，大路从镇中穿过。走了一天，疲惫不堪，吃了点东西，大家就东倒西歪地蜷缩着靠墙躺下，有人在睡梦中还不时发出痛苦的呻吟。

李宽和迷迷糊糊似睡还醒的时候，隔壁断断续续传来低沉的说话声，不意“红军”两个字跳进他的耳朵。虽然声音很轻，对他却如惊雷。他睡意顿消，悄悄将耳朵紧紧贴在墙上，听着听着，终于听到了红军的消息。原来，蒿店以北20多华里驻着红军。他的眼睛湿润了，心“怦怦”地要从嗓子眼儿跳出来。他抑制着兴奋和激动，轻轻推醒了朱良才，又叫醒了暗中串联好的罗洪山和姓邱的福建人。四人脑袋挤在一堆，低声商议逃走的方案。

李宽和永远也忘不了这一天。就在乱哄哄吃早饭的时候，四个人借上厕所之机，跑出了小镇，一直向北跑去。

他们到达援西军司令部，见到任弼时同志、刘伯承司令员、张浩政委，眼泪夺眶而出……

两次逃离

耿锡祥是电台八台的台长，属左支队，后被分到干部游击支队。游击队队长毕占云，政委曾日山，下面有一批高级干部，张琴秋、刘瑞龙、欧阳毅等。电台派来了一些人，有耿锡祥、邱永昌、刘思清、方纪寿，还有个罗什么脸上几个麻子，还有十台的指导员欧阳顺，一共十几个人。

游击队下面建了三个中队。耿锡祥任第一中队中队长，一中队是骑兵中队，电台去的人都有马，另外又抽了几个原来搞过骑兵的人，总共不到20匹马；二中队是总部直属机关的，五大员都有；三中队是八十八师调来的一个连，虽是一个连队但不是原来的战斗兵，是东拼西凑的，有一挺轻机枪，没有子弹。

山上没有粮食吃，饿急了杀马，吃点马肉。人离开五谷杂粮不行，大便像豆瓣酱一样。蹲下去大便，站起来眼睛发花，头发昏。

他们被敌人骑兵包围了，怎么跑啊？耿锡祥跑了几天，跑到群山里面，这儿也是峰，那儿也是峰，翻了这个山有那个山。那天穹里晶莹剔透积雪笼罩的山峰，像琼楼玉宇一样，茫茫然、杳杳然。石头都像刀口，一双鞋子呀几天就完了。走不出去又倒回来，倒回来就中了埋伏。

耿锡祥他们被俘之后，下山就下了3天，山好高好大啊！冽冽寒风中，敌人把被俘红军当羊群赶，谁走不动，马家骑兵就用石头砸谁。

山中有一个大喇嘛寺叫红安寺，山崖下有一个大羊圈是窑洞羊圈。他们被关在羊圈里，耿锡祥整天睡觉，那睡不完的瞌睡。他的一堆散乱的粘满尘土的头发，像一堆枯草堆在那里。

耿锡祥，湖北省黄安（今红安）县人，出生于一户贫苦的农民家庭。由于家大口阔，父亲过早地从家中分离出来，靠卖零工、打短工维持一家生计。家境贫寒，耿锡祥5岁时被送外祖母家抚养，6岁时即帮人放牛，14岁时过继给叔伯父为子，得到两间土房子和一块山地。自父亲分家后住无定所，历经五次租房搬迁，至此全家才算有了个落脚之地。耿锡祥从小渴望读书，但正是上学读书的年龄却只能给人家放牛。幸好在外祖母家生活的几年里，与他年龄相仿的几个表兄弟都在读书，当时读的是《三字经》、《百家姓》一类的启蒙课本。表兄弟每天早晨都要在家反复大声唱读，耿锡祥也就有机会与他们一起读书认字，碰到不认识的字，就听他们怎样认读，晚上还在油灯下，用敬神的草纸，对照书本抄写，练习写字。就这样，他认识了不少字，并能进行简单的写算。1925年农民运动在家乡兴起，1927年他报名参加了农民自卫队，同年11月他带领自卫队参加了黄麻起义。1931年8月初，耿锡祥离开了他亲手带领的游击队，到鄂豫皖中央分局军委所在地河南新集（今河南新县），进入新组建的通讯训练队学习通讯。从此，他一生都和通讯结下了不解之缘。

西路军西渡黄河，耿锡祥率领的八台和五、九、十、十一、十二等七部电台跟部队和总部机关一起西渡黄河，开始了浴血河西的悲壮历程。西路军失败，为缩小目标，减轻负担，除留下一部电台和中央联系外，其余全部砸坏毁掉。他们一边砸，一边烧，一边流眼泪。

被俘之后，他们集中到甘州，有近70人。这70人中有领导，耿锡祥和徐立清就在这儿认识。有陈宏，陈宏那时是三十军的一个政治干事，原名叫杨道清，新中国成立后曾任济南军区副司令员，后任炮司副司令员。夜里睡在马家军的营房里。哨兵夜里放哨搜俘虏腰包，拿着个大刀，跑到炕上去，“有钱的给我”。

从甘州出发时将近80人，到凉州走了9天，关到凉州监狱里二三十天。监狱是民祠改的监狱，有人看到秦基伟。耿锡祥和秦基伟没有关在一起，听说那边有一点儿优待。

送到永登，站队挑人，挑到被俘红军组成的补充团。80多个人挑了几十个，徐立清没挑上，耿锡祥被挑去了。挑年轻一点儿的，精干一点儿的，他觉得自己也不小啊，二十六七岁了。挑去修马路，甘青马路、甘新马路都修过。

抗日战争开始了，补充团调回永登县训练，队列训练。他们到这时候才知道平型关战役。平型关战役打响之后，马家军的中下级军官都很震动，说红军不得了，西路军失败了，但还有这样大的力量，消灭了日本鬼子一个旅团。

耿锡祥和方纪寿一起被俘，一起编在补充团，方原是十一台的报务员。他俩虽在一个营，但不在一个连。方纪寿曾找他，说："以后怎么办？怎么行动法?"他说："这里不是长久待的地方，看机会，只要不杀脑袋，总有一天!"他俩分在两个连，有时出操还能见到，但不能随便接近，一时难以联系。方纪寿想逃，被发现了。马家兵执行军法，打得很厉害。打的那天，耿锡祥在岗哨上，三连又打人了，后来才知道是方纪寿。方纪寿被打得死去活来，自杀了。

黄昏，天边云朵像一堆未被燃尽的柴堆，愈来愈暗，变成死灰。军官都在营部集训，连长、排长都去了，留司务长带班。耿锡祥眺望着沉入山下的太阳，一拍大腿，说一声"走!"他一个，还有一班长，三十军的司号长，七班长，是个营教导员。

秋风带着寒意，周围沉入黑暗，逃走的兴奋使耿锡祥的心狂跳起来。土围子的围墙边有个木杆，下面堆着柴草。三人爬杆子爬到围墙上，管它多高，一起往外跳。敌人惊动了，响起杂沓的马蹄声。

黑暗中，三个人拼命地向相反的方向跑，向西北方向跑。跑了几十里，拐向祁连山，钻到山里去了。白天，在山上睡觉，天黑了，下到山沟里找老百姓要点吃的。在山里藏了几天，他们沿山边向黄河走。晚上过甘青公路时，碰到敌人的骑兵巡逻队。他们在暗处，敌人在明处，避开了。

三人出现在路东的小村庄。天色已晚，要点饭吃。老乡不错，做了一点儿面条。烟火一烧，空气中隐隐飘散开一丝味儿。他们吃了饭，发现老乡的神情不对，把碗一放赶快走。老乡出去就喊："有坏人喽，赶快抓喽。"民团来了，三人拼死命地跑，在夜黑中跑散了。那个晚上，他走了个通宵。

耿锡祥在山边小路，碰到一个人。这人是打铁的小贩，卖铁器，卖锅、卖刀子、卖铲子。打铁的挑着担子，一边走，一边说。他是河南人，原是国民党兵，红军在鄂豫皖时打麻城的独山坡把他俘虏了，在苏区住了好久，经过训练，发了路费，放他回家。他说红军的情况、苏区的情况他都了解，说你没办法跟我走，我替你想办法。耿锡祥说希望回家。打铁的晚上带他到一个老乡家里，跟老乡讲："这是我的一个叔伯弟弟，我把他由部队接回去，你替我把他的衣服换一换。"老乡把衣服拿来，他把军衣一脱，把西北的大棉袄穿起来，头上白布一包。第二天赶集，耿锡祥挑着担子，铁匠拿着个棍儿，碰到敌人的巡逻兵也不问。耿锡祥跟着卖东西卖了几天，晚上有睡觉的地方，白天有吃饭的地方，几天到了兰州。铁匠说你先跟着我当学徒，搞点路费就回去。他答应了，当一段学徒也好，回家总要有一点路费呀。到了兰州，到了十里店，这里驻着胡宗南的部队。他一想，不行，得走。

在兰州的黄河铁桥，他看见来来往往的人都有通行证，怎么办？他在河边石头上坐着，想什么办法过黄河？来了一队马车，总有十多辆。他赶快跟上，插在马车帮里过去了。晚上也不休息，通宵走，急如流星，到了定西天刚刚亮。

定西驻着邓宝珊的部队，马路上设有岗哨。哨兵问："你是红军？"他又被抓去当兵，又是挑石子、修马路。大约10天，集合动员，准备南下。他跟着走，在泾川休息了几天，当官的给部队作动员："我们现在经过的路程，群众不一样，政府也不一样，我们要经过共党的区域，你们大家要……"他一听，高兴了，哈哈，送到家了！

队伍经西峰镇，到驿马关。西峰镇是国民党统治区，驿马关是八路军三八五旅七七〇团驻地。队伍宿营，他请假解手。解啥手呢，一出去之后就钻到七七〇团团部的警卫连去了。警卫连的战士听说是西路军回来的都很高兴，马上把他搞到铺上，用被子盖起来。邓宝珊那个团开走之后，把他送到七七〇团团部。团部的电台台长刘泮林，他熟悉。他受到特别优待，理发、洗澡、发衣服、发大衣，天天改善伙食，差不多顿顿吃肉。他在电台刘泮林那里碰到团长张才千，张团长是湖北麻城人，四方面军的，说起四方面军自然亲切。

西路军回来的一集中有近30人，送到庆阳三八五旅旅部，集中起来将近60人，都是邓宝珊部队经过时回来的。李景瑞在旅部电台当台长，吴光灿（顾光彻）是报务员。在庆阳住了两天，邱均品、蔡文良也回来了，他俩也是电台的，从马家军跑回来。

在庆阳又是优待，吃好的，穿好的，晚上买烧鸡给大家。旅里组织学习，组织西路军回来的几十个人学习，王宏坤旅长上课、王维舟政委上课、方强政治部主任上课，专门讲统一战线，讲统一战线的方针政策。方强也是西路军回来的，原红九军的宣传部长。学习一段之后，三八五旅派了一个排护送他们，一直走到延安。当远远看见延安宝塔山的一瞬间，他像一条终于跳过龙门的鲤鱼，像千磨万难之后到达西天的唐僧。

延安一派生机勃勃的景象，令他精神大振，长途跋涉的疲惫一扫而光。组织上告诉他："前方战事紧张，军队和地方都急需电台，你到三局去吧！"他二话没说，到军委三局报到。

第十章

路，通向延安

师政委只身回延安

时光风云流散，转眼就是1949年夏天。郑维山所在的中国人民解放军第十九兵团，在徐向前指挥解放太原后转隶西北野战军。此时，郑维山任六十三军军长，六十三军及整个兵团都有当年西路军幸存者担任各级指挥员。

西北野战军直逼兰州城下。十九兵团和二兵团主力猛攻敌人城防，歼灭马步芳集团主力，解放兰州。西北野战军的另一支箭头，一兵团附十八兵团一部，夺取临夏，直插西宁，迂回河西，廓清了马步芳的全部势力范围。

夏日黄昏。夕阳如一盏高悬的追光灯，渲染出一种无比和谐、壮美的气氛。当红旗插上兰州城头的时候，郑维山向西而跪，重重地磕了三个头。他含泪默念：西路军先烈们英灵如果有知，亦当感到欣慰了！你们的血没有白流，曾经逞凶一时的马步芳集团已经得到应有的惩罚！

郑维山站在红旗下，翘首西望，思绪像舞动的红旗翻卷。他幻觉中的场景推移到另一个地方，时间也向后倒去13个年头：西路军败退梨园口，进入祁连山。

暮色垂临。郑维山一马当先，在敌群中边打边向主力方向冲去。敌人一粒子弹击碎了他举起的驳壳枪，碎片伤了头部，弄得满脸是血。当他们完全摆脱敌人时，就剩下他和警卫员、秘书三人三马。

他们在一道小河边下马。警卫员帮他洗去血迹，包好伤口。他和警卫员的马已受伤不能走了，只好把三个人的行李都放在秘书的马上，牵马步行。他们都快要撑不住了，两只脚像绑上铁饼似的每挪动一步都万分吃力。

暮寒冷得令人发颤。他们遇到一些零散人员，八十八师副师长熊德巨、师经理部长叶永松、二六八团政委徐金书，还有八十九师师长邵烈坤、师政治部主任裴寿月等人。大家蹲在一座小山上。

“你们怎么在这里，部队呢？”郑维山惊奇地问。

“部队被冲散了！”

“总指挥他们呢？”

“走了！”

“军政委他们呢？”

“不晓得在哪里！”

郑维山问他们在这里干什么。

“准备找援西军去！”

他们聚在一起，依星辰判定方位朝东北走去。第二天突遇马家搜山骑兵，又被冲散。郑维山和熊德巨钻进一口煤井，躲过搜捕。

洁白的凝重的雪峰，冰冷的严峻的冰河。他俩沿祁连山脚向东走，进入民乐县境，遇一独户人家，兄弟三人。兄弟热情接待他俩，白天把他们隐蔽在菜窖洞里，夜晚接到家里休息，后来又把他俩送到祁连山大森林里隐藏20多天。两人真不知怎样感谢三兄弟才好。

一个月了，郑维山头上的伤差不多全好了，两人的体力也恢复过来。日子枯燥而漫长，郑维山急着要走，熊德巨说外面风声还紧，主张再等等。他俩扯来扯去，一直到4月中旬。郑维山决意非走不可，熊德巨给了他八块钱“中央”币。郑维山与熊德巨互道保重，也郑重辞别了好心的乡亲，在一个风声簌簌的晚上，沿祁连山走去。

向东去，找部队，为死难烈士复仇！他，孤身一人，悲愤地向东奔跑着，白天找个草滩休息，夜间赶路，找个独户人家要点吃的，再赶夜路。

月光冷漠，戈壁滩高低不平。他地方不熟，行走速度很慢，还常常摔跟头。他那时才21岁，年轻的生命经得起摔打，但想起西路军惨败，怎么也忍不住悲痛，泪眼模糊地边走边哭了！

大西北的春天总是姗姗来迟，但那一丝丝泛青的小草，那一串串顶出树枝的嫩芽，不是在宣告又一个春天的到来么？

河西走廊天气开始转暖。郑维山心急如火，时常汗流不止。他那一身生满虱子的烂棉衣不知被汗浸透了多少次，棉衣里子贴在身上又黏又凉实在难受，汗干时虱子又全身咬。

已离黄河不远，他看到八十八师年前写的墙头标语还在，不禁又勾起对往事的许多回忆。西渡时，八十八师是一支所向无敌的利箭，如今就剩下他这个叫花子样的师政委。这是西渡时完全不曾料到的。

叫花子模样的郑维山混在渡河的人群中，乘羊皮筏子在靖远境内渡过了黄河。

他渡过黄河翻过六盘山，大约已是 6 月上旬，一身烂棉衣简直成了累赘，捂得每天大汗不止。

他到平凉以北十里铺，听当地人说平凉城驻有“中央军”，便及时离开十里铺朝东北方向疾走，一口气走出 20 多华里，进入一个小镇。

他刚想买点东西吃，忽见一位戴红星帽的战士从身旁一闪而过。他当即跟上，朝镇北走不多远，红五星一下钻进一口地下大窑洞。他跟了进去，原来里面是红军一个侦察排，真是悲喜交集，到底找到自己部队了！

革命圣地延安

他到了镇原城红三十一军，由三十一军送到延安。他遇到在祁连山失散的警卫员，警卫员比他早几天到，也吃了许多苦头。过些时，熊德巨也回到延安。

延安沐浴在渐渐红润的太阳光里。郑维山远远地立于黄土之中，与延安的窑洞群对望着。这个时刻的来临，使他长时间的梦想变成了现实。他看着身边的延河水，延河水永远浑浊而澄黄，与意识深处的那条河流一样。北方的河流，没有多少光泽，朴素、认真、固执而永远天然，不加雕饰。

他常常登高西望。那辽阔的戈壁沙漠，那起伏不断的峰峦，组成了一幅多么粗犷、浑厚、剽悍、雄奇的画面，强烈地震撼着他的心。对于他来说，河西走廊永远是一片难以忘怀的土地。

郑维山铭记河西走廊的悲壮历程，每每提起这段历史，他总是一语未了，仰天长叹……

写字还能赚到钱？

他们还穿着军衣，尤其是欧阳毅的服装相当扎眼，鼻梁架着一副高度近视眼镜，离乞丐的模样相差太远。傍晚，他们走近一个村庄，想进去换衣又怕碰到马家军。他们在村口蹲着，一个老乡从村里出来，欧阳毅迎面上去说：

“老乡，我们是失败的红军，穿着军衣不好走路，想请你换几件衣裳。”

老乡打量一下他们身上的衣服，点点头：“你们在村口等着，我回去取衣服。”

“老乡，我们跟两个人去帮你拿吧？”

“不必不必，村里有马家军，发现你们不得了！”老乡竭力阻止他们进村。

老乡抱了一堆破衣烂衫出来，往他们跟前一扔。他们赶紧脱下身上的外衣，交给老乡。欧阳毅身上是值钱的皮货，毫不吝惜地脱下来，连同眼镜也摘下给了老乡，他想总不能戴着眼镜讨饭。他们去挑老乡送来的衣衫，叫苦不迭。这位老乡不善，不知从哪搜罗来这么一堆千疮百孔的破烂，连一点像样的都没有，还脏得要命。

“太破了！老乡，能不能给几件像样点的。”

"讨饭就穿这衣衫好，像样了还能讨到饭?"

"都破成布条条了，穿不了两天就挂不住了。老乡，我们是落难人，你也是穷人，可不能这样打发我们呀!"

"快走吧，一会马家军来了，你们可走不脱了!"老乡威胁起来。

这个老乡不地道，他们只好穿上破衣烂衫赶紧走路，生怕老乡去报告马家军。欧阳毅穿上黑色破棉袄，套一条也是黑色的旧裤子，捡了一根棍子拄着，霎时就由保卫局长变成了乞丐。身上除了那条干粮袋还是红军的东西，其他就一无所有了。

拉帮结伙的讨不到饭，目标太大也容易出事。他们决定分散行动，欧阳毅和小张一路。欧阳毅是从井冈山下来的老革命，革命经验多得很，讨饭的经验可等于零，小张更是讨饭的生手。他俩要饭不知怎么张口，欧阳毅推敲了很久，"大伯"、"大妈"、"老乡"、"先生"、"师傅"、"老板"都觉得不太妥当。称谓必须符合乞丐身份和北方习惯，带点恭维口气。他推敲来推敲去，才确定张口叫"掌柜的"比较合适。

西北的穷人虽然心眼好，可是穷得叮当。他俩在穷人家讨不到吃的时候，偶尔也去敲地主的门。有一次，他俩叫开一户地主家，老地主抽着水烟袋，把他俩拦在门口，很不耐烦地说："走吧，走吧！我们还没有吃哩，哪有给好吃懒做的叫花子!"

欧阳毅说好话："掌柜的，你吃完给一点吧，我俩好几天没有吃饭了!"

老地主为了快点打发他俩走，让长工端了点荞麦出来。欧阳毅没有碗，伸手去接过，正要转身出门，一条狗从里头跑出来，跳起来咬住了他的腿。狗牙锋利，咬出伤口，鲜血直流。

欧阳毅索性赖上了，说："掌柜的，你的狗咬伤了我的腿，我走不了啦，要住在你家里，养伤!"

地主自知理亏，真怕两个乞丐赖着不走，便吩咐长工端出两碗冒热气的大米饭来。虽然没有菜，他俩也吃得很香，多少天嚼的都是要来的生米、绿豆……

春荒时节，讨饭越来越困难了。他俩路过一个村庄，看见一帮老乡正在挖水沟。欧阳毅上前打听，才知是一户地主雇人挖水沟，为春播做准备，管饭吃，还有点工钱。好几天没有讨到饭了，不如在这里帮几天工，解决一下肚子问题。他俩便托老乡给监工说情，收下他俩当短工。监工见这两个乞丐年轻，便发了他俩两把锹，讲好只管饭不给钱。

小张是农民出身，壮劳力，挥舞铁锹有力气又在行。欧阳毅是学生出身，在红军里又一直当干部，力气小，铁锹抡不开，干活不在行。监工走过来，骂道："你偷懒，不肯下力气！"几鞭子抽下来，打在欧阳毅身上，起了一道血痕。

晌午，一大锅稀饭抬过来了，稀饭稀得能当镜子照。欧阳毅虽然干活不行，但总是年轻人，吃饭倒还可以，他抡起勺子也捞底下的饭粒吃。专门盯着他的监工又骂起来了，"饭桶！你做工比谁都差，吃倒一点不含糊，快滚吧！我这里不养活饭桶！"

两人拄着打狗棍，又走上了迢迢讨饭路。

春日的阳光在沙漠上像碎银一样弥漫开来，世界显得明亮而荒凉。他俩艰难地走出沙漠，来到了一座长城垛子。这里是甘肃到宁夏的必经关卡，检查严格。一座梯子上到墙垛上去，墙垛子上两个背长枪的国民党兵，在仔细搜查着每一个过往行人，搜查之后，再从另一边的梯子下去。欧阳毅可紧张了，他虽然形同乞丐，可米袋子里还有宝贝和"禁品"。头一件宝贝是块罗马怀表，在当时是名贵货，长征路上李一氓送给他的。另一件宝贝是派克自来水笔，那还是1929年从井冈山下来，他在四军第一纵队党委当秘书时，这个纵队打开广东梅县县城，为了庆祝胜利给营以上干部每人发了一支派克笔。这笔不愧是名牌货，写起来顺溜得很。更可怕的是那九发子弹，剩下九发驳壳枪子弹他一直藏在干粮袋里，如今成了烫手的危险品。他紧捏着干粮袋的手心沁出汗水，可已经进入了接受检查的行列，走出去或扔掉都容易暴露。他强自镇定，硬着头皮顺梯子走上墙垛哨卡。哨兵检查了小张，转身来检查他。他把干粮袋掀开一角，主动递给哨兵。哨兵一看袋里是长霉的小米、绿豆、糕点，全是讨来的乱七八糟的食物，看着恶心，闻着刺鼻。哨兵接过扔到一边，却仔仔细细地从头到脚地搜查他的全身。他轻松自在，非常耐烦地让搜查。

他捡起讨饭袋子，赶紧拉着小张下了另一边的梯子。走到一个僻静处，揩着额头上冒出的冷汗，挖个坑将那九发子弹埋了。

他俩忍饥挨饿走了几十天，总算走到黄河边了。欧阳毅很高兴，说：“小张，快走吧！明天就可以过河了，过了河等于回到了红军队伍，几十天的苦没有白吃啊！”

不知怎么回事，小张无动于衷，只是闷头耷脑地走着，不说一句话。走着走着，小张岔到半山坡去了，与欧阳毅拉开了距离，喊也不下来，反而加快步伐，把距离拉得更大，不一会儿就从欧阳毅的视线里消失了。两人走了一路，互相照顾，患难与共，如今快到家了，小张却不辞而别。

欧阳毅过了黄河，站在堤岸上，凝神注视着河水的奔腾。漂浮在河面上的羊皮筏子不倦地颤抖，昭示着永不停息的奋斗和搏击。

他拖着沉甸甸的脚步，沿路乞讨。他趔趔趄趄走进靖远县的许家湾，来到一户人家门口。主人正在吃干粮，见他要饭，叫他去吃。他不去吃饭，只管站在那里看字。主人名叫许秉章，请他进家，搬出文房四宝，磨墨展纸。要说写字，欧阳毅颇有信心。他提起笔来，用尽全身力气，如雕如琢地写了一副对联。许秉章欣赏着淋漓墨迹，连连称赞：“好字好字，漂亮!”许秉章粗通文墨，对自称张先生的欧阳毅很看重，立即招待酒饭。吃过饭，他到镇子里说：“张先生字好，张先生字好！你们快拿纸请他写。”

这个镇子很时兴请人写字。不一会工夫，街坊邻居就纷纷拿着纸走进许秉章家，请“张先生”写字。欧阳毅有求必应，一气写了好几张。求写字的人越来越多，许秉章的小屋子施展不开。

第二天一大早，许秉章带欧阳毅到后山庙里去写。庙里有张桌子，有个小炕，住着一个老头和一个孩子。他写了半天，臂颤手抖，便向老乡作揖道：“各位掌柜的，我有些累了，手把不住，怕写不好拂了各位的面子，能不能缓一天，明天再给各位写?”

“中中，不光明天，后天大后天都中，你先歇着!”老乡们通情达理，高高兴兴地走了。

翌日，当几缕阳光透过门窗泻进庙内，欧阳毅才从炕上爬起。他踏踏实实地睡了一晚，精神头十足，又挥起笔来给老乡们写字。老乡都觉得“张先生”有才气，有学问。

欧阳毅的名声传到卸任团总的耳朵里。这位前团总便捎话有请“张先生”。欧阳毅从侧面了解团总没有什么恶迹，人也不错，便决定前往。他走进团总家，团总设宴款待。欧阳毅喝着酒，吃着可口的饭菜，生出一番感慨：“昨日叫花子，今朝座上宾，没想到那点书法还有如此用场。”

吃饱饭，写了几手字，前团总免不了夸赞一番。天色已晚，团总把他引进卧室。卧室内有几张炕，像客房，靠墙的炕上有炕桌，堆着一床床被子。被子全是大红大绿，虽有些俗气，在农村却不能不说艳丽。团总请他睡在靠墙最好的炕上。欧阳毅头发杂乱，衣衫破烂，跟炕上花花绿绿的被子，恰成鲜明对照。团总一走，他把衣服脱光，揉成一团，塞进狗洞，让虱子到狗洞里爬去吧。他盖上花被子舒舒服服地进入了梦乡。

第二天，他穿上那身虱子累累的衣服回到许秉章家里。

“张先生，你有这一手好字，还要饭？你干脆在这里卖字，等筹足盘缠再回家。”许秉章说。

“卖字？字卖得动吗？”欧阳毅大为惊讶，写字还能赚到钱？

“咦，写字是一门手艺哩，这里兴这个。我让乡亲们给你化化装，你就扔掉讨饭棍当个卖字先生吧！”

许秉章出去不一会，带回几个人。有人给他剃头，刹那间将一头长毛剪成了平头，一下子年轻了；有人给他预备了一顶竹编博士帽，一根文明棍，一套文房四宝。一个精精神神的卖字先生兀立在乡亲们中间。

这里的老乡一般没有现钱，而是记上烟土账，一幅字三五钱，一二两烟土不等，最多的收二两烟土。等一个月烟下场，就拿着账本去收烟土，收上烟土拿去换钱。许秉章反复向欧阳毅灌输烟土即金钱的观点。

当地老乡觉得“张先生”是一位了不得的人才，还背地里给他算命。算命先生说他是一位贵人，现在有难，将来必有出头之日。算命先生这样一说，欧阳毅在当地老乡的心目中就更有分量了。乡亲们以得到他的墨宝为荣幸，一直珍藏着，直到“文化大革命”去人调查时，当地不少老乡的家里还挂着他的墨迹。

欧阳毅名声大了。有一次，他在亭子里休息，一位老秀才踏着八字步走来，相对而坐，寒暄几句之后单刀直入：“张先生，听闻你博学多才，不才失礼，冒昧求教，我出个对联你对，不知可愿赏脸!”

欧阳毅听说对对联并不怯，上过一年私塾，对联还是涉猎过的，而且要在这地方站住，非应战不可。“好，先生请出上联，不才可能出丑，愿乞雅正!”

老秀才早有准备，念念有词：“浮萍漂湖海到处相逢皆是水。”

出联不凡，既工整又有意境。欧阳毅提醒自己别着急，要斟酌好，对不上露了馅就得砸饭碗。他记得在井冈山时，红军中不知是谁创造了一副绝好的对联：“敌军中将校尉起居饮食不同，红军里官兵夫穿吃薪饷一样”。他把这副对联作蓝本，反复推敲，来了灵感。

“仕子游四方邂逅相遇得知音。”

欧阳毅颇费了一番心思，头一个字他最初想用“浪”字，又想“浪”字不雅，秀才做梦都想入“仕”，遂换了“仕”。尤其最后两个字，把老秀才当做“知音”，沟通了感情，缩短了心理距离。这几个字一出，把老秀才镇住了。

“张先生，名不虚传，对得好，对得好!”

欧阳毅受到鼓舞，余兴正浓，灵感正冲，又对了一副。

“时雨洒大地漫山遍野皆是春”。

老秀才竖起大拇指：“两个都好，两个都好！老朽服了，服了!”

老秀才到处夸“张先生”有学问，了不起。老秀才的评论，比前团总更具权威性。欧阳毅在这一带是名震遐迩了。

“文化大革命”浊浪排空的日子，西路军将士很多人难逃厄运。一阵腥风血雨，把欧阳毅推进了“叛徒”的深渊。欧阳毅时任中国人民解放军炮兵副政委。专案人员到西北“挖”材料。有公正心者找到了能够证明欧阳毅没有被俘的人证物证，还带回来一卷欧阳毅当年在许家湾一带留下的墨迹，那些发枯泛黄的纸和布。1980 年 11 月，最高人民法院特别法庭公审了林彪、江青反革命集团主犯。最高人民检察院特别检察厅起诉书的 19 条揭露林彪、江青反革命集团及其帮派体系骨干诬陷、迫害的解放军高级干部中，载有欧阳毅的名字。人们可以从这些名字中，感受到历史的沉重呼吸声。

讨饭过黄河

戴克林是红九军二十七师八十一团的一位连指导员，在永昌战斗中左脚被打穿，行动艰难。团长陶勇给了他一匹骡子和十几块银元。他骑着牲口，由勤务员小吴照顾着，跟在部队后面走，进入祁连山中时和部队失去了联系。

戴克林和小吴踏着一尺多厚的积雪翻了几座山，遇到兄弟部队两位负伤的同志，也骑着两匹牲口，由勤务员照顾着。大家同行，爬上一座更高的山，进入了原始森林。古木参天，密不透光，几人合抱的大树不知什么年代已经枯死，斜倚在别的树上。从山上远望，一片雪的海洋，白雪压着黑色的森林，森林压着山上的积雪。他们已经没有力气继续前进，决定就在这里住下来。

他们把积雪铲除，开辟了几小块空地，准备点火取暖。大家搜遍全身，一共找到两根火柴，一擦，“啪”的一声，一根火柴的头掉了。大家一时紧张起来，如果这根火柴再擦不着，就要被冻坏。六个人的安危，全系在一根火柴上。幸好擦着了，大家的心才落下来。他们七手八脚引火把开辟的空地烧干，然后铺些枯叶，打开破烂的军毯坐下来。

干粮早吃完了，山上除了雪以外，再找不到任何可以吃的东西。勤务员下山，从山路上拾了一些牛皮、羊皮、羊头和羊蹄回来。他们用火一烧，然后用小刀一刮，毛短了一些，再烧一烧，刮一刮，毛又短了些，一直把毛烧尽，把皮肉烧熟。干皮很硬，半天才能嚼下一块，吃完后还要吃雪。

牛、羊皮再也找不到了，他们决定杀一匹牲口吃。戴克林说先杀他的，其他人也说杀自己的。三人争执不下，勤务员说：“你们三个都负了伤，谁的牲口杀了都不行，万一有了情况怎么办？牲口都留着，还是我们下山去找食物吧！”三个勤务员都是十四五岁的小青年，争着下山找吃的。

一天，一个勤务员跑来说：“下面上来五六个骑马的人！”他们没有武器，便立即往山后分散隐蔽，连牲口也没有来得及拉走，戴克林不能走，用破军毯把负伤的腿缠起来往山下滚，滚到半山腰，被树拦住了。几个钟头过去了，没有动静了，估计敌人走了，才爬上山。大家回来了，但三匹牲口都被敌人牵走了。

经过这次事情，他们搬到一个大岩石下面去住。白天不烧火，只点起一点小火，把火苗保存下来，到晚上再把火烧着。有位同志的伤口复发了。他们只有一个搪瓷碗，每天就用它烧雪水，从破棉袄里扯些棉絮蘸水洗伤口，又撕块破布包起来。

他们经常吃不上东西，饿得皮包骨头，满头满脸都是乱糟糟的头发和胡子。鼓舞人心的是，伤口慢慢地长出了新肉，合了口，结了疤。

他们研究分头下山找部队，戴克林和勤务员小吴走梨园口，其他四人从高台方向出山。戴克林的伤口才好，骨头还有些痛，拖着受过伤的脚走得很慢。

他俩刚到山下，就遇到八个家伙，个个贼眉鼠眼，一看就知道是专门发红军零星人员洋财的家伙。这些坏蛋看他俩这般模样，就上来"检查"，一发现银元，都围上来抢，然后大摇大摆地走了。小吴机灵，把一块银元藏在衣角里，没有被抢去。

他俩到了梨园口附近，看见马家军的队伍，有的在下操，有的骑着马，在狭窄的垭口上还筑有碉堡。旁边有个小山洞，他俩躲进去，天黑后再走。马家军的骑兵在洞外走来走去，只要有一点动静，就可能被发现。晚上，他俩出了洞，顺着一条沟往前爬，清楚地听到敌人的谈笑声。两人一直爬了五六个小时，大约三华里多路，才通过敌人的封锁线。

他俩想站起来，但腰直不起了，浑身酸痛。两人没敢休息，硬撑着往前走，发现前面有火光，走到近处一看是个铁匠铺，赶紧叫开门，跨了进去。

铁匠看到他俩的样子，满脸惊异的神色，一边把门关上，一边说道："你们怎么到这里来了，叫马家的人知道了可不得了！前些日子，就有几个红军被捉走，其中还有几个女兵。"戴克林说："我们就是红军，红军是穷人的军队，是为了穷人翻身才来吃这些苦的，现在我们有困难，要请你们帮助。"小吴掏出那一块银元说："请你们给我们买点米来煮稀饭，我们吃了就走，"铁匠买来一升半小米，在炉上煮稀饭。铁匠铺的人谈起马家军用一根烧红的铁条活活地烙死红军的一个伙夫，说："红军好，就是来的人太少了，打不过他们，下次再来的时候，就多来一些，把马家军都收拾光，我们也有好日子过了。"

稀饭熟了，一揭开锅盖，喷出一股米香。多少日子没有看到过稀饭是什么样了，他和小吴每人连续吃了十多碗，虽然肚子已经胀了，但还是想吃。

天亮了，他们离开铁匠铺。往哪里走呢？他俩除了疲惫的身体，已是一无所有。戴克林说：“现在我们只有一条路，讨饭过黄河！”他俩沿着长城往东走。长城沿线，风沙很大，草木不多，老百姓生活贫苦。只要能讨到吃的，饿不死，能够过黄河就行了。

两人走进一个较大的村庄，村内有座大房子，有很高的围墙，像是富有人家。小吴高兴地说：“这回说不定能讨点小米稀饭了！”不料他俩刚走到大门前，就闯出来一个人，不问青红皂白，举起棍子劈头就打了下来，两人的背上、腰上连连挨了几棍。他俩讲理，那家伙凶神恶煞仍是打个不停。小吴要拼命，戴克林说：“这地方不好，我们走吧！”他俩一路跑，那家伙一路追打，追了很长一段才罢手。

小吴的头上鼓起了包，背上被打得红一条紫一条，气得直哭。戴克林心疼，抚摸着小吴的伤痕，眼泪也止不住往下掉。小吴忽然看到他的伤更厉害，就放声大哭，眼泪滴到他的脸上。

他俩又来到一个大村子，约有五六十户人家，往前走里把路还有一个村子，也不算小。他和小吴商量：“这几天讨饭，两个人在一起，讨的户数不多，讨得的也少，今天两人分开讨，你从这头进去，我从那头进去，到中间会合。”小吴为了照顾他，愿意多跑路，一跳一跳地往那头走去。他看着小吴的背影，上身穿了件用老乡给的破羊皮连缀的破皮袄，下半身光溜溜的，上大下小，跑起来像个陀螺，心里有说不出的爱怜。小吴一边跑，一边还不时回过头来说：“你多歇一会吧，你的伤刚好！”

戴克林挨门挨户地讨，到了预定的地方，没有见到小吴，就耐心地等着。太阳升到头顶，还没有见到小吴，他有点担心。他到那个庄子没有找到，又赶回来找，还是没有找到，急得大汗直流。眼看太阳落山了，暮色苍茫中羊群已经回村，他到处找还是没有结果。

他摸着黑路，拖着疲乏的身子，继续往前寻找。黑暗中什么也看不见，小吴的一切都涌上心头。小吴是四川仪陇人，参加红军时才13岁，到他们连里来，不能当战士，才留下当了勤务员。从此以后，爬雪山、过草地，他们都在一起。在永昌时，他负了伤，小吴哭了，一天到晚不离他左右，照顾他，几乎代替他做了一切。小吴说：“指导员，我要一直跟着你，你带着我，死，咱们死在一块，活，咱们活在一块，不管怎么苦，我都能忍受。”小吴没有父母，也没有家，把红军当成了家，把希望寄托于党。可是现在找不到了，小吴究竟怎么样了？戴克林负过伤，没有流泪，病重时，也没有流泪，但想到小吴，他的热泪就不由自主簌簌地流了下来。

他孤身一人，继续沿着长城走，走到哪里天黑，就在哪里过夜。有时钻进瓜棚，有时歇在小庙，有时就蜷缩在长城下的土坑里。愈接近黄河，回部队的心愈急切。

大约到了甘肃、宁夏的交界地，进入了沙漠地带，一眼望去，看不到一棵树，也找不到一个人。狂风一起，黄沙漫天。

他渴极了，心也烦躁起来。忽然看见远远的地方有骆驼，心中一阵欢喜，加紧往前赶路。骆驼很多，大约有好几百头，还有个帐篷。这时，跳出来七八只又高又大的狗，向他扑来。他正用棍子招架，帐篷里出来几个老乡，赶忙把狗赶开。

老乡把他领到帐篷里，对他上下打量，说：“你是红军吧，不要怕，前两天还有两个红军来过，我们把他们送走了。”老乡又说：“我们都是穷人，你别看这么多牲口，都是老板的。”他干枯的嘴唇翕动着，说：“我渴死了，有水吗?”老乡拿了水来，他一气喝了两面盆。老乡问他要吃多少饭，他说能吃很多。老乡煮了一升米的小米稀饭，他全都给吃光了。

三天过去了，他要走了，老乡正好要去运水，便给了他一匹骆驼骑着一同走。老乡告诉他说：“幸好你遇到了我们，要不然你的性命就完了。在这里，东面是沙漠，西面是沙漠，北面还是沙漠，只有往南走七八十里，才有人家，才有水。”

出了沙漠，老乡给了他一升多小米和一些麦面，还凑了四毛多钱给他，他万分感激地向老乡告别。

他终于来到黄河边，上了羊皮筏子。在滔滔的黄河上他百感交集，快要找到红军了。他又想起了小吴，如果小吴在一起，该有多好啊！

他打听到镇原县有红军，就日夜兼程往镇原赶。5 月 1 日，援西军在镇原开运动会，这一天，他回来了。他换上了新军装，脱下了破皮袄，点火焚烧，无数的虱子在火中毕毕剥剥地爆个不停，像是放鞭炮庆贺。

走向东方　走向陕北

杜万荣是红八十九师二六四团副营长，因左臂和腿负伤，成了被分散活动的人员。领导发给路费，让各人想办法奔陕北去。和他一块的有三个同志：五连连长，营部的小号兵，还有一个是小勤务兵。他和五连连长每人背一个包袱，小号兵背着心爱的钢号，勤务兵背着一只小锅，四个人钻进大山林中。

天空阴沉，风吹野草瑟瑟作响，四人缓慢地行进在高山深谷。这里是刚刚和敌人厮杀的战场，空气中还弥漫着硝烟气味。前天，他们二六四团在这里血战。指战员们打光了子弹，就用刺刀、石头和敌人拼杀，用牙齿、拳头和敌人搏斗。如今，这里倒着许多战友，有的还紧紧挨着敌人的尸体，有的抱着打坏了的枪，有的咬着敌人的耳朵……他们和敌人搏斗到最后一口气，流完最后一滴血。在一个山坡下，他们见到一片尸体，一个个被剥得精光，全身都是刀痕，这是被敌人残杀的红军伤员。看到这情景，两个小鬼悲声哭泣。五连连长把两个小鬼搂在胸前，安慰着说："不要哭，不要哭！我们要永远记住这笔仇恨！"他说着也止不住流下了泪。杜万荣的两眼也噙着热泪，每根神经都在痛。

他们踏着战友用鲜血染红的土地，向前走去。快到梨园口河滩了，突然看见十几个人，手持木棍站在那里。小号兵低声说："看，那是赤卫队呀？"他们都记得，在川北打了胜仗，赤卫队帮助放哨，热情地迎接他们，可这里是新区，怎么会有赤卫队呢？

还没等他们弄清楚是些什么人，一个家伙跑上来，抡起手中的木棍对着杜万荣的头就打。他眼前一黑，栽倒在地，只听一阵喊叫，棍棒声乱响。杜万荣强睁开眼，只见五连连长正和一个家伙搏斗，小勤务兵抡着石头，嘴里不住地叫："打！打死这群坏蛋！"小号兵正和一个家伙夺手枪，拼命地叫着："副营长，快来啊！"杜万荣全身顿时紧张起来。这支手枪是他们 唯一的武器，是他们的命根子，决不能被坏蛋抢走。不知从哪来的劲，他一下跳起来，猛扑上去，用负伤的手抓住了枪筒。小号兵见他扑上来，就用嘴咬那家伙，只听一声尖叫，手枪到了杜万荣的手里。几个家伙见势不妙，喊着跑开了。

自从遇到这群暴徒，他们再不敢走大路了，就在荒无人烟的大山里转。

林子里出现了二三十人，是搜山的敌人？他们隐蔽起来，待来人走近时，小号兵低声兴奋地叫着："自己人，自己人！"原来是九军流散的同志，集结了20多人，靠山打游击。

这些天，他们无时不想念部队，现在总算找到了，虽然人数不多，成员又都是老弱伤残和机关干部，携带的武器多是手枪，但他们仍像回到了大部队，说不出有多高兴。

从此，大家在一起，有吃的同分，有困难同担。几乎每天都遇到流散的同志加入到集体里来。他们这支队伍一天天扩大起来，很快就扩大到80多人。

人越多，目标越大，吃的就越困难。大家提议渡过黑河，往陕北走。但黑河水很深，没有桥难以徒涉，找船更是困难，而且渡口都有敌人重兵把守。渡河不成，他们到肃州的东黄草地活动。这里有马家军养马场，看管的人不多，发现他们来了，有的便跑了。他们决定每人捉一匹马，组织一个骑兵队，一来可以跑得快，二来可利用马匹把他们驮过黑河。

他们插到马群里，有的拿绳子往马脖子上套，有的抓住马鬃翻上马背。烈性的马，嘶叫着，蹦跳着。有人从马背上摔下来，也顾不得疼痛，继续追捕。马群惊慌起来，四散奔逃。他们都不熟悉马性，更没有捉马驯马的本领，搞了半天也没有搞到一匹马。他们采取集中"兵力"捕捉一匹的办法，终于抓到了八匹好马。但是，这些马野性大，又踢又跳，只能看不能骑。

捉马被敌人发现了，派了几个骑兵连来"围剿"。敌人每天搜山，一发现他们的踪迹，就穷追一阵，最后把他们包围在一座山上。大家决定分散突围，各人寻找机会冲出包围圈。

杜万荣和原来的三个战友，利用夜幕走出了封锁圈。他的伤势重，腿又残，行动十分艰难，幸得三位战友帮助。

这天晚上，他们来到一个小煤窑。这里有十几个挖煤工人，住的是小草棚，除了一些吃饭的用具，就是一双劳动的手，生活很苦。

"你们是什么人？"一位年龄略大的窑工问。

"我们是红军，"五连连长说。他们没有隐瞒身份，就是瞒也瞒不住。在这荒僻的地方，除了流散红军又会是谁呢？

窑工弟兄们没有多问，把他们让进草棚，生起火，做饭给他们吃。四人吃了饭，要求暂住一下。窑工虽然害怕，但还是把他们引进一个窑洞隐藏起来。

他们白天睡在窑洞里不出来，到晚上爬出来透透风，呼吸点新鲜空气。几个窑工，每天冒着危险到外面为他们买粮食，帮他们探听消息。一天，他们正躺在洞里商量怎么往陕北走，那个年龄略大的窑工匆匆跑来说："马家军来了，你们千万不要动！"说完又跑了出去。

"快出来吧，缴枪不杀！""不出来就把你们全炸死在里头！"洞外大喊大叫着。

四人守住洞口，一声不响，只待敌人冲进来拼命。几个敌人钻进洞口，对他们开了几枪。五连连长说了声："不好，敌人发现了！"便向敌人还了几枪。本来，敌人可能没有发现他们，枪一响，暴露了。

敌人号叫着拼命往洞里打枪，扔手榴弹，接着一个火把扔了进来，呛得他们不能忍受。敌人又叫嚷着："架火，架火，把他们一挂烧死在里头！"

杜万荣一听敌人要放火，心想坏了，忙向五连连长说："快，向外扔手榴弹！"五连连长爬向洞口，把一颗手榴弹投了出去，只听见洞外一片惨叫声。

敌人气急败坏，恶狠狠地叫着："炸，拿炸药炸，把他们一挂炸死在洞里！"

"不能炸，不能炸，我们要靠挖煤吃饭啊！"这是窑工的声音，苦苦地向敌人哀求着。敌人大声骂着，噼噼啪啪地殴打他们。

轰隆一声巨响，杜万荣失去了知觉。不知过了多久，他又醒过来，眼前一片漆黑，呼吸感到困难。他伸手摸了摸，战友们都在。五连连长躺在地上，说："完了，咱们被埋在煤窑里了！"两个小鬼一听，都哭了。五连连长有些惋惜地说："为革命，死在这里，没有说的，只可惜我不是和敌人拼死的，没能多杀几个敌人。"

杜万荣听到这话，也在想：是的，作为一个革命战士，死不是可怕的事。可惜的是，我们拿着枪，被敌人活活埋葬在这个黑窑洞里！生命就要结束了，我们再也回不到陕北，回不到革命队伍了！

突然，堵塞的窑洞露出了一丝微弱的亮光，现出一个小洞。"喂！你们还活着吗？"一个熟悉的声音轻轻地问。

他们惊喜地爬起来，又听到外边有挖土的声音。当他们知道是窑工兄弟们正在扒堵死的洞口时，四个人的双手不顾一切地疯狂挖着洞口的泥土。两个小鬼拼命地挖着，叫着："快，快!"工具的响声越来越清楚了，光线越来越亮了，几张窑工兄弟的面孔出现了，个个紧张地喘着气，流着汗。四个人出了洞口，扑上去握住窑工的手，流下了热泪。

朦胧的月色中，他们走向东方。窑工兄弟们送了他们一程，指明了道路，把一小布袋小米放在小号兵的肩上，低声嘱咐："兄弟们，愿你们平安地回去!"他们含着热泪，再一次和窑工握手告别。

他们一路讨饭往东走，身上的衣服早已破成了片片，头发长得像茅草，脸上身上积了一层污垢，还真像讨饭的。

四人走到一家大门口，叫了几声，一个老头从里面走出来，上下把他们打量一番，说："你们也够可怜的，既然来到我的门口，就不能让你们空着走，进家来吧!"

杜万荣有点犹豫，五连连长递了个眼色，意思是跟进去，看他怎么着。四人也实在饿得不行了，就硬着头皮走进了大门。突然，从两边扑上来几个大汉，把四人围住。那老头脸一翻，眼一瞪，说："你们当我认不出吗？红军羔子，给我捆起来!"说着手一摆，两旁的人就要动手。杜万荣"刷"地一下抽出枪来，喝了一声："哪个敢动？动就打死你!"五连连长也随手抓过一条凳子，准备砸去。

老地主没料到他们还有枪，见此光景，一下跪倒在地，苦苦哀求着："饶……饶……命!"五连连长放下凳子，上前对老地主踢了一脚，说："你这家伙，有眼无珠，起来准备饭去!"这个老地主偷鸡不成蚀把米，老老实实地管了他们一顿饭。

天气渐暖，和风轻柔。四人继续往东，走了两天，没有找到一点吃的，实在走不动了。四个人八只饥饿的眼，满地搜索着。他们回想起爬雪山过草地的时候，饿上几天几夜，还有雪吃，还可以找到野菜、牛皮、牛蹄子，如今困在这光秃秃的山上，连一滴水都找不到。五连连长说："走吧，再往前找找看，说不定能找到点什么，总不能在这儿等死啊!"

四人又继续向前走。五连连长突然叫了起来："水，水，这儿有水!"

一条清澈的小河，在山谷淙淙地流淌。四人趴在河边，像牛似的把嘴插下去，喝了歇，歇了喝，相互望着笑了。他们喝了一肚子水，顿时有了精神，站起来松松腰带，洗了多天没洗的脸。灌了一肚子的水，支持他们走了十几里，腿又抬不动了。

山坡上出现了一群羊。四人跑过去，向牧羊人买了一只小山羊，抱起来跑进一片林子里。

怎么吃呢？锅倒有一只，就是没有火。五连连长说："生着吃吧，就是有火，也点不得，万一暴露了目标，这生羊也吃不成了！"四人把小羊杀了，分成四分。每人捧着一条羊腿，闭着眼一大口一大口地吃着。

天黑下来，树木一株一株地被黑暗笼罩，汇成漆黑的一团。赶路的机会又来了，四个人扛着四条吃剩的羊腿，消失在沉沉的夜幕中，走向东方，走向陕北……

鼓起劲来，到陕北去

部队进入梨园口的翌日清晨，敌人便从西山打下来，山下敌人步兵、骑兵也从正面发起进攻。最糟糕的是没有子弹，眼睁睁地看着敌人潮水般地涌上来。当敌人攻到跟前，九军余部只能用手榴弹和石头把敌人砸回去。敌人见他们没有子弹，一面往上攻，一面狂呼着："捉活的，捉活的！"指战员们眼睛都气红了，但没有办法，手榴弹也打光了。

部队撤退，敌人骑兵冲到跟前，举起闪光的马刀劈头向周明国砍来。他向旁边一闪，跌倒在地上，将手里的望远镜摔出去老远。乘敌人下马抢望远镜时，他爬起来向山上跑去。他爬上山顶，只见马家军的步兵、骑兵、骆驼队在追赶向西撤的部队。烟尘滚滚，人喊马嘶，杂乱的枪炮声……这一切都撕裂着人心，他的两眼湿润了，心情沉重，像大山压在心头："我们战败了！"想到这里，他不禁打了一个寒噤。

这时，二科长张长清和他的公务员小王跑了过来。"三科长，是你！"张长清惊喜地叫了一声。

"老张，部队撤走了，你看我们怎么办？"此时，周明国心里轻松了点，三个人总比一个人好些。

“不能在这里等，到山丹那边煤窑找游击队，打游击!”二科长像是胸有成竹。他们商量好，便顺着山地又窄又滑的小路，看着北极星向东南走。三月，祁连山的夜非常寒冷，加上一天一夜没有吃饭，又饥又渴，真是寸步难行，但他们还是挨到了山丹一带煤窑。可这里哪有游击队呢？三人沮丧，坐在坡上，相对无语。

“喂，伙计，鼓起劲来，到陕北去!”周明国打破了这个沉默。

“对，到陕北去，我们不能离开党和红军!”二科长同意周明国的意见。

三人向东走，东方已经亮起来了，天很晴朗，但寒风呼呼地刮个不停，比下雪时还要冷。他们一面走，一面开着玩笑，暂时忘却了疲困、饥饿与寒冷的折磨。小王很少讲话，他实在太小了，只有17岁。小王饿坏了，但到哪里去找吃的东西呢？他俩想法子引逗小王：“我们背着你吧，小王!”

“还背呢！我也不是小孩子，你们能走我也能走，不信，就比比看!”小王冻紫的脸有了笑容。

三人不知不觉地到了一个山口，刚要进山口子的时候，听见后面喊道：“不要叫他们跑了!”周明国回头一看，有二三十个老乡，手执矛枪，有的还拿着锄头和镰刀，气势汹汹地赶来。他一看情况不妙，听说这一带有联庄会的组织，帮助马家军部队抓掉队的红军，莫非遇上了这些家伙？他知道跑是没有用的，要硬起来，便停下来抢前一步说：

“老乡，撵我们有什么事?”

来人并不答话。

他紧接着说：“我们是出门人，路死路埋，沟死沟埋，实在和我们过不去，我们也不是怕事的!”

没想到他这一硬，来人反倒一哄而散了。

他们又向前走，没走多远，碰到三十军一个指导员。指导员很高兴，说：“这一带联庄会的组织，把守得很严，村子里很难通过!”于是，他们就绕着村子抄山路走。

两天多没有吃饭了，实在饿得慌，肚子里咕咕乱叫。遇到一个放羊的老头，给了他们一个半馍馍。周明国把馍馍分成四份，每人两三口便吞下去了。

吃完馍，二科长想到村子里找点水喝。周明国劝二科长不要去，免得出事。二科长说："不要紧！"说着把枪交给小王，和指导员一块去了。

周明国和小王躺在一个避风的坡下等着两人。太阳暖暖的，躺着便想睡。约莫半个钟头，指导员汗流满面地跑回来："三科长，不好了，二科长被马回子的一队骑兵捉去了！"周明国来不及细问，便叫小王把二科长的枪交给指导员，说了声："快走！"便一直向山口子里奔去。

敌人的骑兵追来了，他们跑了一会便停下来观察一下敌人的动静。敌人总离他们有二三里路，显然骑兵爬山不够得力。他们爬到山梁上的时候，只听见"叭"的一声，一颗子弹打在他的脚底下。他向山下一看，好家伙！原来敌人都下了马，从山沟里偷偷摸摸地向山上爬。他把仅有的三颗子弹上了膛，叫指导员和小王跟他快跑。他一口气翻了两座山，停下来时，才发现指导员和小王并没有跟上来。他急坏了，想回去找又怕碰上敌人，就在一个大岩石旁蹲了一会儿，见敌人没有动静，便大声呼喊起来："指导员……小王……"喊了半天也没有人答应，只有山谷的回声在重复着他的呼喊。

太阳快落山了，天空集结着阴云。风很大，树的枯枝发出尖厉的呼号，大山显得更加空旷，更加凄凉。他感到那么孤独，埋怨自己没有很好地照顾他们。现在失败了，他们说不定被敌人捉去了。悔恨没有用，得想办法逃出马家军统治的地区，早早到陕北去。他觉得一个人带枪不便，决定把它埋起来，便解下枪，用布包好，然后在一个小土庙的地上扒了一个坑将枪放在里面。他一面埋，一面哭，眼泪拌着泥土，将伴随他多年的伙伴埋藏起来。埋好，他又在周围转了一圈，将四周的特点记在心里，准备将来打回来的时候再取出来。"我们会打回来的！"他对着枪说。

晚上，他宿在一个破庙里。雪下得很大，风将雪从没有门的门洞里吹进来，屋里的地上也铺满了白花花的一层。实在太冷了，冻得他浑身打哆嗦，便将破窗子拆下来烤火。火烧起来了，照得满屋子通明。这是个财神庙，财神爷只剩下一只臂膀，胡须也被人扯去了。他陷入深思，掉队、二科长被俘，和指导员与小王失散，这些情景反复在脑子里显现着，心里像一堆乱麻似的，越想越乱，理不出个头绪。

"谁……"一个沉闷的声音从神桌底下发出。

他吃了一惊，这庙里明明只有他自己，又从哪里来的人声？他正要看看，只见神桌底下爬出个人，接着又爬出两个。借火光一看，原来是三个瞎子。

“过路的，先生！”他说。

“过路的？……是共产党吧？这几天马队捉的可不少！”第一个瞎子说。

“这一带都住着马队，我劝你快走吧。再说，你烧了庙里的窗子，保长也不会放过你！”第二个瞎子还没有说完，第三个瞎子扯了扯第二个的衣角，看样子不让他继续说下去。

周明国感激瞎子告诉的一切，说了声“谢谢”。瞎子面无表情地又钻到神桌底下睡去了。

火熄灭了。外面的雪越下越大，从远处飘来鸡叫声，天快亮了。此时，他冷静多了，不禁想起红军中流传的一句话：“东方不亮西方亮，黑了南方有北方！”是的，天无绝人之路。想到这，他心里亮堂起来，浑身也像长出了力量。他走出破庙，顶着风雪，向前走，走。

为了躲避敌人，他白天躺在沙漠上用被单将自己盖起来，被风吹起的沙子不一会儿就把他严严实实地盖住；晚上便将被单上的沙子抖掉，爬起来顺着山边小路往前走，碰到独户人家就去要点吃的。就这样，白天隐蔽，夜里赶路，忍饥挨饿地走了一个多月，终于到了黄河边上。

兰州黄河铁桥的岗哨盘查很严。他设法换了一套老乡的衣服，又买了几条香烟放在篮子里，化装成一个卖香烟的，坐着老百姓的羊皮筏子过了黄河。

他穿过兰州城，继续向东走，十多天到了陕北的旬邑县。红色区域到了，他每走一步，就像从脚下生长出一分力量，步子愈跨愈大，愈走愈快，最后简直不是走，而像是和谁在长途赛跑，一口气跑到了云阳镇。他老远看见红军哨兵帽子上的红五星，兴奋地流下了眼泪。“找到了，终于找到了！”他放缓脚步，拍打了一下身上的尘土，激动地走进了自己队伍的大门。

周恩来副主席派来了解情况的

他们在祁连山和敌人打了数次恶仗，伤亡很大。在一个傍晚的恶战中，何元吉的小腿麻木了一下，顺手一摸，裤腿上渗出了鲜血。他从身上撕下一块破布，包扎了伤口。他抬头一看，同志们已经走远了。

他掉队了，只好支撑着身子一点一点往前挪。他挪到山脚下的一个土围子里，看到有十来个红军伤员，脸上、身上都留着血迹。他对大家说，这里太危险，得找部队去。他们互相搀扶着，有的爬着，往前行走。艰苦的行程，最后只剩下何东山、黎毕程、吴荣廷和他四个人。

站在祁连山凄凉的风雪中，看着长眠在山上的战友，他们心情十分悲痛。何元吉擦干眼泪，把剩下的战友召集在一起，说：

“我们四个人组成一个连，向陕北走。”

“四个人怎能是一个连？”何东山看着他不解地问。

他唇边掠过一丝悲凉的微笑，充满信心地说：“别看现在是四个人，只要我们坚持下去，将来不只是一个连，总有一天会回到陕北的！”

四个人都带有不同程度的伤情。何元吉的腰部有两个枪眼，腿上有三处刀伤，行走十分困难。过度的疲劳和饥饿，使四人都骨瘦如柴。有时饿得实在支撑不住，就由身体稍好点的同志到山下找老乡要点东西吃。当地老乡都很穷，能要上一碗青稞面，用雪搅成稀糊糊，拌上野菜或草根煮熟吃，就很不错了。因为敌人经常搜山，他们就经常是互相搀扶着从这座山沟转移到另一座山沟，东躲西藏。就这样，他们在冰天雪地的祁连山里艰难地生活了两个多月，伤渐渐有了好转，就开始出山了。

夜里，一条河挡住了他们的去路，幸好河面上横着一根独木桥。何元吉三人从独木桥上爬到对岸，黎毕程还在桥上爬行。敌人发现了，向黎毕程开枪，他们着急地喊：“快，快……”借着炮火的光亮，他们清楚地看到黎毕程带着满身的鲜血，滚落到水里。

春天上午的阳光照射着三人。他们在河沟里歇脚，发现公路上停了一辆汽车。何元吉卧倒观察，汽车上跳下三个人，看样子在修车。他和战友们商量了一下，就走上前去。修车的人一齐盯着他，一个问：

“你们是干什么的？”

“拾粪的，”他又说：“我是要饭的，给点吃的吧！”

修车人看他满头蓬发、满脸泥土，脚穿破烂草鞋，似乎明白了几分，于是和蔼地说：“老乡，不要怕，我们是八路军。”

何元吉生怕上当受骗，没有回答。

那个大个子从衣袋里掏出袖标，又戴上绣着五星的八角帽。

这不是红军么！何元吉高兴极了，向河沟里的战友们高喊："快过来呀！"何东山、吴荣廷兴奋地走了过来。

大家热情握手拥抱。原来这几个人是西安八路军办事处的，是周恩来副主席派来了解这里情况的。他们说："西安事变后，国共两党合作抗日。抗日战争若能取得胜利，解放全国也有希望。"一连串的好消息，使他们眉开眼笑，兴奋异常。

阳光直率地照射在他们脸上，迎面吹来的风带有新土草芽的清香。他们乘这辆汽车，直驶西安八路军办事处。不久，他们又步行到了延安。

骑兵师参谋长蒙上的一层尘埃

明月出天山，苍茫云海间。
长风几万里，吹度玉门关。
汉下白登道，胡窥青海湾。
由来征战地，不见有人还。
戍客望边色，思归多苦颜。
高楼当此夜，叹息未应闲。

"祁连山"古匈奴语意为"天梯之山"。李白的这一首《关山月》是一阕边塞绝唱，将一腔苍茫的历史情绪注入那苍茫的地域：关山大漠、雪峰云海、漫长又荒芜的人生旅途……

半个多世纪的岁月似乎并不曾逝去，只不过跟现在的时间逆向而行，像一条潜入暗夜中的细流，依然在涓涓地流着，动着，不歇地吟唱着献身的欢歌与哀歌。

迎面扑来的风里，已经溢满春的气息。右支队 11 名指战员在祁连山口坡上休息，或躺或坐。骑兵师参谋长李彩云仰面平躺，睡着了，历经磨难的圆形皮帽扣在脸上。这时，两支驳壳枪指向他的头部："砰，砰！"

也许，他太疲倦了，应当结束劳累和困顿，应当在仁慈的地母怀里长眠。大地有泥的香味，草的低语，泉的轻吟，但这应当是他休息的方式吗？

李彩云，甘肃省临洮人。1908 年生于普通农民家庭，少时就读于县城南街小学，1926 年毕业于省立兰州第一中学。时值北伐革命，李彩云毅然弃笔从戎，参加了冯玉祥的西北军，考入西安国民军第二军官学校，结业后在董振堂的十二旅二团迫击炮连任排长、副连长等职。1931 年 12 月，他参加了著名的江西宁都起义加入红军，任红五军团十三军的一名团长。红一、四方面军会师，左路军南下四川绥靖一带时，红军总部批准成立金川省军区，李彩云为司令员兼独一师师长。

西路军挺进河西，开始了悲壮的历程。骑兵师救援高台失利，第二次组建的骑兵师属九军建制，师长杜义德、政委刘庆南、参谋长李彩云。骑兵师随全军撤进梨园口，只剩下 100 多人马，划归右支队。王树声代军长、杜义德师长、李彩云参谋长、李新国作战科长等 20 余人马幸存下来，在祁连山中打游击。因敌人搜山追捕又失散一些，出山时只剩下 11 个人。

他们计划走出祁连山，穿过走廊，东去陕北。为了安全出山，大家等待天黑。李彩云面色萎黄，眼眶深陷，在沟边一棵树下熟睡，从此再也不能醒来。在祁连山内和敌人周旋时，李彩云常说：“我们向东走，一定到延安!”可是，他没有踏上延安的土地，尽管那里有充足的阳光、清新的空气、丰厚的雨水在等待他。

李新国躺在一块避风的石崖下，躺在李彩云跟前。“砰！砰!”震耳的枪声把他从睡梦中惊醒。他睁眼一看，李彩云躺在血泊之中。

王树声、杜义德手枪还拿在手中。王树声对李新国说：“我们擦枪走火了，没有你的事!”

李新国心里明白，也不能多说，便起身和几个警卫人员把李彩云埋了。李新国是骑兵师作战科长，李彩云是参谋长，在祁连山中辗转周旋，他俩常在一起。李彩云被打死，李新国百思不得其解。

红一方面军和红四方面军会合不久，张国焘即和中央发生分歧，给党和红军的团结，投下了愈来愈浓重的阴影。徐向前元帅在回忆录中说：“我们耳闻目睹的一些不利于两军团结的现象，就日渐增多起来。有些话很难听。张国焘对下面散布：‘中央政治路线有问题’，‘中央红军的损失应由中央负责’，‘军事指挥不统一’……据说还派人找一方面军的同志了解会理会议、遵义会议的情况等，实际上是进行反中央的活动。在此同时，凯丰、博古他们，则指责四方面军撤离鄂豫皖和退出通南巴是‘逃跑主义’，还有什么‘军阀主义’啦，‘土匪作风’啦，‘政治落后’啦，甚至公开写文章抨击。他们这种‘左’的做法，与当初刚到中央苏区时，对待毛主席和一、三军团差不多，只能激起四方面军干部的反感。许多指战员想不通，憋着一肚子气。”“后来，听说四方面军有些同志议论一方面军部队装备不好，打了败仗等。为此，我严肃批评了他们，嘱咐部队要学习一方面军的长处，不准背后议论。再往后，教条主义者对红四方面军的指责就更多了，不少干部都向我反映。我虽然教育干部不要向底下散布这些东西，但说老实话，心里是不痛快的。四方面军这支部队，是从鄂豫皖的一支三百来人的游击队伍发展起来的，打了那么多硬仗、恶仗，是党领导的队伍，发展到8万人，很不容易。尽管部队存在这样那样的缺点，但本质是好的，是坚决打蒋介石的，是实行土地革命的，是拥护第三国际的，是听党的话的，是和人民群众血肉相连的，是竭诚拥护同中央红军会合的。怎么又是军阀，又是土匪，又是落后，又是逃跑的?！不看主流，把四方面军说得漆黑一团，对两军团结对敌，没有任何好处。我确实想不通。”

中共中央和张国焘分道扬镳，一个北上，一个南下。当时，许世友打电话给陈昌浩、徐向前，很着急地报告：三军团他们怎么突然走了，而且还对我们放警戒！许非常气愤地请示：“打不打?”陈昌浩和徐向前都说不能打，徐向前大声嚷着：“哪有红军打红军的道理!”陈昌浩大声命令许世友和王建安不许打，赶快来指挥部开会。许世友可能没有听清楚，还在问打不打，陈昌浩很恼火，气得把电话机都摔了。北上、南下，在两军指战员心中留下了阴影，甚至矛盾，难免相互抵牾。

太阳渐渐疲惫下来，夜色代替了白昼。两个行动不便的伤员留下隐蔽好后，其余八人向山口走去。已是6月份了，敌人在山口的盘查早已松懈下来。大家走出山口，穿过河西走廊，到达民勤县境，到达沙漠边沿。

他们在一家骆驼店里住下，一位商人带着30多匹驮满货物的骆驼住进店里。骆驼上驮的是盐、枣、大米、白面、布匹，还有猪肉等。大家向商人买了些吃的，与商人闲谈得知，陕甘宁交界的三边住着红军。听到这个消息，人人都很兴奋。王树声把八个人分成两组，王树声、杜义德、营长谭云保和通信员饶金才一路，李新国和通信员曹丕堂、秦传山、周德玖一路。两路分别艰难地走着，又都经历了许多磨难，先后到达陕北、到达延安。

光阴荏苒，斗转星移。大将王树声多次说，杀李彩云是错的；中将杜义德也坦诚表明，一生干了件错事，就是杀李彩云。1986 年，中国人民解放军总政治部为李彩云平反昭雪。历史终于澄清了给李彩云蒙上的“叛徒”的尘埃。

春天来了，淡淡浓浓的绿，覆盖了逶迤起伏的祁连山。风一吹，山呼四起，像祁连无穷无尽的幽幽的叹息。这永无休止的叹息声中是否有李彩云的哀歌?

第十一章

他，她成了蒙族、藏族、回族、裕固族

不会讲汉话的蒙族奴隶

打开地图，可以看到我们祖国的心脏部位有一片海，浩瀚、雄伟、秀丽。它，就是我国最大的内陆高原咸水湖——青海湖。

青海湖，蒙语叫“库库诺尔”，藏语叫“错温布”，都是“青色的海”的意思。青海湖，海阔天空，水天相连，鸥翔鱼跃，浪花击岸，在岸上拍遍了涡眼怪石，拂着拂不去的凉意，卷着卷不走的海潮，哗，哗，用蓝湛湛的巨手托着一个又一个的故事，让人寒心，让人悲戚。

在青海湖南山的南麓，有一条宽约数十里，长达百余里的大平川，逶迤于群山之间，这就是著名的古战场大非川。想当年，黄沙金甲，铁马秋风，连年征战不已。公元670年，唐高宗派“常胜将军”薛仁贵领兵深入青海。结果，唐师被吐蕃军队团团围困在大非川，十万将士全军覆没，三位统帅仅以身免，薛仁贵也因此被削职为民。从此，青海牧区的主人由吐谷浑换成吐蕃，唐朝的势力退到了日月山以东的农业区里。“十万汉军零落尽，独吹边曲向残阳”，张乔的《河湟旧卒》诗咏的就是唐军在这次战役中的悲惨结局。

青海湖周围，自古以来就是伟大祖国的一个多民族地区，也是我国西北少数民族发祥地之一。“帐房牛粪夜燃灯，茜衣红帽杂蕃僧”。

此刻，青海省军管会主任廖汉生的办公室里，坐着一位身穿蒙装口讲蒙语的人。廖主任听不懂他的话，只好找来翻译。穿蒙装的人用蒙语讲了自己的经历，说自己是红军。因为情况特殊，又没有证明人，没有收留他。

他眼神里一丝发亮的光彩黯淡了，噙着眼泪一步一回头，自言自语地说："我想党，盼党，党来了又不认我，这就活该我受苦。你们不要我，我只好回去当奴隶！"这话引起了注意。

第二天，省上领导派人通知他到省青年干部训练班学习。从此，西路军红军老战士廖永和结束了漂泊草原12年的不寻常生活。

廖永和是安徽省金寨县人，1929年12岁就当儿童团员，站岗放哨，1931年加入红军，1932年随部队离开大别山转战到川北根据地，1934年在四川苍溪县加入中国共产党。他担任过青年干事、连长、党支部书记，红三十军八十九师二六九团二营副营长、代理营长等职。

廖永和在倪家营子增援高台的战斗中右腿负伤，石窝会议后编在左支队，攀越海拔4000多米的托来南山时掉队。他拄着棍子，踏着战友们的足迹，艰难地前进。

廖永和面前是苍茫与荒凉交杂叠加的景象，幸喜又遇到10个掉队的战友。其中一个是军部的副护士长胡传基，头部被敌人砍了一刀，满脸血污。

晨曦中，雪山上，鲜红的太阳里冒出一个人，衣服脏破，头发乱竖，活像是草原上到处生长的一簇沙蓬草。这是小红军何延德，小名火娃子，四川巴中县人，八十八师二六八团机枪连通信员。火娃子奉命护理梨园口战斗中负伤的机枪连于连长，尾随左支队西进。于连长牺牲，他便独自沿着部队走过的路线前进，坎坷途中遇上廖营长11人。他们12人有3条步枪12发子弹。

他们拼命追赶部队，走着，眺望着远方，一直到遥远的地平线都阒无人迹。此时，李先念、程世才率领的左支队已由海巡堡以北的祁连分水岭向着安西，向着新疆方向前进。部队向西、向北、又向西。他们一直向西，越追离部队越远。诗人岑参在诗中说："黄沙碛里客行迷，四望云天直下低。为言地尽天还尽，行到安西更向西。"

山野抒发着浓重的冰雪的寒意，他们单薄的衣着无法抵御凛冽的寒风，但最发愁的还是没有吃的。大家捡些牧民抛下的牛羊皮骨或野兽皮骨用雪水煮了吃，一匹枯瘦如柴的死马也成了他们的上等食品。他们住山洞，宿草地，面对严寒和饥饿，彼此扶持，蹒跚地行进在雪地上。

他们经青海天峻县木里来到肃北苏来考克赛一带的一个岩洞里。考克赛，是甘肃肃北县盐池湾部落牧民春牧之地。

第二天早晨起来，洪指导员对廖永和说："东边山坡上好像有人，我去看看吧?"廖永和想，多少天来，在茫茫雪原上见不到一个人影，能找个人问问路也好，就同意了。谁料，洪指导员提枪在手还没走出50米远，"叭"一声枪响，就倒下了。廖永和闻警，与一位班长立刻拿着其余的两支枪冲出岩洞准备还击。刚出洞口十来步，从石洞上面又打下一排子弹，廖永和与班长应声倒下。两发子弹从廖永和的胯下直穿出左膝盖，一阵眩晕，他就什么也不知道了。

草原的早春以它独有的清新，给人以肃穆的恬静。八天后，廖永和从昏迷中清醒过来，才知道袭击者抢走了他们仅有的三支枪和一些能用的东西。这次事变，洪指导员和班长牺牲了。春风送来一条雪白的挽幛，缠绕在祁连的胸前。袭击者走后，大家将他转移到布欧达坂口子附近的一个山洞里。

廖永和看了看周围的同志们，想坐起来，但身子像散了架一样，左腿一阵剧痛，差点又晕过去。他意识到自己双腿负伤，继续赶路已不可能，为了不连累大家，便说："你们别守住我了，快找部队去吧!"大家表示要走一块儿走，要死一块儿死。他狠了狠心说："干脆你们抬个石头把我压死算了，省得再挂念我!"

蓦地，沉静下来。一句话说得大家相抱痛哭。

大家决定留下火娃子照顾他。廖永和指定其余八人

西路军左支队西进中攀登过的考克赛山峭壁

由胡传基负责立即出发去找部队。他把未被土匪搜去的20块大洋分给大家。土匪搜身时见他满身血污，没有细搜。廖永和与胡传基是一个地方的人，他嘱托胡将来如有可能回到家乡，转告父母，就说他死在关外了。

大家心里像灌满了铅，依依难舍，临走时又给他俩捡来许多柴火和牛羊野兽皮骨，捡来干草铺上盖上，才挥泪相别。

石洞涂上了凝重和缓慢的暗色调，低沉而压抑，阴冷而惨然。廖永和下肢不能动，火娃子每天把骨头砸碎烧糊和皮子一起煮成汤一口一口地喂他，每天烧开水给他擦洗伤口，端屎端尿。

衰草在寒风中颤抖，他俩越来越困难。附近能吃的草根、骨头和破碎皮子已很难找到了。火娃子只好跑到较远的地方去捡，太远了又怕被人发现惹出麻烦。

有位蒙古族老大娘领个男孩来到石洞，她会说几句汉话。老大娘叫江西力，爽朗地说："你们是太平世界里来的红军，为穷人办事。我明天就叫儿子给你们送来吃的！"

他俩好像就要和黄昏一起沉沦了，却又终于和黎明一起获得了新生。翌日，老大娘让儿子尼玛给他们送来十多斤粮食，一斤多盐。真是雪中送炭，久旱逢雨！火娃子赶快生着火做熟饭，每人吃了两小碗。很久没有吃到粮食，这顿饭真香啊！

考克赛的5月，红日映照雪峰，白云缭绕山腰。廖永和让火娃子找来两根棍子，试着走走，但身子像瘫了一样，还是无法行走。

江西力老大娘让儿子用牲口把廖永和驮到自己家里，安置在帐篷外的小棚子里。火娃子安置到大娘之兄盐池湾部落头人尕布曾佳家里。

江西力对他的兄长说："我要为来世积德，收来两个'共产娃'，没伤的送给你为你干活，有伤的我留下治伤，好了给我干活。黑蚂蚁（马步芳军队穿黑色服装）来了，你可不要说！"

7月，马家军驻酒泉部队的副官马得福带着十几个骑兵，来到草原上搜索散落红军。尕布曾佳的老伴依布青得知消息后，便用马把火娃子送进山里，藏了起来，留下吃的和毡袄。依布青对副官说："我家是头人家，怎能藏红军？这些兽皮请长官带去交差吧！"

尕布曾佳和依布青把火娃子留下来了。为了不让人欺负火娃子，他俩对人说火娃子是他们的儿子。火娃子在肃北草原安下家，和当地蒙古姑娘结了婚。

两位老人的掩护之恩，火娃子永记在心。尕布曾佳去世后，他将依布青老人赡养到老。他在新中国成立后参加了工作，担任过区乡的领导。

廖永和左腿流脓不止，江西力老大娘为他洗伤敷药。他的伤口逐渐缩小，慢慢好起来，两个月后可以给大娘家干活了。

江西力老大娘家里五口人，丈夫和两儿一女。丈夫好逸恶劳，常给奴隶主做些事，牧民称他“管家”。廖永和后来听一位蒙古族老大爷讲，他的腿就是管家打伤的。老大娘出于同情，接廖永和到家，管家则想要个不花钱的奴隶。管家对人说：“共产党是坏人，不能留下祸根！”

廖永和拄着两个棍子勉强能走动时，管家就让他放羊。他骨瘦如柴，单薄的衣衫被风掀动着，似乎人也要被风吹倒，靠两根棍子走路哪能跟上羊群。管家经常借故毒打他，如果跑散或丢失一只羊，更是打得死去活来。早晚，管家只给他吃半碗炒面；寒冬，给他一件破皮袄，白天当衣晚上当被，虱子之多几乎连羊毛都看不见了。白天饥肠辘辘盼天黑，黑夜寒冷难忍盼天亮。

两年过去了。廖永和随管家全家西迁到柴达木盆地的德令哈，游牧在德令哈西北的灶火山上。

春天来了。湛蓝湛蓝的苍穹下面，野花盛开的草原像绿色的地毯一直铺向天边。这里，那里，漫步着洁白的羊群，真像是谁撇下的一把把珍珠。草原的景色是美丽的，但廖永和哪有心思欣赏景色呢？他想念党，想念部队，常常暗自流泪，然而千里草原，往哪里去找呢？

心底的希望呼唤出无穷的力量。有一次，廖永和随管家游牧，看到远处有一座房子。他想，这可能是汉民，因为牧民一般不住房子。他悄悄地放下身上的东西，猫着身子向土房跑去。管家发觉骑着马追赶，一棍打下，他应声倒下。打断了一根棍子，又打断了一根，他被打昏过去了。

管家说：“你是共产党的副营长，现在还想逃走继续当官。你已经给我放了两三年羊，我不杀你，把你送给马步芳，死活在你！”管家要借刀杀人，还要向马步芳邀功请赏，于是将他捆起来，派人押送西宁。走到巴音河畔，押送他的人听说青海湖附近土匪很多，不敢继续往西宁送了。这样，他又被押了回来。

1942年，马步芳利用哈萨克和藏族的矛盾，追杀哈萨克牧民。德令哈的蒙古族头人及有些财产的牧民都拉家带口地逃难而去，管家一家也走了。廖永和乘机逃脱，改名黄永和，在巴音河西岸挖了个土洞住下，给人家帮工修靴子。

蒙古族姑娘格明一家在动乱中跑散了，她独自一人流落到了德令哈，也到处给人帮工。他和她经常相见，熟识以后，常在巴音河岸边诉说各自的不幸遭遇。奔腾的巴音河水流不尽他们的辛酸，不幸的遭遇把他们联系在一起。

流年似水。1949年9月5日，西宁解放。德令哈有人传说："解放军把马步芳打跑了！"当时廖永和不知道解放军是什么军队，凭着朴素的认识，他想，打跑马步芳的可能就是自己的队伍。他总想找个机会到西宁看看。

这时，有一个头人要到塔尔寺去拜佛。塔尔寺离西宁不远，廖永和抱着去见解放军的念头向头人请求说："我也想去拜佛，我给你牵骆驼吧?"这样，可以解决廖永和不认识去西宁的路的困难。

风餐露宿，18天到塔尔寺。塔尔寺在湟中县城附近。头人去拜佛，廖永和偷个空进了湟中县城。

湛蓝的天空下，有几缕轻纱似的云烟，湟水河在阳光下泛着光斑。湟中县已经解放，县委书记尚志田正在群众大会上讲话。廖永和10多年不讲汉话也听不到汉话，加之口音差别，听了很长时间也没听懂什么意思。他只听清"减租减息"几个字，还不敢相信是自己人，因为国民党也搞过"减租减息"。会后表演节目，扭秧歌，有镰刀斧头图案的旗子，他才一下子明白过来。1929年在大别山闹革命，不就是高举着镰刀斧头的旗子吗？1934年他入党，不就是站在镰刀斧头的旗帜下宣誓吗？

廖永和马上找到县委书记尚志田，含着热泪诉说自己的经历，要求收留，但尚书记听不懂他的话。尚书记给他开了证明，把他介绍到西宁去找省军管会主任廖汉生。

廖永和进了省青年干部训练班学习，1950年重新入党。训练班结业，组织上分配他回都兰县德令哈区当区长，以后在德令哈县、乌兰县任工委主任、县长、副书记、第二书记等职。1973年组织上照顾他回到家乡安徽省金寨县，在红军休养所安度晚年。

称藏加、根乃、卓玛

陡峻的山崖，浑圆的蒙古包。

黑犬狂吠，蒙古包内走出一位50多岁的老奶奶。她看见一个衣衫褴褛，鸠形鹄面的年轻人走来。得知小伙子是红军，老人连忙让进蒙古包，茶饭款待。

红军叫杨英舒，是红三十军八十九师二六七团机枪连勤务兵，编在左支队，因冻饿劳累掉队。他孤独辗转，艰辛地走出托来南山，来到乌兰达坂下的考克赛，远远望见一顶炊烟缭绕的蒙古包，便走了过来。

老奶奶人称旦旦。贴羔后，旦旦同儿女偎坐在牛粪火堆旁，说："信佛人以慈悲为重，帮人脱离苦境会有善终。不要看他现在骨瘦如柴，吃过来是个腿快手勤的人，再说你们哥儿兄弟也不多。我向头人求个情，留下他！"

"就按母亲说的做吧！"桑杰吉布、姑仁加两口子说。

为了躲避马家军的眼目，老人给杨英舒换上了蒙古服装，把汉名改为蒙古名叫"称藏加"。马家军来搜查，她把称藏加领到山洞里藏下，马家军走了又接他回蒙古包。

日复一日，称藏加的身体健康了，和旦旦家的感情也深了。和睦的家庭对人有不衰的吸引力，他尊旦旦为母亲。

羊知跪乳之恩，鸦有反哺之孝。称藏加有了家室，更加敬奉老人。他总是双手向上，恭敬地请老人喝茶、吃饭。

称藏加1977年3月离开了人间，家人和旦旦老人的后裔还以亲戚相称。

蓝蓝的天，青青的湖，苍翠的远山，碧绿的草滩，上下远近连成一片。青海湖北刚察，小草正在发芽。三名被俘红军侥幸逃到这里。

刚察藏族千户华宝藏明知是红军但决不声张。华宝藏说："一旦漏了风声，不但这三个人活不成，而且连我和我们的部落都要受到连累！"他向部落嘱咐："这些共产很孽障（可怜），我们不营救，不保护，佛爷会怪罪的！你们悄悄安置好他们三人！"

三人之中，胡得良改藏名根乃，姓李的改藏名卓玛，另一位1953年病故。新中国成立后，胡得良在刚察工委社会部当了干部，1954年调到果洛工作，李卓玛在贡麻部落的加布家招为女婿。他们生活在一种感动和万般怀念中。

披着袈裟的“塔娃”“加玛”

夜光杯，杯壁薄如蛋壳，纹理光滑透明，色泽有翠绿、墨绿、鹅黄、黄绿、羊脂白等。相传西周穆王远游西域，与西王母在瑶池欢宴，西王母以夜光杯馈赠周穆王。月光姣好，清澈如水，把美酒倾入杯内，对月映照，色呈雪白，柔和光亮，周穆王爱不释手。从此，夜光杯名扬千古。唐代诗人王翰写的《凉州曲》：“葡萄美酒夜光杯，欲饮琵琶马上催。醉卧沙场君莫笑，古来征战几人回。”更使夜光杯盛誉远扬。夜光杯，就是用祁连玉石精工雕琢而成。甘肃酒泉出此玉，青海祁连县的“玉石沟”和“玉石梁”也产此玉。不过，这里讲述的不是祁连玉的故事，而是一位流落在祁连县的西路军红军老战士的故事，是一页似乎已经凝固的历史。

三名红军与搜山的马家军互相射击，其中两人倒在血泊之中。第三个是卫生员，急忙去救。倒下的一位战友在咽气前叮咛他：“活下去，将来总有机会报仇！”

他叫刘思贵，四川省营山县人。1933年红军在家乡扩红，他报名参加了红军。

天寒地冻，滴水成冰，200多名战俘从张掖押往西宁。第四天从扁都口到俄博，刘思贵亲眼看到马家军杀了20多名战友。天黑，他们像牲口一样被圈在一个庄廓里，这夜就冻死了五六个。因为冻饿走不动，第二天清早起程时又有五六个战友被惨杀。

从俄博到大梁的路上，夜色沉重，漆黑一片。他蜷缩在挖过金的沙坑里，逃跑了。

莽莽山野，只有金场。他给大通一个姓蒋的金掌柜当了一名“哑巴”娃。哑巴是装的，因为一开口说四川话，顿时就暴露了身份。

他流落到百经部落，住在贫苦牧民角尼家里。角尼给了他一件破皮袄，一双旧靴子，一个藏式的腰带，让他挡羊。怕马家军搜查，他仍然装哑巴，不说话。

百经部落的头人传达马步芳的命令，让每家每户帐房门口挂上户口牌，同时派人在各帐房圈子搜查“共产娃”。角尼不敢收留他了，打算把他送到甘肃民乐一带去逃命。角尼的老伴担心他被马家军抓住杀掉，整整哭了一天，还给他准备了一包羊毛，两碗曲拉。

翌日，角尼全家哭哭啼啼送他上路，一直送到黄草沟，遇到两个在外念经的贫苦老阿卡。角尼的老伴悄悄和那两个阿卡商量，让他们收留这个哑巴，给他们打柴、背水、做饭。两个阿卡同意了，他就再没有向甘肃民乐一带逃命，跟着两个阿卡在祁连八宝一带转悠。两月以后回到百经寺，阿卡把他介绍给寺院里的另外两个阿卡，一个名叫奂曲乎，一个叫留义，给他们做饭、背水、拾粪、打扫卫生。

寺院不远的河滩，驻扎着马步芳一个营挖金子。官兵常到寺院里骚扰，奂曲乎恐怕马家军发现他找麻烦，给他起了一个藏族名字“龙日克”，又从死后送去天葬的阿卡身上脱下一件袈裟，给他穿在身上。从此，他就当起一名披着袈裟，不会念经，也不会说话的“塔娃”（寺院里做苦工的阿卡）。

他在百经寺做了两年塔娃，学会了做饭的本领。寺院管家听说他做的饭好吃，就叫他做了一年饭，年终给了他一头牦牛。这是他干了九年苦工，第一次得到的报酬。管家介绍他给次日金阿卡做了一年饭，次日金在年底也给了他一头牦牛。从这以后，管家让他在寺院经堂的厨房里做饭。他这个哑巴塔娃，又变成了哑巴“加玛”（寺院里对做饭人的称呼），也有人叫他加玛龙日克。在经堂厨房，每天除了做饭，还要到一里远的地方背 12 大桶水。经堂只有在念经的日子才做饭，不念经时他就在各大阿卡家帮工。

在无声无言中，12 个春秋流逝而去，大漠终于敞开了无遮无掩的光明。祁连县解放了，他高兴得流泪了，开始说话了。由于 12 年多不说话和终年累月生活在藏族之中，他已不大会说汉话了。

这年冬天，驻张掖的部队派了几个人到祁连黄草沟一带购买菜牛。他像见到亲人一样，向部队同志诉说。他讲的是走音变调的藏汉混杂的语言，人家听不懂。人家讲的是带着浓重乡音的南方话，他也听不懂。

1957 年，他用解放后积攒的工钱，买了一顶牛毛帐房和五头牦牛，离开百经寺在阿力克乡草原上建立了自己的家，和一个藏族姑娘叶尔丽结了婚。

他站起身，好像抖落了肩头的负担一般。阿力克乡 1958 年成立了第一个牧业生产合作社，他被选为副社长，还兼任民兵连连长。第二年夏，他带领十几名民兵到海西州天峻县参加剿匪，抓国民党空降特务，完成任务后被评为民兵治安模范。这年秋天，他参加了党组织。从 1959 年到 1981 年，他在基层担任党支部书记职务达 23 年之久，先后 16 次被评为省、州、县、乡各级模范，受到各级政府的表扬和奖励。退休后，他在家里闲不住，就主动帮助照看文化室和水井，要为家乡建设贡献一份力量。

“羊肉、牛肉，要阿訇宰下的才吃”

赵明英，1914 年生于四川达县，1933 年 9 月在家乡参加红四方面军新剧团。西路军西征时任新剧团三团的团长兼导演。西路军兵败祁连，全军妇女被集中起来编为妇女团，陶万荣被指定为团长，赵明英被指定为副团长。赵明英被俘后被迫嫁给马家军回族副营长，在青海逃跑了两次，都因路不熟而未成功，被抓回痛打一顿。战事结束，她随其丈夫到家乡临夏定居务农。新中国成立后的 1956 年，临夏成立回族自治州。

通常当人们谈到生涯的时候，总觉得有太多的不可把握性，埋藏在未知中。西路军被俘和流落女红军更是如此，其中不少人成为回族。无论是悲伤，还是无奈，这就是许多西路军红军女战士走过的道路。

西路军流落女战士张秀芳说：“我跟回民一起生活几十年了，先是在回民家里干活，后来跟的男人也是回民。我不吃大肉，闻着就恶心！羊肉啦，牛肉啦，要阿訇宰下的才吃，商店里买的不吃！”

伊斯兰教注重和提倡洁净，在饮食方面，《古兰经》中有许多明文规定：不吃自死物、血液、猪肉以及未诵真主之名宰杀的牲畜。千年来，穆斯林遵循有关规定，代代相袭已成为生活习俗，应该受到尊重。

张秀芳，四川巴中人。她 1933 年 18 岁时参加了革命，先在巴中县苏维埃工作，翌年正式编入红军部队，分到妇女独立师。她曾是红军著名女将领张琴秋的警卫员。

“张琴秋可是个好人，脾气好，对人好！”张秀芳总是由衷地说。

她给张琴秋当警卫员时，突然出了天花，差点丢性命。张琴秋及时送她到总医院抢救。身体康复了，张琴秋又来接她。总医院周光坦院长对张琴秋说：“你们妇女独立师是培养妇女干部的学校，可我们这里女干部缺得很，你就把张秀芳给我们吧！”这样，张秀芳就留在医院，担任了排长。

“在河西丰乐堡，我们被围在一个土围子里。敌人一颗子弹打在我右手上，从袖筒里穿出，当时我就昏过去了！”张秀芳举起右手这样回忆道，右手指至今还少一块。

西进河西，医院工作十分困难，后来甚至连一块包扎伤口的布条都保证不了。为了就地解决实际问题，总医院的许多人直接下到部队进行战地救护。张秀芳和几位医院的战友，随着所在的战斗部队从梨园口退入祁连山。

战事越来越不利。这个团的团长对她们几个医院的同志说：“我们部队的人数已经不多了，就不要再跟我们走了。你们还是找总医院，回后勤单位去吧！”她们几人去找总医院，这时哪里还有完整的建制？总医院没有下落，她们就随着碰到的同志在山中四处流动。

皑皑白雪，一片死气沉沉的荒凉，什么食物也找不到。她们今天跑到这个山坳，明天藏到那个林子，饥饿和寒冷像两个魔鬼死死地缠住大家。

她们四个女的藏在一个石洞里。她、樊秀英、朱志秀，还有一个姓赵，朱志秀胳膊打折了。她们捡些牛粪用来取暖，后来饿急了，就把牛粪放在石头上用火焙干，搓碎，像炒面一样，一把一把就着雪咽下去。马家队伍搜山，搜到洞前。她们的心紧缩着，谁也不愿当俘虏，冲出洞口，跳下崖去。

西沉的太阳最后放射出它的余晖，枯枝与衰草反射着淡淡的余光。静静的祁连，粼粼地闪烁着银色的雪光。躺在崖下，张秀芳嘴里还有气，心里也明白，就是说不出话。她摔断了右腿、尾骨和几根肋骨。马家兵走到她跟前，叫起来：“这个女共产还活着哩！”那家伙用马刀背在她们身上砍。她感到疼痛，另外三个战友再也觉不到疼痛了。那个凄惨的早春啊！

张秀芳和难友艰难地跋涉于荒漠大野，峁梁沟壑之中，到了青海。马家军把张秀芳和男红军编到一起，每人一把铁锹，到老鸦峡修公路。如果不干，或干得慢，马家兵举起马棒就打。她硬挣扎着干，那时主要是顾命，疼痛已顾不了了。她像一株大漠中的骆驼草，在干烈的、蒸烤得没有水分的劣质土壤中顽强地活了下来。国共合作后放了一批人，其中有她。

张秀芳往兰州方向行去，来到甘青交界的海石湾。公路旁有家旅店，主事的老板娘雇她帮工。旅店有食堂和客房，又地处交通路口，每天过往行人不少，活计很不轻松。她除了把分内的事干好外，还得把主人的家务承担下来。

这家旅店男主人是个花白胡子的老头，兼着伪保长职务。他要张秀芳做小娘，她不干。一天，他借口张秀芳烙饼时灰碱放少了，便小题大做抄起棍子打起来。张秀芳正在拉风箱烧火，举起坐着的小凳照老家伙一下，老家伙右额顿时出血。

张秀芳到了兰州，给一家回民哄娃娃，做饭，养牛。兰州还有失散的红军姐妹，在大家的帮助下，张秀芳和医院一位洗衣工人成了亲。

张秀芳的丈夫去世，自己又没有儿女。民政局叫她到红军养老院去，她说："我是回民，那里没有清真灶，我吃不下去呀！"

张秀芳独自一人生活，但她受到红军老姐妹和政府的照料。

张秀芳和安明秀都在红四方面军总医院工作过，又都是四川老乡。安明秀也随了回民，她经常打发四个儿女来看张秀芳，送吃的，送喝的，收拾房子，还给买了电饭锅和电热杯。丈夫死时张秀芳在犯病，祁连山中摔伤的右腿有四个窟窿流着脓血。安明秀把张秀芳接到自己家里，用小孩尿泡了中药，给她敷在伤口上，才慢慢不流脓血了。那次她在安明秀家住了整整一年。医院为她的房子糊了顶棚，刷了墙，又把她接回来。

端阳节前夕。老人桌上赫然放着一小堆粽子，她指着粽子说："这是安明秀打发儿子送来的！"张秀芳受到安明秀的关心和照顾，她们是红军姐妹，是患难之交。另一方面，赈济孤寡也是伊斯兰教的创始人穆罕默德所提倡的，这在《古兰经》中也有明示。

据说，要使经历过的事情长流芬芳，就得回忆。张秀芳经常回忆，但她感受不到芬芳和幸福。老人脸上爬蠕着寡黄的泪，激动地说："我哥哥叫张狗娃，比我大四岁，在八十八师夜老虎团，先是当连长，后来当营政委，西渡黄河后牺牲在临泽。唉！如今连一个亲人都没有，我这个人的命真苦！"

张秀芳浑身抽搐，悲哀地耸动双肩。任何听了她述说的人，心都会颤抖，泛出难言的酸苦。

窗外，座座楼房托起明朗的天。弥漫着花粉气味和草木气味的轻风扑进房间。

裕固草原的一员

裕固族是我国一个少数民族，居住在河西走廊，祁连山地中段。肃南裕固族自治县是新中国成立以后建立的，1954 年由张掖、高台、酒泉等县的一部分合并建立为自治区，1955 年改自治县。裕固族是后唐和五代时期建立地方政权近一个半世纪的“甘州回鹘”的后裔。新中国成立前，裕固族群众大都在祁连山过着逐水草而居的游牧生活。一般人家的帐篷，夏漏骄阳凉雨，冬进寒风冷雪，就是住六根或九根房杆大帐篷的大户人家，也仅仅是温饱有余而已。贫苦牧民住阴湿的窑洞或窝棚，磨吃“谢节草籽”面，采喝野茶。

肃南大河草原的冲哆罗水一带，裕固族牧人别驽的帐篷扎在那里。夜风卷起散落的黄叶，天空云幕低沉，不见一丝星月的毫光。被战火搅得心惊胆战的裕固牧民，深夜听到狗叫，以为又是来了马家军。别驽一家惊慌失措，打算弃帐逃走。有人一头撞进了帐篷，请求搭救。别驽定神一看，是一个浑身是血的红军。窝藏红军可要牵连一家人，但别驽咬咬牙，下决心救下这个红军。

别驽一边用麝香水为红军洗伤口，一边吩咐家人烧茶做饭。为了掩人耳目，他找出一件烂褐衫、皮亢沉（高鞠皮靴），让红军脱下血衣，换上裕固族牧人的衣服。天亮前，别驽在皮袋里装上炒面和小米，拿上一个单耳铜罐子和一张羊皮，把红军送到山谷的一个石洞里。他一再叮咛，千万不能出山洞，白天不能生火，晚上用铜罐煮饭。他又解下拴在腰上的火镰，教会红军引火的方法，才离洞回去。别驽每隔两三天来一次，送点粮食。每次来都从不同方向绕个大圈，唯恐有人发现他的脚印，每次走到山洞附近就脱鞋赤脚。

三个月过去了，红军的伤养好了，马家军也撤走了。别驽把红军领回家，将红军收为义子，教他裕固族语言以及如何放牧。

红军叫田忠道，湖北省大悟县人。1926 年的一天晚上，他在舅父徐海东的带领下，与同村的一帮小兄弟 13 人约定背着家人参加了红军。他走时才 14 岁，母亲念子心切，昼夜在四周的山冈上奔跑呼喊，喊着儿子的小名，哭叫不止，神经错乱，最终在疾病和饥饿中死去。

西路军时，田忠道在红九军，康隆寺阻敌时负伤。他和战友据守在一个山头上，子弹打光了，他们用石头砸毁了枪支，十几个人抱在一起，揭开仅有的一颗手榴弹盖子，准备和冲上来的敌人同归于尽。马家骑兵挥舞着战刀围了上来，手榴弹的导火索拉开了，可是发火装置没有发火。他们被活捉了。

战友们被反剪双手捆着，又用一根麻绳连成长串。在押往张掖的一天夜里，后面的人就用牙齿咬撕前面人手上捆的麻绳，捆着田忠道的绳解开了。他乘敌人不注意，卧倒在一个没水的干沟里。沟里尸体很多，生死难辨。

田忠道成了大河裕固草原的一员。他结识了不少穷苦牧民，还和普加录安结拜为异姓兄弟。他成家后，每到逢年过节，都要去看望他的义父。

易明清，江西赣县人。1931 年 6 月，给地主扛长工的他在家乡参加了红军，1934 年 10 月随红一方面军长征，1935 年 8 月在川西改随红四方面军长征。西路军兵败祁连，他在山中被俘，因右脚脖子被子弹打断，不能行走，被马家兵暴打一顿抛在康隆寺。遍体鳞伤的他在裕固族牧人、汉族商人的施舍下，活了下来。

1943 年，易明清拄着木棍来到裕固族东八格家部落的石窝一带，走进了焦斯巴楞的帐篷。几年前红军在石窝一带打仗时，焦斯巴楞就曾冒着杀头的危险救护过红军伤员，曾把 10 多个失散、负伤的红军收留在家里。白天，她把红军藏在松林里，晚上，她给伤员烧茶、做饭、洗伤口，临走又给准备点炒面。这次，易明清上门求救，这位仁慈的老人收留了他。老人毫无保留地接受了他这位红军，还把女儿嫁给他，既是女婿又当儿子。他们一家人靠打猎、采药、拾蘑菇相依为命。

好景不长，1947 年易明清的妻子患病去世。很长时间，他生活在悲痛之中。1948 年，经焦斯巴楞老人撮合、筹办，易明清又和裕固族孤女郃道麦吉结婚。

新中国成立后，易明清定居在肃南裕固族自治县康乐乡红石窝村。红石窝即当年的石窝，因红军西路军在此打过仗，改名为红石窝。易明清无时无刻不挂念着爱己若子的老岳母焦斯巴楞，逢年过节或有点好吃好喝都要给老人送去。

第十二章
生命之泉注进沉重的命运长河

“家乡人以为他死了，年年清明都祭奠！”

祁连山间溪水啊，孤独的追求者！你从哪座山哪条沟来，又奔向哪里去呢？你执著地蹒跚，带走了什么呢？你那么瘦弱，和你决然的意志多不相称！你流波的闪耀，是荣膺祁连的甘露，还是祁连的苦泪呢？

岁月落下多少帷幔，时光也难把心中的坎坷抚平。熊国炳家乡的老大爷、老大娘一提到他，就揪心扯肚百般思恋。他们说熊国炳随红军走后，一妻两子死得好惨：一个儿子被地主打死，一个儿子被匪徒杀害，妻子活活饿死……

熊国炳1898年出生于四川万源县竹裕乡（新中国成立前为通江县洪口乡）熊家湾，取名熊庭南。那时苛捐杂税、封建地租、高利贷盘剥，正如民谣所说：

军阀梳子梳，
豪绅篦子篦，
甲长排头刀子剃，
收款委员来剥皮。

熊庭南家也和许多人家一样，“屋里光光，肚里空空”。他长到十余岁，六个弟妹相继出生，父母将他过继给万源县竹裕乡熊家坪熊邦杰为儿子。懂事的庭南，把父母给他的四个红苕分给弟妹，挥泪告别亲人，从此改名为熊国炳。

熊邦杰夫妇宽厚的胸膛袒露着慈心热肠，拿出珍藏的两个银元，抓了一只公鸡，提上一块腊肉，把熊国炳送到坪上的私馆读书。四年苦读，他成了熊家坪略知文墨之人。16 岁时养父母托人为他做媒，娶了赵家姑娘为妻。养父母慈爱的目光、话语、琐细的操劳，常常给他一种足以依托的慰藉，但养父母先后去世。熊家坪离熊家湾虽然只有六七十里，但这里的熊姓家族与熊国炳只是同姓不同宗。因为宗族观念，当地熊姓家族千方百计驱赶他们，并买通了保甲长勒索捐税，百般刁难。熊国炳眼泪流回心底，夫妇于第二年春天凄恻地离开熊家坪，迁回熊家湾居住。

熊国炳在熊家湾田无一分，地无一垄，便抬滑竿、打短工维持生计。劣绅、甲长借机勒索他卖力下苦之钱，他愤然抛弃“抬子”之业，奔赴巴山打猎为生。一次，他乘勇追捕一头猛兽，不幸误踏猎人缚虎的“机关”，被毒箭射中腿肚。他强忍穿心般的痛苦，咬紧牙关将毒箭拔出，挤出毒血，得以保全性命。他因果敢，被人们称为“巴山勇士”。

熊国炳

1932 年 12 月初的一天，刚刚卖完猎物的熊国炳，突然被一个身着长衫的陌生人叫住。陌生人说自己是行商的，慕名来找巴山勇士购买皮货，并慷慨表示愿出大价钱。这外来客商以优惠价定购了猎物，还走村串户向一些穷哥们收购不少土特产。客商叫刘子才，又名刘涛，是位红军，身带电台来川北了解敌情，侦察道路，发动群众策应红四方面军入川。熊国炳跟随刘子才翻山越岭，勘察地形，了解敌人兵力部署，为红军入川提供了重要情报。

熊国炳跟随红军发动群众打土豪分田地，组织赤卫军建立乡村苏维埃，被群众推选当了赤卫队长和乡村苏维埃政府主席。1933 年 2 月初，经川陕省临时革命委员会主席邝继勋推荐，袁克服介绍，熊国炳加入中国共产党，并担任了临时革命委员会委员。川陕省第一、第二、第三次工农兵代表大会都推选他为川陕省苏维埃政府主席。

1935 年春，红四方面军强渡嘉陵江，离开川陕苏区。四川军阀部队和地主“还乡团”卷土重来，熊国炳的两个儿子惨遭杀害，妻子赵氏活活饿死。这时，党组织将中共川陕省第一任妇女部长张庭富调到苏维埃政府内务部担任执行主席，部队转战到毛儿盖时，他们在组织的关怀下结成革命伴侣。张庭富，四川通江人，参加红军后任过号兵，任过总医院看护。西路军时，熊国炳是军政委员会委员、总后勤部后勤处处长。部队突围时，熊国炳和张庭富在战斗中被打散。熊国炳来不及寻找妻子，便强忍着心之酸楚，带领战士们杀开血路，冲出包围。

西路军败退祁连，徐向前、陈昌浩离队东返延安，由李卓然、李先念、李特、曾传六、王树声、程世才、黄超、熊国炳等组成工作委员会。熊国炳所在由机关人员组编的游击队被敌阻截，大部牺牲。他独骑战马从敌群中杀出，马被打死，他被摔进一个万年雪坑才幸免丧身。他任寒风吹满衣袖，拖着双腿，光着脚丫，追赶部队，在灰暗的冷风飕飕的天幕下，与马家骑兵遭遇被俘。

马家军前去搜山，把熊国炳关押在裕固人的毡房里。裕固族头人对熊国炳说：“马家队伍走了，你赶快逃命去吧！”

熊国炳按照裕固族人指的方向，踏着微明的晨曦，沿着祁连山西行。他带着伤痛，忍着饥饿，辗转来到酒泉南山的偏僻山村九家窑。农民张大爷收留了他，为他治好了腿脚的冻伤。伤好后，熊国炳来到酒泉城，白天给人帮工，晚上在五爷庙神像后面安身。

酒泉城里马家队伍三个一群，五个一伙，荷枪实弹到处抓人。每天都有红军惨遭杀害。马家队伍把徐向前、陈昌浩、熊国炳等列为“赤匪首犯”，发通缉、登告示，悬赏 1200 块大洋活捉，以 600 元买他们的人头。

熊国炳欲走走不了，想留又难以藏身，最后经人介绍与已故唐姓四川同乡的妻子白玉生结婚。不知是难忘妻子张庭富，还是感激张大爷的营救之恩，从此，熊国炳改名张炳南，靠摆摊度日。他的妻子张庭富被俘后死里逃生，辗转定居高台，1960 年丈夫去世后，带上四个儿女返回家乡四川通江。

命运之神乖戾。熊国炳一家苦熬到 1945 年，迫于生计来到玉门。熊国炳在医院里找到了发挂号牌子的差事。因收入微薄，一家五口挤在西河坝的窑洞中。1948 年底，他们又返回酒泉。虽然生活凄苦，熊国炳还是极力说服老伴收养了贫苦农民杨毡匠的女儿兰香子和一个讨吃要饭的姑娘进财子。

新中国成立时，熊国炳已是年过半百之人。人民政府知道了他参加红军的经历，补助他银元 50 块，麦子 4 石。公社化后，熊国炳年事已高，就给队里看看果园、麦场。

老来苍茫思还乡。1959 年 4 月，民政部门给他 300 元钱和一套条绒衣服，帮他回到老家四川省万源县探亲。乡亲们热情欢迎他。他本想留在故乡，叶落归根，但因老伴是个小脚，行走山路不便，对川北吃大米也不习惯，又想儿子，就返回酒泉。老伴白玉生说："那里雨多，每天挂雾，见不上太阳，我过不惯！"

熊国炳对人说："家乡人以为我早死了，年年清明都祭奠。大家见我活着回来了非常热情，挨着请我们去吃饭，政府对我们也特别照顾！"

1960 年严重自然灾害。春节，队里一点粮食也没有了，给每个社员发了 8 斤茎蓝过年。冷月浮升，洒下淅沥的寒意。熊国炳饿得浑身浮肿，腿痛抽筋。他的病痛，他的疲累，终于让宁静的夜融化了。他撒手离开尘世，葬身泉湖乡许家磨湾的沙窝里。雪越下越大，像柳絮，像梨花！

"这尕娃命大，留下吧！"

张安泰 1933 年在家乡四川加入红四方面军，在九军二十五师七十三团当战士，三个月后成为一名司号员。西路军西征，行动多在夜间。天气寒冷，吹号时稍不注意，号嘴就会揭去嘴唇的一层皮。粮食供应不上，饿肚子是常事。连续作战十分疲劳，没有休整时间，走着路都能睡着。西路军退向祁连山，九军担任后卫，部队在梨园口掩护全军进山。张安泰几天几夜没有合眼，疲劳过度，见身边一堆干草，就坐下休息一会儿，可屁股一挨干草就睡死过去。当一颗手榴弹在他近旁爆炸时，才被震醒。

张安泰所在的团伤亡严重，被马家军围困在梨园口内的一个小庄子里。团长几次组织突围，都因敌人火力太强，战友们一批批的牺牲了。团长命令四个司号兵一起吹号联络，进山的部队走远了，没有一点回音。参谋长问团长怎么办，团长痛苦地摇了摇头。团部所在的房内传出一阵枪声，大家赶去一看，团长、副团长、参谋长都饮弹自尽了。

剩下不多的战友急红了眼，大家拼死也要冲出去。张安泰把负伤的连长扶上马，缰绳拴在自己的腰里。大家一起往外冲，敌人的机枪子弹像泼水一样，死死地封锁住出口。战友们纷纷倒在枪弹之下，挣脱缰绳的马也不知跑到哪儿去了。张安泰被战友的遗体压在下面，浸泡在血泊中。云朵像浮雕似的被吸在蓝色的天穹上，风从山野飘来。

马家军士兵手提马刀来翻尸，没有咽气的就补上一刀。好多战友牺牲前都破口大骂，声言红军总有报仇的一天。张安泰满身血渍被翻出来，背上也挨了一刀昏死了过去。庄子里到处是烈士的遗体，敌人一把火点着了庄子。

四周弥漫着烟尘和令人窒息的血腥和焦煳味。张安泰苏醒过来，挣扎着往外爬。一位头骨被敌人劈开满脸是血的战友发出轻微的呻吟，睁着一对大眼喘息着说："同志，我痛得受不了，快给我补一枪吧！"张安泰流着泪说："我哪里还有枪！"这位战友说："我这里还有一颗手榴弹，给你，朝我头上砸，快！"张安泰怎能忍心下手啊！这时四个马家兵走来，搜寻死难战士的衣服口袋，想发洋财。张安泰仇恨满腔，将这颗手榴弹投了过去。可惜，手榴弹没有爆炸。敌人冲过来，马刀架在张安泰的脖子上。后面跟来的一个人喊了一声："算了，这还是个尕娃。"说这话的叫魏占彪，是个班长。

第二天，排长见了张安泰，对魏班长说不能留，并叫人拉出去枪毙。魏班长让张安泰赶快跪下求饶。张安泰坚决不跪，死死抓住一个马家兵转圈子。敌人朝他连开三枪都未打中。魏班长向排长下跪求情："这尕娃命大，留下吧！"营长来了，把张安泰带到一间房子里。营长对随从挤挤眼说："给这个尕娃洗洗脸。"随从端来一盆水，猛地朝张安泰头上泼去。张安泰惨叫一声，满地打滚。敌人哈哈大笑，这泼的是一盆开水。

魏班长把张安泰拖到一间草房里，细心照料着。张安泰疼痛难忍，叫魏班长干脆把他杀掉算了。魏班长同情地说：

“尕娃不能死！你多大了？老家还有没有兄弟？”

“今年18岁，是独子。”

“那就更不能死。我也是独子，我认你做个兄弟吧，留下帮我喂马。我已向营长求情了。”

战事之后，魏班长所在的骑兵旅开往原驻地，魏班长雇了一头毛驴驮着张安泰，路上又换了牛车到了酒泉。魏班长将张安泰寄养在亲戚家，两个月后，张安泰的身体慢慢康复。

一天，魏班长着急地跑来说：

“兄弟，怎么办？这几天我正打算把你送回青海去，可营长叫你去当他的勤务兵，我交不出去，就要挨40军棍。”

张安泰一听火了：“那狗营长用开水差点烫死我，还想让我给他当勤务兵？不去！”

“不去，这40棍挨不起！”魏班长为难地说。

“没你的事，你就对狗营长说，拉我去枪毙好了！”

好心的魏班长认罚了40军棍，被打得皮开肉绽，动弹不得。张安泰十分感动，流着眼泪说：“好哥哥，为了我，你被打成这样，将来只要有办法，我一定报你的恩。送我去青海吧，我侍奉老爹老妈一辈子！”

“兄弟，我看你聪明，机灵，青海先不去了，就在这里学个手艺吧，将来好有条活人的路。”

魏班长伤好以后，将张安泰送到庞师傅家当学徒。庞师傅开了个小手工作坊，修理自行车和小机械设备。庞师傅无儿无女，作坊还收留了两名流落红军。老两口对他们很好，认真教他们技术，热情关照他们的生活。张安泰年纪小，且心灵手巧，干活麻利，老两口更是偏爱。魏班长随队伍到西边去，临走来作坊看他，见张安泰在这里很好，对庞师傅千恩万谢，嘱咐张安泰安心待在这里。

厄运并不就此罢休。马步芳下令要各地驻军搜捕流落红军，集中押送青海，作坊里的张安泰等几位红军被抓。从安西、玉门等地搜捕来的红军，也一一被押到酒泉，共有 100 多人。庞师傅买通看守，以送衣服为名，来看张安泰，说：“你魏哥不在，我救不了你。尕娃，你年轻，要想办法在路上跑脱，去了青海可有受不完的罪哩！衣服里缝了五块钱，你能跑脱就回来吧！”

押送的队伍，几乎每天都有人逃跑。不幸被抓回来的人，敌人或当众枪毙，或脚上穿进绳子，用马活活拖死。队伍经过高台、张掖、民乐，走到扁都口了，敌人派张安泰去打水，他趁机钻进山沟，找了个山洞藏起来。

他不敢走原路回酒泉，便沿着祁连山往回走。他身上有几块钱，只要找到人家总能买点吃的。可鞋子破了，山里穷苦人只有冬天才缝双生兽皮鞋穿，平时都是光着脚。张安泰也只好光着脚赶路，脚磨破了，便拄着棍子一步一步走。

他回到酒泉，趁天未明农民进城卖菜时，混进了城。他敲开庞师傅的门，老两口竟没有认出他来。张安泰已瘦得变了形，蓬头垢面，两只脚烂得不忍看。庞师傅和老伴难过地哭了。

庞师傅不敢留张安泰在城里，将他偷偷送到乡下亲戚家。他身体好点，就帮这家亲戚放羊。乡下也在搜捕红军，他这个外来人很显眼。庞师傅又把他接进城里，找了个拉煤的差事，一天到晚满脸乌黑，这是一个躲避搜捕的办法。

时光流逝，张安泰又回到庞师傅身边，学了一手好手艺。一次，因马家军兵痞勒索师兄弟财物，他将兵痞狠揍一顿；又一次，马家驻军师长的卫兵推了师长的自行车来修，因动手打他，他还手将这个卫兵痛打一顿。酒泉待不住了，他先藏在地窖里，然后趁夜黑翻出城墙，逃到兰州。

他先后到兰州制呢厂、西北机器厂当工人。一个国民党少校，仗势欺人，调戏他人妻女，受害人就有张安泰的工人朋友。张安泰找机会把这个少校截在黄河边痛打一顿。这家伙认出张安泰，扬言要报复他。他一不做二不休，将这个少校掀进黄河，沉入水中。当夜，他逃出兰州，又回到酒泉庞师傅家。

新中国成立了，张安泰想重回部队，可庞师傅夫妻哭着不让他走。这位从不示弱的刚强汉子，在两位老人面前也眼泪扑簌，诚挚地对两位老人说：“我不走了，一辈子侍奉你们二位老人！”他在当地参加工作，在政府办的修理厂当了一名汽车修理工。

命运缘

那是1933年初，红四方面军挺进巴中，打土豪、分田地，轰轰烈烈的群众斗争把千里巴山闹得红红火火。21岁的王玉春为反对包办婚姻离家参加红军，分配到九军二十七师经理部。她在被服厂利用缴获来的布匹和棉花为战士们制作新军衣，也拆洗缝补破旧军衣。宣（汉）达（县）战役，红军缴获军阀刘存厚在达县的工厂设备，经理部在原基础上建立了男女两个被服厂，她被分到女工厂。为了解决被服的染料问题，她和战友们上山挖草根，剥树皮，用土法染布，还用布包上麻线做扣子，解决衣扣缺少的问题。长征路上，南下天茎，她被调到总供给部被服厂。

西路军在临泽、高台一带，总供给部在临泽县城。临泽城内几乎没有守军，只有总供给部、总医院、妇女团。马家军打下高台，又集中兵力攻临泽县城。王玉春和所有女战士用石头、砖头在城上守城，和敌人拼命。农历腊月二十六日，领导通知大家："你们准备好，衣服穿好，吃好，夜里1点出发。"

突围前，在太白庙开会。总供给部部长郑义斋讲话交代了纪律："不准高声讲话，不准抽烟，脚步要轻，咳嗽时把嘴捂上。"

因为天冷风大，大家戴着土造的防风镜，也就是将玻璃临时罩在眼睛上防风沙。那夜，没有月亮，风刮得急，马踏得冰响。忽然，两声枪响。她问"哪里响枪?"有人说："悄悄的，快走!"两边机枪响了，密得很。子弹打得红火星子乱飞。有人倒在地上滚动，疼得低声哎哟。队伍大部分冲过去了，许多人被俘，她们一部分人又退回临泽城。

敌人往城里打炮，是小炮弹，一炸两半，杀伤力不大，炸死一些骡马。子弹打在砖墙上，火星子乱飞。马家军攻进城里，到处高声喊着："杀，杀——!"她们几十个人躲在一个屋里，男战士喊："不要打！我们没枪。"马家兵喊："出来，出来!"男的先出去，她们女的跟在后面。马家兵的马刀在他们头上乱飞，嘴里骂着："驴日出的，不准乱跑，谁跑杀掉谁!"

敌人把他们押上城墙，几个满脸是血的马家兵要杀他们。马家团长不让杀，又押他们出城，让所有人脱掉衣服，搜钱。一个男同志不脱，马家兵一枪托，打得他满脸是血。然后押他们到野地里，命令说：“你们定定地蹲着，不准乱动！”天亮，给他们弄来一些面片，谁也不吃，都吃不下。

白日的阳光仍极稀薄，寒风冻结了空气。他们被押往张掖。天黑时分到张掖，在皮坊街骆驼店蹲了一夜。第二天到大衙门外，马家兵让排成队，一个一个审问是干什么的。

王玉春说：“我是兵工厂的家属。”

她和一些同志被送到马家军的修械厂，住在草窝子里，叫男的做工。过了几天，要送他们去青海。

一个卖布的货郎叫她“过来”，说：“听说要把你们送青海，你不能去。你回四川吧！”

“我怎么去哟？”

“你跑呀！从后门出去，过一座石板桥，有一间草房，里边有你的老乡，叫她们把你藏起来。”

天麻麻亮时，她从后门跑出，过了小石板桥，果然有一间草房，里面有两个女的，是红军，四川人。一个跟了马家营副，一个跟了团副。她害怕得要死，想走。她俩说：“姐姐，你别害怕，他们这几天不回来。”她吃了一顿饭，当晚又往外跑，迎面一个高个子男人，说：“你往哪去？前面抓人呢，快回去！”身后两个四川老乡也喊：“姐姐，你回来吧！抓住就不得活了。”

高个子男人把她领到祁家园子。里面有一个女红军，她认得，红军队伍里大家都叫她“牦牛腿”。“牦牛腿”说：“你别害怕，外面正抓你呢！”高个子男人说自己叫王应魁，是马家军修械厂的修枪工人。

王应魁把她安顿下就不见了。一会儿，他领了一个和他年龄差不多的男人来，也二十来岁，姓谭叫谭襄诚，也是修械厂的修枪工人。两人一起在兰州制造局学过手艺，很要好。王叫她到谭家去，她不去。王说谭家里也有女人，两人好说歹说，她才放心地去了。

她在谭家待了三天。伪保长知道了，进门就骂：“驴日出的，把共产交出来！”谭襄诚的女人听见，拉上她就从后门跑，一直跑到水池边藏下。

谭襄诚把她转移到王秀才的院子里，院子里住着两个老奶奶。这时，谭襄诚告诉她，自己是河南人，王应魁是陕西人，都是在外挣饭吃的人，是朋友，想把她介绍给王应魁。

王应魁来了，他们就生活在一起了。

她劝王应魁离开了马家的枪械修理所，谋得了一份修理自行车的活。

她两年没有出门，怕马家抓呀！张掖话她听不懂，只听见街上叫卖：“卖油塔，卖油塔！”“萝卜缨，萝卜缨！”萝卜缨她知道是啥，油塔她一直不知是啥子东西。后来才知道，油塔是张掖的风味小吃。

新中国成立后她曾在政府部门做过妇女工作，1958 年又在街道当起了妇联主任，义务服务，一干 16 年，年年被评为先进模范。

“文革”中，王玉春成了叛徒，王应魁成了叛徒家属，庇护叛徒的人。造反派把她叫去问，逃出来为啥偏偏遇上了王应魁。这话问得她哭笑不得，遇上就遇上了呗，还有“为什么”？

龙王庙的小道士

梨园口阻击战，红九军掩护总部和三十军进山。红九军七十五团团部通讯排长王怀文趴在梨园口小口子山包射击前面的敌人，攻上后面山头的敌人居高临下，一枪打在他的左大腿骨上，热血顺腿一直流到脚。上级命令撤。

“我的腿不听指挥了！”他大声喊。大个子打旗兵说：“哎呀！排长，你挂花了。我背你走！”

王怀文又瘦又小，把枪斜背在身上，两手从后背斜抱着打旗兵的前胸。打旗兵连跑带爬，把他驮到沟里，放在地上。他把枪和剩下的 7 发子弹交给打旗兵。

“你把手榴弹也交出来！”大个子打旗兵似乎在命令他。

“我不交！”他果断地拒绝，心想，紧要时还要用手榴弹和敌人拚命呢。

打旗兵无可奈何地看了他一眼，提上他的枪，朝阵地跑去。远处一片枪声和喊杀声。

枪声、喊杀声远去了，传来隐隐的炮声。炮声也没有了，周围死一般的寂静。王怀文想挪动一下身体，可是动弹不了。他仰头看着天，月亮一会儿躲进云里，一会儿又露出来。他觉得好像躲在天边上，心想，从四川跑到这天边上的旮旯里，要是死在这，窝囊死了。

山坡前有人说话，是四川口音："日妈哟，我们的队伍走到哪个山咔咔里去了哟！"他招呼起来，闻声过来三个伤员。一个脖子被砍了一刀，仰头朝天走路；一个左臂被打穿，用绑腿吊在脖子上；另一个右胸负伤，用手捂着，喘着粗气。他对三人说：

"同志哟，你们腿脚都还好，赶快走吧！"

"要走一起走嘛！"

"我动不了，别连累得你们也走不脱！"

"要死，我们也死在一起哟。快，我们扶你走，背你走！"

王怀文左大腿伤着骨头，根本无法走路。吊着胳膊的弯下腰说："来，我把你背上，咱们慢慢走！"

他们深一脚浅一脚走着，忽然，背他的人被什么绊了一下，摔倒了。王怀文疼得直叫，背他的人没好气地说："牙关咬紧！"他一看地上，全是尸体。月光下，像麦捆子一样，横躺竖卧。

他们跌跌撞撞地走去，天麻麻亮时来到一道水口。冰面被水冲开一个洞，下面是个冰洞。天亮了，不能再走了，他们下冰洞藏身。整整一天，马家军的骑兵从他们头上过来过去。冰洞中寒气逼人，四人互相推搡着活动躯体，挨到天黑，爬出冰洞。夜的天宇十分阔大，星儿在天空闪烁，月儿高挑着一钩银白。

他们艰难地跋涉。他趴在吊胳膊的背上，听着累得直喘气的声音。几次叫放下，吊胳膊的不放，也不吭气，仍然慢慢地走。他们来到一个山口，一条冰河躺在面前，对面山坡上有一座龙王庙。

张掖龙渠上龙王庙的道士徐合德（右）与被他营救的西路军战士王怀文

龙王庙，亭台楼阁，飞檐翘顶，庙内有一位名叫徐合德的老道。掌灯时分，徐道见四个浑身血迹的人闯进庙来，显得十分惊慌。

他们指着王怀文向老道央求说："老师父，我们这个小兄弟腿打坏了，请发发慈悲，把他收养在庙中吧！"徐道想了一下，说："好吧，可以把他藏起来！"三人吃过徐道熬的山药糁子汤，带上干粮上路，和王怀文挥泪而别。徐道送出很远，指明东去的道路。

徐道将王怀文背到红沙河畔的观音洞，发现王怀文身上有两颗手榴弹，让赶快扔掉。王怀文执意不肯，说："这比我的命还贵重，红军战士不能丢失自己的武器！"老道似懂非懂，也不再勉强他。

徐道抱来些麦秆，王怀文铺一些，盖一些，在洞中安下身来。徐道每隔几天就送来食物。

王怀文，四川江油人。他是家中的第八个孩子，因家穷养不起，8 岁时过继给牟姓人家，改名叫牟正文。因在牟家受气挨打，12 岁时离家出走，从江油县跑到北川县，在一姓赵的地主家当长工挣饭吃，仍改名叫王怀文。1933 年 6 月，红军队伍一支接一支地来到北川，红旗、红星、红袖标、红缨枪到处闪烁。他毅然离开赵家，参加了红军。红四方面军长征，在攻打岷县县城时，一颗子弹击中了他的右脸；在向会宁疾进时，他的右手食指被飞来的子弹打掉半截；一架敌机投下一枚炸弹，弹片削飞了他巴掌大的一块头皮；西路军西征，一条山战斗，他的右腿穿过一颗子弹；古浪战斗，敌人的刀戳进了他的下巴，两颗牙随着血水吐了出来；西路军兵败，红九军在梨园口掩护全军撤退祁连山，他大腿中弹，血肉模糊。

王怀文盼望伤口快好，能到外面去打听红军的去向。不料，伤口恶化，脓血不止，还生了蛆虫。他经常昏迷，甚是危险。徐道十分着急，把香菜熬成水灌进伤口，将蛆虫一个个熏出来，然后用盐水擦洗，敷上草药。

徐道见他满身伤疤，不由掉下泪来："尕娃，你这是受的什么罪啊！"王怀文这是第九次负伤，他指着自己的一处处伤疤，向徐道详尽地讲述经历过的一次次战斗，讲翻身求解放的道理。徐道听了直点头，心里思忖："这尕娃年纪不大，可知道的事多，讲得道理入心啊！"

抗战爆发，国共合作，河西的形势日渐缓和下来。徐道公开将王怀文接进龙王庙，把他装扮成地地道道的道士。

王怀文的伤病渐渐好了，可是一条腿因长期不活动，已不能行动，连腰也不能弯了，身体僵直。徐道养着一群鸡，每天乱撒喂鸡的小豆子，凡鸡吃剩下的就让他一一捡回来，不捡就不给饭吃。王怀文哪里动得了，但念及徐道对自己的好处，便硬着头皮在地上爬来爬去地拾豆子，双手和腿脚的皮肉都磨破了。徐道抛撒的豆子越来越多，他赌气不捡，徐道当真不给饭吃。一天，两天，三天，王怀文耐不住了，咬紧牙关又爬着去拾那该死的豆子。

时光一天天过去，王怀文拾着拾着能扶着墙走了，拾着拾着能拄着棍走了，再拾着拾着丢了棍子也能一拐一拐地走了。这时徐道才拍着巴掌大笑起来："好了，这就好了！这些日子，你在心里不知怎么骂我吧？可你要知道，好人坐病，病人坐死！"王怀文顿时明白，泪流满面。

农历正月初四，天下着大雪，河水发出沉重的叹息。王怀文出门碰到一个叫合之清的坏家伙，欺他腿脚不灵便，用草绳勒住他的脖子，倒背着往河边拖。河水肆虐撒野，翻卷着一轮套一轮似敛非敛的旋涡。合之清将他拉到河边要下毒手。两个挖煤的窑工看见，吆喝着奔过来。窑工见昏死过去的王怀文穿着道袍，将他抬回龙王庙。徐道精心救护，他又活了过来。

青色的黎明从黑河奔腾的远处升起。张掖城内鼓楼顶上红旗飘扬。王怀文找到部队政委，将自己13年来的情况详详细细地说了一遍。政委激动地来回踱步，拭着脸上的泪水。

王怀文拿出那两颗手榴弹，郑重地说："政委，这是当年我从战场上带回来的，整整保存了13年！"

政委接过手榴弹，感慨万千地说："这不是保留的两颗普普通通的手榴弹，这是红军老战士保留的对党对军队的赤胆忠心！"

王怀文一瘸一拐走在红沙河岸边，红沙河在黄土地上铺开温馨的翠绿。

"现在的苦算什么？"

左秀英，四川省苍溪县人。由于家贫，她八九岁就随哥哥、姐姐一起上山放牛，打柴割草，十二三岁已独自承担了打柴的活计，每天要到离家五六里的山上打柴，然后担到集镇上卖。她15岁以前没穿过裤子，一块破布裹在前面，既是遮羞布又是围裙。红军经过她的家乡苍溪，听人说，红军里有女兵，当了女兵可以穿上裤子。她担着柴到集市上卖，集上熙熙攘攘，红军在那里驻扎，召开会议，书写标语，宣传革命道理，动员群众参加红军，这是她第一次见到红军。15岁的她不顾家人反对，毅然走进了红军队伍。她还没有来得及告诉家里，就被集中到一个大院里进行了简短的训话后，安排到卫生队当了一名卫生员。

红四方面军长征，一次行军途中，抬着伤员的民夫突然扔下担架，一头钻进密林深处逃走了。敌人追兵就在身后，情况紧急，身体瘦小的左秀英抬起了担架。伤员伤势过重，道路十分艰险，左秀英等人落在了后面。大家加快速度，翻过一座山头。由于连续行军，再加上吃不饱，左秀英眼前一黑，一头栽倒在地。危急之中，红军的一支后卫部队冲杀过来，救了她们。

西路军西征，左秀英在妇女独立团一营二连。部队在高台、临泽失利，她所在部队在张掖甘浚滩被打散，她和一些战友被俘。她们被关押在张掖大衙门韩起功的司令部，她天天观察周围情况，发现牢房里的一块石板是松动的。夜幕把张掖城笼罩起来，瞅准机会，她和几个战友抽出松动的石板，从只能容身的裂缝中逃出。她逃到黑河附近再次被抓。这次她被押送西宁，遭受了非人的折磨和凌辱。她们被分给马家官兵做老婆，左秀英被管粮官强娶为小老婆。她不能生育，地位自然低下，经常遭受打骂和歧视。

左秀英嫁的管粮官因抗战开始上前线一去不回，她被休弃。她不得不改嫁，两个月后，因感情不和出走，给人家当佣人。1946年2月，她又和一个连长的勤务兵张占彪结婚，张是张掖人。6月的一天，她和张偷了一匹战马，逃回张掖。张以货郎为生，奔走于城乡之间，她在张的老家明永中南村务农。由于她不能生育，1949年7月又被张逐出家门，失去了立足之地，流浪到张掖城里。她孤单度日，朝不保夕，过了今天不知能否活到明天。

左秀英忍受着，支撑着。一日，她在张掖东城门外的饭馆讨饭，饭馆张老板将她收留让她打杂。张掖解放，常来饭馆的石作贤曾在张掖旧政府当警察，新中国成立后被遣回，给各饭馆卖醋。张老板觉得石的为人还行，将她介绍给石。1951年土改时，她随石回到石的老家明永沤波村，居家度日，卖柴为生。

1958 年，张掖地区对红军流落人员进行摸底登记，由于她身世复杂，又当过马家军官太太，因此她的红军身份得不到认可。1962 年，政府又一次登记，可她没有证明，来历难清，又错过了机会。

1965 年，农村开展社会主义教育运动，在清查档案时，人们发现她的红军身份。甘浚的流落红军刘宗秀、小河的流落红军姬玉珍，出面为她作证，工作组又赴她的四川老家调查后，给她正式登记。她终于享受红军待遇。

她命运多舛，历经磨难，丧失生育能力，一生中多次嫁人却没有子女。她和丈夫石作贤领养了丈夫堂侄的遗孤，取名石正虎。有了小正虎，她似乎觉得有一股和煦的风、一股清冽的水穿过了心头，小正虎成为他俩全部的寄托和希望。

落实了政策，补发了红军补贴，她想回老家四川看看。1974 年，她回到老家苍溪，家中亲人大都已经离世，只见到哥哥的几个儿女。

她的丈夫石作贤 1982 年去世，生活又陷入了窘境。她和孙子相依为命，共渡难关，已经 60 多岁的她还要下地耕种几亩庄稼。她把下地干活不叫吃苦，常说："现在的苦算什么，比起长征时吃的苦、比起西路军西征时吃的苦要差远了，咬咬牙就过去了！"

"解放了，哑巴也会说话了！"

流落红军郑宗贤、吴兰英是一对夫妇。郑宗贤是红五军的医生，老家在甘肃景泰；吴兰英是妇女团的连指导员，老家在四川桐江。

郑宗贤和吴兰英在景泰结婚，为啥能结婚？据说，部队西渡黄河后就进入景泰，说他是当地人会溜掉，结婚可以把他拴住。两人结了婚，又各回各的单位。西路军失败了，吴兰英跟着郑宗贤回到了景泰，装起了哑巴。她说："要不是我的老汉是甘肃人，我也许就没命了！"解放了，吴兰英才开始说话，还当了农民代表。当地老乡说："解放了，哑巴也会说话了！"

戈壁滩的风吹老了树，吹老了人，却吹不老两位红军老战士的记忆。

民国十八年景泰遭了灾，郑宗贤两个兄弟饿死了，一个妹妹卖到宁夏。秋天，他被抓去当兵，第二年开到河南。一下火车就和蒋介石的部队接上火了，打了半年。他后来听人说那是蒋、冯、阎大战。打败后，部队被蒋介石收编，民国二十年调到江西打红军，驻扎在宁都，那时他在七十五旅医院当护士，董振堂是七十三旅旅长。

宁都暴动时，他正在值夜班，听到城内枪响。第二天一早，传下命令，准备出发，走了两天到了根据地。红军站在桥头上，少年先锋队拿着红缨枪站在操场上，欢迎他们当红军。红军优待他们，休整了三个月，尽吃好的，宣传队跳舞唱歌慰问他们。那悠远的歌声，会让人觉得是游丝一般的历史的回声：

一杆大旗空中飘，

我随红军闹革命……

部队开大会，红军首长讲话："愿意当红军的留下来，愿意回家、愿意回国民党部队的发路费，写路条。"留下当红军的多，郑宗贤留在红军里。入党时，人家问他：

"家里是中农还是富农？"

他说："不知道。"

又问："你家有多少房子多少地啊？"

他说："啥也没有，要饭时冯玉祥部队把我抓了兵。"

表上给他填了雇农。

祁连山里深厚的白雪，伟岸的松树，绘出了一片空灵，一片溟濛。妇女、娃娃、伤病号留在一个山沟里。一早，马蹄声响起来，马家的马队来了，喊着："共匪把你们扔下了！你们受骗了！不要跑，我们给你们送干粮来了！"

大家能跑的都跑了。一些妇女、娃娃、伤员跑不动，被抓走了。

郑宗贤跑了两三天，到黑河沿上。黑河蜿蜒流淌，掀波涌浪。他遇到姓王的淘金老汉。老人问：

"你是马家队伍还是红军？"

"红军，我是红军！"

"你是红军就在这里蹲几天。听口音你是咱甘肃人，不咋的，等松下来我送你走。你把外面的口音改一改！"他在外面闯荡，口音有些杂。

郑宗贤给王老汉背沙淘金，见山上下来三个人，走近一看，咦！是他的妻子吴兰英，还有她的马夫吴大出子和营部秘书王子清。妻子头上裹着红布，背着个毛线毯子。马家队伍在对面喊起来。他们赶快跑，跑着跑着，马夫和秘书都不见了。

吴兰英，四川桐江县临山人，9 岁上父亲死了，母亲嫁了人，哥哥逃命去了。她给地主家割草，放牛，受了好多折磨。听说红军招人，她把牛甩掉，背篓、镰刀也扔了，参加了红军。那是 1933 年的旧历三月初九，她 17 岁。先在妇女工兵营待了三年，第三年九月入团，到茅雨镇入了党。一个月后，让她穿便衣去卖菜，打探敌情，在瓦寺堡让她拿手枪站岗。在旺苍县住了一年，白天给俘虏兵作宣传，晚上缝衣服，全是手工。

懋功和红一方面军会师后，她们组织宣传队，到红一方面军五军团医院慰问伤病员。郑宗贤当时是护士长，穿一身列宁装衣服，罩着白大褂。她是这方面的排长，和他接头，就认识了。

西渡黄河时，她是妇女独立团指导员，妇女独立团和总政治部一起，从三角城碾子湾过了黄河。在永昌丰乐堡，被马家军围住，敌人不知是男是女，绑了云梯攻城。她们一连二连守在堡子里，堡子里一个老大娘给她们送水，给伤员嘴里灌水。打了一夜，天快明时三十军回来接应她们，说：“我们还以为把你们这两个连报销了！”部队到山丹的第五天，女战士赵顺德被一个老汉送回来了。她是一位军政委的爱人，在丰乐堡外面上厕所，被关在堡子外面。老奶奶把她藏在草里，等敌人走后，老奶奶的老汉装着拾大粪，让赵顺德用灰抹了脸，挑上担子，装成男的，送到山丹。站岗的不让进，讲清楚了，老汉进来，她们奖励了老汉。西安事变后，她们和老乡联欢，老乡唱旧戏，她们扭秧歌，演活报剧，有人扮成蒋介石。

祁连山中化整为零，藏了几天，她们才出来，下山遇见了她的丈夫。

王老汉把他俩藏进淘金的沙洞，又把外面的脚印抹掉。沙洞里的水漫过脚腕，又阴又冷。

榆钱儿大了，天暖和了。踏着春日和煦的阳光，王老汉的兄弟把他俩送过了黑河。甘州四十里铺，一个姓白的老太太嘴里吐血，郑宗贤给她看病；山丹过来，一个老汉的娃长疙瘩，郑宗贤又给看看病。民团抓他见团总，他说是甘肃人，看病的，团总让他走。

妻子不是甘肃人，是四川人，口音不对，开始装哑巴。两人到古浪峡，一个开店也开油坊的老汉说："是红军里来的住在这里，我啥也不要你的！有车子路过这里，明天你们搭车走。"

吴兰英上了车，身上盖着草，郑宗贤在车后跟着。在岔口驿，遇上卖盐的骆驼，就跟着顺路到了景泰的甘墩子。他俩到家的那天正好是小年，腊月二十三。家里待不住，腊月二十六又把他俩送到白茨水的煤窑上，郑宗贤的父亲在那里挖煤。他俩不会挖，就在寺滩附近给地主看地。两人住在地头上，一过十几年，伴着冷月一弯，残星几粒。

新中国建立后，郑宗贤在公社卫生院工作，吴兰英是公社妇联主任。"文革"破坏了两人解放后才获得的和谐和喜悦，被说成是"逃兵"、"叛徒"，又是批斗又是审查……

第十三章

磨难中品尝父老乡亲的深情

"我每每回忆起逃亡经历，就想起……"

黄土地，古老的土地，是那样神奇般的牵动着红军老战士的情思。每每想起来，胸口就像受到一种压抑，脑子不住地翻腾，踝蹬进悲壮的历史。

永登县四泉村，坐落在沙沟中。村前揽着四眼泉水，四眼泉养育四泉人。

1958年，一辆北京吉普由远而近，缓缓驶进山村。车上坐的是中国人民解放军炮兵第十五师师长吕仁礼。部队在山里挖石膏，吕师长打听到20多年前流落过的四泉村就在附近不远处，便专程来到四泉，找当年结识的张万公、张明公老哥俩。患难之交，情重如海。四泉村人以当地最好的菜肴手抓羊肉招待客人。

此后，吕师长经常派人帮助乡亲们解决困难，还指示炮十五师政治部电影放映队，多次到山村为群众放映电影。那时电影在山村可是个稀罕玩意儿。四泉村党支部、村委会逢年过节，杀猪宰羊慰问部队。

吕师长头右侧三寸来长皮肉绽起的刀伤，给人留下非常突出的印象。因头骨碴子无法清除，刀口至今时时流脓出血。新中国成立初，吕师长在北京协和医院治伤，刀口黑红，肉翻血凝，出血出脓。苏联医生惊奇地问："这样重的伤，你怎么没有死？"

怎么没有死？吕师长说："我每每回忆起当年的逃亡经历就想起那些给我饭吃，为我治伤，保护过我，帮助过我的汉族老奶、藏族喇嘛、土族阿爹，想起收留过我的四泉人……"

吕仁礼，1916 年出生于安徽省六安县，1931 年参加红军，西路军时任红五军骑兵团团长。高台巷战，他带着骑兵团余下的指战员在东门城内和马家军拼刀。马家军越来越多，个个手提马刀，几个人围住一个红军。他刚满 21 岁，手拿大刀和马家兵对杀，奋力砍伤了几个敌人。混战中，他头右侧被马刀击中，一阵剧痛，昏倒被俘。

一条黑色的路向着红军俘虏延伸过来。他们在屠刀和马鞭的驱赶下先被押到张掖，在车马店住了三宿。马家军押来 10 多辆马车，要把他们送往青海。吕仁礼和重伤员坐在马车上，其余和轻伤员步行。

冰雪盖地，风沙迷漫，不少战友在伤痛、寒冷和饥饿的折磨下死在路旁，暴尸荒野，任狼狗争食。吕仁礼头上韭菜叶子宽窄的骨头碴子翘起，脚步一重，头就剧疼。他光头、赤脚，从死人堆里捡了一件破皮袄裹在身上。

高台血战后被敌人集中残杀的西路军被俘将士遗体

阴雾重重，愁云漠漠，风凄厉而淫虐。路过民乐洪水，红军伤员一夜之间被屠杀 20 多人。吕仁礼亲眼看见敌人的骑兵用热水洗马刀上的血迹。过扁都口进入青海地界，一天下午，到了一个叫四十里铺的村镇。老百姓拿出大饼换他们的衣裳，说他们到了西宁要被活埋。

太阳跌进山那面去了，地平线极模糊，远近晕染着苍茫。他们被禁闭在大院北三间偏房里，地上连一根草都没有铺。三四十人围坐在墙根下。东边是五间大房，押送的敌人就住在东房。西边是院门，马车能出进，还有些附属房间是放农具和受苦人住的。南边是牛马圈，房檐下堆着一大堆垫圈用的黄土，站在土堆上双手可以够到房檐的木头。院子的情况，他在吃饭的时候仔细观察过了。天黑，敌人把西大门上了锁，把关他们的北房也上了锁，门外还放了哨，哨位跟前点了一个高座的麻油灯。

晚饭吃的是稀稀的青稞面片加点小米和酸菜。吃得稀，就老要小便。开始敌人还开门锁门，后来小便的人多了，哨兵嫌麻烦，连门也不锁了。吕仁礼身边坐着红五军四十四团的参谋长，和他同样年轻，河北人，脚负了重伤。他对参谋长说："我们一起逃走，不能等死！"参谋长看他光着脚，脱下自己的鞋给他，说："我脚伤这么重，反正跑不了，你把鞋穿上吧！咱们跑一个是一个。"

鸡叫了，门口哨兵抱着枪打盹。时候不早了，机会难得，吕仁礼装着解手，悄悄从牛马圈旁边土堆爬到房上。墙有多高？下面有什么情况？都顾不得考虑就跳了下去。还好，腿脚没有跌伤，只是头部的伤口震得剧烈疼痛，一时站不起来。

昏晨交接，山影憧憧，雾霭沉沉，铁幕般的静谧使溟濛的一切泛出寒意。吕仁礼忍着剧疼一口气朝东跑了二三里路。天要亮了，碰见一处水车。水车石头底下可以挤进一个人，他挤了进去。寒风刺骨，伤口疼痛。他的牙齿格格作响，浑身像筛糠一样，但他咬牙坚持着。

满目裸露的黄土地，不起眼的野草渐渐隐去。夜深人静的时候，他出来赶路。天快亮的时候只好再上山找个隐蔽的地方藏身。摸着黑走了一夜，又冻又饿，伤口不断地流脓流血，头晕目眩，实在支持不住。太阳升得很高了，他看见半山腰有位背着背篓的老阿奶，便向她走去。他向阿奶乞食，老人见他蓬头垢面，面色蜡黄，把他领到家中，从炕洞里掏出几个烧熟的洋芋蛋，又搅了一碗青稞面糊糊。他饱饱地吃了一顿，就在老人的热炕上沉沉地睡了一觉，像是依偎着的一头羔羊。

他身上穿着血衣，行动很不方便，求阿奶有破衣服给换一件。老人说："俺家里穷，又无儿无女，男人50多岁了，抓到大通县当民团已经两年多了，谁知道还能不能回来。给男人扯了一些黑斜纹布，做了一套棉衣，里子全是用旧布拼接起来的，絮的是羊毛……"她边说边从箱子里拿出一套崭新的棉衣递给他，"这套衣服拿去穿吧！"又嘱咐说："路上不好走，你走山路，山上是番子和土人。川里不要走，碰上马家兵就没命了！"老人还给他一顶旧毡帽，一条羊毛织的旧腰带，还给了他一个装着烧洋芋和青稞面窝头的旧褡裢。老阿奶待他像亲人一样，他感动得热泪盈眶，不知说什么好。他含泪告别了阿奶，化名"羊格"，踏上了去延安的艰难历程。

天像个瓦盆。在这种走几天见不着村庄见不着人影的地方，天就是个瓦盆。清一色的沙砾，一堆又一堆干枯的骆驼草，像石头一样往眼窝里砸着。他好不容易来到一个喇嘛寺。一位60多岁的藏族老喇嘛看他头上流脓流血，把他让到家里热炕上休息，给他拌了点炒面，吃了顿饱饭，还留他住了一宿。翌日一早他准备上路，老喇嘛说："小伙子，看你头上的伤这样重，怎么走呀？在这儿住几天，给我帮帮忙，我也把你的伤治一治。"

喇嘛家里的气氛是宽松的，像是进了西天极乐处。早晨开水冲炒面，晚上青稞面片子，喇嘛还用草药给他洗伤敷伤。他伤口三寸长韭叶宽的一块骨头突出来了，一天晚上咬着牙用手把骨头拔了出来，伤口渐渐不流脓了。

老喇嘛有个弟弟，住在离喇嘛寺10余里的地方，两口子40多岁了，有一个十六七岁的女儿，有三间破土房，种了一点坡地，养了十几只羊。老喇嘛要他去弟弟家里帮助干点活，说："你的伤还没有好，再治一段时间！"他去帮忙，干了20多天，老喇嘛的弟弟要他做上门女婿。他归队心切，只得说："父母年迈，没有劳力，要回家！"翌日，老喇嘛领他上到一个很高的山头，指给他行走的方向和路线。他紧紧握住老人粗糙的手，流下了感激的泪水，再三辞谢，踏上归程。

青海与甘肃交界的大通河，河水咆哮，浪花翻卷。渡口有只小船，可是马家军民团把守很严，外乡口音的人是不可能过去的。正在他焦急不安的时候，来了一位40多岁的土族阿爹，带着妻子和两个十几岁的女儿到甘肃永登赶烟场，替别人收大烟。当时永登等地盛产大烟，每到收获季节，多雇人收割。

他求土族阿爹说："我是秦州人，给红军带路上来的，头上负了伤。父母年龄大了，想回家去。大通河上有哨卡，我一个年轻人不好走，想同你们一块儿渡河!"当时，秦州在哪儿，他并不知道。

土族阿爹痛快地回答说："行，今晚你和我们住在一起，明儿个渡河。如果哨卡盘问的话，你就'哦，哦，哦'摆手不要说话，我就说你是我的儿子，是个哑巴!"

翌日清晨，他们一行顺利地过了大通河。

永登城外，一群人在马家军队的威胁下修筑兰新公路，一打听方知正是西路军被俘将士。他心如刀割，但不敢停留。

永登秦王川大烟收割还没有开始，阿爹就帮他找零活干，一起住在沙坑里。割烟开始后，阿爹参加收割去了。他不会割烟，只好每天等人家收割完了，用小铁片在烟葫芦上刮一点遗留下来的烟浆，一天收一两钱，换点大饼吃。

烟场结束了，麦收开始了。这里采取按地亩包工的办法，每收一亩给多少钱并管饭吃。收麦全凭手拔，他没有干过这种活，干起来很吃力，只能混口饭吃。

麦子成熟是先南后北，拔麦子也是逐渐由南向北。他7月份来到永登县四泉村。当时，四泉村总共还不到十户人家，大都给地主家种地、放牲口。他住在张万公、张明公兄弟家里。张万公是个佃户，全家三口人，有妻子、女儿。他帮他们打零活，给一家小地主放羊、打场、管牲口。8月底土族阿爹一家回青海了，他就留在四泉。他向张氏兄弟说明了自己是受伤的红军，心情舒畅地在四泉村度过了四个月。

秋天来了。从河南上来一批难民20多人，是"吃大户"的。他这时挣了几块白洋，奔延安的路线也打问清楚了，就跟领头的说自己愿意跟他们走。这些人原来准备往西，他向他们解释，西面刚打过仗，马家军杀外地人不眨眼。他们听了他的话，决定往回走。他们中间年纪相仿的互相拜把称兄道弟，每次出外，老小留下，其余众人随领头人，手持自己制作的假公函去地主家要钱要粮。公函长约二尺，宽一尺，上书“甘肃省主席于学忠赏大洋×百元”，“某县县长赏大洋××元”，公函上四方大红印章盖得一个又一个，用来吓唬小地主。地主害怕，要吃给吃，要粮再给点粮，还说好话。他们遇到小集镇就把当天要下的粮食换成大烟或布匹等倒卖，回来大家分用。吕仁礼因是随行不分钱粮，只是拿个打狗棍子沿途挡狗讨点吃的，混个饱肚子。第二年春，这伙人从永登县境出发，边走边乞讨，边干农活，在靖远附近乘羊皮筏子渡过了黄河。

他们走到固原县和镇原县附近，一天清晨正在地里切苜蓿吃，一个身穿灰军装肩背灰大衣的人走到他的身旁。他目不转睛地打量着穿灰军装的人，这不是红四十五团政委张力雄吗？他分外激动，惊讶地叫了起来。历经磨难，久别重逢，一种凄怆之感涌上心头，两人相抱痛哭一场。张力雄告诉他，高台被俘后被马家兵送到国民党驻固原九十七师当兵，听说镇原、庆阳有红军，就逃了出来。两人当天下午就赶到镇原三岔八路军办事处。

已经是1938年了。3月，阳光绚丽，天高风敛。他俩心儿被热血与激情冲得颤动。

“流落红军我都要请进来奉为座上宾！”

祁连山被一览无余的走廊平川推成背景，光秃秃的世界真实得令人心悸。

左叶带着10多个干部战士在荒野里转来转去，转到张掖的崖子区。黑河把他们拦住了，河边有座磨房。他们索性钻进去歇息，发现磨房里有白面，还有锅灶。“发财了！”大家欢呼起来。两天两夜没有吃东西了，他们生火烙饼，打算饱吃一顿，再过黑河。

炊烟引来了老乡。老乡们举着锹、锨、铁叉子，呼叫着包围了磨房。

“乡党，我们是红军，不是马家队伍！”左叶他们赶紧在磨房里喊着。

“你们是红军？俺们不信！”老乡们喊着。

左叶便叫他们之中的两位女红军到磨房外面向乡党们招手。老乡们看到女红军，放下锹、锨、铁叉子，涌了过来，拉着大伙的手说：

“哎呀！你们失败了，孽障（可怜），这可怎么办？”

“乡党，我们现在是失败了，要回陕北去找队伍，再打回来。我们会胜利的！”

几个老乡钻进磨房，为红军烙饼，做面条，另外一些则回家去端汤，拿咸菜。老乡让他们美美地吃了一顿，还烙了一些饼给他们带上。

有位老汉和他还小的儿子赶来一辆牛车载他们过河。牛车很大，两头牛拉，10多位红军全能挤进车里。牛车的木头轱辘又高又大，辘辘地滚动着，不会陷进河里。

早春的风轻拂，飘溢着黑河的气息。老汉一路上以自己的亲身经历念叨着红军的好处：“你们有两条好处，一不奸污妇女二不抓夫，乡党才拥护你们。要说你们不杀人吧，你们也杀，要说你们不放火吧，你们也放。就是不抓夫，找向导还给钱，最好的一条是不强奸妇女。马家军到一个地方发狠糟蹋妇女。我们这里家家有地窖，马家军一到，妇女就钻进地窖躲起来。”

老乡送他们过了河，又交代说：“过了河，走二里路有个围子，没人住，你们只管进去睡一天，天黑了再走。过了东山口有个税卡，你们去打也好抢也好，兴许能弄到点吃的穿的。”他们朝老乡指的方向走去……

这位护送红军过河的老汉，新中国成立后却为这事付出了生命。老汉用牛车送左叶他们过河后，回到村子遭到马家军的盘问：“你把一车共产人拉哪儿去了？”老汉为了搪塞马家军，撒了弥天大谎：“我把他们扔河里淹死了！”新中国成立后肃反时，有人告发老汉“淹死”了10多个红军。老汉说不明，道不白，又没有证人，被镇压了。当老人走向末日的时候，唯有黑河水唱着挽歌，向人们讲述关于老人和红军的故事……

左叶得知此事，就像车轮碾过心胸一般痛楚，懊悔与老汉联系太晚。他立即给当地政府去信，证明老汉是红军的救命恩人，建议追认为烈士，为老汉立碑志铭。当地政府照办了，可左叶的内心还是得不到宁静，那辆高大的牛车时时在他眼前闪过。

他们10多人中有两人掉队了。左叶让大家先走，自己留下来接应掉队者。他蹲在路边等了好些时辰，眼看天亮了，也不见那两位的影子。

他孤身在荒漠漂泊，没有指南针辨别不了方向，就沿着破败的长城走。河西走廊的长城虽然不是砖石相砌，而且年代久远，然而仍有一股残存的气势，仍有想象中的韵味。他疾步于烽火台的残垣间，累了躺在长城垛子里，既能挡风又能挡沙，还有安全感。

黄昏，他离开长城到附近庄子去讨点吃的。他看见有位老乡蹲在门口切土豆种，有芽的做种，没芽的削皮煮着吃。他捡起老乡丢掉的烂土豆块生咬着吃。老乡一把夺过，说："孽障！这是吃得的？进家去，进家去，渴了喝水，饿了吃馍吃白薯！"

左叶摸黑走到永昌县水磨关。水磨关下的水仍然没完没了地流，流走了最后一抹夜色，流来了颤悠悠的熹微曙色。他伫立在木板桥头，眺望着桥对面那座黑黝黝的庄院，思绪渐渐化作脚下奔腾的河水，开始变得清晰。

左叶曾任红五军团后勤部长，因反对南下赞成北上被降职在教导团任管教育的参谋。西路军西进时，他随教导团住进眼前这座庄院。他与庄院主人有着蛮不错的交情。

这座庄院是个大土围子。森森的大门进去有七个门七进院子，每个门都用粗壮的横栓插着，壁垒森严。庄院的主人姓郝，是清朝遗老，当过抚台一级的大官，民国后告老还乡，雄踞一隅。他五个孙子就有三个在邻近当县长，权势炙手。据说他家有三个牧场，牛羊成群。他家粮食曾供三个红军团吃了半个多月。

庄院外仗打得热闹。左叶拎着望远镜在围墙上观战。他观望了一会儿，爬下围墙，走进卧室。他推开门，见一位白发苍苍的老头正趴在桌子上看红军地图。老头看得专心，居然没有发现有人进来。

"老大爷，你眼力不错嘛，看得清吗？"左叶压低嗓门轻声问道。

老人回头一看，一位粗眉大眼的红军站在身后，吓得三魂出窍，两膝发软，"扑通"一声跪在地下，叩头如捣蒜："长官饶命！长官饶命！"

左叶见老头吓成这样，挺过意不去，弯腰把老人扶了起来："老大爷，别这样，别这样，快请起！"他细看老头，七十有余，白胡子长得威严，鹤发童颜，气度不凡。

老人镇静一些了，搭讪着问："红军先生，听您口音贵梓好像在南方？"

"我是江西老表！"

老头吓得发黄的脸色缓过劲来，高兴地说："不瞒先生，我在贵省九江还当过抚台哩！”“噢，我们还是半拉老乡哩！你当过我们家乡的父母官嘛，幸会！”

老头诚惶诚恐地自我批判：“父母官不敢当，我自认为为官还比较约束，当然也难免有罪恶，内心直愧疚。先生贵姓？”

“免贵姓左，大爷尊姓？”

“不敢，小姓郝。”

左叶忽然问道：“郝先生这些日子住哪？刚才从哪里冒出来的？莫非会遁土术么？”

郝老头又诚惶诚恐起来：“罪过罪过，我不了解贵军，你们一来我就钻了地道，刚才是从那儿钻出来的。”他指指屋角的地道口，“惭愧，惭愧！望先生宽宥老夫冥顽无知！”

左叶大咧咧地挥挥手：“没什么，没什么，叨扰您了，还望先生谅解！”

郝老头受了感动，嚅动着干瘪的嘴唇想要说什么，可欲言又止，吞吞吐吐。他终于鼓了鼓勇气，嗫嚅道：“左先生，有件事不知当问不当问？”

“你说吧！我们是半拉老乡，我现在又借住贵舍，你还顾虑什么？”

郝老头终于说出心事：“我家老小不知在哪儿？他们可有长短？”

左叶哈哈大笑：“你问这个？好吧，你随我来！”

左叶走出门去，老人疑疑惑惑地跟着，到了后院的一间屋子前面。左叶跟门口的哨兵嘀咕了几句，便领老人走进屋去。屋子里的10多位妇女一见老人，七嘴八舌地叫爸喊爷，把郝老头乐得胡子直翘。一位伶牙俐齿的孙子媳妇说：“爷爷，红军长官对我们可好了，在门外派上哨，不准一个红军进来。我们在屋子里吃住自由，不跑就行，一点不为难我们！”

“仁义之师，仁义之师！钦佩，钦佩！”

从此，这位前抚台便和红军“长官”共处一室，抵足而卧。红军要走时，郝老头恋恋不舍，送了左叶一匹骡子，还要送300块大洋。左叶接受了骡子，婉拒了“袁大头”。

郝老头送到木板桥头，一再叮嘱：“左先生，得胜班师路过此地，一定要进寒舍来坐坐，我们再叙谈几夜！”

左叶如今是回来了，可不是“得胜班师”，而是溃败落荒。他很想敲门进去拜访老头，叙叙旧情，混顿饭吃，可他在桥头犹豫起来。时移势易，地位一落千丈，过去的交情靠得住吗？红军虽然保护了郝老头一家老小的身家性命，可毕竟吃了人家喝了人家，叨扰不轻。郝老头会不会报复呢？左叶在心里自问自答了一阵，最后决定还是不冒风险，绕过庄院。

太阳悬在东天，撒下一片过了头的春意。他走过木板桥，正要顺墙根拐弯撒丫子跑，门“咿呀”一声开了。庄院长工瞥见他的身影，喊叫着“回来，回来”，追了上来。

左叶只好站住。长工几步走上前来，认出了他，高兴地说：“这不是左司令吗？”在下人眼里总是把主人家客人身份抬高，何况他们也搞不清红军中的职务称呼，大概地叫起他“左司令”来。

“进家去，进家去！老东家常念叨你哩！”长工拽着左叶进了大门，便飞也似的去后院报告老东家。另几位长工正在吃炒面，便给他盛了一碗，还搁上一撮挺珍贵的咸盐。他的肚子早饿瘪了，端起炒面嗦嗦地吃起来，几口就报销了一碗。

“你可回来了，你可回来了！大喜，大喜！”郝老头叫叫嚷嚷地跑进屋来，眼睛里浸出一层亮光，两手还在颤巍巍地系着皮袍子的扣子，欣喜之情溢于言表。老人把左叶扯进卧室，把坐在炕上的曾孙子和站在屋里的男女都赶了出去，请左叶坐到炕上。

“你忘了我俩睡一个炕那几天吗？我还一直惦着你回来叙谈哩！”

“大爷，我是这个样子回来的，你没想到吧？”左叶不太好意思坐在炕上。

“胜败兵家常事，胜败兵家常事，人活着就是福啊！”

老人把长工叫来吩咐：“你烧一大锅水，让左先生痛痛快快洗个澡。”又把孙子媳妇唤来，“把你丈夫衣服都抱过来，让左先生挑件合适的换上！”

左叶洗涮换装之后，老人又让他好吃好喝一番。左叶被老人诚挚的情意所动，把心里话掏了出来：“郝老先生，要不是长工拽我还不敢进贵府哩！”

郝老头嗔怪起来：“左先生，这您就小瞧老夫了，有恩不报如同禽兽，老夫可不是那等势利人！”

“老人家，我走时你送我一匹骡子，不是报答恩情了吗？”

“我钦佩红军和先生的为人，凡是路过的流落红军我都要请进来奉如座上宾，连我的下人都知道我的心思。”

第二天，吃过早饭，左叶告辞。郝老头高低不肯，一再挽留。老人拽着左叶住了一个星期，天天大鱼大肉招待。左叶想红军心切，高低不肯再住。

“左先生，现在路上不太平，你还是在这儿待着。你写封信给红军，我派人送去，把部队调过来打嘛!”

左叶笑了：“老人家把我看得太高了，我不是司令，就是司令写封信目前也调不来部队。君子报仇十年不晚嘛！你还是放我走吧?”

老人无计挽留，可让左叶一人走又不放心，便建议：“我给你买车票送你到兰州如何?”

左叶连连摇手：“使不得，使不得！坐车反而不安全，查得紧。一个人沿途讨饭没人注意，虽苦一点儿却安全。”

老人听了觉得在理，便吩咐家人给左叶准备了一条面袋子，装了13斤炒面，还给蒸了四个特大馒头，每个馒头上都涂着象征吉利的红点。左叶听长工说，郝老头对每一位流落路过的红军，都给予优厚款待，临走也要给几斤炒面，四个涂上红点的大馒头。

左叶依依不舍地告别了郝老头。原野的风早已由疾厉地呼叫换作沉静地涌动，仿佛积蓄了许久的力量，让人感觉到春天的脉搏。

饥寒交迫中的温暖

民乐县境薤谷山腰的马蹄寺西南，有水井一口，遇久旱而不干，逢大雨也不溢。据传古人取此井水祈雨多有灵验，尊为八功德水。民乐不仅有八功德水也有八功德人。

西北野战军一兵团解放青海之后，马不卸鞍，人不休息，越大坂山，挺进河西，民乐县城解放。

林春芳打问此地离王家大庄有多远。事有凑巧，被问的中年人是县城中学的一位教员，说王家大庄离城20里，有个叫王志成的说过掩护红军的事。林春芳一听非常高兴，马上就想和王老汉见面，叙旧谈新，以表肺腑，但因军务在身不能离开部队。他当即写了一个条子，交给教员请从速转交王志成。

王志成见信，连夜赶到民乐县城。林春芳已于凌晨4点出发了，出发前给房东留了一个条子，上写："当天在王坝宿营"。王志成骑着毛驴赶到王坝找到林春芳。林春芳给医院刘英汉院长介绍："这是西路军失败时，掩护我的恩人！"当晚，林春芳、刘院长和王志成三人睡在一个炕上，彻夜长谈。

部队奉命向张掖挺进。为酬谢王志成的恩情，林春芳把自己骑的一匹青骟马连同新马鞍送给王。王志成谦让不收，林春芳再三讲明心意，王才高兴地收下。这匹马是打天水时缴获敌人的军马，怕当地政府不相信是他们送的，还给乡、区、县政府出了证明。

八月十五中秋节，王志成让儿子带着四个大月饼和一些当地土产专程到张掖看林春芳。林春芳给王的儿子送了一套衣服、鞋和袜子，还给王志成带了两条烟。

明月当空，清风浮动。林春芳和王志成的儿子赏月，谈天，提起当年，感慨万千。

石窝会议之后，林春芳编在左支队。左支队为了缩小目标，另外组织了小分队，包括一个战斗分队和一个卫生分队，由连长、指导员三十几人和五名负伤的师团干部组成。军事上由八十八师师长熊厚发负责，政治上由红三十军组织处长贺主成负责，林春芳负责卫生医疗。

山风吹来，树枝摇曳，枯草飘忽。卫生分队忙着烧开水给伤员消毒换药，天快亮了，发现小分队的其他人不知什么时候走了，只剩下伤员和林春芳等十几个人。干粮、药品、子弹都已所剩无几，而且伤员行走艰难，没有人撑扶就无法继续行走。

他们的影子在散发着潮气的雪地枯草中晃动。风餐露宿，饥寒交迫。他们忍痛把仅剩的一匹马杀了。大家围着篝火烧马肉吃。人人衣衫褴褛，个个面容憔悴。

熊师长、贺处长决定，先派人找吃的。总部一位姓樊的参谋，带一名通信员沿着小路走去，后半下午返回来，说山沟前小河边山洞里有五个老乡，是淘金子的。听说有人，人人都高兴了。

大家连夜用担架抬着熊师长沿河行进，艰难地走了一夜，到了老乡淘金子住的山洞前。贺处长向老乡说明红军是穷人的军队，路过此地买点粮食和盐巴，住一天就走。老乡烧水做饭，还告诉他们出山有四天的路程。

小分队分散行动，零星觅食。

林春芳一行五人走出祁连，来到靠山根的村子王家大庄。夜幕降临，月光朦胧，他们进村来到王志成家，乞食投宿。王志成夫妇与小女儿给他们架了一堆大火，又给做了一顿麦面面条。晨曦初露，王志成把他们五人——贺主成、叶德润、彭德生、通信员小钢炮和林春芳带到离村子三里外的一个窑洞里。每天给他们送饭、送药。

他们在窑洞住了五天，马家军队两次来村里搜查。为了不连累群众，他们决定转移。炉火呼呼地一闪一闪，王志成和妻子给他们烙干粮、炒炒面。

他们拉开门，走出院子，走向东方。山野里的夜晚，宁静、安详，头顶上的月亮是那么圆，把一片清辉洒在山冈、村庄。

一场暴雪。他们找了个破窑洞躲避，等待天黑。就在当天下午，敌人沿着雪地留下的脚印追来，把他们抓获押解到凉州。

满山满洼的杜鹃花开了，国共合作了。经中共中央营救，林春芳 1937 年 12 月回到延安。

他们流落在民乐的日子并不长，在王志成家仅仅几天，然而，艰难困苦与饥寒交迫中的一点温暖，时时烘烤、沸腾着林春芳的情思，使他铭记心怀。

“你是红嘴鸦儿，吃也是红，不吃也是红！”

初升的太阳宁静地注视着大地。郭富财漫无目的走着，临风顾盼，触目尽是枯草断茎。他看见有位老阿奶在门口洗洋芋，便上前问路。老阿奶听不懂外乡口音，见他身裹毡片，足缠麻鞋，手拿搪瓷茶缸，猜出了他的身份。老阿奶见四周无人，用很低的声音问：“你要馍馍吗?”不等他回答，阿奶进到屋里，两手拿了六个青稞面馍。阿爷一手拿着个木碗，一手端一沙罐开水，跟在阿奶身后也走了出来。

两位老人按当地乡俗把馍馍掰开递给他。他喝了开水，吃了青稞面馍，身上暖和了，也有劲了。阿奶见他没处装馍馍，就从自己衣衫上撕下一块布，用毛线缝成布袋，把剩下的几个馍馍给他装上。阿爷说：“北面不要去，那里是煤窑，马家兵抓住下窑，一辈子也出不来!”他频频点头，依依告别。

郭富财是红九军政治部宣传干事，在梨园口受伤被俘。从张掖押往西宁沿途，到处可见红军战士暴尸荒野，鹰啄犬噬。活着的，也是身裹毡片，在马家军皮鞭和枪托的驱赶下，在风雪中挣扎；实在走不动的，就被当活靶打死。他想，早晚反正是死，与其被杀不如设法逃走，或许还有一线生机。夜，寂静的夜，静得仿佛听得见自己的心脏跳动。队伍走到大通县新城一个巷道口，他趁黑逃走。

风欺雪凌的日子，郭富财思念部队，也向往家乡四川，可当时的青海交通不便，他又是一个“逃犯”，口音不同，身无分文，怎样逃走呢?他没敢往远处去，只在大通县柴家堡一带转。

郭富财在大通县柴家堡一带要饭，又给柴征家当长工。割草，栽树，喂牲口，扒炕灰，打土块，什么脏活累活都干，可吃的是清水拌汤麻洋芋，少盐无菜，睡的尕炕四处冒烟，盖片破毡，缩成一团。他看透柴家心狠，就离开他家四处讨饭或做点零活。

第二年春，当地流行感冒。郭富财过去在家学过一些治病的偏方，就试着给人治病。张宝德的母亲病得很重，快没气了，他用偏方治好了。人家很感谢他，于是就有更多的人叫他治病。次年 3 月，芳草青青，山花点点，吊庄童维刚家招他为女婿。他不再无依无靠、茕茕孑立，算是有了安身之处。

青海的夏天也时常笼罩着一层岑寂清冷的气氛。1939 年 7 月，他被告发，说是“共产娃”。壮丁大队长韩有福把他捆起来抓去，皮鞋踢，鞭子抽，柳棍打，死去活来，浑身是伤，关在一个房子里。韩还把他的丈人、说亲的媒人都抓起来，严刑拷打，追问：“为啥把女儿给‘共产娃’做媳妇?”“还想叫共产党在这里生根吗?”岳父卖掉了大车、牲口、衣服、毡，还典出了几亩地，花了 360 元大洋，才把他保了出来。

第二天，他又被押到壮丁训练大队部，用指头粗的铁丝、拳头大的铁锁捆着吊起来，只一顿饭的工夫就昏死了过去。马家兵把他放下，脱掉裤子往他嘴里浇尿，等他醒过来。

有位老汉实在看不过去，说：“不要吊了！你们四个年轻人守着，还怕跑了吗?”

马家兵凶狠地说："驴日的不吊起来，踢开窗子就飞哩！这些共产娃跑得快！"

他被押到西宁军法处，当晚就把他们八个人捆起来放到两辆大板车上拉出南门活埋。刚出南门，碰上下雨，雷雨交加，风也很大。赶车的赶上车快跑，路不平颠得厉害。他在后面那辆大车上，乘机从车后滚了下去。

他有家不能回，朝踏晨露，夕挑落日，到处要饭，做活，给人看病混肚子。腊月，在海子沟碰上一个姓汪的年轻人，问他：

"做啥的？"

"给人看病。"

"我家在东沟，有个病人，请你跟我去看一下！"年轻人听他不是本地口音，已猜出几分。

到家后，年轻人把一个叫杨奇的被俘后逃出来的红军叫出来陪他。他和杨奇一说话就知道也是四川老乡。

郭富财知道了年轻人叫汪函忠，是中学教员。第二天，他要走时，教员说："你医生装得不像！"于是送给他一个手提箱，把药装上，又给开了一个西药条子，叫他到西宁买些药品。汪教员还把自己的壮丁残废证借给了他，并一再叮咛："有人问你就说姓汪，汪王不分，查不出来！"当时郭富财化名王金贤。从这以后，他才敢回家。

大年初一，他到汪教员家拜年，抬头见大门上写着对联，上联是："保甲款皇家款款上又加款"，不禁暗自吃惊。

汪教员的两个同学也来了，一个是李万林，一个是马生林。两人一见对联，也吐了舌头。

呼啸的寒风被关在窗外，唯有一抹阳光进入那小而温暖的房间。汪函忠摆上酒菜招待，饮酒中汪让他讲红军的情况和共产党的政纲。他不敢讲，李万林说："你是红嘴鸦儿，吃也是红，不吃也是红。不要怕，你讲！"他见两人和汪函忠关系很好，就讲述了红军英勇作战的事迹和共产党团结抗日的政策，他们都表示称赞。

汪函忠又写了一封信，送了几把挂面，叫他拿上找金城沟汪的同学星运仓帮助办一个壮丁证书。星当时在哈拉直沟当小学校长，帮助伪乡长填壮丁证书。

他抹着微沁的汗珠，找到星运仓，星亲自到学校给他办来了壮丁证书。有了这个护身符，他就有了立足的依靠。

汪函忠又帮他买好车票，托西北书店跑买卖的窦庭章把他带到西安，然后再设法去延安。无奈，他家庭拖累没有去成。汪又借给他200元钱，让他做小买卖维持生活，一直到青海解放。

从哑巴鞋匠到讲话入情入理的乡长

古浪大靖城南龙王庙。天气又阴又冷，一阵风正卷着雪末子在院子里“嗖嗖嗖”直打旋，墙脚边、台阶下已积起厚厚的雪。李道姑添了件衣服，拿起扫帚，从庙堂的台阶到山门口扫开了一条小路。她“哐啷”一声推开山门，差点吓丢了魂魄。

门道里横着一个人，身上裹着一块破旧的褐毯子，正瑟瑟缩缩地颤抖着。李道姑镇静片刻，仔细一看，原来是个十八九岁的年轻人，左脚上包着烂布破毯。她连问几声，年轻人只是一个劲地摇头，好像是个哑巴。李道姑慌忙叫了人，把年轻人抬进了庙里的土炕上。

“救人一命，胜造七级浮屠。”李道姑又赶紧央人请来了先生。一番望闻问切之后，先生说没啥危险，只是左脚冻坏了，脚趾也没了。于是李道姑天天请先生来清洗敷药。李道姑发现，这年轻人虽不说话，但有时热泪盈盈的，分明是对自己关爱的感激。想到近几个月来，马家军到处清查追捕失散红军，大呼小叫“见共不留，斩草除根”的恐怖情景，她似乎明白了年轻人的身份。

有天傍晚，李道姑悄悄问道：“这娃，我看你不像是真哑巴，倒像个受伤的军人。你准是红军的伤员吧？”一句话说出口，“哑巴”立刻紧张起来，目光中流露出惊恐。李道姑连忙改口说：“娃啊，你放心，我不是那号人，不要说马步青赏五个大洋，就是给五千大洋我也不会出卖你。你就安心养伤吧。说，想吃啥，我给你做去！”

“哑巴”摇摇头，眼里滚下几颗泪珠。

看着李道姑端来的干拌面，“哑巴”慢慢吃着，终于忍不住放声大哭起来："老妈妈，你说得对。我是个红军伤员……"

年轻人叫廖代森，19岁，是红九军二十五师七十三团三营八连战士，四川宣汉人。父亲是个厨子，手艺很好，在地方上小有名气。小时候，他读过几天私塾，识得几个字。父亲先后娶了四房，父母不和，家里闹得乌烟瘴气，他就离家出走，在一个小镇上给人家当店员。1933年10月，红军到了小镇。人们都说红军是穷人的队伍，他和许多年轻人踊跃参加了红军。西路军西征，他们从南方跋涉而来，身上的衣衫单薄破旧，脚上仍穿着三根线的麻鞋，哪里经得住寒冻，许多人手脚都冻坏了。他的双脚早就冻得失去了知觉，在横梁山战斗中又被手榴弹炸伤了左脚，五个脚趾全没了。大靖山泉坝峡口村张应泰用牲口把他驮回家。张应泰家有几庙山旱地，想把红军娃收养为干儿子，养好伤帮他种地。但他见这娃伤太重，一年半载治不好，就给红军娃添了件衣服，包好了脚，裹了件旧毯子，用牲口驮出了家门，说是送到一位先生家治病。暮色微茫，远处的山影茫然，淡成似有若无的一袭青烟。廖代森想到事情不妙，一路上苦苦哀求，希望不要伤害自己。张应泰有些不忍心，竟也涕泪纵横地说："娃啊，我不是害你，说实话，我是要送你到龙王庙去，庙里比一般人家安全些。那庙里的李道姑可是个好心人，她会收养你的。不过，你以后可千万不要说话，最好装个哑巴……"

红军娃说到这儿，止不住放声痛哭，李道姑也伤心地哭起来。

"娃娃，这事你以后可不敢再给别人讲，你还装你的哑巴！"李道姑一脸庄重地说，"我再给你找个好心肠的人家。"

大靖城里有个鞋匠，名叫柴世贵，50多岁，有一儿三女，小日子过得还算殷实，无奈儿子不争气，二三十岁了却不上正道。鞋匠听说李道姑收养了个哑娃子，想找个好人家送去当养子，便眼睛一亮。见过几面，鞋匠觉得哑娃子精干秀气，非常懂事，就请来亲朋好友，举行了磕头仪式，将"哑巴"认了干儿子。鞋匠寻医问药，精心料理，干儿子的伤一天一天好起来。

也许是鞋匠积德行善有了好报，老鞋匠的妻子竟生了个白白胖胖的儿子。鞋匠一夜之间好像年轻了许多，整天喜笑颜开。

老鞋匠有个皮匠朋友，生了五个女儿却没有儿子，心里一直乐不起来。有人再三建议鞋匠把哑巴儿子让给皮匠，鞋匠终于答应了。皮匠很高兴，总算有了一个干儿子。然而好景不长，皮匠夫妇不能与这个儿子相处，“哑巴”经常莫名其妙地挨打挨骂。无奈，哑巴只好离开皮匠家，双膝跪地，沿街乞讨。鞋匠听说此事，把皮匠臭骂一顿，又用毛驴把干儿子驮回了家。老鞋匠教他做鞋的技术，还花16块大洋，托人为其说了一门亲事。

古浪解放。廖代森开始说话，还被任命为古浪县大靖区山泉乡第一任乡长。人们惊奇地发现，这个又聋又哑又瘸的小鞋匠，在百人千众面前讲起话来，竟是那样响亮，入情入理。

廖代森把李道姑、老鞋匠的好处牢牢嵌入他的记忆之窗，直到1963年病逝。

“这里边缝着团证，丢不得哟!”

黄昏。远山在天际慢慢走，好沉重。一个衣着褴褛、面容憔悴的红军，一瘸一拐地来到赵家庄村一家院门外，不安地向院内张望着，浑身瑟缩，嘴唇嗫嚅。院里的主妇看见有人，走了过来。

“大娘哟！天冷得很哟！找点饭吃哟!”来人开口，四川口音。主妇听出是个女的。

“咳，孽障（可怜）呀！这么小！快，进来暖和暖和!”主妇一边念叨，一边扶女红军进屋，上炕，又端来饭。

女红军叫杨桂香，四川巴中人。她来的这户农家，男主人叫赵学普，女主人叫黄开兰。

杨桂香吃着饭，忽然在炕上翻滚着“嗷哟嗷哟”地叫起来。原来，她双手和双脚都冻伤了，在炕上一暖，冻硬的毡片融化了，泥水渗进冻坏的肉里，一阵阵钻心疼。黄开兰和小女儿立刻找来剪刀，剪开她包在脚上的湿毡条，只见两脚红肿化脓。女儿端来一盆冷水，把她的手脚泡进盆里，轻轻揉搓。

当晚，赵学普打发两个大点的儿子赵殿孔和赵殿玉收拾好南屋的洋芋窖，铺上一些麦草，以便遇到意外让杨桂香躲藏。他又叮嘱几个孩子：

“出去谁都不要讲！讲了咱全家就没命了!”

黄开兰拿出女儿赵殿菊的衣服让杨桂香换上。杨桂香脱掉外面的衣服，尽里边一件湿透的内衣却迟迟不愿脱掉。黄开兰感到奇怪，劝道："闺女，里边衣裳都湿透了，换下来吧，穿在身上难受!"

"换下来吧，红军大姐!"女儿殿菊也劝道。

杨桂香这才吞吞吐吐地说："我这里边缝着团……团证，丢不得哟!"

黄开兰也不知"团证"是啥，说："不管是啥金贵的东西，我给你保存着!"

黄开兰用蒲公英、甘草熬水给杨桂香擦洗冻伤，用温化的冻牛粪热敷冻坏的手脚……

天气暖和了。月色稀朗，空气中弥漫着花草的芬芳，家里人让杨桂香在院内吹吹风。阳光明媚，女儿赵殿菊爬上平房顶，一边干活，一边放哨，让杨桂香在院内晒太阳。

杨桂香冻伤的手脚治好了，双脚也能着地走路了。她挂念红军，想渡过黄河，回到陕北。

赵学普夫妇担心女孩子路上危险，同意她先出去打听打听，找个红军做伴。她几次出去打听，还去了永昌城里，都没有结果。

杨桂香成了赵学普、黄开兰家的一员。她叫赵、黄"爹、妈"，对他们的六个孩子也以姐妹兄弟相称。杨桂香常帮着干些家务，闲时就给家里人讲一些红军的事情。当时国民党实行保甲制度维持地方治安，他们那里甲长由群众轮流担任。轮到父亲当甲长时，杨桂香硬是劝他辞掉了。

一次，日本飞机向永昌城投弹轰炸，过后，杨桂香跑去捡回几块炸弹皮。父母见了，责备她冒风险。她扑哧一笑，说："莫怕哟！飞机轰炸我见过的。这些炸弹皮都是好钢铁，拾回来有用!"

杨桂香满 18 岁了，父亲给她物色了一家生活较好的人家。杨桂香拒绝了，她说："婚姻要自由哟!"

1939 年夏天，一伙亲戚来家里帮助打垒麦场的围墙。杨桂香送水送饭，结识了青年李贵林，谈上了恋爱。农历八月，父母为她办了嫁妆，嫁了过去。

杨桂香常回"娘家"走动，看望父母和兄弟姐妹。只是好景不长，杨桂香生孩子时不幸难产，撒手人寰了。

召卡什吉一家救了一位红军

召卡什吉，裕固族，她一家人救了一位红军。

时令已是开春，但祁连山里寒冷得还像十冬腊月。召卡什吉 12 岁的女儿坎召领着她的小妹妹索娜什吉去放羊，姐妹俩出去一会儿就跑了回来，上气不接下气地说："阿扎（爸爸）、达达（妈妈），野马沟一棵松树下的雪地里躺着一个人，在救命、救命地喊哩！"

召卡什吉的老头是个药匠（藏医），一听两个女儿的话，便对召卡什吉说："你快熬茶，我去看看，这一定是前几天打马家军的红军。"说完便一溜烟地跑到女儿说的地方，一看果然是位红军。

红军已经冻得连话都说不清楚了，耳朵也冻烂了，腿冻得直挺挺的像根棍子，手指头硬邦邦的握不回来。召卡什吉的老头顾不上问什么，背起人就往对面的山洞里跑。到山洞里，把人一放，赶快拾了点柴，生起了火，又用双手捧来积雪，给红军进行雪治。他用雪不停地在这位红军的手上、脚上、脸上使劲地搓，直到把皮肤搓得发红，才松了口气。他只管搓红军的冻伤，却忘了搓一搓自己的手，结果把自己的手背冻肿了。

召卡什吉在家里熬好奶茶，左等右等不见老伴回来，放心不下，出门去看，只见老伴从河坝里跑来，说："快把酒壶子给我，先给他暖暖身子，快熬点青羊肉汤，送到山洞里来。"说完进门提起酒壶和奶茶走了。召卡什吉还没有把肉汤熬好，老伴又跑了回来。她忙问：

"怎么样？"

"那个山洞不保险，要换个地方。"

召卡什吉说："柳柴洼大，藏在柳柴洼深处，马匪来了也不可能到柳柴洼里去搜，就是搜也搜不着。"

召卡什吉和老伴收拾了几张青羊皮和毡子，又用罐子提上熬好的青羊肉汤，来到山洞，给红军喝了点肉汤，就背上转移到了柳柴洼。

柳柴洼，林木茂密，他俩选了一个避风向阳的地方，铲掉积雪，砍些柳柴，用树杆搭成一个小茅棚，里面垫上柴草，铺上青羊皮和毡子，一个又安全又暖和的小房子就成了。

红军战士冻伤严重，手不能拿东西，脚不能走路。召卡什吉两口子就一勺一勺地喂茶喂饭。召卡什吉的老伴还上山采雪莲，配成药给红军治伤，又打来青羊，扒出热乎乎的青羊肚子，救治红军的手和脚。召卡什吉尽量弄点好吃的送上山。那时候，没有什么好吃的，但牛奶不缺，她一天总要熬三次鲜奶让红军喝。几天后，红军说，他喝不惯牛奶，最好还是在牛奶里掺点水。召卡什吉想，前几天不是喝得好好的，怎么说不习惯呢？她就说："你放心吧，别的没有，牛奶我们有的是，多喝对身子好。"红军双手捧着奶碗，两眼含着泪花，说："你们一家人真好！"

为了不让马家军发现，白天不敢生火取暖，到晚上才生起火来。

一个多月过去了，红军的伤好了，身体也恢复了，红光满面，很有精神。他看着两位老人，老人的眼睛纯净而明亮。红军说："现在我要赶队伍去。"可是他的手指和脚趾都冻掉了。召卡什吉两口子看到此状，再三劝说，休息好了再说。可红军说，时间越长，越难找到部队，还说要向西去找。没法留住红军，他们就给红军收拾行装，连夜缝了一个小褡裢，装上糌粑、曲拉和干肉，又缝了一件褐衫，还把老头的一件皮袄给了红军。红军伸出那双被冻掉指头的手接过这些东西的时候，哭得连话也说不出来。他说："救命恩人，等到我找到队伍，一定给你们来信，革命胜利了再来看你们。"

召卡什吉和老伴把这位红军送到了白泉峡门的大路上，指给了向西走的路和要注意的事。

红军走了，一瘸一拐地走了，消失在山间小路的拐弯处。

红柳似火似血

一片片红柳，像簇簇火？

一棵棵红柳，如团团血？

红柳蔓生在戈壁裸岩中，沙漠斜坡上，比繁星还多，比枫叶更红。在那难忘的岁月，河西走廊的人民群众救援红军，就像红柳似火如血，倾吐着不屈不挠的热情。

向如沛，四川苍溪人，1933 年参加红军，在红八十九师二六七团任通讯员。他在康隆寺战斗中被俘，押送张掖城内南城巷车马店关押。每夜都有战友被敌人拉出去砍杀，活埋。他身体瘦小，藏于破旧的风箱下面，度过了八个死亡阴影笼罩的日夜。

未遭杀害的红军被俘战士，在敌人押解下，八人一组抬着马家伤兵送青海西宁。向如沛抬马家伤兵途经民乐三堡村住一户老乡家。那家老人见他年小体弱，叹口气说："你走到扁都口就活不了了！"他心想，这位老人同情红军，便苦苦哀求老人救他一命。

浓黑的一黛远山，在天边朦胧静止。老人将他藏于草房的干草里面，悄声告诉他，不要露头，不要出声，又将草房门锁上。他在麦草房里，沉沉地睡到第二天晚上。老人叫他出来，端上一大盆小米面片。他感动得直流眼泪，饱饱地吃了一顿。当他看到老人家里炕上放着一支枪，还坐着一位年轻人时，心里有点害怕。老人告诉他不要害怕，说："这是我的大儿子，在本地民团。"老人给他装上干粮，让儿子护送他到丰乐下天乐河滩。从三堡村到下天乐 60 余华里，向如沛一直担心这个拿枪的小伙子会不会把自己打死。两人默默地走了一整天，到下天乐一带，老人的儿子转身回去，他悬着的心才放了下来，从心底里感谢老人和他的儿子。

他漫无目的走着，一股扑鼻的香味吸引着他。他推开门见是一家油坊，几个人正在吃油饼喝油茶。看他模样，听他口音，房里的人就知道他是红军。好心人给他拿来油饼，端来油茶，让他吃饱喝足，但不敢留他，油坊是马家军经常来往的地方。

他要饭时又遇到一位老人，留他在家里吃了顿饱饭，睡了个安稳觉。第二天，这位老人让他骑着上山驮煤的毛驴去山上的庙里避难，庙里的住持收留了他。炕上睡着的两个人也是红军难友，三人抱头痛哭。他们白天进山躲藏，晚上回庙里吃饭，住宿。马家军搜捕红军的风声紧起来，他们分开躲避。

在民乐乞讨求生的日子里，南泥沟农民何有普愿收他做义子，把他藏在一个山洞里，白天晚上不让出洞，吃住拉屎拉尿都在洞里，以后又把他转到山顶上的窑洞内。流落的红军三三两两来到这里，陆续聚集了十几个人。何家老人家境贫寒，如何能负担起这么多人吃饭。他们只好决定：冒险下山，沿村乞讨。

他们讨饭到新庄村，村子上正筹备修学校、庙宇。一位老乡收留他们12人磨砖头，以此挣饭糊口，并嘱告大家不要说话，不要招来麻烦。一天，一个马家军逃兵闲转到磨砖场地，逼问向如沛是不是“共产”，向如沛只瞪眼不说话。那家伙将向如沛打了几棍，向如沛忍无可忍，心想，人是一个命是一条，便发狠地说：“我就是共产，我们都是共产，你干啥?”那家伙把他们带到保里，要马，要枪，要钱，还逼问他们的身份。大家谁也不说真情，有的说是马夫，有的说是伙夫，有的说是护士。

太阳快落山时，那家伙和保长、甲长要把他们押往洪水城。行至海潮坝河坡时，红三十军当过警卫员的陈学品和师部一个姓王的战友，猛将马家逃兵抱住摔倒在地。大家一起上前，拉的拉，抬的抬，把那家伙拖到河坝里用石头砸死，拉到崖根用石头压住尸体。这时，保长、甲长早吓得不见了人影。他们不敢停留，便分散活动了。

向如沛讨饭来到洪水城，因不是本地口音，被驻民乐县城的中央军抓住圈在营房。他晚上逃出虎口，几天后又在曹营村被抓，送县城逼问，他不说真情，被打了1000多棍，打得血肉飞溅，遍体鳞伤，拖到北校场割去左耳朵，才算罢休。

时值夏日，他苍蝇遮体，长蛆缠身，臭气难闻，惨状目不忍睹。善良的乡亲，不顾军警的野蛮，你送一碗饭，他给一碗汤，还有人给衣服，救他活命。家住洪水城东门外的田明安老人，进城见向如沛还有一丝气息，便让自己的儿子田滋发、女儿田桂芳，将他抬到土地庙，每天送水送饭送药，洗伤口，精心照顾八个月之久，才使他满身的伤口愈合，得以生存。

伤愈后，经田家老人指点，向如沛到祁连山打旱獭，挖药，背煤，维持生活。他生活上略有盈余时，便常来看救命恩人田老一家。田老看他忠厚，将女儿田桂芳许配与他。向如沛从此定居下来。

第十四章

红军著名女将领

被俘解送青海

黄河，载着无数大浪般的故事，在神州天地的崇山峻岭中，飞泻，旋转，跌宕。它以一刻也不肯安分的进取的波涛，宣泄着力量和气概，浩浩荡荡地汹涌而去。惊涛拍岸拍云拍天，拍出一缕闪光而苦涩的记忆……

1937年4月27日，《河西日报》登载《陈昌浩夫人被擒解青》的消息，内称："……当陈昌浩匪逃窜时，将其妻张镜秋弃乱军中，被我青海一〇〇师部队生擒，解送青海。张镜秋系俄国留学生，在伪四军总司令部任妇女部长兼组织部长，精通五国文字，现年二十余岁，在倪家营战役中曾产一小孩。"

张琴秋到底是个什么样子？敌人谁也没有见过；到底关在什么地方？敌人谁也不知道。

远山朦胧，近峰嵯峨。甘州城孤独地伫立在暮霭里。三〇〇旅旅部东头黑屋里，又有一名女红军被推了进来。她苍凉的脸如土地般粗糙，满脸污垢，衣着褴褛，头上包着块破布，脚上裹着块麻袋，只有深陷到眼窝里的一双大眼睛还像清泉般清澈。看到进来的人，关押在内的十多个女红军都大吃一惊。来人马上机智地自我介绍："我叫苟秀英！"

黑屋子四面透气，寒风呼呼。女战士不约而同地围坐在"苟大姐"身旁，为她挡风御寒。有位战士从怀里取出一双旧布鞋送给她，她说什么也不要。经大家一再劝说，才接受了这份凝聚着友爱的礼物。

“苟秀英”就是曾任红四方面军政治部主任，现任西路军政治部组织部部长的红军著名女将领张琴秋。

夜月向屋内洒进一片皎洁，一片清澈透明的恬静。仿佛艰难困苦的往事堆在这皎洁中，仿佛西渡黄河的月光滞留在这恬静里。

张琴秋

张琴秋 1904 年生于浙江省桐乡县。那无边的大山和土地中，传来许多被旧制度所吞噬的劳动妇女凄苦灵魂的呻吟与绝叫，煎炙着她，使她奋然崛起。1924 年春，张琴秋通过沈雁冰的弟弟、共产党员沈泽民的介绍，考入上海大学。这所大学是共产党早期秘密宣传马列主义，培养革命干部的学校。她的精神世界开始闪现出一缕灿烂的阳光，1924 年加入共青团，同年 11 月转入共产党。她深入到女工中开展工作，积极参加了震惊中外的五卅反帝运动和罢工斗争。1925 年底，张琴秋和沈泽民结婚，婚后两人受党组织派遣先后到莫斯科中山大学学习，回国后在上海从事地下工作。不久，张琴秋引起特务注意，党组织及时把她和沈泽民派往鄂豫皖根据地，开始了戎马倥偬的战斗生活。红四方面军撤出鄂豫皖向西转移，鄂豫皖省委书记沈泽民留根据地坚持斗争，因肺结核复发，加以疟疾缠身，不幸于 1933 年 11 月病逝。

红四方面军西进川陕，部队向陕南城固县的小河口推进时，张琴秋不满于部队无计划无止境地转战，积极赞成和支持曾中生、邝继勋、刘杞、王振华等批评张国焘的意见。在小河口召开的师以上干部会上，张国焘玩弄两面手法：一方面接受大家意见，并在会上宣布成立“前敌委员会”，以示加强集体领导，同时任命曾中生为红四方面军参谋长，不久又任命张琴秋为四方面军政治部主任；另一方面，张国焘对提意见的人怀恨在心，伺机打击报复。部队在川陕站稳脚跟后，张国焘撤了张琴秋总政治部主任职务。此后，她或在地方工作，或在部队任职，都以大局为重，兢兢业业。长征路上，总部驻道孚期间，张琴秋和陈昌浩结婚。

张琴秋任医院政治部主任期间，由于国民党对根据地实行经济封锁，王坪、沙溪嘴地区军民的生活极其艰苦。没有米粮，只能把黑豆、蚕豆磨成粉当主食；没有盐巴，只能吃盐水煮野菜。为了使伤病员早日康复，张琴秋尽一切办法改善医院的伙食，通过各种渠道给伤病员买盐吃。她说："别的开支都能省，给伤病员买盐的钱不能省！"张琴秋能歌善舞，每到一地，常常被围起来，为伤病员跳高加索舞、乌克兰舞，带领大家唱革命歌曲。她唱歌洪亮婉转，大家都喜欢听。张琴秋关心伤病员，也受到了伤病员的崇敬和爱戴。有些拄拐杖的伤员行动不便，但听说她来了，都自动到门口欢迎，那情景是很感人的。

西路军由倪家营子回师东返的夜间，张琴秋生了小孩。孩子在冰天雪地的沙滩上出世，没有来得及看一眼阳光，生命便永远留在浓重的夜色中。身边的战友亲眼看见，鲜血染红了张琴秋坐骑的马鞍。熟知这一情况的西路军政治部主任李卓然后来回忆说："记得张琴秋同志在行军的路上生了孩子，警卫员告诉了我，我立即命令他和挑夫一起，把马驮的一部分文件，能丢掉的丢掉，不能丢的就烧掉，去驮张琴秋同志。后来他们回来告诉我，她生了一个男孩子，长得很漂亮。可那时正值西路军惨败，弹尽粮绝的冰天雪地之中，只好把孩子丢在雪地里了，走了好远还能听见孩子的哭声……这是我们的战士无情？母亲无情？这无情正是有情于国家独立、新中国成立后的孩子不致再被丢在雪地里。对于这些，我们有幸活着的人还能有什么不满意的呢？"

石窝分兵，张琴秋随干部游击支队在游击中被敌人冲散俘获，在押解下山途中和七八个战友摆脱敌人逃了出来。由于张琴秋身体十分虚弱，战友们绑扎了一副担架抬着她。大家面向东方走了三四天，不幸又被搜山民团所俘。

敌人对新来的女红军查询登记，大伙都为张琴秋担心，唯恐口音不同露出破绽，纷纷代为答话：她叫苟秀英，四川人，45 岁，是给红军煮饭的，已病了几天啦。敌军官一看，确实是个又脏又病的老太婆。其时，张琴秋 30 岁出头，在大伙的掩护下，她在甘州平安度过两昼夜。张琴秋又和男女战士一起，被押送青海西宁，同行中有红九军政治部白兵工作部副部长吴仲廉。张琴秋微昂着头颅，朝惨淡的夕阳颤颤地走去。

亲历者见闻录

蔡德贞——

向青海押解途中，我们共 13 人，有张琴秋。我们五个小姑娘，坐在一辆破牛车上，年纪大的在地上走。押送我们的三个马匪军，一个是军法官，一个是副官，还有一个是军法官的兄弟。马匪军骑马，带的长短枪。

张琴秋生了小孩不久，身体虚弱，走了几天路，脚上也打了泡，走得缓慢。一天傍晚，我听见副官对军法官说："这个老婆子走不动了，明早扛过去！"（扛过去就是用枪打掉的意思）

为了掩护张琴秋，我和几个同志商量让她平躺在牛车里，身上盖一条旧单子。我们五个小姑娘坐在牛车两边，使敌人看不见她。白天，有了吃的我们悄悄送给她；晚上，她就睡在牛车里。敌人看不见那个走不动的"老婆子"了，也没有追查。

到西宁以后，我被编到新剧团。张琴秋后来也到了新剧团，在伙房里烧火做饭。几个月以后，我听孙桂英说："要想办法帮助张琴秋逃出青海，只要到了兰州，马步芳就迫害不了啦！"

王定国——

我们在新剧团里听红五军剧团的蔡德贞说张琴秋送到西宁，关在一个剪羊毛的工厂里。我们想办法救她，当时参加商量的人有黄光秀、党文秀、陈淑娥、孙桂英、宋时华、赵全贞、李汉炳（男）等。我和宋时华是党员。孙桂英不同意将张要至新剧团，说过去给张当警卫员时，张打过她，但孙最后还是同意了。

我们以人多，岁数小，需要一个岁数大点的帮助做饭为理由，向新剧团团长赵养天提出要人。赵鉴于实际情况，表示同意。我们又提出工厂里有我们会做饭的老乡，赵说："你们自己去工厂挑人吧！"我们就把张琴秋挑来了。

1937年五六月份，赵养天对大家讲，过几天国民党中央有人来参观，并说出一个人的名字。这个人曾是张琴秋的同学，张听了很害怕，怕自已被认出来。于是，我们对赵养天说苟秀英有病，不讲卫生，不让她做饭了，把她藏到杨万才家。杨万才是共产党员，和赵全贞在西宁成了家。

新剧团分成两部分，我和孙桂英等十多人被送到甘州，其余的留在青海。从此我和张琴秋就分开了。

杨万才——

我在西路军总部新剧团当音乐股长，在永昌二十里铺不幸被俘。敌人把我送到马步青的军乐队，待了两天，又把我送到马步青的军部。我在这里见到了王定国等人，两三天后把我和王定国、白太华等用汽车送西宁。

我们到永登时，马步芳工兵营的营长马进忠，把我留下给他当勤务兵。1937年3月，工兵营回到青海，经小校场，有个上士姓杨，和我同姓，认我做他的弟弟。

有一天听人讲，你们共产在河西失败了，在小校场开祝捷大会。会结束后，伙夫给我领来两个被俘红军战士，一个是赵天林，一个是李德胜。他们告诉我，马步芳新剧团有我们很多人，很想念我。我向营长请假到新剧团看望了她们，苦难中相见，大家感到十分亲切。

宋时华告诉我："听说张琴秋押来西宁，现在羊毛厂干活。敌人出了通缉令要找她，并且有赏。我们要想办法救她！"王定国、宋时华和我几个党员商议："新剧团缺做饭的，我们向赵养天要做饭的，把张琴秋要到新剧团来。"当时党文秀、黄光秀、赵全贞经常被马步芳叫去跳舞、奸污。赵全贞因姓赵被赵养天认做干女儿，由赵全贞出面向赵养天提出要一个做饭的，于是就把张琴秋挑到新剧团做饭。陶万荣当时也在新剧团，为要张琴秋也出了不少主意。

1937年5月份，听说剧团要解散，男的送军队当兵，女的嫁人，大家又研究如何掩护张琴秋。研究的结果叫我和赵全贞假结婚，以组织起家庭要老妈子伺候的名义，把张琴秋要到我家里来。我知道这很危险，但为了掩护首长，我同意接受任务。我是阆中县人，赵全贞是巴中县人，就向赵养天提出，我和赵全贞已在老家订了婚，要在这里结婚。赵说他做不了主，要请示马步芳。我们事先编好了如何回答马步芳的问话。赵全贞通过黄光秀去做马步芳的工作。

一天，马步芳在他的姘头家把我叫去，当时赵全贞、黄光秀、党文秀、陈淑娥都在场。马步芳穿一件大褂，问我：

“你和赵全贞在老家订了婚吗?”

“是的。”

“既然你们订了婚，不拆散你们，很好，很好!”

我回到工兵营。一天，赵养天叫我去，说马步芳已同意，并说：“赵全贞是我的干女儿，你们结婚的事由我办!”

我和赵全贞在剧团结婚，组织了假家庭。赵养天把我从工兵营调到一〇〇师师部当勤务兵。我和赵全贞搬到剧团对门三间小平房里，我经常住在师部。这时赵全贞就出面向赵养天提出：“杨万才经常不在家，我害怕，是不是叫苟秀英来给我做伴?”赵养天答应了，于是张琴秋就从新剧团搬到我家掩护了起来。

我在一〇〇师师部当勤务，经常给张琴秋送消息、偷报纸，特别是《河西日报》。有一次我拿了赵养天的《河西日报》被他发现，狠狠地打了我一顿背花，抬到家里躺了好长时间。

张琴秋走后，黄光秀跟了马步芳，党文秀跟了马威，陈淑娥跟了牟文彬，赵全贞和我搬到一个庙里去了。在庙里住的有赵天林、彭玉茹，还有新剧团的几个小女孩。彭当时嫁给马步芳的一个军需，姓杨。

1937 年阴历八月十五日，马步芳组建了一个骑兵师出去抗日，马彪当师长，赵仁当参谋长。我想回到八路军部队，于是就向赵养天提出要跟部队去抗日。赵养天把我介绍给赵仁当勤务。

部队到陕西后驻防在咸阳。我经常跟赵仁到西安去，住西安饭店，跟各方面联络，知道八路军办事处在七贤庄。我约了跟军法处长出来的赵天林，找机会跑到了八路军驻西安办事处。这时已是 1937 年的 11 月份了。

不久，李先念等领导同志从新疆经西安返回延安，他们坐的是苏联的汽车，穿的是皮衣皮帽。我和赵天林就乘他们的汽车回到了延安。

阎秀文——

我和 100 多男女红军被押到西宁，开始和几十名女战士在羊毛工厂撕羊毛，十几天后又把我和二十几名女战士分到中山医院做杂工，服苦役。

有一天，中山医院院长谢刚杰家的人领着张琴秋（当时叫苟秀英）和陶万荣来医院，说是给我们当护士长。她实际并不是搞医务工作，而是给我们教识字课本和教唱歌，唱的还是红军的歌子。

谢家的人还让我和张琴秋、陶万荣住在一起，由我给她们打洗脸水、端饭。

张琴秋和陶万荣有时从窗子跳出去，到外面活动。张琴秋一再告诉我们不要害怕。张琴秋、陶万荣都表现得很坚强。

张琴秋和陶万荣在中山医院住了一个多月。有一天，她俩告诉我说："我们准备走了，十年后来接你们!"

第二天黎明，张琴秋、陶万荣和我一起从窗子跳出，到了街上一个院子里杨绍德的家，杨的男人也在家。在杨绍德家，我看见了吴仲廉。从清早到中午都在杨家，午饭很丰盛，炒了许多菜。吃了午饭，我回中山医院了。

谢宗珞——

1937 年 7 月，我和堂姐谢宗瑶要到南京上学。国民党党部政训处长李晓钟托我十伯父谢刚克（当时在我家闲住），叫我们把张琴秋、陶万荣、吴仲廉（她们三人当时是干什么的我不知道）带出去。陶是以我们佣人的名义带出去的，张、吴由李晓钟先秘密带到小峡等我们。

我和谢宗瑶两人坐的夹窝（用两头牲口驮的轿子），陶万荣骑的骡子。我们到小峡之后见到李晓钟骑的马，张琴秋、吴仲廉、陆澄和袁春辉也是坐的夹窝。李、陆、袁是到庐山受训去的。六天到了兰州，我和堂姐住到当时兰州电报局局长顾慈民家里，张琴秋和李晓钟等六人住到哪里就不知道了。李晓钟和我们三人乘飞机到西安，我和谢宗瑶乘火车到了南京。张琴秋、陆澄他们乘汽车到西安。后来我堂姐谢宗瑶问李晓钟为什么要把她们送给国民党，李晓钟说：我是国民党，她们是共产党，不交出去能行吗?

我父亲谢刚杰当时任青海中山医院院长，谢宗瑶的父亲谢刚哲当时任国民党渤海舰队司令。马步芳当时和国民党关系比较僵，他叫我父亲给他到兰州、南京和国民党拉关系，主要是做羊毛、皮张等生意。

谢宗瑶——

1937 年大约五六月间，我在同济大学附中上学，因得神经衰弱症休学，到青海西宁叔父谢刚杰家休息。当时叔父任青海中山医院院长，医药都方便。去西宁不久，十伯父谢刚克在叔父家闲住，将马匪步芳残害共产党员和糟蹋妇女的情况告诉我，叫我早日离开青海。正逢国民党党部李晓钟、陆澄、袁春辉等人到南京去受训。伯父认识李晓钟，便叫我跟他们同行，路上有人照顾。谢刚杰的大女儿谢宗璐也和我一块儿离开青海到外地上学。起程那天，马匪出来送行，主要是送国民党党部人员。离开西宁城一段路，我才遇见陶万荣、苟女士和另外一位女士。

一路上我和谢宗璐坐在一个夹窝子里，李晓钟骑马，其余的人步行。我曾问张琴秋去过苏联没有，她说去过，我又问她会说俄文吗，她说会。后来她还唱了一支俄文歌曲《杜娘》。因我不懂俄文，她译成中文教我。歌词大意是："我们杜娘好像一朵玫瑰花，玫瑰花儿真漂亮。啊！杜娘，杜娘啊！温存活泼的杜娘啊！……"有时路险，我和宗璐就步行。遇到难走的路，张琴秋还扶过我。我觉得张既有学问对人又亲切。

到兰州大家分手，我和谢宗璐住在兰州电话局顾局长家里，其余的人住在哪里我不知道。我和宗璐从兰州乘飞机去西安，李晓钟也同行，到西安和李分手，去南京，后去了上海。

李晓钟（档案，预审卷1958年5月30日）——

1937年大约二三月间我在西宁时，一个被马匪军俘虏的红四方面军少年战士对我谈，红四方面军政治部主任张琴秋被俘到西宁后，潜在一个居民家里，给人煮饭，化名苟秀英。我根据这线索，亲自到那个居民家里找张琴秋，并派人秘密把张领到我一个学生沈有才家里暂住，不久又把张送到西宁中山医院。该院院长谢刚杰系我同事，私交很密，愿意照顾张。不几天我又找着陶万荣、吴××两位，同张一起住中山医院，以看护名义掩护身份。

7月初，伪省党处和一〇〇师很多人调庐山"受训"，我是其中之一。当时要离青海省境的人很多，我认为这是张琴秋她们脱险的机会。西宁中山医院院长谢刚杰的女儿、侄女都离开西宁。我让张等三人同她们一路混出了青海。原想张等三人到西安后可自去，但当我们到了兰州两三天，同路人多，有人泄露了张琴秋这件事，被兰州伪公安局长马志超知道。一天晚上，他请我到伪公安局楼上谈话，要我把张琴秋她们留下，我没答应。马表示不满说："能走出兰州，恐怕也走不出西安。”当时我对马志超的话还未在意。大约两三天后，张琴秋她们同一些“受训”的人坐汽车离兰州去西安，中途因雨阻车坏，很久才到西安。我在兰州坐的飞机，比她们早到西安，住在西安西北饭店。

大约是 8 月初，一天晚上，有个姓熊的，自称是宪兵方面的便衣人员，来旅馆访问我，问起张琴秋离开青海这件事。当晚，我产生了几点疑虑：是否马志超发电报给西安的特务，等张琴秋她们到西安时逮捕她们；假使张琴秋她们在西安真的被特务逮捕了，可能遭到意外。经过再三考虑，我想出一个“委屈两全”的办法，就是马上请伪西安行营将张琴秋她们送南京感化院。这样处理的作用：第一，可以杜绝西安的特务采取逮捕残害的手段对待张琴秋她们；第二，万一青海马匪步芳知道了，我由西宁送出张琴秋这件事，也有话可以对马匪；第三，那时北京、天津抗日战争已很激烈，上海也很紧张，张就是到了感化院，也只是暂时的不自由，相信短期内是可以恢复自由的。

第二天，我即到伪行营政治部找着秘书田毅安。田同我私交还好，对张琴秋这事，虽然怪我多事，但接受了我的建议。由他签署，伪行营代理主任蒋正鼎批准，张琴秋等三人送南京感化院。

苏风（陶万荣）——

我被俘到西宁，敌人把新剧团的人叫来，指着我问她们：“这个共产婆是不是新剧团的?”她们回答是。我 1934 年曾在新剧团待过。这样我到了新剧团。

有一天，黄光秀、王定国、党文秀讲，张琴秋在羊毛厂劳动。当时马步芳已登报出广告，搜查曾留学俄国懂几国语言的张琴秋。马步芳部下的一些人经常到羊毛工厂，从被俘的红军女战士中挑人给他们做老婆、奴仆等。为了张琴秋同志的安全，新剧团的同志便想办法，以要伙夫的名义把张要到新剧团，后来又把张藏到了杨万才家里。张住到杨家之后，比较自由了。

一天，张琴秋给我讲：“我今天碰见了杨绍德（原在妇女团当过排长），把我叫到她家去了。她嫁给了青海国民党省党部宣传科的陆副科长。她把我的情况告诉了她男人。陆是浙江人，和我是老乡，答应想办法把我们送出青海。”

张琴秋说：“陆在我面前骂马步芳凶残、愚蠢、荒淫，说青海省国民党和马步芳有矛盾，我们的情况他不告诉马步芳。还说有一个李特派员，是四川人，对我们也是同情的，也答应帮忙把我们送出去找红军，如果找不到就送我们回家去。”

马步芳中山医院谢院长的女儿到南京上大学去，准备让我们随她一块儿出去。我们天不亮从西宁出发，混出了关卡。吴仲廉也是和我们一块儿出去的。到兰州，住在一个比较阔气的人家里。我们三人住在一起，在后院。听张琴秋讲，李特派员要坐飞机到南京去，陆科长要送我们乘汽车去西安。

因下雨路很难走，到平凉在一个小旅馆里休息了几个小时。吃饭之后，我躺下就睡着了。我醒来，张琴秋、吴仲廉不在，等了一会儿她们回来了，说：

“我们在街上碰见一个红军战士，不是你，我们就跟着走了。”

“那你们为什么不想办法叫我一下？”

“来不及。我们给那个战士带了一封信，叫他转告中央，我们已离开西宁到西安或南京去，请中央设法营救我们。”

到西安吃了一顿午饭，来了几个宪兵把我们看押起来了。我们要求送我们去延安，敌人不答应。这时姓陆的也不见了。我们就这样被押上火车，送到了南京反省院。张琴秋单独关押，我和吴仲廉关在一个房子里。

日本的飞机不断轰炸南京，形势已很紧张。一天，看守叫我们换衣服，把牢内打扫干净，集合到礼堂去听报告。到礼堂后，看到台上坐着周恩来、叶剑英同志。周副主席给我们讲话，他说，现在国共合作共同抗日，我们要求国民党释放政治犯，毛主席叫我们来看望你们来了。大家都十分激动，欣喜若狂，高呼共产党万岁等口号。周副主席讲完话后，走下来到我们中间。他见到张琴秋和我们后，激动地说：“可找到你们了，从西宁找到西安，又从西安找到南京！”听周副主席讲，我们在平凉给中央带的信收到了。周副主席又查看了我们的监号，丢给我们一个条子，说以后有人来接我们出去。没几天张文彬就把我们从反省院接到了八路军驻南京办事处，办事处主任是李克农，三四天后就回到了西安办事处。在西安休息了十多天，由西安办事处把我们送回了延安。

流星拖着明亮的长线坠入初露的晨曦之中

张琴秋的一生，跟纺织工业结下了不解之缘。20 世纪 20 年代，她深入纱厂工人中开展工运；20 世纪 30 年代在苏联期间，她常利用寒暑假期到纺织厂参加劳动，学习织布；1949 年上海刚解放，她就率领全国妇联工作组，到昔日战斗过的沪东地区“中纺十二厂”深入进行调查研究，推动纺织工业生产的开展；中华人民共和国成立，她担任纺织工业部党组副书记、副部长近 20 年。

纺织系统一些跟张琴秋长期共过事的同志，以及在她领导下的干部，包括许多工程技术人员，都有这样的看法：琴秋副部长对纺织工业很熟悉。她长期分管生产，工作能抓住关键。这固然与她的文化素养比较高，容易吸收科学技术知识有关系，但更重要的是她的心头鼓荡着崇高的使命感。

1956 年春，有一位全国人大代表到纺织部来访。这位代表是画家，他对我国当时生产的印花布花型陈旧呆板、色泽暗淡提出了意见。张琴秋十分热情地接待了这位代表，对他的意见非常重视，以后又和商业、美术等部门一起商量，共同召开了印花布花型图案设计座谈会。1956 年，又会同有关部门再一次召开了改进印花布设计、生产和销售的会议。在张琴秋的不断关心下，我国印花布设计水平和质量有了很大提高。人们说，张副部长为纺织工业洒下的心血汗水，如果和洋灰拌浆，可以造一座大桥横跨黄河。

1960 年她到上海国棉二厂“蹲点”，时值国家经济困难时期。工厂安排她到高级宾馆住宿，她坚决谢绝，搬回厂里和大家住在一起，同啃窝窝头，同喝酱油开水汤。她对身边的人们说：“国家有困难，能节约一分决不节约五厘。再说，工人同志们参加生产劳动比我们苦和累，我们有什么可特殊的！”

在她家工作多年的炊事员李师傅和徐阿姨，回忆起在张琴秋身边工作的那些日子时，十分感慨地讲道：“张副部长对人太好了，不仅自己把我们当成她的兄弟姐妹，而且，还经常教育孩子们要尊敬我们，帮助我们劳动。和张副部长相处这么些年，从没见过她给我们红过一次脸，她给我们留下的全是亲切和温暖！”

“文化大革命”，张琴秋在遭受迫害，处境十分困难的情况下，仍然惦记着群众，关心着群众。当时为她开过车的司机老战因患癌症病倒了。她获知这一消息，心情十分沉重，拖着遭受了一天批斗后十分疲乏的身子回到家里，饭没吃、水没喝，立即要女儿扶着她前去探望战师傅。女儿望了望她蜡黄的脸和早已浮肿的双脚，劝她休息。她索性自己拐着腿向门外走去，女儿见她执意要去只好陪同。以后她被隔离，身不由己了，但仍日夜惦念着战师傅。她嘱咐为她送饭的女儿，带上药品和礼物代她前去向战师傅问候。老战的病情恶化不幸逝世，她未能前去参加追悼会。每当提起这事，她总是眼含热泪深感不安。

“文化大革命”，群众运动汹涌澎湃。根本来不及思考，张琴秋的家就被抄了，而且抄了还不止一次。她任由造反派当着她的面把她家翻腾得乱七八糟，对拿走的现金、存折以及衣物都表现得很漠然。然而当造反派试图把一些资料也像其他东西一样搬走的时候，张琴秋却挺身而出了，横住身子挡在造反派面前，声音不高语气却强硬：这些东西你们不能动！

新中国成立后，中央军委专门成立了以徐向前为主任委员的中国工农红军第四方面军战史编辑委员会，张琴秋是指定的委员会成员。许多年，她努力回忆、搜集和整理了这些资料。在她看来，红四方面军的历史无疑也是党史军史不可或缺的一部分，在她还没有交给中央军委之前，任何人都无权处置。

造反派把这些材料翻检一遍，别有用心地作了一些断章取义的摘录。没过几天，果然出现了一张揭发批判张琴秋政治历史问题的大字报。大字报赫然的大字再加上猩红的渲染，张琴秋的历史仿佛被掀开了一角。别看张琴秋在纺织工业部工作多年，但对她的历史人们并不清楚，刺目的大字报使许多人都大吃一惊，别看张部长这个个头不高、其貌不扬的老太婆，居然还会骑马、打仗，而且还带过兵，驰骋疆场，赫赫有名，是革命队伍中屈指可数的女将领。

批斗会上，专案组质问张琴秋：当年西路军战败河西，那么多女战士舍身保洁，牺牲了生命，你当时在女兵里是个最大的官，怎么就能毫发未损？张琴秋，老实交代，你是凭什么苟且偷生，保全了自己这条狗命的？

那天晚上，张琴秋似乎有许多话要说，她对着看守说呀说呀……说到西路军兵败河西的时候，她的情绪激动起来。说有多少同志牺牲了，特别是那些女战士，都很年轻，只有十一二岁，最小的才 9 岁。牺牲了的还被敌人剥得浑身一丝不挂，有的被割去乳房，有的……真是太惨了、太惨了。张琴秋还说，想想她们她很知足，自己有幸活到今天。特别是新中国成立后，她经常在夜里想起那些姐妹们，想起她们就只想拼命地工作，想替她们多干点什么，因为她的生命是替她们在活着……张琴秋那晚的话说得很动情，脸色泛红，眼里不时有泪光在闪烁，她沉浸在对往事和故人的追怀之中。看管人员从来没见过张琴秋这般模样，加上西路军女战士的悲壮，看管人员也受到感染。她们劝张琴秋早点歇息，说今天是星期天，材料可以明天再写。

张琴秋没有明天了，她彻底的歇息了。她跋涉一生，奋斗一生，奉献一生。这样一位为中国民主革命和社会主义建设出生入死、呕心沥血的女将领、女部长，没有死在敌人的屠刀下，最后却被野心家、阴谋家残酷迫害，于1968年4月21日含恨而死，终年64岁。

一颗流星拖着明亮的长线，坠入初露的晨曦之中。张琴秋坠楼而死。坠楼，犹如一个梦境，冥冥地昭示着辉煌陨落的悲壮。

历史长河奔流不息，裹卷着，淘洗着一切。人类历史曾经发生过多少惨烈、荒谬、丑恶、令人不堪回首的事情？然而人们不驻足，不后退，不绝望，不悲伤，仍然锐意精进，奋发向前，不正因为历史上有更多的壮美辉煌、可歌可泣、泽被千古的伟绩真情吗！

她化作一缕青烟，乘风归去

张琴秋的死，久久地震撼着许多人的灵魂。张琴秋和她的许多战友，许多在枪鸣炮响、铁血交飞的战场上冲杀过来的老战友，在那个是非颠倒的年代里，化为灰烬，身披黄土，空抱着寂凉、凄冷和永远的黑色。

吴仲廉，红九军敌工部副部长，湖南省宜章人，生于1908年。她先后在县女子学校、衡阳女子三师读书，学习刻苦，思想激进，1927年在轰轰烈烈的大革命中参加了中国共产党。当年5月21日马日事变后，她回到家乡宜章琦石彭家，和几位党员秘密地建立了党、团支部，并担任党支部组织委员，领导群众进行地下革命斗争。

1928年1月，朱德、陈毅率领南昌暴动中保留下来的队伍，并在宜章县委配合下，智取宜章城，建立了县苏维埃政权。在奇袭宜章，攻打黄沙城堡的战斗中，吴仲廉率领由琦石彭家群众组建的独立营英勇地参加了战斗，还组织了许多妇女和青年送茶送饭，救死扶伤。3月下旬，她所在的琦石彭家独立营被编入红军，并随着朱德、陈毅在击溃了许克祥六个团的进攻后，直奔井冈山。

1928 年 4 月 28 日，朱、陈所部与毛泽东领导的工农革命军胜利会师，成立了中国工农革命军第四军。吴仲廉以其优异的文字功底和书法，被调在红四军前委任组织干事，担负直接为毛泽东起草通知、命令的文书工作。我党历史上著名的由毛泽东起草的《古田会议决议》就是由吴仲廉誊写发出的。

1932 年，吴仲廉被调到红军总司令部直属的女子义勇队任指导员，当时义勇队的队长是朱老总的夫人康克清。

红一、四方面军会师后决定混合编成左右两路军北上。吴仲廉随着总司令部加入了左路军的行列。1936 年 10 月下旬，已经调任红九军敌工部副部长的吴仲廉随着西路军渡河西征。

西路军被战火紧紧裹住的 1936 年元月初，吴仲廉在临泽县西沟张家庄生下一个男孩。环境极其恶劣，带个婴儿无法行军作战，而且也难以成活。于是，她和丈夫、红九军政治部主任曾日山商量托个合适人家寄养。村苏维埃委员张永禄介绍沙河乡花园村民团大队长王学文收养。王学文年已 39 岁，妻子连生四胎都没活成，第五胎是个儿子，刚生下两三个月。他们也想收养个孩子好好抚养，积点阴德。这样，吴仲廉两口子就把刚生下 40 天的婴儿取名王继曾交给了王学文。

冷硬的寒风中飘散着枪弹的硝烟。西路军败退祁连山，曾日山牺牲，吴仲廉被俘。有老乡看见，吴仲廉被押往张掖。王学文听说后，立即带上老婆孩子赶到张掖探望。他是地方民团大队长，老婆是河州人氏，与马步芳、马步青算是老乡，通过种种关系总算见了吴仲廉一面。吴仲廉看见自己的孩子和王学文的孩子都在一个娘的怀里吊奶头，囹圄之中略感宽慰。

王学文的亲生儿子不到一年时间就死了，老两口常常叹息。日子便在声声叹息里，一寸又一寸地流走了。夫妇俩像疼亲生儿子一样疼爱继曾，两个叔叔也待他像亲侄子一样。

继曾的童年融进了无限眷恋的黄土地。小家伙渐渐长大，常常和本家堂兄弟王吉荫、王吉怀等一起玩耍，抓鸟，打枣……七八岁上便跟着两个堂兄弟放牛放羊。有孩子骂他是“共产娃”“老共产”。继曾还小，不知道“共产”是啥意思，但知道这是骂人，便挺着干瘦的身躯和脑袋，与那些骂他的孩子打架。他吃了亏也不哭，总是倔狠狠的，有孩子再骂，他还打。

1949 年 9 月，临泽解放了。村上到处都贴着“共产党万岁”的标语，再也没人骂他“共产”了。继曾开始上学，王学文夫妇也愈加疼他。

1950 年春节，村子里来了三个骑马的军人，说是解放军驻高台的部队，要接王继曾去见他的亲妈。为了不使王学文夫妇过分伤心，也为了让小继曾习惯，三个军人在家里住了三天。

这是一个多么令人揪心的场面啊！养母总是眼泪不干，她年轻时生过五胎可一个也没有活，从出生 40 天就收养的这个红军的娃娃，一直像亲生儿子一样疼爱，一把屎一把尿拉扯到了 14 岁。这一去啥时才能再见呢？想着想着，她又哭了。继曾守在妈妈的身边，一步也不肯离去。

王学文劝老伴：“人家的人，就让走吧！”

村边的枣树林，光秃秃的，立在萧萧西风中。小树桠像老人干枯的手臂，伸向空中。王吉荫、王吉文等小伙伴把继曾送出村口，送了一程又一程，舍不得分开。王学文夫妇带着临泽的红枣和路上吃的饭食，一直把继曾送到兰州。归来后，养母一直哭，什么时候想起什么时候哭。她想她的曾儿啊！

为了感谢王学文夫妇对红军后代的养育之恩，高台驻军给王学文夫妇送了一面红色平绒锦旗，上面用金线赫然绣着：“你为革命养育后代，人民永远记在心中！”

吴仲廉通过兰州军区给了王学文夫妇 600 元人民币。那时这钱可不少，相当 600 块大洋。王学文用这些钱买了一个骡子，钉了一辆铁轱辘大车，顶了大用。合作化时，王学文把大车和骡子入了社，老兄弟三个也分了家。虽说膝下无子，好在王学文年纪还不算很大，和老伴单独生活还能自理，继曾也经常来信，心里总算踏实。

1959 年河西开始闹灾荒，灾荒挺凶，有人饿死。此时吴仲廉是浙江省委第一书记江华的夫人，她本人是浙江省公检法系统的领导。继曾已改名吴长征，在学校继续上学。吴仲廉写信邀王学文夫妇去浙江。到浙江后，老两口先是在金华社会福利院生活，后来王学文到金华殡仪馆当收发看大门。吴仲廉全家住在杭州，母子常到金华探望两位老人。两位老人的眼睛亮着，在一辈子值得回味的记忆里甜美地亮着。

这是个昏暗的秋天。1966年“文化大革命”开始后，江华受冲击，吴仲廉作为“叛徒”受审查。王学文老两口失去了“红色保护伞”，加上他自己旧社会当过民团大队长，不管有无劣迹，造反派单凭那职务就足以给他定罪。王学文老两口的处境一落千丈，艰难起来。老伴劝王学文说：“走吧！趁早回咱河西去，别把咱这两把老骨头扔在外乡！”

1968年6月，老两口孤孤零零离开了金华，像两片枯黄的树叶飘回了河西。是啊，这里是他们的根！

老家虽说有三间土房，可常年不住，房梁上结满了蛛网，土炕上积满了尘土。老两口一时无力收拾，只得先挤在侄子家。孤独的老人又开始想金华，想他们的曾儿。王学文埋怨老伴，说女人家头发长见识短，拖了他的后腿。

好吧！想金华，想曾儿，就给吴仲廉写信。可一连去了好几封信，都不见回音。老两口也万万没想到，被那铁灰色裹着的竟是一个令人欷歔的世界。1967年元月17日，极“左”路线夺去了吴仲廉年仅59岁的宝贵生命。这位参加湘南暴动的井冈山战士，宛若一支蜡烛，几经明灭，终于化作一缕青烟乘风归去。老两口还以为是吴仲廉怕受牵连不愿回信，于是就给他们养大的曾儿——吴长征写信，可又是一连几封信不见回音。

养母托人写信说：“曾儿！我从你40天一直养到14岁。如今我老了，别无儿子，只盼你能来看看，让我见你一面！”仍然没有回音。

王学文说：“是不是曾儿也怕我这个民团大队长牵连？你们几个兄弟给他写信看看……”

王吉荫、王吉怀又分别写信，叙说儿时的友情和伯父母的想念，还说幼时的几个兄弟也已长大成人，做了国家干部。言外之意是说，不必怕受牵连。

王学文还托县上到上海出差的人到处打听，有人回来说：“吴仲廉死了，继曾也死了！”

王学文夫妇不相信，老伴说：“不愿来信就不来信呗，说死了干啥！”

是啊！吴仲廉才60岁，曾儿也才三十几，怎么好好地就死了呢？的确，风华正茂的吴长征因事故1976年死于上海无线电三厂。

恬静的秋天，远处恍恍惚惚地显出连绵起伏、迤逦高耸的祁连群峰。枣子熟了，王学文买了好多，晒干，说要带上去上海看曾儿。可是阴历十一月，他竟得了中毒性痢疾，一病不起，几天就死了。几个侄儿又赶忙给继曾拍电报、写信，仍不见回音。

王学文死后，老伴孤身一人。她常愣愣地坐着，仿佛在凝视着逝去的遥远的日子。老人萦回于梦境的始终是她的曾儿，还说命苦，不曾留下一个孩子……

祁连邈远，大漠苍茫。村外，枣树低吟秋风！

三人之中的幸存者

张琴秋、吴仲廉、陶万荣三人一起离开青海西宁，逃离马步芳的魔爪。三人之中，陶万荣是“文革”的幸存者。

陶万荣，湖北麻城县人。大革命后期，她的父亲、哥哥、姐姐相继参加革命。大革命失败后，父亲被杀头，哥哥牺牲了。毛泽东领导秋收起义，湖南湖北都搞了，她那时是儿童团团长。1930 年初，她被调到少共麻城县委搞儿童团、青年团工作。

陶万荣家里穷，哥哥姐姐和她都没有上过学，她很想读点书。组织上同意她到麻城县列宁模范小学上学。在缴获了敌人的电台后，四方面军军委搞了个无线电训练班，训练报务员、机务员、译电员等。省委见她爱学习，就把她送去了。西路军通讯局局长宋侃夫就是她当时的老师。

1932 年，红军撤出鄂豫皖根据地，经河南、陕西，翻秦岭、巴山，年底进入四川。红军从鄂豫皖苏区撤退时，有不少妇女随军行动，但到入川时只剩下三十来人了。

1933 年 3 月，红四方面军总部和川陕省委决定，在各县妇女武装的基础上建立一支正规的妇女武装部队——妇女独立营。组织上调陶万荣去妇女独立营，她很高兴，因为她爱好军事。在部队她和男同志一样爬山、翻墙、赛马、打仗，还要和男同志比个高低。但要她带兵，任独立营营长，却有些胆怯了。她想自己还是个毛孩子，才十七八岁，能行吗？张琴秋当时是总政治部副主任，鼓励她去。徐向前总指挥找她谈话，说：“你去吧，大家都知道你是出名的‘假小子’，打仗挺勇敢，好好去工作，有困难组织会帮助你的！再给你派个政委，曾广澜任政委。”听了徐总的话，她才解除顾虑，勇敢地挑起重担。

妇女独立营成立后，抓的第一件事就是军事训练。总部派秦基伟担任军事教员。训练中，有的女战士投手榴弹，胳膊都练肿了，也不叫苦，坚持到底。练射击时因为人多枪少，只能轮流练习，有的女战士就半夜起来练瞄准，借月光寻找目标。为了增强实战能力，她们还作攻击、防守、利用地形地物、抢占山头的演习。

在反“三路围攻”中，妇女独立营的主要任务是警卫后方，运送弹药、粮食、食盐和打扫战场等，但也有几次同敌人进行面对面的交锋。有一次，她们背粮食途经通江县鹰龙山时，天色已黑，便停下来休息。这时发现山下有人往上爬，经查明，是四川军阀田颂尧一个团的残部迷了路。敌人爬至半山腰，烟瘾发作，就地抽起大烟来。勇敢，意味着力量和魄力，可用来达到高贵的目的。陶万荣抓住难得的战机，指挥战士向敌人猛扑过去。霎时间，大刀、长矛、扁担和一支支旧枪对准了敌人的胸膛。敌人毫无战斗准备，以为天兵下降，乖乖地缴枪投降。

红四方面军军委决定把妇女独立营分散到各个军。部队需要妇女去搞后勤、医院、工厂的工作。陶万荣调到川陕省委妇女部做秘书工作。1934 年川陕省委在巴中办了妇女学校，轮训各县提拔起来的妇女干部。妇女学校的教员是兼职的。张琴秋、陶万荣、刘桂兰讲妇女运动方面的知识，军事方面的课由部队首长讲，儿童、青年工作就请少共负责人讲，还请省委书记、部长讲课。

学校条件是艰苦的。没有床睡，全是搭的地铺，没有凳子坐，就坐在地上或捡几块石头、烂砖垫上坐。大家学习热情很高，很自觉，学习成绩也好。西路军妇女先锋团政治处主任华全双当时就是一名学员。她出身童养媳又是文盲，但她肯钻，十分刻苦，别人休息她不休息，再加上年轻聪明，学习成绩很好。从县里来时，华全双还只是一个战士，学习结束时就被留在少共省委妇女部工作。

根据川陕省第三次党代会决议，1934 年 3 月把原妇女独立营撤出去的人员又收回来扩编为妇女独立团。张琴秋任政委，曾广澜任团长。

西路军西征时，陶万荣在总供给部工作。西征中，战斗频繁，分不清前方后方，她们也常常拿起枪来参加战斗。祁连山中，冰天雪地。寒冷、饥饿、伤痛又夺去了许多战友的生命。夜晚漆黑，更加寒冷，为了不至冻死，陶万荣她们决定冒险生火暖暖冻僵了的身体。马家军循着烟火将她们团团包围。当她们发现敌人时，跑已经来不及了。从此，她们与生存的命运抗争，在磨难和羞辱中苦斗。

陶万荣到延安以后，1937 年 10 月至 1941 年底，在陕北公学、抗日军政大学、中央马列学院、中央党校等学习和工作，1941 年底被派往山东军区，后到东北做公安政法工作。

新中国成立后，她在东北工作。“文化大革命”期间，她受到猛烈冲击，并被下放农村，直到粉碎“四人帮”才得到彻底平反。1982 年，在金风红叶中，她离职休养，时任大连市政协副主席。

第十五章

红军史上最大的一支妇女武装

西路军女战士知多少?

妇女抗日先锋团

团长王泉媛——

甘肃会宁，全军经过简单体检合格的1300多名女同志组成妇女先锋团。我任团长，副政委吴富莲，特派员曾广澜。先锋团共有三个营、九个连。

特派员曾广澜——

西路军时成立妇女独立团，约有900多名女同志，是在行军途中组织的。团长王泉媛，副政委吴富莲，我是团的特派员。

政治处主任华全双——

妇女先锋团有1000多名同志，年龄最大的不超过二十一二岁，最小的只有十三四岁。我当时是团政治处主任，也才17岁。王泉媛任团长，朱良才兼政委，副团长兼特派员曾广澜，副政委吴富莲，参谋长彭玉茹，秘书李开芬，组织干事张怀碧，宣传干事赵应兰兼团支部书记。妇女团下设三个营，一营营长马金莲，二营营长何福祥、副营长姜菊昆，三营营长李桂英、副营长张玉莲。一营约300余人，二营有近500人，三营人数略少。朱良才当时兼妇女团、男子青年团、教导团之三团政委。

妇女工兵营

营长杨文局——

红四方面军妇女工兵营，1933 年秋天在通江县德汉城正式组建。林月琴任营长，王泽南任教导员，副营长是刘伯兴，我担任文化教员。那时工兵营下设三个连，每个连有 90 多人。1934 年，我调到红四方面军后勤部担任保管科长。1935 年开始长征时，后勤规模比较大，有一两万人，女同志约有 3000 人。1936 年 6 月，长征到达甘孜，林月琴、王泽南调离，由我担任妇女工兵营营长。

妇女工兵营西渡黄河时只有两个连建制。部队到达石窝后，由于伤亡很大，总部决定把分散在各军、各医院、总供给部的女同志全部编入妇女独立团。至此，妇女工兵营结束了其战斗历程。

前进剧社

王定国——

1935 年 3 月，红四方面军西渡嘉陵江。这时我已到总政治部下属的新剧团工作，在新剧团担任过班长、排长，后又在“中央”剧社任服装道具股长。剧团由川陕省委和红军总政治部双重领导，总负责人先后有易维精、李伯钊等。除此以外，各军、师都有自己的宣传队。长征途中，张国焘南下，成立伪中央，到天荃和芦山后，把原来三个剧团以及各军的宣传队都集中在芦山整训，成立了“中央”剧社，下属三个剧团。社长李伯钊，政委易维精，导演于实甫、任弼璜等。后来张国焘取消伪中央，“中央”剧社的名义亦随之取消了。剧团到会宁又进行一次整编，改为“西路军前进剧社”，100 多人，直属总部领导。

赵明英——

我是四川达县人，1933 年 9 月在达县参加红四方面军新剧团。陶万荣、廖赤见是新剧团的领导，王定国当时是新剧团的保管。陶万荣原是妇女独立营的营长，后调到新剧团任团长。

我们过了黄河，开始西征。当时，新剧团编为三个团，做了三面大旗。每个团分为四个股，音乐、化妆、跳舞、服装，一个股发三支枪，领导一人一支短枪。我是三团团长兼导演，三团指导员是蔡继福。我们这个团有 40 多人，女的大约有一半。

背景材料

川陕省委宣传部长刘瑞龙——

1932 年红四方面军入川，党中央派我去川陕工作。我原在江苏省委，1933 年 2 月 3 日从上海出发，经西安、汉中，路上走了一个半月，3 月 18 日到达通江。我到通江时张琴秋同志是红四方面军总政治部主任，她正在通江城纪念巴黎公社的群众大会上讲话，还看到曾中生同志。我同他们在上海就认识，见面大家都很喜欢。

红四方面军从鄂豫皖向川陕转移时，张琴秋同志在七十三师担任政治部主任，到川陕后被任命为红四方面军总政治部主任。她和许多同志在陕南两河口会议上提了张国焘的意见。木门会议上，张国焘说曾中生是右派，把他关起来了，李春林、朱光、徐以新等同志都被关起来了。张琴秋同志被批为右倾，撤销了政治部主任职务，下放到红江县当县委书记，后来到王坪总医院任政治部主任。张琴秋同志是个政治坚定、组织能力很强的女同志，是一位老同志。

川陕苏区妇女运动的场面，我在白区工作时没有见过。在通南巴，有很多事情我都感到新鲜。第一，四川国民党军阀强迫农民种鸦片，男的在家抱娃娃的多，女的下田劳动，成为家庭的主要劳力；第二，四川人民受国民党军阀和地主阶级压迫剥削特别残酷，人民迫切要求革命。大巴山人民生活很苦，我亲眼见到他们穿的烂襟襟，大姑娘没有小衣（裤子）穿，烤柴火取暖。我们过巴山时，每人背了一个包袱。群众见到我们，先端一碗热喷喷的洋芋汤，再送一点野猪肉，然后说：同志，你有没有多的小衣？而地主有不少金银元宝、白耳、鸦片、醪糟、腊肉。

四川地下党的活动对妇女运动的发展很有关系。我到红二十九军时，就有老太太替红军站岗放哨。私渡河有一道桥，我们初去时，化装成做生意的。有个老太婆拦住我们说：你们不要走，那里有杨虎（杨虎城的队伍），叫我们跟她走。她的儿子在红军，她把我们带到了马儿岩红二十九军军部。我感到四川的农村妇女和男子一样对共产党、对工农政府、对红军特别拥护，参加各种活动特别积极。做宣传工作的妇女多，特别能讲话；参军的多，出来参加工作的也不少。她们参加战勤服务，做鞋、做衣服、背背篓、抬担架，运输军用物资的也很多，被服厂的工人主要是妇女。我到赤北县苦草坝、泥溪场看到妇女热火朝天的拥军活动，到巴中场面就更大了。川陕妇女运动根子深，有地下党的活动基础。地下党的活动没有妇女掩护是不可想象的。她们站岗放哨，掩护撤退，支援红军等。苏区的戒烟运动，妇女特别拥护，支持戒烟，参加生产，参加武装斗争。红色交通线没有妇女掩护也是不行的，要依靠所有的群众，其中就有妇女在内。川陕有一个妇女独立团，是当时苏区妇运的一个特点。1935年2月间，妇女独立团扩编为妇女独立师。

川陕省委组织部长余洪远——

巴山妇女有着特殊的历史境遇。1932年底以前，由于四川军阀连年混战，互相鲸吞，为聚敛财富，扩充实力，强令人民种植鸦片，竟使大部分男人吸毒成瘾，完全丧失劳力。上山砍柴背草，下田插秧割谷，所有繁重劳动完全由妇女承担，许多七八岁到十一二岁的小姑娘被迫做了童养媳。那时川北有句俗话："要吃巴山饭，婆娘打前站。"当她们听说共产党是为穷人谋利益，看到红军是为穷人打天下时，立刻意识到翻身解放的日子已经到来。她们像笼子里的雀儿，飞出牢笼，不顾一切地朝着解放的道路展翅飞翔。她们连父母、丈夫、娃娃都顾不上，为红军带路、送信，同红军一起开仓分粮，打土豪分田地，冲破层层阻拦，报名参加红军。川陕省第一次工农代表大会120多名代表，妇女就有30多人；第二次大会1060名代表中，妇女有340余人；第三次大会1440名代表中，妇女占360余人。

妇女参加红军，对整个"扩红"运动促进很大。她们向自己的亲人宣传共产党的主张，夸耀自己在红军里享受到的自由平等，动员丈夫、兄弟姐妹参加红军。在她们的带动下，母亲送儿子，妻子送丈夫，夫妻双双参加红军的热潮随之而起。我在巴中清江渡、得胜口、江口场"扩红"，一天之内就有五六百人参加，有的一家几口同时报名。

巴山妇女历来有对唱山歌的习惯。红军来后，她们用对歌的形式，为红军通风报信，传递情报。省委和总部针对妇女这个特点，把大批女红军编成宣传队、歌咏队、跳舞班和新剧团，到群众中去宣传共产党的主张，歌唱红军英勇作战的事迹，颂扬苏维埃运动，发动群众组织起来斗争土豪劣绅，把根据地的各项工作迅速开展起来。

有一个名叫陶万荣的小女红军，是从鄂豫皖苏区来的，她天生一副好嗓子，唱起歌来很动听。在巴中、通江、恩阳河几次群众大会上，她唱的《劝郎回头》歌，使有些因丈夫或儿子被国民党抓去当兵的妇女，当场失声痛哭。她唱的《成立川陕苏维埃》一歌，很受群众称赞。她们的宣传使老年人懂得了共产党的主张，支持苏维埃运动；青年人懂得红军是为穷人打天下，砸了烟灯和烟枪，拿起大刀长矛当红军；妇女懂得要翻身，只有当红军，她们摘下耳环，剪去长发，参军参政干革命。苏区沸腾了，根据地很快发展到纵横20余县，面积20余万平方公里，人口700余万，成为仅次于中央苏区的第二大区域。

女红军中，我最敬佩的是张琴秋同志。她聪明精干，能文能武，很受人尊敬，曾是红四方面军总政治部主任。她亲自编写了许多歌词和舞蹈教大家唱和跳，她做的文章好，字也写得漂亮。通江县王坪烈士墓的碑文就是由她写好后再由石匠刻上去的。她在川陕根据地被称为才子之一，是一位颇负盛誉的人物。我参加红军，见到的第一个领导就是她。

大批妇女群众在打土豪分田地运动中，得以锻炼提高，逐步建立了武装组织。1933年2月，长赤县首先成立了妇女独立营，约250人，继之万源妇女独立营诞生。在粉碎“三路围攻”期间，为加强后方警卫，川陕省委在各区、县妇女独立连、营的基础上，在通江正式组成妇女独立营，下辖三个连，营长陶万荣，政治委员曾广澜。由于妇女参加红军越来越多，于是川陕省委根据第三次党代表大会决定，以原妇女独立营为基础，成立妇女独立团，下辖三个营。团长曾广澜，政委张琴秋，参谋长陶万荣还兼一营营长。

各苏维埃政权组织中，妇女约占三分之一。

苏维埃政府的内务部，几乎全是女同志。在“一切为了前线”的口号下，她们不分昼夜翻山越岭走村串户，组织广大妇女，白天在田间生产，夜晚飞针走线做鞋袜，打草鞋，赶制军用品，把一袋袋粮食和一双双鞋袜收集起来送往前方。在那战争频繁的岁月里，每当战斗打响之前，内务部就组织妇女烧起炉灶炒大米，为红军准备干粮。她们还要为成千上万的红军家属组织互助代耕，安置优抚伤残战士，保管和分发没收地主豪绅的财物，还要到白区换取红军需要的药物、布匹……

1933年10月，红军发起宣达战役，把盘踞川东多年的老军阀刘存厚赶了出去。战斗结束后，总部决定将刘存厚开办的兵工厂、被服厂、造币厂的全套设备和大量的武器弹药搬到通江苦草坝。省委组织了上万民工，其中不少人是各县妇女独立营的战士，日夜不停地搬运机器和物资。在这些机器中，最难搬的要属石板制造的造币机，稍不留心，碰坏一处，便不能再印。达县距苦草坝约300余里，途中大山连绵，道路崎岖，抬着沉重的机器，实在步步难走。但心灵手巧的巴山妇女，为了红军能有自己的工厂，不惜用衣服包机器，遇上险道时，不顾一切跪在地上扶着机器一步一步往前挪。

红军有了自己的工厂，大批女红军在厂里不分白天黑夜地生产。票子房女工班印出的票子，比油印的美观大方。此后，政府在苦草坝设立了银行总行，除行长一人是男的，三个副行长全是女的，下设的几个分行，绝大多数也是女的当行长。被服厂和兵工厂也随之扩大，以至发展到各师经理部下设被服厂。被服厂全是女的，她们生产出的大批衣服鞋袜源源不断送往前方。

随着战斗日趋频繁，各级医院也迅即扩大。团有卫生队，师、军有医院。这些医院从主任到医生、护士、管理，几乎全是女红军承担。红四方面军总医院下有几个分院，其中一个分院设在通江王坪，一个分院设在廖坪。医院里有中西医之分。中医师大部分是当地老中医先生，少部分是上海党派来的或地下党从外地送来的。西医苏井观是上海来的，他外科手术高明，在红军中有很高声誉，凡需动大手术的伤员，都从各医院送到廖坪，最多时收过7000多伤员。

1934年5月的竹峪关战斗，敌人来了八个团，要和红军决一死战。徐向前总指挥交给我运送伤员和搜山剿匪两项任务。徐总指挥向来是运筹帷幄，善操胜算。这一仗把敌人五个团吃掉了。我带领一个妇女大队先后抬下800多名伤员，竹峪街上都摆满了，先是给伤员喂开水、包扎，然后抬送100多里到洪口医院，还把缴获的几百支枪搬运到通江苦草坝。抬担架是非常艰苦的。她们从山坡上砍来青杠棒做抬杆，割葛藤编网子做成担架，两人一副。出发前，每人还要用裤子灌满粮食，夹在脖颈上，以保证伤员在路上不饿肚子。途中遇到高山陡坡，抬前边的同志跪在地上爬，抬后边的同志双臂伸直高高举起，让担架保持平衡，边走边喊，一呼一应。休息时，她们还为伤员唱《伤员十二劝》等歌，鼓励他们的斗志。许多妇女同志的衣服磨烂了，双臂出血了，泥水和鲜血糊满一身，有的由于饥饿和劳累昏倒，甚至为伤员献出了宝贵的生命。

1935 年初，红四方面军准备渡嘉陵江西进，省委把各机关的妇女同志组编起来，在旺苍成立妇女独立团第二团，原妇女独立团为一团。两个团上千名战士，后勤任务全落在她们肩上，抬的抬，背的背，把兵工厂、被服厂、造币厂的机器和几十万人的吃穿用全部运走。红军组织渡江战役时，把从边沿地区撤到中心区来的妇女工作人员连同原来的妇女团，合编为妇女独立师，迅即随大部队西征了。

屈辱，刻在 1936 年严冬

妇女先锋团连长向翠花——

梨园口战斗时，敌人包围我们后就狂喊："冲呀，抓住共产婆，一人赏一个!"这些如狼似虎的野兽般的马步芳的胡子兵，见人就用枪托、用皮鞋、用木棍、用马刀，打着、劈着、推着、骂着。敌人将我们 100 多妇女押进一个土围子里，扒光衣服和鞋袜进行糟蹋，连十四五岁的都不能幸免。夜晚，他们像发狂的野兽，轮番地进行凌辱奸污。押到甘州，扒下衣服关在一个房子里，晚上姑娘们被一个一个拉去奸污。

妇女先锋团指导员谢清英——

我那个连里和我一起被俘的有熊秀英、罗桂珍、仇莲英几个人。一路上，我们看到许多红军将士的尸体，有的被割掉耳朵、鼻子，有的整个脸皮都被揭下来，有的肠子扯出来绕在树上，有的女兵尸体一丝不挂，被割去乳房，下体塞着石头，真是惨不忍睹。见此情景，我们一个个义愤填膺，有的战士就跳了崖，有的就一头撞在岩石上自杀身亡。

在张掖城住了几天，马家军又把我们几百名俘虏押往西宁。一路上，我们真是受尽折磨。红军战士稍有反抗或体弱走不动，便被砍死。到了晚上，马匪军还拉出女俘，供其发泄兽欲。我怕暴露真实身份，化名赵玉花，而且拿锅灰抹得满脸又黑又脏，虽多次挨枪托，倒也幸免敌人的蹂躏。

阎秀文——

我们被押到西宁，女的分到羊毛厂剪羊毛，后来都被马步芳赏给他的部下当妻妾或佣人。在羊毛厂里，我们白天干着最脏最累的活，吃着两顿面糊糊，晚上一个排分一个拉去奸污。一晚上身上像擀面一样，肚子胀鼓鼓的，真是受尽了人间的凌辱。

陈茶秀——

我们在祁连山中被俘。路上，好多女的被强奸死了。

我们关在武威，一星期放一次风。到了 8 月份，把我们 80 多个女的带到操场上，分给马匪当老婆。我被分给一个传令兵。当时，他们士兵的名字写在纸条子上，让我们抓阄，抓到谁就是谁……

张继兰——

我们在武威关押了五个月，每天吃的是清汤。那里的敌人有两个营盘，每天夜里一个班拉一个女战俘去“值勤”。身上像擀毡，肚子胀得受不了，第二天路都走不动。有的姐妹被活活折磨死了，有的不愿受辱而自杀……

以后马步青讲了话，让我们和他们的官兵都站了队，用抓阄的办法赏给了他的官兵。

第十六章
妇女抗日先锋团

“泉媛是位好同志，我做证人”

1962 年，朱德和夫人康克清重上井冈山。车到吉安，康克清顾不得一路风尘，问起了王泉媛的情况。地委立即派车将已定居在泰和县禾市乡的王泉媛接到地委交际处。

康克清见到王泉媛，十分亲昵地和她拥抱在一起，关切地问长问短，问寒问暖。当得知王泉媛还没有安排工作，康克清便对地委领导说：“不应该嘛！没有长征到陕北不是她的错，泉媛是位好同志，我做证人！”

康克清细心询问王泉媛爬雪山过草地时落下的妇女病好些没有，端详王泉媛两颊消瘦、脸色蜡黄，她吩咐工作人员马上送王泉媛住院治疗。

王泉媛身体康复后担任了禾市乡敬老院院长。她经历了太多的苦难和艰辛，但仍不辞辛苦，弯着背，流着汗，数年如一日，精心照料鳏寡老人，使他们颐养天年。

似水流年，花开花落，夕阳几度红？当年的妇女抗日先锋团团长王泉媛和妇女团历史的一页已经翻过去了，但人们并未看清过往的人生，于是需要把帷幕重新拉开，不是让悲剧重演，而是要寻找可能忽略的宝贵的东西，让它在活着的人们身上永驻。

王泉媛，原名欧阳泉媛，江西省泰和县人。1930 年 3 月，红色风暴随着赣南革命根据地的创立席卷赣江流域。赣江支流禾水河畔一个人口不足三千的小集镇——敖城正处在风暴的中心。敖城暴动后第五天，只有 16 岁的王泉媛在母亲和姐姐的包办下，和一位 34 岁的穷长工王照斗结了婚，并按当地习俗改随夫姓。她幸运地得到了邻居——敖城暴动主要负责人王正苟和他的爱人王瑞章的关怀以及革命思潮的影响，勇敢地剪去发辫，解开裹脚，加入共青团。性格倔强的王泉媛不顾丈夫的打骂和威胁，铁了心闹革命。

1931 年，王泉媛担任了吉安县少共县委妇女部长。她作为吉安县的妇女代表参加了湘赣省的妇代会，还作为湘赣省的代表出席了在瑞金召开的全国苏维埃第二次代表大会。在这次会上，毛泽东提议将湘赣、湘鄂赣两地代表送入共产主义马克思大学学习。王泉媛因此荣幸地留在了红色首都所在地瑞金，进入了中央共产主义马克思大学。

王泉媛从共产主义马克思大学高级班毕业，被分配在少共中央工作，先后担任少共中央青妇干事和中央妇女部委员。她不分白天黑夜，忘我地工作，为中央扩编红军队伍作出了积极的贡献。

1934 年 10 月，史无前例的二万五千里长征开始。王泉媛与李伯钊、邓六金、钟月林、危秀英、吴富莲等姐妹们一道，编入了中央纵队的特殊连队——“妇女工作团”。进驻遵义不久，王泉媛同刘英、李坚真、蔡畅、阿金和国家保卫局的王首道一起，临时调去中央地方工作部做群众工作。

中央红军转战贵阳、遵义，渡过金沙江，翻雪山过草地，到达两河口时，路边写有一个通知，说后面还有三个军团，要妇女工作团负责收容。她们离开大部队在那里等待，这一等就是两三个月，粮早就断了，只好天天吃野菜充饥。王泉媛和吴富莲去买粮，跑了 15 里路，一粒也没买到，返回时实在饿得走不动了。两人见路边有些笔杆草，是老百姓种了喂猪的，便吃了一半。为了不违反群众纪律，她俩在醒目的草根上压了一块银元，作为赔偿。长征极其艰辛，可她们精神却很饱满。

西路军西渡黄河。1300 多名年轻健康的妇女编为妇女先锋团，由曾任四川省妇女部长的王泉媛任团长，曾任西北行政局妇女部长的吴富莲任政委。

枪炮声撕裂着狂啸的漠风，令人吃惊而震颤。西路军失败了，妇女团怎能幸免。这是一个让人心碎的冬天！

马步青带着几十个马弁，来到被俘女红军关押的地方，集合起女战士，说是有话对大家讲。

“诸位，目下国共已经再度携手，精诚团结在国民政府蒋委员长麾下，诸位虽是巾帼英雄、女中豪杰，但毕竟属女流之辈，应该恪守古训，做一贤妻良母才是!”马步青冲着怒目圆睁盯视着他的红军女战士们大放了一通厥词，“我马某不想害了你们年轻轻的性命，只想替你们做件好事，积点阴德!”马步青宣布，被俘的女战士陆续许配给马家军各级官兵。

马步青吩咐马弁将王泉媛拉出人群，“哼哼”了几声，说：“王团长，别再隐瞒了！你的部下苟兴才现在是我的姨太太喽！在你手下，我许多弟兄送了命，你该杀不?”

“要杀就杀，何须多言!”

“哼，我不杀你，你还年轻，我的团长马进昌正想让你做姨太太哩!”

翌日，两个马家兵押着王泉媛来到团长马进昌的寓所。马进昌正在厅堂等着，见王泉媛押来了，便起身走近王泉媛。王泉媛像被电击一样，恶心得直想吐。她抽身一旁，凛然站着。马进昌圆鼓起一对牛眼，绕着王泉媛走了一圈，恶狠狠地说：“看来你这个红军团长是不知道马王爷有三只眼呀!”说话间，马进昌又转到王泉媛身后，抬起套着皮靴的脚冲王泉媛右膝盖处猛踏了一脚。霎时间，剧烈的疼痛使王泉媛佝偻起脊背，继而合面跌扑在地上。

“拿棍子来，看她从不从?”马进昌厉声叫道。

噼啪、噼啪、噼啪，马进昌口喘粗气，死命抽打王泉媛。小酒盅般粗的柴棍打折了几根，直打得王泉媛昏死过去。

在一位名叫阿喜的女佣人精心照料下，王泉媛坚强地活过来了。身体恢复后，王泉媛常主动帮阿喜干活，唠唠家常，互诉悲惨的身世，一来二去，赢得了阿喜的同情。

太阳和月亮更换旋转着，王泉媛被拘押在马进昌家已快两年了，她时刻在寻找逃脱魔窟的机会。1939 年 3 月中旬，马进昌团由永昌移兵武威，只留下几名卫兵和阿喜等佣人照料寓所。3 月 19 日晚，阿喜冒着生命危险给王泉媛送来一张由永昌到兰州的通行证。

春光直率地照射着大地，四周静悄悄，唯有山风辛勤往返，吹动泛绿的草木发出“沙沙”的声音。路旁的野草不断把她牵绊。

在兰州八路军办事处，王泉媛激动地向接待她的年轻同志叙述被俘后的坎坷经历和不幸遭遇。她只有一个要求，就是尽快回到部队，投入党的怀抱。可是她失望了，年轻同志告诉她，当时的政策是：离队一年的收留，二年的审查，三年的不管。于是，年轻同志给王泉媛发了五块银元，要送她出门。

王泉媛这个硬汉子般的女战士，在枪林弹雨中出生入死没有流泪，在敌人的淫威和折磨下没有流泪，此时此刻却大放悲声，流下了心酸、委屈的泪水。

她掂掂手中沉甸甸的五块银元，抹去挂在腮边的泪珠，说：“这里不了解我，不收留我，我不怨你们，只求你们向党组织转达一句话，就说我王泉媛永远是党的人！”说完，她再也按捺不住激动的心情，又流下了晶莹、苦涩的泪水……

王泉媛跌跌撞撞地离开了八路军办事处，倚在路边树旁哭泣。她从虎口逃出，却又回不了部队，回不到自己的战友身边。她默默地忍受着令人心痛的失望，甚至是绝望，在流落到兰州名叫余朝秀的妇女团战士的帮助下，在兰州住了下来。

1942 年 7 月，她顶风霜、冒寒暑，历经甘肃、四川、云南、贵州、湖南数省，乞讨为生，终于回到了江西吉安的老家——泰和县禾市乡。

这位在血雨腥风的革命历程中成长起来的坚强战士，面对不幸的遭遇并没有沮丧、消沉。家乡解放前夕，国民党二十三军在她居住的村庄烧杀抢掠。她化装躲开敌军的耳目，奔跑几十里，把敌情告诉前来追歼的解放军。全国解放不久，她担任了区政府的妇女主任，后调往水溪乡工作。她常年深入各乡各村，带动妇女为解放军做布鞋，帮助妇女学习文化。1962 年国家暂时困难时期，她响应党的号召，返乡从事农业生产。在此期间，她先后收留过六个孤儿，并抚养他们长大成人。

在黑白颠倒的“文化大革命”中，她成了“大叛徒”，不仅停发了工资，还被取消了省政协委员和县政协委员的资格。

粉碎“四人帮”，阳光照亮了王泉媛那颗快要枯竭但仍在搏动的心。1985 年，她在恢复组织关系暂时无望的情况下，又一次写了入党申请书。组织在经过考查后，同意了她的申请。她又一次光荣地加入了中国共产党。

60 个寒暑过去了，祁连山上青松的年轮增加了一圈又一圈，王泉媛脸上的皱纹也增加了许多。她的青春，她的年华，都无私地献给了青年时代的向往和追求。

王金梅——

红西路军 1936 年农历十月初五占领永昌县城，农历十一月十五日凌晨撤出永昌西进。永昌人通常把红军从进入县境到撤离县境的时间计算为 45 天。

那时，县城西街的小庙设有一所女子小学。我的两个姐姐王金莲、王金桂在该校任教。红军到来之前，由于社会动乱，学校停顿了。红军来后，宣传发动群众，开展地方工作，把动员各公、私塾学校师生复课，作为政权建设的一项重要内容。恢复女校教育又是宣传妇女解放，打破封建枷锁，建立妇女组织的重要方面。王团长几次来我家，找父亲王裕基（清末举人）和两个姐姐做思想工作，灌输革命道理，动员她俩参加革命，督促尽快恢复女子学校的正常教学。这期间，两个姐姐几次被叫去参加红军召开的有关会议。不多几天，女校开始上课了。后因敌人重兵配合飞机大炮围攻县城红军总部，县城内多次受到炮击和飞机轰炸，刚刚恢复不久的女校又被迫停顿。

也许是王团长和我姐姐她们之间年龄相仿，是同时代的女性，那段时间她们关系很密切。她俩接受的一些革命思想或多或少地使老父亲也受到一些影响，以致同情革命，同情红军处境和被俘红军人员的种种遭遇。红军总部所在地的天主教堂连续遭到炮击以后，西路军军政委员会及红军总部的一些重要军事会议就在我们家的里院上房内召开。每次会议前，红军警卫人员同我们全家老少打扫卫生。会议开始前，一般都给我们打招呼，不要出入走动和喧哗，保持院内安静。

红军妇女团的王团长等干部，在组建地方政权工作中，开展妇女工作，还发动青年、儿童建立组织。那时，永昌妇女受封建礼教和宗法观念的严重束缚，红军开展妇女工作有许多障碍和困难。她们深入到家庭，耐心细致地宣传解释，号召妇女冲破封建牢笼，争取解放。经过一系列艰苦工作，发动起来了二三十名青壮年妇女，组建了妇女会。据我所知，她们还号召发动城内家庭妇女，为红军指战员缝补衣服，用毡条缝补毡鞋、棉帽，为部队烙饼、炒炒面。当红军伤员大量增加，在县城内各家各户分散住宿时，又动员妇女们为红军伤员烧水、做饭，帮助医务人员擦洗包扎伤口，养护伤员。

1937 年 9 月间，马进昌部调防永昌。王泉媛同她的警卫员王秀英（四川姑娘）也随之到永昌，住在县城盐店巷任家院内。我们再次重逢见面。她们的住处离我家很近，姐妹与她时常往来接触。她有时还背着监护人员偷偷地到我家，央请我父亲给她代写家信，寄往江西。这期间，她与我们三姐妹结为姐妹，关系更加密切。在邻居们的帮助下，她几次试图逃出虎口，但因监视严密，未能成功，反而遭到马进昌的毒打。有一次被悬梁吊打，背部打得血肉粘在内衣上，但她咬紧牙关，忍着痛楚，没有掉一滴泪。她刚到永昌不久，发现一个给马进昌当勤务的被俘红军人员准备逃跑，便趁马进昌外出的机会放他走了。马进昌回来后，把她吊起来狠打了一顿。还有一次，她请我的两个姐姐吃鸡，被保政人员肖光庭发觉，向县政府的代县长潘亚柏报告。官府抓去我姐王金莲，审讯、拷打，王泉媛也遭到马进昌的毒打。我姐遭受屈辱，一向受地方尊重的老父亲愤恨官府，郁愤成疾，不久含恨死去。父亲死后，泉媛来家父灵堂吊唁，化名王金华给父亲送了挽幛。

1939 年，马进昌换防永登后，她趁机逃出虎口，去寻找党和革命队伍。她逃出后，还给我们来过一次信。

浓浓热血，流了一路

祁连山，千峰挺拔，万壑横崎。光影交替，夜幕降临。一切都被淡淡的月光浸湿了，油润润地显示着明与暗、光与影、显与隐的对比；一切远远近近的物体都幽幽暗暗，都立着、听着，又都哑着、凝着。

妇女抗日先锋团政委吴富莲所在的游击队借助夜色掩护，在山中坎坷向东，没有道路，只好顺着山下的河谷走。人在冰上行走，一不小心就是一个跟头。有的人跟头摔怕了，索性趴在地上往前爬。冰凌把手指、脚趾、膝盖、胳膊肘都磨破了，一缕缕殷红的血丝涂抹在冰河面上。

无边的夜色中飘忽着忽隐忽现的灯光。他们断定半山坡上是个小村庄。大家饥寒交迫，便冒冒失失地进村敲开一家家屋门，钻了进去。他们屁股还未落座，埋伏在四周的敌人便“哗”的一声包围上来。

队伍被打散了，还牺牲了不少人。吴富莲也喋血罹难，被子弹打中乳头。她捂住伤口，气喘吁吁地跟着大家往深山跑。血，从她胸部浸出的浓浓热血，流了一路。

大家到深山聚拢在一起，只剩下三四十人。吴富莲全身血糊糊的，脸上倒没有了血色，惨白惨白。她每时每刻都沉重难熬，却异常镇静，一声不吭地斜倚在石头上。陈宜贵心里有说不出的难受，叫人撕了块布给吴富莲包扎了一下，才止住了血，大概也无血可流了。

陈宜贵，红九军保卫局局长，这支游击大队的政委。他才 20 岁，感到手足无措，便召集开会，研究下一步行动。大队长马良骏主张进一步化整为零，分成小组突围。不少人赞成这个主张，陈宜贵也感到难以收拢，同意分成三个小组，分别向东行进。

一直斜倚在石头上静静听着的吴富莲，这时有气无力地对陈宜贵说："政委，你不要带我了，我已经不行了，留下我吧！"她的生命已是一缕游丝，脸已成了一张白纸，嚅动的嘴唇也是惨白的。

这情景陈宜贵终生都难以忘怀。这位红军大姐是从中央苏区过来的，曾担任过省妇女部长。应该把她带出去，为党保存一位优秀的女干部，可是突围的路是那样险恶，每个人的双腿疲劳得连自己的身体都载不动，又怎么可能带她出去？思量再三，陈宜贵只好忍痛把她留下。留下无疑是丢弃，丢在山下不被马家兵抓走或打死，也会被狼吃掉。陈宜贵眼里含着泪，使劲握着吴富莲的手不松，两双手都在颤抖。他说："吴富莲同志，我们到山沟里找个窝棚，把你留下吧，以后我们再来接你！"他知道，后面一句话纯粹是空话，但也只能这么说。

"政委，把我也坚壁在这里吧，我走不动了！"总部保卫局副秘书长孟强楚成也提出留下的要求。他年纪大了，离了牲口走不动路，又怕连累部队，所以抱着一死的决心主动提出留下。

"政委，你们快走吧！"吴富莲见陈宜贵犹豫不决，坚决地催促着。

"走吧，宜贵同志，天一亮就走不出去了。"孟强楚成也催促着。他凝视着漆黑的夜色，紧紧握住陈宜贵的手。

陈宜贵等搀扶着吴富莲和孟强楚成走进一条山沟，找到一个被敌人废弃的窝棚，把两人安置在窝棚里，留下一点干粮，把孟强楚成的马夫也留下了。

吴富莲、孟强楚成告别了患难与共的战友，和寒冷、饥饿、伤痛一起留在窝棚。窝棚里好黑，深邃的黑。吴富莲疲累已极，斜靠着窝棚。她，此刻在想些什么？

吴富莲，1911 年生于福建省上杭县水口区官庄村。由于家境贫寒，幼年时被迫做了童养媳。1929 年 3 月，红四军解放上杭，开辟闽西根据地，吴富莲参加了革命。她 1930 年加入中国共产党，先后调到中共上杭官庄区委、上杭县委、中共闽粤赣省委工作，任区委委员兼区苏维埃政府妇女部长、县委委员、省委委员。她 1933 年 4 月在中央党校学习，翌年学习结束后任闽粤赣省委妇女部长。吴富莲是中央红军参加长征的 30 名女同志中的一个。长征中，军委机关组成一个纵队叫“红星”纵队。党中央和政府机关、卫生部门、总工会、青年团等组成一个纵队，叫“红章”纵队。“红章”纵队是一支庞杂的队伍，不仅有野战医院的伤员休养连，还有徐特立、董必武、谢觉哉等老同志和女同志。邓颖超患肺结核，吐血，在休养连用担架抬着走。吴富莲就在“红章”纵队，和王泉媛等 12 名女同志编成妇女工作团。妇女工作团沿途要宣传群众，以争取各族群众对红军的支持。她们带了五副担架，三名伤员以及患病的邓颖超和贺子珍，每天要找 10 个民夫抬担架。红军转战到广西，八军团打了一仗，伤员陡增，一天要找一二百民夫。她们有着直言不讳的勇敢和百折不挠的真诚。她们白天深入群众之中做工作，晚上行军，不能走大道只能走小路，道路崎岖难行。吴富莲是小脚，但走路爬山从不落后。

翻过雪山的一天，吴富莲和王泉媛外出买粮碰见巡视工作的周恩来副主席。周副主席和蔼地问：

“小鬼，怎么跑到这里来啊？”

“报告副主席，我们打粮去。”快嘴快舌的王泉媛抢着回答。

“嗬嗬，就你们两个？真不简单，你们的胆子也够大的！”说着，周副主席从皮包里拿出一个本本，在上面画了几行字，然后撕下折好，要吴富莲、王泉媛交给当时总卫生部的朱良才政委。事后她俩得知，条子上除夸奖她俩外，还批评了朱政委没派武装保护她俩，不关心她俩安全。这件事深刻地印在活着的王泉媛心里。

红军一、四方面军会师后，吴富莲编入左路军，与红四方面军广大指战员一起，三过草地，两爬雪山。1936 年 10 月，三大主力会师会宁，吴富莲调任妇女团政委。西路军失败，吴富莲被俘押往武威，宁死不屈，自杀身亡，牺牲时只有 26 岁。

她，带着女儿被俘

天空，一只韵味缠绵的鹰，使祁连山中的黄昏充满了冷寂。一群男女红军，个个憔悴如冷寂的黄昏。妇女抗日先锋团特派员曾广澜和团长王泉媛、秘书李开芬以及一些男女战友一块儿行动。马家军在四面搜山，他们不敢找老乡问路，就在山里周旋。他们想往东走，过黄河找部队，可在山里转了几天，也没摸准出山的方向。

祁连山中黑沉沉的夜来了，气势磅礴，席卷天地。他们摸黑爬下山，下去就是深沟，有一个窑洞。大家又冷又累，一起挤了进去。连续紧张行军，东躲西藏，一个个横躺竖卧，合上眼皮就睡着了。曾广澜身旁躺着她唯一的女儿，在睡梦中冻得缩成一团。

“砰、砰”枪声响起。曾广澜从睡梦中惊醒，还没来得及多想。搜山的马家军发现他们，把他们抓了起来。敌人大声吆喝，女儿饥寒的眼眶，陡然有泪水零落。敌人审问他们，要他们招认谁是领导。大家只承认自己是红军被服厂工人。

在马家军旅部，曾广澜看到妇女团的许多战友。她和战友们混在一起，得到大家的掩护。不久，她们被押送武威骑五师马步青师部，由特务团看管。敌人终于知道了她的身份，说不要小看这个老妈子，不简单，是个大干部。

曾广澜是鄂豫皖时期的老同志。1932 年 12 月底，红四方面军从陕南越巴山进入川北，相继解放了通江、南江、巴中广大地区，建立了苏维埃政权。曾广澜随红四方面军入川之后在军事保卫局工作。苏区扩大，各种地方武装，如独立营、独立团、游击队、少年模范连等相继组织起来。在长赤建立了一个妇女独立营，万源也有一个妇女独立营，都是不脱产的地方武装。1933 年 3 月下旬，四方面军收紧阵地，准备粉碎四川军阀田颂尧的三路围攻。为加强后方防卫和有利于主力集中，川陕省委抽调机关女干部百余人和妇女积极分子200余人，在通江组成妇女独立营，营长陶万荣、教导员曾广澜。这支红色妇女正规武装成立后，立即投入紧张的军事、政治训练，并担负警卫、剿匪、通讯、运输等繁重任务。

1933年6月中旬红军粉碎三路围攻，7月上旬蒋介石委任刘湘为四川“剿匪”总司令，再次纠集四川各路军阀，于10月上旬对川陕根据地发起六路围攻。随着“收紧阵地”，根据地边沿区的大批妇女干部转移到中心区通江、南江、巴中。1934年春，妇女独立营扩编为妇女独立团，曾广澜任团长，张琴秋任政委。这支扩编后的妇女武装，立即承担了艰苦的战勤任务。这年秋，苏区军民取得了反六路围攻的伟大胜利。蒋介石不甘心失败，认为川军无能，着手部署“川陕会剿”。四方面军准备撤离川陕根据地，凡是红军撤走的地方都把乡以上干部带走，凡是游击队赤卫队都集中起来编为四个独立师。这样，就把从边沿区撤到中心区来的妇女工作人员，连同原来的妇女独立团扩编为妇女独立师，辖两个团。张琴秋任师长兼第一团团长，曾广澜任第二团团长。

张琴秋的一团战斗力较强，随主力行动，曾广澜的二团担任第二警戒线的防守。警戒任务完成后，二团调到供给部担任军需运输。旺苍坝是我军的供给站和总医院驻地，为了不让物资和伤员落入敌人手中，在往返200多里的山路上，二团战士们不分白天黑夜地抢运。大量的粮食和物资全靠女战士肩挑背扛。最困难的是运送伤员，从旺苍坝转移到永宁铺，山高路陡，稍不留神就有滑下山岩的危险。在最难走的一段山路上，战士们跪在地上一步一步地挪。许多战士双膝磨出了血，又在泥水中泡着，等把伤员抬到安全地后，她们自己的伤口却感染化脓。全团经过两天两夜的努力，终于胜利地完成了任务。

强渡嘉陵江，红四方面军开始长征。长征路上，护送伤员的任务更加艰苦。每天行军，没有固定的救护站，运送伤员不仅是抬担架，还要为伤员包扎伤口、换药，找粮做饭。所以，部队称她们女兵是三大员：担架员、卫生员、给养员。二团在卓克基驻扎了一个时期，由她们护送的医院也在此住下来。二团接收了由前方部队打开的卓克基附近的喇嘛寺，没收了喇嘛寺内许多酥油分给群众。此后，二团分散，曾广澜调去成立邮政局，任局长。

西渡黄河时，曾广澜调任妇女抗日先锋团特派员，团长王泉媛，政委吴富莲。打马步青部马禄旅时，妇女团配合战斗，缴获了30多匹骆驼，为以后护送伤员和搞运输起了很大作用。西路军进入永凉地区，因为敌人把水井破坏了，妇女团承担了打井找水的任务，为水还牺牲了不少人。河西战斗越来越紧张，越来越艰苦，妇女团没有人员补充、弹药补充，减员很大。梨园口配合红九军担任掩护任务，妇女团去的40多个同志，大多牺牲，有的被俘。部队退入祁连山，在凄凉的黄昏召开了妇女干部会。领导说形势需要分散走，自己找出路找红军，并发给大家一些银元和大烟土做路费。

曾广澜被俘后和女儿一直在武威关押，母女身心遭受了痛苦的煎熬。她做好了赴死的准备，但还是靠希望活下来了。国共合作，敌人把一些老弱病残挑出来，曾广澜也在其中，谁知又把她单独带到大祠堂内。她带着女儿待在祠堂里整整一个晚上，祠堂黑得怕人，好像死亡正在逼近。她很紧张，被恐惧与怀疑震慑着。白天终于来临，马家兵押着她们母女走向汽车站，看到了很多自己人，其中有刘瑞龙。大家见面，心里难过，一时说不出话来。大家互相望着，不知敌人要干啥。汽车上路，她只看见车窗外面萋萋的野草和荒凉的乱石。他们被送到兰州国民党政府，听到打电话叫“八办”来领人，才放下心来。

在八路军驻兰州办事处，谢老看望大家并讲了话。送大家回延安的那天，太阳真明亮。女儿偎在母亲身旁，依旧无法摆脱噩梦。

她长久咀嚼脱离红军大家庭的孤独

青海高原上的西宁，春天总是姗姗来迟，直到四五月份天气才渐渐暖和起来。枯了一冬的湟水河床涨起一河的水哗啦啦地往黄河流去。

妇女抗日先锋团参谋长彭玉茹的伤痛渐渐好点。这天，她偷偷去找正在小桥工地做苦工的康海生。康海生是陈昌浩的警卫员，彭玉茹是张琴秋的警卫员，陈、张是夫妻，康、彭也熟识。彭玉茹面型瘦削，眼里流露着虔诚，叫康海生想办法逃跑，并把张琴秋和自己都带走。康海生也一直想逃走，无奈地说：“马匪兵对我们看管得很紧，一时跑不出去！”彭玉茹的心因惆怅而沉重得像天空的阴云。

彭玉茹这年19岁，如花的年龄，本该向朝阳绽开笑脸，然而不能。她自从被俘以后，便注定和所有被俘女战士一样多了一份沉重与忧虑，她不知自己的归宿在何处。

西路军艰苦西征，到达临泽、高台地带。妇女抗日先锋团二营随总供给部驻扎在临泽县城蓼泉。团参谋长彭玉茹、政治处主任华全双带领二营女战士，三三两两，走家串户向群众宣传红军的政策、红军的纪律，并动员老百姓参军参战。彭玉茹、华全双能歌善舞，二营女战士在她们的带领下，为群众演戏，教唱革命歌曲。《只要联合打日本》就是她们在临泽教唱的许多歌曲中的一首。

说起来，好伤心，
哪个青年愿当兵？
不当兵来可不成，
不当兵来可不成！
马家官来马家兵，
制造内战打红军，
可是我们不愿意，
不知马家是何心？
不分回族和汉族，
不分官长和士兵，
只要联合打日本，
咱们就是一家人。

1937年元旦，她们在蓼泉学校唱歌、跳舞、演戏。四乡群众纷纷赶来，像看大戏一样。老乡对红军有了理解，人人称颂红军。她们召开群众大会，刷写大幅标语。“联俄联共，贯通西北，一致抗日！”等，就是当时标语的内容。彭玉茹、华全双还给学校的老师、学生上政治课。彭玉茹给老师讲课时在黑板上写道：“男儿不学则已，学为国用，方为学之本旨。”

马家军攻克高台，转而全力围攻临泽县城。当时城内只有一个警卫连的战斗兵力，其余全是总供给部机关干部和勤杂人员，而且大部分是女同志。在战刀飞舞、炮火纷飞的战场上，她们激昂高涨，无所畏惧，时刻准备献出自己的生命。经过了昼夜苦战，在主力红军策应下，临泽部队冲出重围，转移到总指挥部所在地倪家营子附近。部队转移时留下少数部队在城内牵制敌人，掩护部队有妇女先锋团的一个排。临泽城陷落，她们退守西关楼。敌人多次攻楼，一昼夜仍未攻下。敌人在无计可施的情况下堆起柴草烧楼，攻上城楼将最后几名女红军杀害，把尸体扔出楼口。群众在掩埋尸体时看到，女红军身上脸上均是被刀砍伤的痕迹。至今蓼泉街仍流传着五位女红军守卫西关楼英勇殉难的故事。

彭玉茹在祁连山中受伤被俘。山地严寒，漫山遍野的雪难以融化，白茫茫一片混沌中，彭玉茹该把目光和追忆投向哪里？在西宁，她被迫嫁给马家军下级军官，但心里始终向往红军大家庭。在一个黄昏的寂静中，她逃走了，一直逃到乡里替人家帮工，碰到也是逃出来帮工的妇女团的李玉兰。冗长的岁月里，她们只能咀嚼脱离红军大家庭的孤独。

逃出青海，回到延安

寒风拾掇落叶，编纂一册冬天的回忆录。这是大自然一年一度垂暮的悲哀吗？

她们撤到小山下，脚跟还没站稳，敌人又猛扑过来，一面冲，一面叫着：

“女共军！快投降吧！”

“快往上冲呀！谁捉住共党婆娘，就赏给谁做老婆啊！”

华全双和几个轻伤员，搀扶着三个重伤员，正跌跌撞撞地向悬崖走去。一个受重伤的女战士拄着棍子，挣扎着赶来，一边走一边喊：“姐妹们！等等我，要死咱们死在一起！”敌人从背后开枪，华全双身边的一个战士中弹倒下。她急忙把她抱在怀里，和姐妹们一起迎着呼啸的北风，迈着踉跄的步子，向那云雾茫茫的断崖走去。

“轰隆”一声巨响，炸弹落在她们身边不远，她两眼一黑，脑袋嗡的一声……

华全双清醒过来时，已是满天星斗。她只觉得浑身疼痛，咬紧牙关从弹坑里爬了出来，睁眼向四处张望，朦胧的月光照耀着黑黝黝的山峦。她从几具尸体旁爬过，看清有自己人，也有敌人。一个姐妹背上扎着一把匕首，可她的一只手却抠进了敌人的眼眶；一个姐妹虽然牺牲了，可她还抱着敌人的脑袋，紧紧咬着这家伙的耳朵……

华全双是妇女团的政治处主任，在家乡巴中八庙乡参加红军。她生于1920年3月，1933年初参加红军时年纪小，只有13岁，红军不要她，说是走不动，动员她回家去。她见红军里面有女兵，便跟着走，不管怎么动员仍赖着不离去。人家看她决心大，便收下她了。她参加红军的那年就入了党，历任战士、妇女独立营参谋长、川陕省委妇女部巡视员，1935年9月曾任懋功、保宁、道孚等县妇女部长。她任妇女独立团政治处主任时还不到17岁。

华全双被俘后和二十几个男红军押在一起。梨园口战斗时她已剪掉了头发，和男同志穿的又是一样的衣服。有人告知敌人她是女的，敌人就把她拉了出来。

甘州，三〇〇旅操场。敌人叫大家辨认她是男是女，有人说是男的，有人说是女的，有人提出把裤子脱掉。旅长韩起功叫人把她身上摸了一下，确认是女的。韩起功认为和她关押在一起的男红军掩护了她，把他们狠狠打了一顿。

韩起功把女的分给了手下当官的。华全双被补充营副连长刘云库领了去。这个人害杨梅大疮，领她的目的是要卖钱。刘差他的弟弟和两个彪形大汉把华全双送回老家青海省互助县大树楼村。刘云库家里有老母亲、老婆和一个弟弟。

她到刘家一个多月，刘云库从张掖回来住了三天。她听说刘准备以500块大洋把她卖掉，更坚定了逃跑的决心。

刘云库的老婆也深藏着悲哀，像一些久经岁月摩挲的画片渐渐地剥落了油彩，变为灰黄。她是当地人，听群众讲也是刘抢来的，因刘有病，结婚八年没有生育，在刘家里守活寡。刘云库和他弟弟经常打骂虐待她，她老在华全双面前哭。在华全双的鼓励下，刘的老婆挣脱了忧郁，决心跟她一块儿逃走。

8月。夜色姗姗而来，终于，周围世界被黑暗所笼罩。她俩带了些随身衣服和吃的，从刘家偷偷地跑了出来，在黑咕隆咚的世界里两人都有些害怕。特别是刘的老婆更胆小，稍有动静，就吓得走不动路。华全双要拖着她走，还要给她做思想工作，消除顾虑。两人急急而行，忽忽悠悠，翻了三道山梁，过了三条河汊。河水最深的地方淹过她俩的胸口。湍湍河水急流，阵阵山风狂吼。两人感到恐怖，紧张得透不过气。

她俩白天走，夜里藏。当时，一个讨饭花子见了她们这些女人都敢弄去卖钱，更不用说碰到坏人会有什么下场了。肚子饿了，就等天快黑的时候碰上老年人要一点，实在饿得没办法就挖地里的洋芋充饥，渴了喝山沟里的水。她俩一步一个印戳，记录着艰辛，记录着磨难，20 多天才走到黄河边。

她俩怀着梦想，然而美好的愿望有时会给人带来厄运。她俩过河之后，住到一个店里。晚上，当地保甲人员查店，把她俩扣了起来，逼她俩嫁人。保甲人员把华全双以三块大洋卖给了在黄河里给人家放木头的一个姓关的；刘云库的老婆也给卖了。

姓关的有弟兄两个，一个瘫痪了的母亲，老大有妻子和一个小孩。华全双在关家主要是伺候瘫痪了的老母亲，端屎端尿，喂吃喂喝，有时间还要给他们家带孩子。她是四川人，从来不会做馍馍，把碱和面和到一块儿蒸出来的馍馍发不起来，狗都不吃，老是挨骂受气。关的隔壁是个卖牛肉的，瘫痪的老母亲想吃牛肉叫她去买。卖牛肉的问她，你是红军的小丫头吗？她说是的。卖牛肉的说："兰州有你们八路军的办事处！"从这里华全双知道了兰州有自己人。

有了目标，便有希望。一天中午，她哄老太太和小孩睡觉以后，把门反锁上就偷着到兰州找八路军办事处去了。头一天没找到，第二天在大街寻找，不巧碰上姓关的，抓住她就打。围上好多看热闹的，惊动了警察，就把他们一起抓到了警察局。当时国共已经合作，局长问清情况以后，把桌子一拍，对姓关的说："好你个胆大包天的，敢拿钱买共产党的人！"就把姓关的押起来了。

华全双被关进济良所，认识了一位从苏联回来在兰州被捕的林坚，是做地下工作的。一天，妇产科医生高金城的夫人牟玉光领了一些阔太太到济良所看大家，指着她说："我们都是女人，看人家才是堂堂的英雄，这么一点就拿枪打天下，真是勇敢！"一会儿又有好多人来参观，有两个人走得很快，到处转，一个找她，一个找林坚谈话。不久，她和林坚先后被放了出来。高太太牟玉光用自己的马车把她送到八路军办事处。办事处送她到医院休养了一个时期。

寒冬终于过去了，春风送来花儿的丝丝香味。她于1939年春返回延安。她跳起身，欣喜若狂地奔向延安。延安城里，经风沐雨的红旗，一片银白色的鸽群，那样艳亮，那样俏丽。

第十七章

妇女工兵营与医院的女战士

"生离死别平常事，阅尽沧桑费寻思"

中国人民解放军艺术学院院长、西路军红军老战士魏传统，1981 年曾题诗一首送给杨文局：

生离死别平常事，
阅尽沧桑费寻思。
幸存依然多壮志，
告慰九泉先烈知。

这首诗透出西路军的沧桑和风云。杨文局曾任西路军妇女工兵营营长。她 1913 年 10 月 3 日出生在四川省达县魏家乡杨家桥，父亲杨成章，给地主拉长工，兼卖豆芽，人称"杨豆芽"。母亲杨张氏，白天给地主干活，晚上纺线织布，辛勤维持家计。她 7 岁时，因母亲丢了地主家的一口猪，给地主抵了账；9 岁时，这家地主死了，又给另外一家地主当丫鬟。这年 8 月的一天，文局端茶进门时摔了跤，打碎两只茶碗。地主婆狠狠地打了她一顿，手脸青一块紫一块肿得老高。小文局一气之下跑到舅舅跟前，坚决要求参加革命队伍，死也不回地主家门。文局的舅舅张坤是川东游击队小队长，把文局交给地下党组织。党组织送她进达县女子师范学校，一面读书，一面做地下工作。从此，年仅15岁的杨文局走上革命道路，同年腊月加入了中国共产党。

1933年2月，中共达县特别支部正式成立，杨克明任书记，杨文局等任委员。县委成立后，她担任了县委妇女部长，负责发动群众，扩大红军，建立政权，支援前线。1933年12月，杨文局调到川陕省工农银行任保管科科长，行长是红四方面军总供给部部长郑义斋。1934年10月，杨文局调到总供给部妇女工兵营任文化教员。

杨文局和郑部长1934年4月结婚。最好的人，从来不会是一个自私者。那时，红四方面军还在川陕根据地，供给部仓库存放着大批被褥和服装，也有各种缴获来的食品和罐头；但是，作为供给部长的郑义斋丝毫也不供给自己。杨文局和郑部长把两人平时用的被褥搬在一起，就高高兴兴地办完了婚事。结婚当晚，两人吃的是荞面疙瘩。那一个个灰褐色的疙瘩，似一个个闪亮的音符，奏出红军战士奋斗不息，昂扬乐观的人生。

红四方面军放弃川陕根据地，强渡嘉陵江，开始长征。杨文局和郑部长为了行军打仗不受拖累，忍痛把刚出世五六个月的孩子交给一个农民抚养。

妇女工兵营长征时的主要任务是搞后勤运输。她们常常要背四五十斤的辎重，日行上百里路。有一次，天下过雨，地上很滑，一脚下去泥巴粘住鞋，一使劲脚拔出来了，可草鞋却陷在泥巴里。这样，一个晚上行军要换两三次草鞋。晚上行军听不到别的声音，只听到人们跌倒的“扑通”声。许多人用自己的衣服把枪支、弹药包起来，担心摔坏。天亮，敌人的飞机就追上来了。炊事班的女战士一听见飞机响，就趴到行军锅上。郑部长风趣地说：“别人是顾头不顾尾，你是顾锅不顾头！”

她们总共走过三次草地。草地一望无际，远远看去，一片片的亮光。脚往地上一踩，就冒出一股黑水，溅到身上、脸上。草地的气候变化无常，一会儿太阳出来了，一会儿刮起大风，下起冰雹。大冰雹好厉害，把斗笠都打烂了。有人头上打起了大包。有个小战士说她的干粮吃完了，大家别有情趣地讲：“你头上那个馍馍为什么不吃啊？”

长征途中，妇女工兵营营长林月琴调离，杨文局接任营长。三八妇女节庆祝会上，她见到康克清，康大姐当时在党校工作。她提出想去党校学习，康大姐同意。部队到甘肃哈达铺休整三个月，组织上又把她调回总供给部，任妇女工兵营营长。

硝烟，烈火；飞雪，流云。西路军残部进入祁连山。

寒风千篇一律地呼啸着，把它的意志涂满了整个空间。郑部长带着十名战士和金子赶往总指挥部，没走多远就被敌人包围。郑部长牺牲了，长眠在白雪之中。祁连山肃然矗立，遮没了半壁蓝天。寒风逞威，裹起积雪，呼啸着……

杨文局和几位战友不屈不挠地跋涉，走进茫茫山野。寒冷的冬天带来寒冷的变故。在一条小河边，她们发现有脚印和马蹄印，便顺着印迹而行。印迹越来越多，她们推测有敌人，赶紧往回返，刚钻进一个破窑洞，马家军就包围上来……

杨文局被俘押到张掖，又押往青海，因为要分娩，让她脱离了队伍。惨淡的月亮照着山野，像在低声抽泣。她辗转迁徙，几次被迫易嫁，最后流落到武威南山张义堡的石嘴子，投靠了一位回族皮匠。

希望是受难者的火把。她日夜思念红军，想尽一切办法打听红军的消息。村里来了货郎，她总要去看一看，问一问，试探试探是不是组织上派来的人。她还说服皮匠在村口路旁摆了一个小杂货铺，一面做小买卖，一面注意过往行人。她打听到兰州设立了八路军办事处，便决心去兰州，可是几次带着孩子出走都被皮匠追了回来。她抑制住内心难以忍受的悲痛，痴痴地望着那遥远的东方天际……

岁月递嬗，时移势易，1949 年秋，河西解放。杨文局立即领上孩子，在一位藏族妇女的帮助下，骑上毛驴，翻山越岭去找部队。当她在黄羊镇看到头戴红星的解放军时，悲喜交集地哭出声来："我回来了！我回来了！"

她被党组织分配当了武威县妇联主任，1950 年 4 月调任永昌县妇联主任。她一上任，就率领工作队下乡，深入基层，搞减租、反霸、镇反、土改。永昌县妇联被评为全省和地区的模范，她也被重新吸收进党的队伍。

康克清大姐找到了她，调她到全国妇联少儿部工作，以后又送她进中央党校西北二分校学习。她 1953 年 3 月毕业，由于西北急需干部，便服从组织分配回到甘肃，到酒泉担任了劳改局新生被服厂厂长。杨文局在妇女工兵营期间搞过被服工作，她充分利用自己的经验，把被服厂搞得既井井有条又热气腾腾。被服厂有300多名职工和100多名劳教人员，在她担任厂长、书记的几年中，年年超额完成生产任务。

1958年，朱德委员长和康克清大姐来酒泉视察，听了杨文局的汇报后说："你好好把他们改造成新人，对国家有利。用两条腿走路的办法，搞好副业，种粮种菜，养鸡养猪养鸭养鱼，给他们改善生活。他们犯了错误，生活上不能亏待！"杨文局牢记朱德委员长和康克清大姐的教导，对犯人坚持改造和关心相结合，实行人道主义。

"文化大革命"的狂风恶浪无可避免地将杨文局抛向是非之舟。"叛徒、逃兵、变节分子"的帽子一顶顶飞来，"火烧、炮打、枪毙"的口号震耳欲聋。

世事尽管沧桑多变，但是因果关系历历可辨。党的十一届三中全会后，加在杨文局头上的不实之词终于得到平反落实。天空总归是蓝的。

她拽一路风雨朝晨光走去

林月琴写的关于妇女工兵营的回忆录中有这样的叙述：

一天，刘伯兴（副营长）风风火火地进屋，兴奋地对我喊道："营长！张排长带回了一个连！你去看啊！"她一把拽着我，便向门外跑。我出门一看，在夹道的人墙之中，张茶清挺起胸膛，甩开大步在前面走着，后面跟了一群姑娘、媳妇。她们穿着补丁摞补丁的衣裳，有的梳髻，有的扎着独辫子，还有的戴着项圈和手镯，步伐不齐，可走得很精神。这支少见的队伍，招来了满街看热闹的人。

张茶清扩红的地点是恩阳河。她去的那一天正逢赶场，街上有许多人是背着背篓来卖山货的童养媳。张茶清往八仙桌上一站，还没有开口，有的老乡就发现她是个女红军，可有的老乡不信。张茶清听到他们议论，就说："老乡们！我是个女红军！"桌前几个小媳妇看见她的穿着打扮和头上的短发同男同志完全一样，便怀疑地望着她，一面笑一面摇头。张茶清见她们不信，弯下腰去让她们看自己戴耳环的耳朵眼，她们才信了。大家都对这位女红军发生了兴趣。张茶清直起腰，爽朗地说：“乡亲们！姐妹们！我是湖北黄安人。我父亲给财主当长工，累病了，我9岁那年他就死了，到我12岁娘又死了。我哥哥养不起我，就把我送给人家当童养媳，和这里的童养媳一样，当牛做马，挨打受骂。红军一来，我就当了红军。在我们队伍里，像我这样童养媳出身的红军战士多得很。”她的话引起许多童养媳的共鸣，当场就有十几人报了名。傍晚，集合起了一支有七八十人的队伍。这一来，我们营扩充到近500人，足足编了三个连。

张茶清，1929年15岁时在故乡湖北省黄安（今红安）县参军。部队从鄂豫皖转战川北，张茶清与何福祥等女红军在十二师医院，一路搀扶着伤病员。她调到总供给部妇女工兵营，与林月琴、王泽南、刘伯兴等在一起。领导决定扩建被服厂，张茶清和张正富、廖国清带着招兵任务到了恩阳河。恩阳河扩红回来，张茶清升任二连连长。

她们的主要任务是给部队缝衣服，没有机器，全用手缝，一人一天一套。布料都是打土豪缴获的，什么颜色都有。布料用完了，她们就搞运输，背粮、运枪、运子弹，八九十里山路一天打来回，都乐呵呵的，无人叫累。张茶清红扑扑的脸上，经常汗爬水流。

长征，五六十斤重的东西压在她们柔弱的肩上，而脚下的路，又这么曲折悠长。爬雪山时，牙齿冻得格格响，有人冻掉了脚后跟，有人倒下去再也没有起来……

河西走廊抛洒过她们的汗水和鲜血，涌流过她们的痛苦和辛酸。在古浪附近的马营山头，敌人把红军截住，双方展开拉锯战。张茶清和女战士们时刻与死神搏斗，从火线上抢救伤员，给伤员上药。当时红军医疗条件非常差，没有麻药，用刀子把伤员的子弹取出后用碘酒捻子一搽，抬了就走。战斗进行了一整天，子弹越来越少。医药主任周伯殊带着张茶清和李开英悄悄绕在敌人后面，躲在树丛里，看见几匹马正在往山上运子弹。他们迅速冲过去，截获了八箱子弹。

高台战斗，清汪汪的晨光中，她和战友们一起守着东门城墙，子弹打完，用石块、瓦片、砖头打。敌人进城后，又和敌人巷战。她羊羔般的弱质中也有雄狮似的强悍，拿起刺刀向敌群冲去，头部负伤，跌坐在地。她想挣扎着站起来，可两脚不听使唤。脸上怎么热乎乎的？一摸，满是血，她昏了过去。枪不响了，也听不见人叫喊。周围都是尸体，血在地上淌。她嗓子直冒烟，想喝水，好容易爬到一口水井边，见有半桶马家兵洗刀用过的血水。她顾不得许多了，对着水桶"咕咚、咕咚"喝了一顿。

她被抓进一座大庙，里边挤了100多个红军，有男有女，有负伤的也有没负伤的。敌人当天给她们照了一张相。

一位好心的老奶奶把她要了出来。她伤口疼得厉害，老奶奶就让儿媳往她嘴里喷大烟；她腿冻坏了，老奶奶和孙女天天扶她上厕所；她的头发被血痂粘在头上硬邦邦的一层，她们小心地帮她剪去，上了黑药膏。西门外有两个学生，也每天偷着给她换药。一个多月过去后，她的伤口渐渐好了。

日子似乎平静起来，但她的心却不平静。她想起自己的同志，盈盈的泪溢出眼角。她告别老奶奶，独自向西追寻部队。她觉得天地一片惆怅，觉得落日苍凉，觉得雪白的大风从心头刮过。她跑出300多里还是让马家两个骑兵抓住了，先是送到酒泉，几个月后押送青海，进了西宁被服厂。

西宁被服厂已经有十几个被俘女红军，监督之下，没白没黑地缝衣服，做子弹袋。夜里看不见，她去向厂长要灯，被厂长掴了两个耳光。痛苦，落在被俘女子身上的会更多。马家军把她们当成战利品，动不动就到被服厂来拉人。一天，来了一些伤兵，排成一队，有缺胳膊的有断腿的，让她们姐妹排成一队，对着谁就跟谁走。不愿意，就往死里打……

张茶清死也不愿意，在一个工人的帮助下，女扮男装逃了出来。她逃出了青海，但命运依然多舛。她拽一路风雨朝着那瀑布似的晨光走去，脚步那么蹒跚……

她经过培训分配到总医院

王海会15岁时在家乡四川达县浦家乡参加了红军，分配到红三十军政治部宣传队，投入了革命的浩荡洪流之中。1934年从各军宣传队抽人到通江培训一个月，她经过培训分配到红四方面军总医院当护士。当时，总医院院长是周光坦，政治部主任张琴秋，护士学校校长苏井观，医务主任周吉安，看护长林成芬，她的班长是徐明秀。

1935 年初，总医院离开王坪，经过崇花县时，留下红四方面军第二后方医院。王海会留在这所医院担任护士长，由于出色的工作，她被吸收入党。第二后方医院在崇花县待了约半年，9 月份随返回来的红四方面军第二次过草地、爬雪山，经毛儿盖、懋功等地向川康边界的天荃、芦山一带进军，遭到四川军阀刘湘军队的阻截。1936 年 8 月又第三次越过茫茫草地，秋天到甘肃会宁实现了三大主力会师。

靖远渡过黄河，总医院进行改编。大部分人调走了，王海会仍留在医院。部队进入祁连山后，医院政委将她们的枪支、子弹集中起来交给那些身强力壮的男同志，一部分不能用的枪支埋了起来。党团员把党证团证、重要文件也埋了。由于长期缺乏粮食、食油和盐，大家的身体越来越坏，眼睛看东西都模糊了。

那是一个阴冷的日子，她们下山找粮食，正和老乡换黄米时，被马家的地方民团包围。尽管她们用仅有的几支枪奋勇突围，但寡不敌众，终于被俘。和她一起被俘的有总医院的邢之秀、申天任、姚芝珍等，还有红九军敌工部副部长吴仲廉。敌人将她们押送张掖，她见到总医院许多同志关在这里，还见到张琴秋、陶万荣。

在向西宁押送途中，王海会亲眼看见敌人对红军战士血腥屠杀。她一直和张琴秋、吴仲廉、陈万珍、赵玉香等在一起。张琴秋在张掖时就化了装，头上包了块破布，穿着老百姓的衣服，化名苟秀英。张琴秋两只脚上打了许多血泡，行走很困难。她们几个人轮流扶着张琴秋走，乘敌人不注意，把她塞进拉粮的大车里，用毡篷布盖起来。

敌人将她们关押在羊毛厂做苦工，每天拣羊毛，用烂皮子熬胶等。不多久，张琴秋被敌人提出去煮饭。张琴秋临走前，还来看望大家，鼓励大家要坚持斗争，不要忘了党、忘了革命。

国共合作时期，马家军将她们名义上释放，实际上是给其部下分配做老婆，做佣人。王海会躲在茅屋里，后来溜了出去，到中山医院找着一个姓窘的女外科大夫。窘是平时看病相识的，对她们的遭遇很同情。在窘大夫的帮助下，她被介绍去一个当时在盐局里当文书的人家里做佣人。1939 年 6 月文书全家回西安老家，又把她介绍给同院一个商人陈宝家做佣人。她在陈家待了三年，在忧心忡忡中被迫做了二房。全国即将解放时，马家军拼命抓兵，陈家无法应付，铺子顶了壮丁，就此倒闭。

青海解放的喜讯踏着轻快的脚步走来，呼唤起她心中久已沉睡的热情。一军军长贺炳炎、政委廖汉生将她们这些流落红军召集在一起，亲自接见，勉励大家发扬革命精神，协助政府工作。她被安排在青海省军管会里帮助搞肃清反革命工作，收缴马家军流散下来的枪支、弹药。和她一起参加肃反工作的女红军还有谢青英、王淑惠等。西宁市成立市政府，肃反工作告一段落，她们被分配在街道上做居民工作。人生如流，岁月如流。她一直在基层岗位上兢兢业业，努力工作。

历经磨难而没有死的“共产丫头”

当兵就要当红军，
处处工农来欢迎，
穷人参军为革命，
红军打仗为穷人。
当兵就要当红军，
打倒土豪和劣绅，
人人都把田地分，
军属田地有代耕。
……

这歌谣是红军女战士安明秀唱的许多红军歌谣中的一首。这些歌曾伴随红军西征的步伐，把革命的火种撒到河西走廊，撒到黄土高原！半个世纪过去了，那缭绕在祁连山顶的悠悠歌声呢？那遗留在河西走廊的泪滴和火光呢？

安明秀在家乡四川省阆中县参加红军，当时才 13 岁。她的两个哥哥也参加了红军，幺爸参加了地方游击队。两个哥哥在过草地时先后牺牲，幺爸一直没有下落。她参加红军时年龄小，又爱唱爱跳，被分配到总部文工团，后来调到总医院当看护。西路军时期，她一直在总医院。部队从倪家营子突围时，她背个小包袱，拉着马尾巴……

噢，祁连，你高峻、严酷，在你脚下埋藏着一个个失败者的故事。

部队从梨园口进入祁连山。总医院的几位领导商量，要把安明秀这些小女孩带出去，找个可靠人家安顿下来。领导把大人分成几批，一批五六个人，由一位领导带领。李传珠负责安明秀几个人。她们在山里周旋，常常是已经分手的同志，过不久又碰上了，然后再分头出奔。那时没有带伤员，伤员在永昌、山丹丢掉一部分，在倪家营子丢掉一部分。她们不敢到伤员跟前去，去了伤员死死拉住不放，好像要把肉拉下来，哭着求着叫带上他们，可是谁又能带动伤员呢？

暮色中几颗稀寥的星星泛着惨淡的白光，寒冷夹带着腥味的风掠过山谷。远远走来一个牧羊人，背着背篓，拄着棍子，对她们谎说：“这里僻静，附近没有马家队伍，就在这里过夜，等天亮了再走！”带领她们几人的李传珠安置大家歇息，自己也在林边躺下。她们哪里知道，四周竟是马家队伍的营地。

“砰，砰……”枪声撕碎周围的冷寂。

天刚亮，马家骑兵冲下山来。李传珠闻讯喊道：“快钻树林子！”随即和一位男同志滚进身旁林棵之中。

安明秀等几个女孩跑得慢，被抓获。马家兵搜出余碧秀身上带着的三个马尾手榴弹，看了看，瞧不起地说：“你们拿上这烂东西有啥用？”说罢扔到山沟里去了，又说，“别怕，女的我们不杀！”

一片粗犷的群山，一望无垠的白雪，山路就于其间蛇一般弯去，深深地战栗着，战栗着。石崖下，路边上，都是枪杀、刀砍、饿死、冻死的红军尸体，看不成啊！

苍莽大地沉没进夜霭的阴影中，唯有祁连之巅，在晚祷般仰着的群峦之上，幻成一个黑色的梦。她们被带到一个山沟里蹴下，山旮旯有几户老百姓。马家兵把她们圈在一个大屋里，地上铺了些草，用黑碗碗送来点面糊糊。有人喝了点，有人没有动。

安明秀至今见山就心烦，就反胃。有人叫她浪山去，她就说："早就浪够了！"

她们被一站一站地押到青海，押到西宁。从小桥到西门，路两边都围着白布，他们从布中间走过。后来听说，那是马步芳欢迎他的队伍用的，她们去时还没撤掉。

她们被圈在马步芳军部的大院里站着。马家兵押来早先被俘的女红军说："你们认识这些新俘虏吗？认识的就领上走！"有人被领到中山医院，有人被领到羊毛工厂。安明秀曾在总部文工团待过，新剧团的黄光秀、党文秀等好些人认识她，把她领到了新剧团。

新剧团解散时，有人被押往张掖，余下的分配给马家军官做老婆或佣人。安明秀等年龄小的被分配做丫鬟。

安明秀到马步芳的财政厅长马××家当丫鬟，从此没有了天真和童稚的欢乐。主人家从来不称呼她的姓名，只叫她"共产丫头"。她劈柴、烧火、打水、洗衣，干些粗重活。她年纪小，干这些活很吃力，常常挨打受气。

她天天晚睡早起，常常瞌睡。马家二少爷5岁，从小害小儿麻痹症。安明秀要顿顿压着他的胳膊喂饭，还得白天晚上地抱着，哄他睡觉。她实在困得恍惚得不成，一次把床上的枕头当成了二少爷抱在怀里，一边瞌睡一边哄。马厅长见了，照她就是一马棒。唯有在马家做工一辈子，外号"白头阿奶"的老佣人还关心她，用受苦人"命不好"的信条劝慰她……

厅长的大少爷十一二岁，常常穿着仿制的军服，腰间挂把小马刀，在院子里逞威风。一次，大少爷把安明秀叫到院里，大声吆喝着："立正，稍息，正步走！"安明秀不理会，扭头就走。大少爷截住她，口出脏话，伸手就打。安明秀扇了他几个耳光。他哭着去找他妈——厅长的大老婆告状。

大老婆个子尕，安明秀等背后叫她"尕阿妈"。她听儿子说罢，一边骂，一边抄起擀面杖，劈头盖脸打安明秀："我把你这个贼婊子，还敢打我的尕娃哩！"

安明秀顺势抓住大太太手上戴的玉石镯子，把她推倒在案板上。一个丫鬟赶快把"尕阿妈"扶起来，说："太太啊，尕共产党把你打坏了吗？"安明秀又去打那个丫鬟。大太太气急败坏，一边骂一边退了出去："你这个该死的共产丫头，吃了豹子胆了，还敢打我？等老爷回来有你的好的，等着吧！”其时，厅长回河州娶三老婆去了。

听说厅长就要回西宁，安明秀跑了。她一口气登上西宁市的南山，朝山里走去。面对开着野花的乱草岗子，她彳亍独行，能到哪里去呢？安明秀跑到绽永贵家。绽永贵是马步芳的参谋，是土木建筑工程师，会吹口琴，常去剧团伴奏。绽永贵家有安明秀的一个四川老乡，叫祁明杰，也是被俘女红军，给绽做二老婆。

安明秀在绽家躲了十来天。马步芳把绽叫去训斥：“给你一个女红军了，你要几个？”

绽只好让他妈把安明秀送回厅长家。厅长用烧火的铁钳，打得她遍体鳞伤，躺了一个多月才能下床。

这天，安明秀端着盘子给厅长送饭，厅长正在做礼拜，只好在门外等候。由于过度劳累，她站着站着就打瞌睡，手中托盘上的碗打翻在地。厅长勃然大怒，掏出手枪追了出来。安明秀拼命跑，一只脚迈进厨房的门，可门被铁链子拴住了。她从窄小的门缝中往里挤，枪声响了，她正好挤进厨房。主人家感到这个不听话的“共产丫头”不能要了，打算把她许给传令兵当老婆，可倔强的安明秀就是不同意。

“白头阿奶”是从小看下马厅长的，想要安明秀给她当孙子媳妇，安明秀同意了。安明秀和“白头阿奶”的孙子马国英结婚时，厅长的大老婆假模假样地送她一床洋布被子，被里子是横着缝的。按迷信的说法，盖上这种被子，生孩子要横位，要难产。这是盼着她死哩！

花开花落，岁月悠悠。安明秀历经磨难没有死，而且人丁兴旺。四个孩子，两儿两女都出落得超俗不凡，其中三人是共产党员。安明秀很为自己的儿女自豪。

失去平衡的记忆

何光明，总是落落寡欢，心的荒野常常升起一缕缕轻烟，还跳动着红色的彩带。红火的灼伤，留下的只能是黑色的伤疤。这是失去平衡的记忆……

何光明，四川省通江县人，9 岁时父亲病故，妈妈将她给本镇姓唐的一家做了童养媳。13 岁那年村上来了红军，还有许多女红军。有个女红军干部叫陶万荣，到她家宣传。她思想通了，还扩大了本镇一个叫钱家华的女孩子一起参加了红军。队伍要出发，妈妈舍不得离开她，把她藏了起来。她偷跑出来，找到红军，被分到总医院三分院当护士。

她以青春年华投入陌生而有吸引力的战斗生活，每天给伤病员洗伤口、换药。她还参加了新剧团唱歌队，经常在晚上慰问重伤员，给伤员唱《慰问伤病号歌》：

苏区硬是好，
慰劳伤病号，
……
红军伤病号，
乐得哈哈笑，
伤病痛苦都忘掉。
重上前线多杀敌，
报答姐妹来慰劳。

每次开大会之前，她们还登台表演打花鼓、唱歌。

红一、四方面军懋功会师，在中岗成立了卫生学校。她被三分院抽出来进卫生学校学习了 7 个月后仍回到三分院做护士。部队到甘孜，上级把她调到总部卫生所工作。在这里，她和总政治部的李金同结了婚。

部队靖远渡河，渡了三个晚上。上边来了命令，剩下的部队停止渡河。何光明与爱人李金同在渡河时分手，她到河西，他留河东。从此，两人被凄厉的秋风和飞卷的浪花隔开。

她所在医院，在山丹住了一个多月。马家队伍将山丹团团围住，发生了几次血战。医院要抢救伤员，还要运送弹药等。为了解决部队给养，上级把会骑马的五六十名战士组织起来去调粮。何光明参加了第二次到大佛寺的调粮，在半山坡碰上马家军，队伍被打散。她在大佛寺一带右腿负伤，和战友吴清香、李树珍一起回山丹找部队，夜里住在老乡家里被马家兵搜捕。

敌人先是把她们放在马家军孟营长家当仆人，伺候营长太太，以后又把几个难友分配给老兵做老婆。何光明在孟家待了四个多月，被逼迫与马家军中的阿訇杨德清结了婚。她逃跑，被抓回来毒打；她喝碱水，想以死抗争，又被救活。她没有屈服，寻找机会再次逃跑出来，逃到拉骆驼的吴义贞家里，与吴结了婚。

她总是落落寡欢，怀着失去平衡的记忆，在不可知的命运中，宿命般度过自己莫测的一生。

第十八章

营 救

周恩来派人与“二马”联系

吴鸿宾——

在一间不太宽敞却很整洁的房子里，有几件简单的桌椅井然有序地摆在房子四周。不一会儿，张文彬从另一间房子陪同一位步履轻快、仪态从容、面露微笑的中年人走来。张文彬向我介绍说：“这位是周先生。”这时，一双热情有力的手紧紧握住我的手说：“你来了，请坐！”他亲切而随便地指着靠窗的沙发让我坐下。

兰州八路军办事处的主要组建者和负责人张文彬

周恩来微笑着看看我，亲切地询问：“你在这里待的时间很长了吗？在本地你认识回民中的一些朋友吗？”从他的话里，我已意会到周恩来所问的是指一些有影响的回民中的上层人士。我回答说：“有一些，但都不是太大的人物。”周恩来听了后爽朗地笑了起来，说：“想一想看，也不一定非是大人物不可！”这时，我还体会不出他问我这个问题的意思。周恩来对我说：“是这样的！”他脸上显出有些焦虑的样子说：“有这样一件事，是党很关切的一件事，你可能已听说了吧？秋天，我红西路军在甘肃河西走廊处境很不好，很危急，要想尽一切办法去营救他们。想想看，有没有能和那边说上话的人？”他接着说：“这件事情你和张文彬商量一下，在回民中找个关系可靠的人，能向那边传达我们的意思。对被围困的红军只要不伤害，那边的条件可以答应，要紧的是要尽一切可能保全住这几百人的性命！”在说这一席话的时候，周恩来一直看着我。

有谁可以去完成这个艰巨的任务呢？我反反复复地把我在西安的一些回民关系考虑了一番，终于想到马德涵先生。他60多岁，当过小学教员，曾在西安回教促进会工作。他的住处与我的住处相距不远。我们都是回民，又知道他为人正派，政治上可以信赖，因此我们彼此时有交往。这时，他赋闲在家，由于生活困难，以卖画为生。我了解他与马家有些渊源，与当时的青海省主席马麟也结识，偶有往来，与马步青还有师生之谊。

马德涵先生听到这是周恩来殷切嘱托之意时，表现出极为惊讶的神情。他直呆呆地注视了我好一阵子才开口说道：“啊！这怎么敢当，想不到周先生这样信赖我！我怕……”

我诚恳地对他说：“马先生！请您再三考虑，但愿不会给您带来什么麻烦！”马先生听后纵声大笑，很动感情地说：“古人云，士为知已者死！我马某已是花甲之年，此事不足为虑。我佩服共产党，这次‘西安事变’人所共见，共产党不记仇，明大义，救民族

受党委托到凉州营救西路军被俘人员的民主爱国人士马德涵（回族）

于危亡，团结人民抗日。周先生为人我非常敬佩，此次蒙周先生如此器重，莫说担些风险，就是为此拼上性命也是值得的！”这一席话真是感人肺腑，令人肃然起敬。

张文彬把此事详细地向周恩来作了汇报。周恩来意见：事要抓紧，最好早日动身。并且叮嘱张文彬说，马先生年岁大了，耳朵又不便（耳聋），最好再找个人路上好有照顾。

事有凑巧，我的一位至交马宪民正好来西安收账。马宪民，海源人，父亲是做皮行生意的，结交比较广。当年马宪民在天水读书时，就住在我家。他父亲来西安办事总要到我家里探望。我想，如果由马宪民陪马德涵先生去河西，那是最理想不过了。

我找到马宪民说明来意，他非常爽快地答应下来。因为他与马德涵也是熟人，互有往来。

记得马德涵先生在得知既有相识马宪民为伴同行，又可乘飞机前去时，非常高兴。老汉说：“平生第一遭儿坐飞机，去河西虎口救人，就是牺牲了，也值哩！”

新中国成立后，周恩来对马德涵先生念念不忘，曾给陕西省委打过招呼，他后来听说马德涵先生生活有些困难，还汇过钱资助，知道马先生耳聋还特意送了一个进口的助听器。

马宪民——

1937 年 2 月，周总理在西安新城（杨虎城的绥靖公署）住，派他的秘书张文彬与吴鸿宾和我联系，了解西安少数民族的情况。两天后的一个晚上 9 点钟，周恩来同志派张文彬用专车接我和吴鸿宾到新城去见他。周恩来对我们很客气，说西安有许多进步的爱国的少数民族，要求我们为营救西路军出一些力。并具体提出要我们到河西去一次，找马步青等人商谈。本来周恩来拟让吴鸿宾去，因有一些客观原因，改请我去。周恩来征求我的意见，我同意了。

回到住处——西安桥梓口天安栈后院，当时是中国回族救亡联合会开会的地方。我考虑到此行有危险，应该再找一个与马步青熟悉的人。第二天，张文彬来了，问我准备哪一天走。我对张文彬说到那边去有危险，我再介绍一个人同去。张文彬问我是谁，我就介绍了马德涵。张文彬向周恩来汇报后，周表示同意。第二天一早9点钟，我就在西羊市71号马德涵住处，告诉他到河西去一趟，营救红军。马德涵表示完全同意，说离开甘肃一二十年了，很想回去看看。

马德涵是四川成都讲武堂毕业的，毕业后曾在四川武备学校当过教官，并在四川结了婚。当时他姐夫白九皋在四川当游击司令。以后马德涵到了兰州，也当过一阵军事教官。我和马德涵在甘肃伪教育厅第三科共过事，所以认识。马德涵在甘肃20年，曾在财政厅当过办事员，当过外县的税务局长，这样，他和马麟也认识。

陪同马德涵到凉州等地营救西路军被俘人员的马宪民

那天晚上，张文彬用汽车把我和马德涵接到周恩来住处。周很高兴，说马德涵这么大岁数了，还为革命出力，表示感谢。见后的第三天，张文彬送来了1000元白洋的票子，告诉我买三张去兰州的飞机票，他也一块儿去河西。我们坐的是西安到兰州的欧亚商机，三张票用去540元，剩下460元。根据周恩来的指示，给马家买了一些礼物。马德涵考虑回来的钱不够了，我跟吴鸿宾说后，吴向张文彬作了汇报，又拿来了500元的银洋票子。吴鸿宾留下100元，交给我400元。

我们乘飞机到兰州后，住了一晚上。第二天，我买了三张去武威的汽车票。到了武威，住在云发旅社，登记时我们说是皮货商。我们在去武威的途中，看到了不少流散的红军。

第二天，马德涵一个人先去见了马步青师长，介绍了西安事变和平解决的情况，谈了西安事变后形势的变化，蒋介石答应国共合作，河西战事和平解决。马步青听了很高兴，愿意帮忙。马德涵告诉马步青，他还带来两个红军代表，马步青表示愿意见面。第二天，我们三个人就见了马步青。马德涵向马步青介绍了张文彬和我。马步青很客气，说对不起。我们要求释放武威的被俘红军，并把周恩来的指示告诉马步青，只要不为难我们的人，我们的枪支、物资可以给马家。马步青同意把扣押在武威的红军释放，同时给每人发五元钱路费。我们在武威住了四天。

当时，马步青还开了两封介绍信，一封给张文彬，介绍到西宁马步芳那里；一封给我，介绍到张掖韩起功那里。张文彬坐汽车到西宁，我坐汽车到张掖，马德涵回兰州。张文彬去西宁已是2月20号左右了。

我在去张掖的半路上见到韩起功，谈了西安事变后的形势，要求释放关押在张掖的红军。韩答应把关押在张掖的100多名红军释放。我住了一夜，第二天回到武威。

到兰州后，我们三人见了面，然后分三天回到西安。张文彬头一天，马德涵第二天，我第三天。

这时已是1937年3月了，周总理已回延安，张文彬就到延安汇报去了。

会晤马麟

吴鸿宾——

1937年4月，西安古城已是柳絮吐花的初春时候了。就在这时，我得知青海省主席马麟从天方朝觐回来，途经西安并在此停留一段时间。随他同行的还有青海省政府的秘书长谭克敏。

我得知这一情况，心想通过马麟可以结识一些人，也许还可以在那边安插个职位，那对我们开展工作不无裨益。我把这一想法向张文彬讲了。他觉得很好，认为马麟刚从南京回来对国民党南京政府可能了解一些情况，另外，把马麟的工作做好了，他回青海对我们工作也有好处，甚至还可以利用这个关系进一步摸清红西路军的情况。我们商量以后，就约请马德涵先生同去拜访马麟。

马麟个头很高，看样子有60岁了，留有山羊胡子，头上戴回民小白帽，身穿深灰色绸长袍，沉静寡言，看起来还有些气派。由马德涵引见后，我作了自我介绍说，我曾在天水给邓宝珊当过秘书。闲谈时马麟也谈到他曾去过天水，由此话题主要是谈一些关于天水的情况。因为是初次相见，我们只是一般的谈谈。

受周恩来委派组织和参加营救西路军被俘人员工作的吴鸿宾（中共党员）

事后，我又同张文彬商量，打算宴请马麟，同时请周恩来参加并会见马麟。根据了解的情况知道马虽为青海省主席，但并未掌握实权。他为人还比较开明，我们都觉得可以安排一下这样的会见。

可是，在哪里会见好呢？马麟是当时青海省主席，让他到七贤庄去会见周恩来不妥；如果让周恩来去桥梓口拜会马麟，对马麟的处境也会不利。商量的结果，还是以我和马德涵的名义请马麟吃饭，在酒席宴会上让他们会面。我们决定事先暂不把周恩来出席宴会的事告诉马麟。此事由张文彬向周恩来作了请示，周恩来同意。

于是，我和马德涵就给马麟和谭克敏发了请帖，在桥梓口的天赐楼回民餐馆包了一桌酒席，叫到西羊市街马德涵先生的住所。地点选在这里，一来环境清雅安静，二来不为外界注意，便于谈话。这一天，周恩来和张文彬先马麟而来。时近中午，宾主入席，马德涵请出周恩来向马麟介绍说：“马主席，我向您介绍一位朋友！”他指了指刚刚步入室内的周恩来说：“这位是周恩来先生！”马麟乍一听吃了一惊，神色一变，但很快又镇静下来，连忙伸出手来向直趋前来的周恩来说道：“啊！幸会，见到周先生太幸会了！”周恩来显得非常自然，很随便地和马麟握手致意说：“马先生这次朝圣回来，辛苦了！”宾主寒暄过后，相继入席。起初，马麟和谭克敏还有些局促不安，等他们发现周恩来是那样平易而豪爽后，气氛渐渐和缓而自然了。

我记得当时马麟向周恩来提出了关于抗日的一些问题。周恩来很扼要地把中共团结抗日的一些主张作了说明，总的是希望国共合作，一致抗日，团结则存，分裂则亡的道理。马麟听得很入神，不住地点头表示赞同。从他的表情看，他对周恩来那言简意赅的见解表露出钦佩之情。谭克敏偶尔也插些问话。宴会期间，周恩来从容自若，侃侃而谈；马麟也表示说，团结抗日有好处。这次会见进行了一个小时左右，整个说来气氛和谐，宾主尽情畅谈。由于事先和房东作了安排，庭院宁静，绝少干扰。

散席后，周恩来与马麟握手道别。当我们送客人到巷道时，看见外面围了很多人，正在悄声议论。好在这次会见聚得突然，散得快速，没有被国民党特务发现。事后，张文彬让我到马麟那里看一看有什么反应。于是我趁回民做礼拜去会马麟。礼拜毕，在一间小礼拜室里，我们打了招呼，寒暄一会儿以后，我把话题引向那次会见的事。我显得很随便地问他："马主席，前次吃饭，您对周先生印象怎样？"马麟听我问起这个话，向两旁环顾一下，稍想了想说："啊！很好，很好！周先生是个很有学问的人！"说到这儿，他跷起了大拇指，轻声地向我说："周先生是共产党的了不起的人才，有远见，也很健谈，我是很钦佩的！"

宴请马麟以后，张文彬根据周恩来的指示，要我到青海西宁去了解被俘红军的情况。为了取得合法身份，我向马麟提出想去西宁找个事做，请他给马步芳写个介绍信。马麟很痛快地答应说："好，我给子香（马步芳字子香）写个信。"于是，当面吩咐谭克敏写了介绍信。

我到西宁以后，住在毛顺皮毛厂一个亲戚家里。西宁，这个西北高原的边远城市，在那兵荒马乱的年代，显得十分萧条。我找到了古希贤（马步芳的秘书）、马霄石（曾当过马步芳儿子的老师）二人，由他们把我引见给当时青海省代主席马步芳。

那天，在马步芳接见一个客人时，把我也同时接见了。因为我是他叔父马麟介绍来的，他的态度还是很客气的。

由于马步芳早已得知我们在西安宴请马麟的事，因此，对于我的工作安排问题婉言谢绝了。记得古希贤、马霄石对我说："马主席说，我们这里范围小，地盘也不大，恐怕不能使吴先生有所施展，等以后再说。"

在西宁找工作的希望落空了，我就利用几天工夫明访暗察，了解被俘红军情况。我了解到孙玉清军长被俘到青海后被杀害，张琴秋同志还在西宁，了解到一部分被俘红军被改编后在乐家湾训练，待遇很坏，在严冬里连帽子都没有。此外，在澡堂、饭馆，我亲眼看到一些年轻的红军在给顾客递毛巾，擦背，当堂倌，搞杂勤，有的还被送到皮毛厂里当工人。他们都被看守得很严，不好接近。

8 月，我返回兰州，向八路军兰州办事处党代表谢觉哉汇报了这一情况，同时也见到了张文彬。

通过赵守钰与马步芳谈判

《青海日报》1937 年 1 月 17 日消息："特派护送西陲宣化使护国宣化广口大师班禅额尔德尼回藏专使行署专使赵守钰，……二十余人，于日前由兰州分乘汽车口辆，启行西上后，前晚行抵民和享堂，稍行休息，昨日上午八时，即由该地启行来省，于下午二时许，抵达省垣。专使等下车进餐后，即分谒省各党局……下榻于昆仑大旅社内云。"

受周恩来委托在西宁、凉州营救西路军被俘人员的国民党爱国将领赵守钰

周恩来打算通过国民党的高级将领赵守钰和马步芳谈判，让马步芳释放河西战役被俘的西路军人员，我们给马步芳一部分枪弹作为交换条件。

赵守钰原为国民党南京政府财政部顾问，南京政府护送班禅进藏的专使。赵守钰，山西人，曾参加过辛亥革命，第一次大革命中与周恩来相识。大革命后期，他在冯玉祥的西北军任中将，任骑兵总指挥。马步芳、马步青均在赵的麾下做过事。赵守钰与杨虎城交往密切，也与我党一直保持联系。1936 年，九世班禅回藏，国民党政府设立护送班禅专使行署，任命赵守钰为专使。他的秘书吴波是我党地下党员。

西安事变爆发时，东北军驻兰州的于学忠部，为解决蒋系部队发生战斗。赵守钰专使行署当时驻兰州，考虑安全欲搬往青海。此时，周恩来指示南汉宸打电报给赵守钰和吴波（赵的秘书，共产党员，新中国成立后曾任财政部部长，全国人大常务委员），请他们到西安面谈。赵守钰是南京政府行政院要员，考虑到西安事变后情况复杂，又难以隐藏身份，所以不便前往，就让吴波代行。

吴波到西安谈到两个任务：第一个任务是西路军在河西失败，被俘干部很多，赵和马家关系深，通过赵和马家谈判，营救西路军被俘人员。释放条件是，我方给马家一批军火，马家装备差，红军在陕北打东北军缴获颇多。当时编了个密码，与马家谈判情况，通过密码联系。第二个任务是通过赵守钰的掩护，张文彬去青海和河西，了解西路军失败后的情况。刘秉琳也陪去，刘和赵有点亲戚关系，赵对刘很器重（刘秉琳，1935 年党派到西安搞联络工作，新中国成立后曾任山东省委副书记）。

曾到西宁、凉州等地营救被俘西路军人员的刘秉琳

赵守钰是通过魏敷滋和马步芳谈的，结果谈判不成。马以河西损失惨重而拒绝。

张文彬、刘秉琳作为赵守钰的随员，到青海和河西以慰问马家队伍为名，深入了解了西路军被俘人员情况。

据王定国说，张琴秋在延安女大时告诉她：1937 年 4 月，张文彬、刘秉琳受周恩来派遣，化装成国民党的人，跟随国民党护送班禅进藏的专使赵守钰去西宁设法营救被俘的西路军指战员。

他们到西宁后，秘密到新剧团见到了张琴秋。张琴秋和张文彬以前就认识。张文彬转达了国共合作，党中央正设法营救她们的消息，并叫她注意斗争策略，不要硬拼，要设法保存自己回部队。张琴秋把这个意思悄悄给大家讲了，叫大家等待机会设法逃跑，不要硬来，还组织大家学文化。但张琴秋没告诉大家张文彬、刘秉琳来青海的事，怕出问题。

中共中央的几份电报

1937 年 3 月 12 日，中共中央书记处致电周恩来等，要求国民党之马家军队“对西路军立即停战”。3 月 17 日，中共中央和中央军委致电李先念、李卓然，指示以主动的游击战争，独立争取自己的生存和发展，并告以“顾祝同已电二马停战”。

3 月 27 日，洛甫（张闻天）、毛泽东、朱德、张国焘致电周恩来并彭德怀、任弼时，指示为解救西路军危局，与马步芳、马步青“讲和”。中共中央愿以 10 万到 20 万之代价，请“二马”停止对西路军之进攻，并让“以最快速度办妥”此事。

4 月 3 日，毛泽东、朱德等七人致电正在与国民党谈判的叶剑英，指示就国民党对西路军见危不救，使其被消灭一事，向国民党谈判代表顾祝同提出质问：要求将西路军被俘官兵 6000 人“调平凉关麟征师驻地转至四方面军归队”；徐向前、陈昌浩及西路军其他干部如被俘，应严令二马不得加以任何残害行为；对河西余部请顾令马军不得再行追击。

4 月 13 日，毛泽东、周恩来致电叶剑英：“西路军左支队现有人数 900 多，枪五六百，18 日可抵敦煌。”指示向国民党当局顾祝同、朱绍良交涉，左支队到敦煌后，“马军不得为难”。

4 月 15 日，毛泽东、周恩来再次致电叶剑英“要顾祝同发令，二马不得追击”西路军左支队。同日下午 21 时，叶剑英电复中央：“顾已电马家敦煌部队勿再攻击。被俘人员开赴兰州处置，如俘徐、陈及干部不得残害。”

援西军

宋任穷——

1937年2月27日，中共中央军委发出关于组织援西军问题的指示。按照中共中央的决定，由军长陈再道、政治委员王宏坤领导的红四军，军长萧克、政治委员郭述申领导的红三十一军，以及红二十八军和红三十二军组成援西军，刘伯承同志任司令员，张浩同志任政治委员，李达同志任参谋长，刘晓同志任政治部主任，先在甘肃镇原一带集中，准备相机援助和接应西路军。

在镇原，我见到了刘伯承司令员。他对我说："你不要再回二十八军了吧，现在援西军政治部只有刘晓同志一个人，组织部长和宣传部长都没有，工作人员太少，你来政治部当组织部长吧！"我同意留下来担任组织部长。中央关于成立援西军的电报中明确要求："司令部政治部组织力求简单。"我们这个组织确实简单，一共只有四个人，除我以外有两个干事和一个勤务员。

不久，刘伯承同志告诉我，中共中央已经决定刘晓同志调往上海搞地下工作，由我担任援西军政治部主任，朱良才同志任组织部长，唐天际同志任宣传部长。

援西军领导刘伯承（前排中）等同志合影

为了使在极其艰苦的斗争中失散的西路军指战员能够很快找到我们，援西军政治部在兰州到西安的公路上沿途书写和张贴通告，写明红军的驻地，欢迎他们归来。对于历经千辛万苦陆续归来的同志们，我们都去看望。回来一个看一个，回来一批看一批，对他们表示欢迎和慰问。一天下午，我随刘伯承司令员、张浩政治委员到招待所看望大家。刘伯承同志赞扬西路军广大指战员同数倍于己的敌人浴血奋战，表现非常英勇。他说：同志们在险恶的环境中，在十分困难的条件下，采用各种方法，坚持进行斗争，凡是能够回来的同志，表现了政治上的坚定性，都是好同志，都是党的宝贵财富，组织上都给予信任。刘伯承同志这一番话，使大家深受感动。

对于归来的西路军人员，援西军政治部遵照中共中央指示，迅速进行审查甄别，除了个别确有叛变行为者外，一律予以信任，很快恢复了党的生活，重新分配了工作。这些同志在新的工作岗位上表现都很好。

根据伯承同志意见，政治部向归来的西路军同志们讲授社会发展史常识。我们自编教材，自己讲课。从猴子变人讲起，原始社会、奴隶社会，一直讲到社会主义、共产主义。政治部还办了指导训练班，专门讲如何在连队进行思想政治工作。这些做法，效果都比较好。

1937 年 7 月底，援西军司令部在镇原召开团以上干部紧急会议，刘伯承同志传达了中央军委的命令：一、取消援西军；二、全部援西军部队立即开赴三原镇接受改编。

我二十八军编入以贺龙同志为师长的一二零师。红四方面军的第四军、三十一军以及陕北的第二十九军、三十军等编为一二九师，师长刘伯承，副师长徐向前，参谋长倪志亮，政训处主任张浩，我任政训处副主任。我一二九师，除留三八五旅一个团担负保卫陕甘宁边区的任务外，主力部队奉命开赴晋东南抗日前线，投入了长达八年之久的抗日战争。

陈再道——

到了严冬将近的时候，我们才得知西路军失利的确切消息。大家听到这个消息以后，恨不得马上去援救西路军。但是，谁也懂得军令如山的道理，没有中共中央的命令，哪个也不能擅自行动。

1937 年 2 月中旬，中共中央为解除西路军之危，决定立即组成援西军。我们四军奉命参加了援西军，在刘伯承等同志的率领下，于 3 月 5 日，从驻地三原、淳化出发，日夜兼程，急如星火，马不停蹄地向西疾进。当我们进到甘肃东部镇原时，不知什么原因，援西军司令部突然接到命令，部队停止前进，原地待命。

为什么日夜兼程西进，突然之间又叫停下来？部队里的小“诸葛”们，议论不止，众说纷纭，但到底发生了什么事，还得等着听领导怎么说。

我们奉命停止西进后，刘伯承等同志首先召集军、师、团领导开会，说明了停止西进的原因。接着，召开了一个连以上干部大会。在会上，刘伯承同志宣读了一份西路军的电报，说西路军经过多次浴血奋战，屡遭挫折，伤亡很大，最后到了祁连山，处于弹尽粮绝的境地……

同志们听到这里，再也听不下去了。会场内，由低声抽泣变成一片哭声，有的同志放声号啕大哭起来。刘伯承同志念到这里，也声音哽咽地念不下去了。

我这个不爱流泪的人，这时也流出了眼泪。我坐在那里独自暗想，西路军到了这种地步，我们援西军还在甘肃东部，实在是远水解不了近渴，无法援救西路军兵败祁连了。

当时，我心情非常沉重，脑子里乱成一团。我想到了虎豹口分别，想到了艰苦的长征，想到了黄麻起义，许多情同手足、亲如骨肉的战友的影子，一齐出现在我的眼前……

王宏坤——

大家心情十分沉重，这支部队垮了，真没有办法接受这个事实。这是一支多好的部队呀。鄂豫皖的黄麻起义、商南起义、六霍起义的老底子在里面，还有川东游击军、宁都暴动的老底子，这是一支意志旺盛、作风顽强、英勇善战、战功卓著的战斗骨干队伍，它的失利实在太可惜了，是中国工农红军的重大损失，是中国革命的重大损失，我们永远不能忘记那些牺牲的英烈们……

徐深吉——

全会场一阵悲痛的抽泣，有许多同志号啕痛哭，心如刀绞，泪如雨下。张浩政委说不出话来，同志们想起黄麻起义的骨干红一、三团，六霍起义的红六团，宁都起义的红五军团，鏖战川东的红三十三军等兄弟部队和同生死、共患难的战友们，越想越悲痛。这种悲痛欲绝的场面，过去从来没有见过，我的生身父母去世也没有这样悲痛过，革命的战友，阶级感情超过一切。当时不少同志说：中央早知道西路军的困境，为什么不早组织援救？

杨国宇——

我们始终惦记着西渡黄河，浴血奋战的西路军的同志们。严冬将尽，我们就听到了西路军失利的消息。中央组织了援西军，援西军的主要部队是红四军、红三十一军，还有红三十二军（原来红一方面军九军团剩下的架子，经补充兵员后约有1000人）、红二十八军。3月5日从陕西淳化、三原出发，走到甘肃东部的镇原时，援西军司令部在这里开了一个连以上的干部会。会上宣读了一封西路军的电报。说西路军已经到了祁连山，经过多次残酷血战，迭遭挫折，没有办法上了祁连山的康隆寺，已经到了弹尽粮绝的地步。援西军再渡河去，已远水解不了近渴。这个电报一念，会场上顿时一片哭声，有的同志号啕大哭。刘伯承同志讲话也讲不下去了。多么好的部队啊，有的是从黄麻暴动、商南起义冲杀出来的工农子弟，有的是曾威震川东的游击健儿，有的是从中央苏区战火中锻炼出来的坚强战士，他们和我们援西军的指战员真是亲如骨肉，情同手足。现在听到了他们失败的消息，怎能不叫我们痛心疾首呢？大哭一场之后，张浩和刘伯承同志都讲了话，都劝慰我们化悲痛为力量。西路军的失败只是个局部，国内形势还是好的，鼓励大家要把我们的部队整顿好，要好好地扩军，革命的烈火总要越烧越旺的。

援西军没有能够如愿“援西”，便按中央指示屯兵待命。红四军驻扎在镇原县屯字镇，红三十一军驻平泉镇，司令部驻镇原县城内。我当时已从红三十一军调到援西军司令部工作。

援西军在待命中也有重要任务，这就是接应西路军失散人员。司令部为此专门设立了招待所。通往西安的路上（如平凉等地）也设置了收容站。记得有天下午，直属队有的同志正在球场打篮球，听说接回了一位西路军战士，大家都不打球了，赶快跑去看望。刘伯承和宋任穷同志亲自接见了这位战士，并安排他吃招待饭，劝他好好休息将养身体。司令部的同志看到他只披了件破羊皮，便未等上级布置，在管理科负责人方坤的带领下，你一件我一件地为他送来了衣服、鞋子、手巾、牙膏、牙刷等日常用品。第二天各种慰问品仍源源不断送来，仅衣服和其他个人生活用品就堆了满满一房子。

这期间，西路军突围出来的失散人员陆续归队和被俘后接应回来的人数还不少，一共有数千人。西路军回来的同志都被妥善安排，有的到随营学校和延安学习，有的则就近编入了援西军。

第十九章

兰州八路军办事处

谢老的营救活动

西安事变促进了国共联合抗日的新局面。中共中央决定在武汉、西安、兰州、南昌、长沙、南宁、桂林等地，建立自己的办事机构，并派驻了代表。谢觉哉被任命为中共中央驻兰州的代表。

1937 年 7 月 17 日，即卢沟桥事变后的第十天，谢老带领十几名工作人员从延安出发，赴兰州就任。

谢老等行至中部（黄陵）县境时，遇见了朱总司令。朱老总带领前方参观团，因雨阻而留宿此地。当谢老知道朱老总就住在离城只有二里的地方时，不顾路滑，马上前去探访。朱德意外地见到谢老，显得非常高兴。他们亲热地促膝而坐，畅谈国事，朱老总特别嘱咐谢老到兰州后，要尽力营救在河西走廊一带失散的红军西路军人员。谢老会心地点着头，他理解朱老总的心情。

谢老一行经过 12 天的旅途劳顿，7 月 29 日到达西安，住宿在七贤庄八路军驻西安办事处。办事处的党代表林老（林伯渠）和处长伍云甫以及因有事在这里停留的叶剑英一起热忱接待来自延安的战友。当天下午 1 时，谢老一行乘坐欧亚航机于下午 4 点抵兰州机场。

兰州八路军办事处的筹建工作已于谢老抵达兰州前开始。5 月，张文彬与彭加伦、朱良才等七人在南滩街 54 号建立了中共驻兰办事处。谢老来时，张文彬已奉命返回延安。八路军驻兰办事处，初时设在兰州城南关的南滩街 54 号（现酒泉路互助巷 2 号），1938 年 2 月搬迁到孝友街 32 号（现酒泉路 125 号）。

国民党甘肃省政府主席贺耀祖是毛泽东青年时期的朋友，也是谢老的同乡旧友。大革命时期，贺耀祖暂任湘军第二师师长，中共曾派谢老以国民党员的身份做过贺的工作。这次派谢老任驻兰州代表，中共中央是考虑过谢老和贺耀祖这段历史关系的。

兰州八路军办事处党代表谢觉哉

谢老到达兰州的当天晚上，贺耀祖立刻派一位姓郭的顾问，驱车到南滩街 54 号迎请，为谢老接风洗尘。国民党省党部宴会大厅热闹非凡。谢老神态自如，落落大方，同阔别多年的贺耀祖寒暄问候，畅叙旧谊。谢老深知要做好兰州的统战工作，首先要做好贺耀祖的工作。十年前的贺耀祖只是个湘军的二师师长，而十年后的贺耀祖已是显赫一时的国民党甘肃省政府主席。因此，要做好这一工作，还需进行许多说服、争取的复杂而微妙的斗争。

一段时间过去，贺耀祖觉得自己与老朋友虽有政治观点分歧，却能毫无保留地倾吐意见，不胜感慰。他觉得，老朋友仍然像十年前那样，在历史的关键时刻，伸出友谊之手拉他一道共同为国家、为民族作出贡献。他看到谢老为了共同抗日，经常到省府找他而受到门卫的盘问，内心有点自责。贺耀祖来到办事处驻地，亲自给谢老送来一枚国民党省党部的徽章，让谢老戴在胸前，以示出入证件，从此再不会受到盘查之阻了。

谢老一到兰州，就着手营救和收容西路军战士。办事处几乎每天都能搜集到有关西路军将士被关押在马步芳、马步青军队监狱里的消息，谢老随时把这些情况带到省政府，找贺耀祖协商，要他下令放人。

谢老接到毛泽东的电报说，凉州骑五师特务团团部关押着男女干部十余人，请办事处设法营救。谢老立即采取措施，找贺耀祖商谈，让他交涉释放这批干部，然后给毛泽东回电说明了情况。

谢老给毛泽东发电报，向中共中央报告已同马步芳代表马绍武晤谈，决定先将失散被俘人员中已被判刑的干部名单开列出来，然后由贺耀祖下令要回。谢老告知延安，流落河西、青海一带的西路军人员，多须公开派人去收容。

1937 年冬，马步芳把被俘西路军 1500 余人编成“新兵团”，准备送往河南，拨交国民党卫立煌部队。新兵团一到兰州，谢老马上采取紧急措施。他一方面找朱绍良（甘肃的形势引起蒋介石的“担心”，他突然采取“走马换将”的办法，把贺耀祖调走，让第八战区司令长官朱绍良兼任甘肃省主席）交涉，要求把这个团拨交八路军；一方面又亲自找新兵团的杨团长，向他讲明团结抗战的道理，并告诉他红军战士的心永远向着共产党，劝他还是将这团人交给八路军，否则不等到达目的地，人都会开小差跑回八路军那里去的。这个杨团长听了谢老的话，甚觉有理，他也唯恐“新兵”开小差，完不成转交任务自己回去不好交差。他对谢老表示，只要上级有命令，不论交给谁，只要完成任务，绝不阻拦。

兰州八路军办事处第一任处长彭加伦

办事处处长彭加伦、秘书长朱良才，在谢老安排下到新兵团讲话，要大家坚定信心，做好准备，随时回到自己的革命队伍中来。不料，朱绍良玩弄两面派伎俩，在没有给办事处明确答复以前，就暗地命令这个团偷偷地提前开走了。

谢老立即给西安办事处的林老发电报，把情况的原委及变化一一说明，请他继续努力，争取把新兵团收回来。就这样，当新兵团还没有到达西安的时候，林老就早已做好准备工作。

新兵团一到西安，八路军办事处处长伍云甫前去驻地看望大家，并讲了话。新兵团个个心情激奋，都坚决要求回到八路军。经过兰州和西安办事处的努力，终于把新兵团全部营救过来，就连那个杨团长最后也到了延安。新兵团开到三原县的安吴堡，由八路军驻三原留守处周必泉负责接收，然后分别编到八路军各部队。

那位杨团长到了延安，受到热情接待。当他从延安返回路过兰州时，专程来办事处看望谢老，叙述朱德总司令接见他的情况。他在延安见到八路军官兵平等，总司令和战士在一起打篮球，颇受感动。他说要不是家属老小都在青海，简直不想回家了。

党的挚友高金城

弯弯的波纹，浅浅的涟漪，五眼清泉嵌在兰州五泉山下的岩石中，亿万年之久，依然这样清晰，水波漾漾。此刻，一树树嫣红，一树树金黄，五彩缤纷之间夹杂着丛丛的碧绿，全都被透亮的月色照得朦胧。

1937 年 8 月的一天，谢觉哉与彭加伦、朱良才一起来到五泉山。他们沿着绿色的树墙，踏着淡淡的月色，拾级而上。不过他们不是来游山赏月依泉煮茗的，而是为了会见高金城。

此前，张文彬曾告诉吴波，西路军主要负责人陈昌浩、徐向前等下落不明，中共想派人去河西走廊寻找，同时还有其他许多被俘和失散人员需要营救。但是，河西走廊刚打完仗，马家军控制很严，外人即使进去也站不住脚，急需找到一个既能立住脚，又能完成这件艰巨任务的人，请吴波推荐。吴波立即想到高金城先生。

高金城，字固亭，河南襄县东高庄人，1886 年生。他性情耿直，正义爱国，时刻关心着中华民族金瓯一统事业。他早年在地下党员的启发引导下，为共产党做过一些秘密工作。他既是传教士，又是医院院长，在兰州及河西各地有一定的社会影响和群众基础。吴波给张文彬介绍了高金城的情况，张文彬喜出望外，立即向周恩来、南汉宸作了详细汇报，得到同意。当高金城从吴波处了解到这是周恩来的意图后，深为这种信赖所感动。

绿树掩映，浑然碧透的山间小径上，走过来一个身材魁梧的人。对于谢老的欢迎，他报之以微笑，又弯又长的黑眉飞入两鬓，神采昂扬，英气逼人。他伸出两手，坚实有力，紧紧握住谢老的手。

爱国民主进步人士高金城

谢老深情地说："固亭先生，我们在河西的同志正处于最困难的时候，你慷慨应允去河西，我代表我们党向你表示感谢！"谢老还叮咛说，"这是件困难而危险的事情，请你多加小心。如困难很大，就请撤回来，再做计议！"

"谢先生，请不用为我担心，不把那边的事做完，我是不回来见你的！"高金城再次郑重地表示接受委托。

和谢老会见后，高金城立即安置爱人牟玉光在兰州开设"牟玉光助产所"，作为西路军流落红军与兰办联系的联络点。这个联络点一再为八路军驻兰办事处提供信息，营救红军多人。

8 月 13 日，高金城以"甘肃省甘、凉、肃抗敌后援委员会"主任的名义，拿着省政府的介绍信离开兰州赴张掖。与高金城同行的有蔡光波，蔡是西路军总部警卫营负责人，失散后找到组织，谢老让他到张掖做联络工作。一切安排停当，高金城化装成商人领着小儿子高士杰，和蔡光波一道登程西去了。

高金城坐在长途汽车上，车窗外气势恢弘蓦然展开的一幅莽莽苍苍的长卷，曾洒落他的青春年华和"济世活人"的理想。他这个燃烧着青春之火的热血男儿，曾被这块土地冷若冰霜的面孔冰得心凉。

高金城少年时家贫，半工半读毕业于开封医学院。他是个基督教徒，抱有

“济世活人”的宗旨。1917年，他离开繁华的城市，来到戈壁沙漠行医救人，相继在张掖、酒泉开业。1925年在酒泉行医时，因斥责当时酒泉镇守使吴桐仁的苛虐暴政被捕入狱。冯玉祥钦佩高金城的为人，命刘郁芬释放了他，并请他到河南郑州，就任西北军伤病院院长。冯玉祥离开河南后，高金城就职于北京协和医院。1932年1月28日，日寇在上海发动战争，高金城参加了十九路军的淞沪抗战，进行战地治疗。1934年，高金城和爱人牟玉光离开协和医院又来到西北，在兰州开办“福陇医院”。

西方摊开半天的花花云絮，熠熠灿灿，荒漠戈壁到处涂上一层融融金色。丝绸古道笼罩在绚丽的晚照中，然而，前面等待他的不是缤纷的彩云，而是恶风飞沙、冷清死亡的世界，是考验一个大写的人的世界！

彭加伦关于兰州工作报告

洛、毛并转中央：

……

收容工作。我们去了后，曾由青海接到两批。头一批四五百人，我们去讲了话，可是法西斯监视得很厉害。后一批系干部，未能得见，很快就送走了。地方零星收到一些，多是在讨饭的，有病和受了伤都送到医院医治，收了几个到办事处。我回来时，在静宁收容了11人，发了路费，指定了人负责回苏区，但现在不知怎样了。在青海还有男女2000多，曾屡向贺要，他去电要来，但贺力量不能及，现仍未能弄回。派了两个人去秘密收容，无回信，成绩不知怎样。对医院的慰劳了几回，发了钱并经常去看他们，在医院的多半成了残废。流落兰州的不少，多找到了职业，以挑水的多，有的在饭馆做小工……

1937年9月23日

（引自《八路军驻甘办事处》，中共兰州市委党史委员会办公室、八路军兰州办事处纪念馆）

伍修权的回忆

1937年初，周恩来同志就提出在兰州设立办事处，以营救西路军的被俘人员，收容其失散人员，特别是要查找一时不明下落的西路军主要领导人。5月下旬，中共中央就派出了张文彬、彭加伦等七位同志，到兰州筹建红军办事处。国民党政府迫于团结抗日的形势，同意我们在兰州南滩街54号前院，设立一个半公开的机构，进行对外联络和营救西路军人员的工作。

抗日战争开始以后，以斯大林为首的苏联党和人民，大力支援我国抗战，派出志愿航空队来华，机场就设在兰州。大批援华物资也由苏联经新疆运到兰州，然后再分别运往各地。为协调中苏两方的工作，苏联在兰州设立了外交代表处和军事代表处。苏联共产党也将兰州作为他们与我党联系的一个主要的联络站。这样，兰州便成了我国及我党对外联系的一个重要枢纽。由于八路军办事处不断同苏联驻兰州的代表机构打交道，谢老和彭加伦同志就电请中共中央派会说俄语的干部来兰州工作。中央考虑到我曾在苏联学习和工作多年，回国后又为李德当了一个时期的翻译，对俄文还比较熟练，便决定由我来兰州，接替了彭加伦同志的办事处处长职务。

第二任兰州八路军办事处处长伍修权

兰州办事处设立时的重要任务之一，是对原西路军被俘失散人员进行营救和收容工作。在我来到兰州以前，谢老、彭加伦、王定国和朱良才、况步才等同志，就做了大量的工作，设法救出和送回了许多西路军的同志。

我到兰州办事处上任后，整批的营救工作已经不多了，但是仍然有一批批零散的西路军指战员，辗转来到兰州，找到我们办事处，要求归队。这些同志在战斗失利后，每个人都历尽磨难，九死一生，才从河西和青海等地陆续逃出敌人之手。在找到办事处以前，都靠打零工、卖水，甚至当乞丐糊口求生。我们见到他们时，一个个都是满身伤病，形容枯槁，惨不忍睹。他们一到办事处，我们马上让他们沐浴理发，更换衣服，检查身体，治疗伤病。尽我们的条件在生活上安抚他们，并在精神上给予慰问，向他们讲解当前的形势和党的政策，组织他们学习《抗日救国十大纲领》等党的文件。收容归队的工作，一直延续到1940年，一共约有200多人，其中大部分是战士，也有少部分是连、排和营、团干部。比较集中的一批是1939年秋，马步青将他们俘虏的100多名伤残红军，放出交给我们。限于当时的条件，我们确实很难将这批同志都收容归队，特别是我们没有交通工具，无法将他们集中送回解放区，只得根据中共中央的指示，留下了少数干部，通过交涉向国民党八战区要了一些钱，分发给其余的伤残战士，动员他们各自回原籍。他们中许多人都服从组织决定，陆续回到了家乡，但是也有少数同志，因为伤残难以行动或别的原因，未能回乡，还有更多的同志，由于身陷敌手或僻远的农牧区，一直流落在甘、青等地，过了几十年悲惨艰难的生活。当时我们确实无力解除这些同志的痛苦，是不得已而为之。今想起此事，心中还感到深深不安，总觉得办事处的工作没有做得完全彻底，使这些同志多受了苦。为此我一直想在有生之年，找个机会重回兰州，查询和了解一下当年流散在甘、青一带的原西路军同志的情况，看看能否做一点补救性的善后工作，使这些同志在过了几十年艰辛生活之后，能有一个比较安逸的晚年。我的这一心愿，已经部分地实现了。1983年9月，我与王定国同志相约去了兰州，又派人随王定国同志走访了西宁和河西等地，看望了几批原西路军留在当地的老同志，了解了他们的情况，听取了他们的意见，回来后与王定国同志一起，向中央写了报告，就照顾安抚这批红军老战士问题，提出了一些建议。中央领导同志已经注意并指示有关方面着手解决这一问题。

这里还得补叙一件事。1940年春，一大批原来突围至新疆的西路军同志，分乘着40多辆汽车，从新疆开到兰州。他们的来到，引起了国民党方面的恐慌，坚持不准他们进城，只许在郊区的十里店暂住，使他们在那里食宿都极不便。我们办事处在城里收购了大量的大饼等熟食，送给他们去充饥，并经过交涉，让他们在那里住了两天才离开兰州，后来都回到延安。

在营救和收容原西路军人员这件事上，尽管还留下了令人遗憾的问题，但是在我们力所能及的范围内，仍然为保存和送回这批革命力量，尽到了自己的责任。这些陆续回到延安和革命队伍的同志，在以后的革命斗争中，都作出了自己的贡献，其中不少同志成为党和军队的负责干部。这些情况，也使我们感到十分欣慰。

（引自《八路军驻甘办事处》，中共兰州市委党史委员会办公室、八路军兰州办事处纪念馆）

第二十章

张掖地下党支部

秘密成立，联系了许多党员

祁连山峰披着惨白的雪衣，赤裸而荒凉，令人绝望地绵延数千里，然而正是这造就了祁连山不朽的雄姿。声势浩大的群峰吞星吐月，俯仰天际，凝聚着亿万年前那天崩地裂、移山倒海的伟大！

张掖，位于祁连山下，河西走廊中段。“一城山光，半城塔影，苇溪连片，古刹处处。”张掖，在丝绸之路和居延古道南北两线的交汇点上，是西汉以来中西交通的孔道和门户，隋唐、五代时期成为西北政治、经济、文化的一大中心。“黑河如带向西来，河上边城自汉开。”为巩固丝绸之路的畅通，汉武帝始置张掖郡，取“张国臂掖，以通西域”之意。西魏、北周时，张掖郡兼设甘州州治，便有甘州之称。甘州得名于甘泉，甘泉在张掖城南门内，泉水甘美，饮之爽口。当年的甘泉旁立甘泉楼，楼上匾额题有“河西第一泉”五个大字。甘泉北边有池，泉水地下引入，周围曲槛，槛外杨柳绿荫参天，风景清幽。

公元609年隋炀帝杨广西巡时，经青海扁都口，进至张掖面谕高昌王、伊吾等27国首领、使者和商人，并亲自主持举办了规模盛大的国际商品交易会，号称“万国博览会”，炀帝还令张掖的仕女盛装欢庆，以示国力之强盛。

甘肃谚曰“金张掖，银武威，秦十万”，是说张掖、武威和天水（秦州）

是甘肃最富饶的三个地区，而张掖居首位。张掖水草丰茂，物产富饶，黑河上的乌江盛产大米，为人乐道。由于水多林茂，呈现一派塞上江南景色。元代张燕石的《竹枝词》写道："湖头水满藕花香，夜深何处有鸣榔？郎来打鱼三更里，凌乱波光与月光。"

不过，当时张掖的富庶，早已被黑暗的政治赶到九霄云外去了，代之以惨痛的凄凉。马步芳部第一〇〇师第三〇〇旅旅长韩起功的司令部就驻在这里。韩起功横征暴敛，每年以运送子弹为名，把搜刮来的黄金和白银用骆驼运往西宁，交给马步芳。

张掖城骆驼店关押着被俘红军。"补充营"来骆驼店挑兵，挑上了刘德胜。刘德胜，江西宁都人，由红一方面军调红四方面军工作。渡河西征后，他在西路军总部组织部任巡视员，是总部机关的党总支委员兼青年干事。他是在祁连山掩护左支队突围时滚下冰河负伤被俘的，被俘时是红三十军八十八师二六五团九连连长。

张掖大衙门一带

刘德胜到“补充营”半月，左脚枪伤感染，加之关节炎，行走困难，连上厕所都得战友背着。班长请求排长、连长、营长批准，用门板把他抬送到伤兵医院住院。

在伤兵医院里，刘德胜拄着双拐到处转悠，从医务人员到伤病员，认识了许多人。这天，他遇见了在韩起功电台工作的邱均品和蔡文良，他俩原在红一方面军三军团，长征路上调红四方面军电台工作，刘德胜在西路军总部时就与他们认识。

落日的余晖染红了满天云霞，初夏的空气中飘浮着沙枣浓郁的芬芳。这是1937年6月初的一个傍晚。刘德胜、邱均品、蔡文良悄悄地来到福音堂医院附近的芦苇塘边，秘密商谈成立地下党支部。刘德胜任支部书记，邱均品为组织委员，蔡文良为宣传委员。

地下党支部，像是荒漠中一朵倔强的鲜花，虽然小却有着强烈的吸引力。党支部成立后，明确范围，扩大组织。很快联系了20多名党员。

刘德胜从伤病员中吸收了曾任营长的刘克先，让他专在伤病员中活动。一次，刘克先遇到一位当过连长的伤员，是被敌人砍了一刀活埋未死从万人坑中爬出来的，脖子上的伤口流脓不止，头也抬不起来。刘克先和他结伴要饭，对他说：“同志，你手脚好好的，不像我腿残了。黄河东边有我们的人，治好了伤找自己人去！”这个伤员历尽艰辛回到陕北，他俩又在延安见了面。

邱均品与王定国、武杰取得联系。王定国是西路军总部前进剧团的，被马步芳部队抓到青海西宁，又与十多人从西宁押解到张掖，放到韩起功部剧团里。武杰原是红三十军八十九师的参谋，石窝整编到二六八团三连当战士，打安西失散后率领20余人进祁连山打游击，出山时被民团抓住。武杰20岁，由于身材瘦小，看起来只有十六七岁。一对无儿女的老年夫妻花钱买通民团，偷偷将他接回家中，想要收养做儿子。这对老夫妻先已收养了一个小女红军。没过多久，韩起功下令，所有被俘红军一律限期押送县城。拿了老夫妻银钱的民团头子，趁武杰下地干活时，让团丁偷偷地将他捆绑押走。武杰被编入“补充营”，又从“补充营”选进韩起功参谋处当勤务兵。因其小，都叫他“共产尕娃”。

王定国在永积被服厂，与当临时工的胡嘉宾取得了联系，在王府街裁缝店找到了周强。在敌人修枪房里，由汤利仁负责，与袁清平、李绍海等组成了党小组。

武杰负责和邮局的小唐建立联系，收发来往信件。一天，武杰在鼓楼附近碰见一位手拿十字线架的卖线人，是曾一同工作过的通讯股长寇惠民。和寇惠民一起还有好几位熟悉的干部，以卖杂货、麻糖、花红维持生活，作为掩护。他们也成立了秘密党支部，团政委伍心政是书记。这些人后来都回到了延安。

邱均品、蔡文良利用在电台工作之便，收集过不少重要情报。这个电台是敌人的一个中心台，许多电讯往返都由这个电台收转。电台有十多个人，除两个管理人员外，业务人员全是被俘红军。

支部还想利用电台同陕北中共中央取得联系，邱、蔡二人被俘前虽已把和中央通电的密码销毁，但他们还能背得出来。电波飞越长空，陕北意外地收到了他们的讯号。这是怎么回事？中央电台的同志好生奇怪。西路军失利几个月了，这个电台怎么还在？为防止落入敌人圈套，陕北没有回电联络。

苍穹拥抱着的河西走廊，处处能够见到生长在荒漠中的红柳。红柳，枝红叶绿，一株株一丛丛宛如一个个巨大的鲜红色花球，艳丽多彩，为荒漠平添几分生机。红柳，娇艳而不柔弱，具有顽强的生命力。它抗旱，在没有地面水补给的情况下，即使地下水降到10米以下也旱不死；它抗寒，在零下40度的严寒中冻不死；它耐盐碱，在根层含盐量达2%～3%的土壤中仍能茁壮生长；它耐高温，在摄氏47.6度的酷暑中仍能存活；它不怕风吹沙埋，能经受住12级强风的袭击；它的寿命长，可达200年以上。因此，红柳被誉为“戈壁滩上的勇士”。看见红柳，往往使人想起红军西路军将士。

西路军总部宣传部部长刘瑞龙、总部四局局长刘静生、宣传科长魏传统、科长徐宏才、油印科长惠子明、红三十军参谋董光益、红三十军某团特派员张玉清和红三十军干部袁正明八位被关押在张掖县监狱。刘瑞龙是游击支队被敌人骑兵冲散在祁连山中周旋两个月后，在红湾寺附近被藏族民团捕送韩起功集中营的。他们八人建立了秘密党支部，刘瑞龙任书记，魏传统任副书记。

他们每天利用放风机会，在地上画“坚定”二字互勉，边画边抹，同唱

《苏武牧羊》，以“历尽难中难，心如铁石坚”，“任海枯石烂，大节不稍亏”等歌词，互相激励。监狱中，不少农民是因为支援红军而被捕的，党支部就和他们拉家常交朋友，了解到许多情况，宣传红军抗日救国救民主张。

夏日的一天，张掖县县长马鹤年突然来到韩起功司令部的剧团里，见到红军女战士王定国、孙桂英、徐世淑、陈桂兰、蔡德贞等说：“红军打高台时，是我打开城门迎接红军进城的。我曾是高台县县长，归甘肃省管辖，不属马家军管。你们董振堂军长、杨克明主任待我很好，把我释放回来，现在我要优待你们！”当时，女战士谁也不敢相信他的话，大家以怀疑的目光看着、听着。

几天后，马鹤年又来找王定国等，说：“我在大革命时期就参加了青年团和共产党，大革命失败后脱离了关系，我是真心实意拥护红军和共产党的！”马鹤年说的是实话。他在红五军攻克高台获释后，甘肃省政府又任命他为张掖县县长。谢老在寻找西路军政委陈昌浩问题上，曾请贺耀祖帮忙。贺亲笔给马鹤年写了一封信，请他协助寻找。高金城到张掖后和马鹤年联合起来，马为红军失散人员的返回，出盘缠，开路条，提供了许多方便。

党支部得知刘瑞龙等领导被关在县监狱，曾派王定国联系，但一时找不到探监的合法理由。这时，马县长第三次来到剧团。

“我们县监狱关押了你们几位红军领导干部，我对这些人好，但就怕他们发现找我的麻烦！”

王定国一听，非常高兴，接着马的话茬问道：“我有一个舅舅，不知道关在哪儿？”

“你舅舅姓什么？”

王定国随便回答说：“姓李，十八子李。”

“你去看看吧，注意不要被马家军发现了！”

王定国和孙桂英、徐世淑、李汉炳四人来到张掖县监狱。

“你舅舅姓什么？”看监的老头问。

“姓李。”

老头转脸喊道：“你们谁姓李？出来，有人看你们！”

刘瑞龙（化名李占魁）拖着沉重的脚镣，哗啦哗啦地走了出来。

看监老头喝问："是不是他？"

"是的，是的！"王定国立即回答，"就是他！"其实，她事先并不知道刘瑞龙化名姓李。

"大家信心足，就是吃不饱饭，体质比较弱！"刘瑞龙说，他和王定国第一次谈话，比较简单。

马鹤年亲自带着监狱长到牢里来，向大家说："你们暂时受了一点委屈，现在要打日本，国家需要人才，你们将有大用！"说着又向监狱长交代，"听说他们饭不够吃，可以把粮食分给他们自己做。"此后，惠子明和徐宏才做饭，监狱生活得到改善。马鹤年还派人到监狱给大家理了发。

党支部与高金城取得联系

高金城来到张掖，像云层中的一缕阳光，暗夜中的一道闪电，为营救工作带来了生机。他以基督教办慈善事业为掩护，利用自己的影响在上层人士中开展统战工作；他宴请张掖县一些军政人员，借机宣传抗日主张；他还在大衙门

高金城在张掖行医的地点——福音堂医院

口召集群众大会，公开宣传抗日救国。

高金城1917年第一次来张掖时，曾以河南同乡名义，集资在大庙对面开设过“福音堂医院”。他离开后，这个医院成了韩起功的伤兵医院。这次，高大夫向韩起功提出要回医院，接收抗日战士伤病员进医院治疗。医院要回后，高金城聘任原来他培养的陈大伟、张明新、傅从俭等人，重新开起福音堂医院。

高金城接触到众多的伤病员，其中刘德胜逐渐引起他的注意。两人经过相互观察，终于接上了头。王定国在修枪工人董月英家里见到蔡光波，她以前就认识蔡。蔡介绍了自己与高金城来甘州的经过，并领她去见高先生。

高金城西服革履，很有派头，当场拿出20元钱交给王定国，说：“送给监狱有困难的同志！”

高金城以医院缺少人手为由，将王定国、徐世淑等要到医院当护士。福音堂公开收留红军伤病员，经过治疗，凡是能走的，都尽量做工作，发路费，让他们经兰州回延安。医院经常住院的有20人左右。

传闻陈昌浩曾在张掖城西南的花家寨子停留过，王定国和蔡光波一起去寻找，证实陈已经顺利地过了黄河。

王定国与陈大伟、张明新两位医生，以看病作掩护，联系和接应西路军失散人员。他们秘密告诉失散的红军战士：“身体不好、行动不便的同志，到甘州福音堂后门，敲三下，有王定国、徐世淑接应。”他们用复写纸写了100多张纸条，散发给失散的红军战士。纸条上写着：中国工农红军改为八路军，在兰州驻有办事处，地址在兰州南滩街54号，朱良才同志在那里接应你们。

他们找到了西路军野战医院院长丁世芳和甘州中心县委书记吴建初，两个人在福音堂南屋住了七八天，经兰州转西安回到延安。

风和日丽，刘德胜带着高金城准备好的点心和名片，去看望刘瑞龙等。刘瑞龙谈了党支部成员的表现，还抄了一份名单写了两句话：“我们身体都很好，请家里放心！”交给了刘德胜。他告诉刘德胜：“魏传统同志双脚冻伤，行动困难。”

高金城派苟正英、廖春花化装成福音堂的修女，到监狱给魏传统检查了冻伤，上了药，还留下一盒膏药。

8 月下旬，马步芳电令韩起功，把关押在张掖县监狱的八名红军领导干部，于 9 月初解往青海。译电人员把情况告诉了邱均品，邱均品马上汇报给党支部，并通知了高金城。

党支部在福音堂楼上召开紧急会议，高金城在楼下掩护，王定国在门口放哨。

支部决定向兰州办事处写个报告。报告的内容：一是被关押的红军领导干部情况；二是被俘、失散红军战士在当地的情况；三是“补充营”开往洪水地区修公路；四是请求中共中央迅速设法营救。报告是用高金城从兰州办事处带来的秘写纸写的，由高在上面写了买药的介绍信。蔡光波化装成买药的，把报告直接送兰州。

刘德胜将敌人要押解八人去青海的消息转告了刘瑞龙。王定国设法凑了 20 多元法币，买了些食品，送进监狱。武杰在参谋处同伙夫拉关系搞了一些馒头送进监狱。高金城和地下党支部的几个同志，给刘瑞龙等送来了绑腿、碗筷、仁丹和急救水等。武杰发现惠子明脚上没有鞋穿，立即把自己穿的鞋子脱下来给他。

清晨，张掖城被曦光裁成一幅剪影。刘瑞龙等挤在一辆马车上出发了。马车就要在地平线上消失了，车轮上依然缠着送行者沉重的目光。

马步芳在私人住处接见八人，马元海在座。马步芳说：“你们总司令要你们回去，现在国共联合抗日。”当时，刘瑞龙、魏传统、惠子明、徐宏才四人身上穿着破烂一些，刘静生、董光益、张玉清、袁正明四人穿着较为整齐。马步芳让刘瑞龙等四人去军法处，让刘静生等四人去招待处。

军法处似乎凶多吉少。晚上，刘瑞龙等听到军刀的碰撞声，以为要拉出去杀害。第四天一大早，马家军一个排长骑自行车，押他们四个人到兰州，魏传统、惠子明、徐宏才因腿部有伤骑着毛驴，刘瑞龙步行。

张掖地下党支部和高金城的报告转送中央后，由朱德总司令指名点姓地向国民党当局要刘瑞龙等八人。马步芳在放人时又要了花招，放一半，扣一半，致使刘静生等四人迄今下落不明。谢觉哉 1937 年 9 月 22 日的日记中记载：“青海的八个来了四个，扣留四个。函省府再去电。”

邱均品得到情报，韩起功发现城里红军活动频繁，有的已经跑掉，准备下手抓人。高金城也从国民党上层人物那里听到类似消息。

9 月7 日晚，党支部在福音堂小楼召开紧急会议，高金城在治疗室作掩护。支部会分析了形势，考虑到蔡光波送走的密信能否安全送到，决定再派刘德胜去兰州汇报情况。党支部书记由邱均品接任，补选王定国为组织委员。

大家看到刘德胜还拄着双拐，有些着急。高金城摊开双手，连连问道："怎么办？怎么办?"其实，刘德胜的脚伤早已痊愈，关节炎也好了，为了便于工作，双拐还拄着。刘德胜怕大家担心，朗声地笑起来，说："你们不要怕，我自有灵丹妙药，保证明天按时赶路!"

高金城连夜为刘德胜准备了一套衣服、一顶礼帽、一双皮鞋，到兰州买药的介绍信和几张名片。

遥远的祁连山顶有片冠状的浮云悠闲地悬挂在那里。秋天的阳光没遮没掩地倾注下来，田野上的景物闪烁着鲜亮的金黄色。

刘德胜日夜兼程，过山丹、永昌，经武威、古浪，来到了平番（今永登)。

平番城门外有个卖西瓜的棚子。卖瓜的老乡看到刘德胜，主动打招呼："你是哪里人？尝尝瓜吧?"

刘德胜回答："河南人。"

老乡热情地切开一个大西瓜，问："你离家很久了吧？听口音不大像河南人呀!"

"老家在南方，跟父亲逃难到河南。"

"从口音听，你是江西宁都人。不瞒你说，同志，我叫郭福海，参加宁都暴动后在红五军团当总务科长。西路军被冲散后流落在这里帮人种西瓜!"

刘德胜目光闪亮、心情激动，伸出双手紧紧地握着郭福海的手，说："同志哥，真没想到咱们能在这里相遇啊!"刘德胜向郭福海讲了目前形势：西安事变和平解决，国共两党重新合作，红军已经改编为八路军，东渡黄河开赴抗日前线。郭福海听了非常高兴，表示要努力为党做点工作。刘德胜告诉他，平番有个"补充团"，里面有不少是红军战士，希望他能去开展工作。刘德胜还给郭福海一张高金城的名片，让他拿着名片去兰州找办事处。后来，郭福海到

"补充团"做了许多工作，取得不小成绩。当补充团被当做壮丁开拔河南时，他也一起随着走了，途经陕西咸阳，他和大家一道回到陕北。

刘德胜9月18日到达兰州，找到南滩街54号。谢老紧紧握住他的手说："同志，辛苦了！辛苦了！"见到中共中央、毛主席的代表，刘德胜觉得有千言万语，不知从何说起，激动的泪水夺眶而出。刘德胜把张掖的情况向谢老、彭加伦和朱良才作了汇报。谢老一边听，一边认真地记着笔记，多次插话询问了地下党支部的活动情况。谢老告诉刘德胜，兰办收到蔡光波送来的密信，已经向中共中央、毛主席作了汇报。

离开秋凉如水的张掖

秋天的张掖风凉如水。满天泪光盈盈的星星总是看着地面，属于人类生存的这个空间竟是如此狭小，而这狭小的空间里一度充满了过多的眼泪和血污。

邱均品、蔡文良被送往青海，剧团强迫解散，"补充营"调往洪水修公路。党支部成员相继离开张掖，只剩下王定国和武杰二人。

剧团的女战士，先后被强迫做了老婆和佣人。每次都是用驴车或轿车来拉人，有时一辆车就拉走两个，生拉死拽，又打又踢，情景十分凄惨。

马家军一个伙夫赶着驴车来抢王定国。气愤已极的王定国以死相拼，伙夫不敢纠缠，赶着破驴车一溜烟地跑回去了。

又一次，几个人拿着绳索闯进福音堂医院，为首的见到王定国就吓唬道："这回是韩旅长同意将你许给我了，老老实实跟我去成亲吧！"王定国不理会他们。这伙人就围上来要用绳子捆绑。

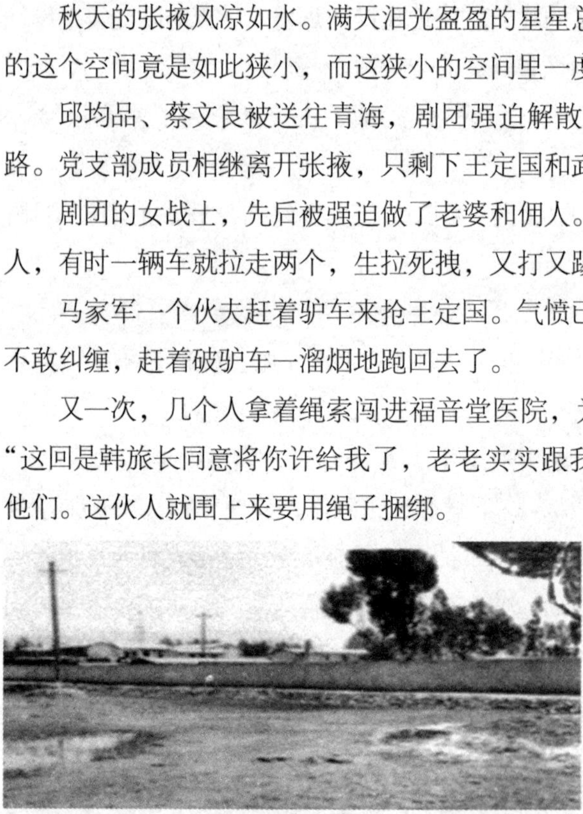

张掖王母宫一带

高金城闻讯赶来，厉声呵斥："放肆！到我福音堂来随便捆人，你们好大的胆子哟！这个人是我亲自找韩旅长借来的，你们想拉走就拉走，这成什么话！走，都给我回去！"慑于高院长的地位，这伙人只得悻悻地离开了。

王定国又被分配给一个修枪的工人做老婆。她急中生智说："我有丈夫，在平番'补充团'，我要回家去！"敌人司令部有一个赵书记官，同情王定国，让她通知"丈夫"写封信来。正巧，适逢吴建初、丁世芳二人回兰州路过平番。他们就以王定国"丈夫"的名义，编写了一封书信，从平番寄给王定国。敌人信以为真，但同时又提出，王副官去兰州买东西，准备把王定国带到平番去。

衡量利害，高院长和武杰坚决主张王定国赶快离开张掖，不然韩起功要是亲自出面，王定国的处境就十分危险了。

高金城先去会见韩起功，以医院人手够了为由，将王定国正式交还，并向韩表示感谢，王定国在回到旅司令部的第二天晚上，悄悄溜出了大门，暗藏在一位已成亲的女战友家中。这时，高金城联系好了一队运粮马车，还准备了一套修女服装。由高金城出面找马鹤年县长写了一张通行证。

已是肃杀的深秋了，残阳苍苍白白，芦花稀稀寥寥。风横着过来，描绘着秋的图画。天空中有一队大雁，无声地斜着飞过。王定国坐上马车离开甘州，从凉州花钱搭上一辆运货的卡车，终于安全地到了兰州。

跨进兰州八路军办事处的大门，王定国激动万分。她见到了自己深深敬慕的革命长者谢觉哉。谢老也清晰地记得王定国，向她表示亲切慰问。王定国热泪盈眶，痛痛快快哭了一场。

王定国的心头镌刻着长征路上和谢老的一段奇遇。

1935 年秋天，红一方面军和红四方面军在四川会合。王定国所在的红四方面军文工团驻扎在两河口以北卓克基的一个山坡下，而山上住的是谢老所在的红一方面军干部队。一天，谢老从山坡上走下来，脚蹬草鞋，身穿粗布军装，手中拿着两件单衣和一些羊毛，正巧遇到王定国。

谢老和蔼地笑着说："小同志，有件事情请你帮帮忙，把我这两件衣服合起来，中间装进羊毛，过雪山草地好御寒！"

王定国接了过来，连夜缝制，第二天将衣服送上山去。

谢老接过衣服向她道谢，说："我叫谢觉哉！"还将在旁的董老（董必武）、徐老（徐特立）等一一作了介绍，又嘱咐道，"小同志，回去告诉同志们多准备一些辣椒，过雪山时可以用来御寒！”

王定国她们照着谢老的嘱咐做了，还真有奇效呢！

谢老的面颊已被岁月和奋斗的刀斧镂刻出很多痕迹，刚刚五十出头，胡须和头发都已花白，在办事处，谢老难得闲暇。他几乎每天晚上都要找人谈话到深夜十一二点，或在昏暗的灯光下写信、写文章，还有些社会团体时常请谢老去上课或演讲。彭加伦处长担心这样下去谢老的身体会垮，谢老身边应该有一个照顾生活的人，于是便想到了王定国。谢觉哉和王定国，在长征途中认识，在兰州办事处重逢，终于结成了革命伴侣。从此他们相依为伴，在漫长的革命道路上，共同走过了光荣的旅程。

“文化大革命”，谢老横遭排斥和打击，愤时忧国，心常悒悒，1971 年 6 月 15 日与世长辞。在那极端困难的日子里，王定国把谢老多年来的手稿、日记、诗稿密藏于沙发坐垫下面，幸免遭受“四人帮”的查抄，得以保存下来，使这些珍贵的革命史料重见天日。

大家走后，武杰得到一个偶然的机会，也回到了兰州。

三〇〇旅参谋处罗参谋，是国民党“蓝衣社”分子。有一次，剧团里的王定国、孙桂英、陈桂兰、蔡德贞、徐世淑、李汉炳、张九九、顾德月等编唱了一首骂“蓝衣社”的歌。罗参谋听后大发脾气，把孙桂英反锁在厕所里，威胁说：“谁开门就打谁 40 大板！”武杰打开厕所门放了孙桂英，被痛打了 40 大板，屁股疼得不能走路。

王定国离开甘州后，敌人每天都审问武杰。武杰思想斗争很激烈，跑，跑不出去，藏，也藏不住。

一天大清早，敌人派了两个传令兵押武杰去洪水“补充营”。传令兵骑着马，武杰步行，遇到两个骑马的人，马褡子里装得鼓囊囊的。两个传令兵贪财心切，用马缰绳把武杰绑在树上，就去追赶骑马人。结果传令兵反被骑马人捆了起来，压在河滩里的大石头下面。

骑马人走到武杰面前，问道：“你是红军吧？”

“是！”

“你说实话，想去哪里？”

武杰如实回答：“我想去兰州！”

“好，送你去兰州!”骑马人顺手拉过一匹马让武杰骑，还拿出羊肉和干粮让他吃。

明月如璧，秋风阵阵。骑马人指着夜空那颗明亮的星说：“你看，那是北斗星，从这里一直往东走就能到兰州!”说罢，骑马人给武杰换了一身长袍衣服，又给武杰两块银元和青稞炒面……

张掖地下党支部，在坎坷不平的路上留下了奋斗的足迹。它曾撒下过希望的种子，用自强不息的生命力换来许多人的自由，使许多人回到了延安。

伤残者回到延安

张掖城中的钟鼓楼，原名镇远楼，始建于明正德二年，清代重建修葺，壮丽雄伟，甲于河西。整个建筑共分三层，四方形，钻尖顶，楼台四面中轴都有门，可以通行。四门之上各悬匾额，东边是“金城春雨”，西边是“玉关晓月”，南边是“祁连积雪”，北边是“居延故牧”。这四块匾额，形象地说明了张掖形胜。钟鼓楼是当之无愧的半个世纪前红军事迹的见证人。

4 月中旬，柳丝拂面，和风撩衣。刘克先边要饭边走路，接近张掖，遇到要饭的红军多了起来。这是一些在城乡夹缝中讨生活的流落红军。大家见面最关心的有两件事：一是问有没有延安的消息，二是问要了多少饭，有人没要到，大家还互相支援点。到张掖附近时，要饭的红军越来越多，只要村里有狗叫，不用看便是红军在要饭。要饭的人群中，伤残人员居多。刘克先印象最深的是红三十军的一位连长，他在同马家的骑兵搏斗中颈部被砍了一刀，无论行走还是吃饭睡觉，都只能把头低着。大家看到他那发黑发白的伤口，宁愿自己挨饿也要想办法给他弄点吃的。

国共合作之后，马家军对红军不像过去抓住就杀。刘克先决定进张掖城，一拐一拐地走到了城门口。站岗的马家兵围着他打量了一圈，问：

“你在红军中干什么?”

“放马。”

“给谁放马?”

“没有给谁放，我的马是驮东西的。”

“那马呢?”

“叫你们牵去了。”

马家兵见他是个重伤员，估计也捞不到什么油水，便放他进城了。

刘克先是红九军的一个营长，在四川清宫渡夜袭战中腰部受了重伤，白天骑马，晚上坐担架，随红四方面军总医院过了黄河。西进中他的右脚小趾头又被砍掉，伤口一会儿像刀割一样疼痛难忍，一会儿又变得麻木起来。刘克先的腰腿不方便，只好和马夫、通信员一起，躲躲藏藏地向祁连山外摸去。

祁连山里还有很深的雪，而山外却是一片初春的景色。小草发芽了，树木返青了。他们躲过了敌人的搜山部队，精神轻松多了，这才想起有两天没吃东西，肚子咕咕地叫了起来。附近没有村庄，到哪里去弄吃的呢？他们只好吃几口雪，饿着肚子向前赶路。

第二天下午，看到一个村庄。村旁的一条干河沟边，有茅草和刚长出来的青草。看到马在津津有味地吃着青草，他们的口水直往肚子里头倒。刘克先对马夫和通信员说：“你们到村子里去要点吃的吧!”两人走了，刘克先又担心起来，村里会不会有马家队伍呢？黄昏，两人回来了，给刘克先带了一个馍和一点饭。“好，好!”刘克先心里的一块石头总算落了地。

他们吃过“晚饭”，连夜赶路，太阳出山的时候，又来到一个村边。还是按照昨天的方法，两人要饭，刘克先躲在草地里放马。

两三个老乡提着木棍向这边走来。刘克先知道是马暴露了目标，只好装着没事坐在那里。一个家伙见他身着红军的衣服，便指着骂道：“你这该死的共党!”说完举起木棒向他打来。他行动不便，身上又无枪，只好抱头让打。那家伙见打了几棒子人不动弹，骑上马就跑。刘克先腿脚伤残，只能眼睁睁地看着马跑远，神情沮丧地坐在地上。

马夫和通信员要饭回来，听说刚才发生的事情，气得直骂：“要是我们在这里，非杀了这个狗日的不可!”

刘克先拄着木棍，拖着伤残的身体，艰难地向前行进。

一天，三人来到一个庄边。和往常一样，马夫和通信员叫他躲在草地里等他俩回来。刘克先等了两三个小时，不见两人回来，焦急地望着村庄，直到太阳落山。也许两人被民团杀害，也许被马家军抓去当兵了。多少年来，刘克先一直打听他们的下落，但杳无音信。马夫和通信员都是四川人，年纪都只有十几岁，因为参军时小也没有个大名，只有通信员有个小名叫“小白菜”。

刘克先今天到这个村要点吃的，休息一天，明天到另一个村要点吃的，再休息一天。对他来说，行走十分困难，要饭也不容易，经常要遭到辱骂、毒打、狗咬。

进了张掖城以后要饭方便多了，有时能吃上点米饭和面条，遇上接媳妇的还能吃上点肉。红军中有不少被俘的女战士，被敌人卖给当地工人做老婆。每当刘克先要到她们门前时，她们都十分同情地拿出自己的口粮，甚至还给点钱。

一天，刘克先要饭到了北街。一个穿国民党军服的士兵看见他一拐一拐地要饭，行动十分艰难，便对他说：“你也不要这个样子到处要饭了，往前走有个骆驼店，那里有很多你们的人，每天有饭吃。”刘克先往前走了一段，果然有个骆驼店，还有穿红军衣服的伤员进出。刘克先走了进去，一眼见到总部卫生部秘书汪运先，总医院的医生黄志亭，还有周强等十多个男女红军。北街骆驼店，平时接待从新疆用骆驼运货到兰州路过张掖时歇脚的商贩，河西之战以后用来关押和收容红军。

一个曾在总医院干过的女护士认识刘克先，知道他是红九军的营长，是鄂豫皖的红军，打算去报告敌人，领几个赏钱。汪运先知道后对她说：“你不要昧良心，看他这个样子你忍心吗？把他杀了，对你有什么好处？”刘克先也连忙拿出自己的钱给她，希望她不要出卖自己的战友。在周围谴责和愤怒的眼睛盯视下，她两眼闪烁着迷惘而脆弱的光，惭愧地低下了头，终究没有报告敌人。

骆驼店有饭吃，实际上只是由韩起功派来的人，在外面用行军锅烧点剩饭和菜汤，每人分一小碗，每天只吃两顿。刘克先是20多岁的年轻人，根本吃不饱。饿得没办法，只好拔过往骆驼身上的毛卖。一斤骆驼毛可换两个大烧饼。

暮色苍茫的夜晚，刘克先和周强等人向关骆驼的地方摸去。他们大块大块地从骆驼身上往下拔毛，骆驼便“哞哞”地叫了起来。骆驼老板听到声音，打着灯笼出来，一见骆驼毛被拔掉不少，奔过来就打他们。几个腿脚好的逃走了，刘克先一边躲，一边逃，身上挨了几棍子，藏到黑暗处。那家伙又过去打周强，一边打一边骂，可怜周强冻掉了双脚，平时只能在地上爬，此时逃又逃不掉，反抗又没有力量，被打得头破血流，痛得在地上打滚。

韩起功的部队来骆驼店挑兵，几个身体好点的被挑走，剩下几个伤残人员和妇女，韩起功的人也很少管饭了。一天，汪运先说："这样饿下去实在受不了，不如各想办法!"

周强是红军的裁缝，就到王府街裁缝店去了。汪运先等靠卖杂货、麻糖、花红维持生活。刘克先和黄志亭一路要了几天饭，就摆地摊卖花红。买花红的人很少，生意无法做，刘克先只好又去要饭。每当黄昏摇落暮色，刘克先就睡在钟鼓楼下，一件破羊皮既当床又当衣裳。

这天，刘克先坐在街边，一个穿着国民党军服的人走了过来，问："你是哪里的?"

刘克先怕他不怀好意，反问："你是哪里的?"

"我是总部的，以前在红三十军八十八师。"

"我以前是红九军的，受了伤住在红四方面军总医院。"

经过交谈，刘克先知道他叫刘德胜，原是红三十军八十八师的一个连长，现住在医院里。

国民党士兵的生活也是很苦的，每天只吃两顿饭，分几个馒头。每天吃饭时，刘德胜便省吃两个，到时偷偷地送到刘克先手里。每次刘克先接过馒头都要问："你吃了吗?"刘德胜说："你放心，只要有我吃的，就有你吃的。"

绚丽热烈的阳光渲染着张掖古城。刘克先要求回到党的怀抱的心情特别迫切，他对刘德胜谈了自己的想法。

刘克先盼望已久的这一天终于到来了。胡宗南的两个汽车排从新疆运货到兰州，路过张掖。马鹤年、高金城找带队的，请求顺便带一个红军伤员到兰州去，说了许多好话，还塞了些东西。带队的得了好处，加上国共已经合作，便答应了。刘德胜把这个振奋人心的消息告诉刘克先，并让刘克先与他一起去福音堂医院。

高金城热情地请他坐下，说："我们已跟兰州的一个车队讲好了，明天上午你就坐他们的车去兰州。办事处地址是兰州南滩街 54 号。"高金城把地址写在纸条上，开了介绍信，放在一条烟内给了他，接着又拿出八块钱递给他。刘克先激动地接过高金城递过来的东西，不知讲什么好，只是一个劲地点头说："好，好……"

刘克先终于扯着玫瑰红的太阳找到兰州八路军办事处。谢老、朱良才叫况步才给他买了一套学生服，一根文明棍。没过几天又送他到甘肃省立医院治病，和红五军的师政委谢良住在一起。他出院回到办事处没几天，王定国、武杰、郭福海等也相继回到办事处。从虎口中逃出来的患难战友相见，格外高兴，格外亲切，整天有说不完的话。大家都沉浸在一片欢乐之中。

1937 年 10 月，谢老让郭福海护送他，一起经过西安办事处回到了延安。

"他乡"遇到"故知"

胡嘉宾，江西兴国人，1927 年投身革命，1928 年加入中国共产党。他曾组织和领导过农民暴动，担任过区苏维埃政府主席、红军独立第五师政委、瑞金县委书记等职，参加了中央红军的二万五千里长征，又随西路军转战河西。

当寒风吹皱黄昏的前额，苍灰色的天幕糅进醒目的血色时，部队在梨园口被冲散。胡嘉宾流落在祁连山。

胡嘉宾讨饭来到张掖，迎来了迟到的春风的抚拂。他遇到下班回家的杨仲贵师傅。杨原籍四川万源，因生活所迫千里迢迢来到张掖落脚，学了个裁缝，做得一手好活。他给姓乔的裁缝店当师傅，甚得老板器重。脸上爬满皱纹的杨师傅收留了两名红军小战士，都是十来岁的娃娃。刚收留下没处去，吃住就安顿在自己家里，后来又把两个小红军领到店里干零活。这两个小红军，都是四川人，一个姓董叫董阳贵，一个姓陈叫陈金向。新中国成立后，小红军董阳贵在四川家乡一个工厂里担任领导，陈金向因病去世。

杨师傅见胡嘉宾相貌不凡，又是南方老乡，连忙叫到家中，招待吃喝。杨师傅把胡嘉宾以老乡关系引荐到裁缝店当了临时工。当时，胡嘉宾化名傅××，人们都习惯地称呼他为老傅。杨仲贵帮助老傅学习裁缝技术，老傅工余抽空到杨师傅家里帮助干点家务什么的。

胡嘉宾"他乡"遇到"故知"。杨仲贵待人诚心诚意，老傅就把自己是失散红军的实情吐露给他。杨仲贵更表同情，第二天一上班就向店主乔掌柜建议说："老傅刚来，什么都不会干，干脆叫到我的手下当个徒弟。我来教他干活好了！"杨仲贵发现老傅与福音堂医院的王定国有联系，有时还要参加秘密会议，都尽量给予方便。

裁缝店乔掌柜，名叫乔发有，外号人称"乔麻子"。他与马家军关系密切，发现异常情况，经常向马家军报告。杨仲贵一再叮嘱老傅和两个小红军，干活要格外勤快，多干活，少说话，以防万一。

秋意一点点浸透街头的杨柳，树叶开始飘零。一个晚上，老傅来到杨师傅的家里，说："我们要离开张掖回延安了！"

师徒情深，难分难舍。杨仲贵对他的妻子杨玉英说："把箱子里的那十块银元拿出来给老傅带上，路途遥远，做个盘缠！"

老傅动感情地说："杨师傅！革命胜利后，只要我还活着，一定报答你的恩情！"

当夜星天，明澈如洗。他们踏着星光离开了张掖。黎明的曙光升起时，胡嘉宾等正跋山涉水，向着延安而去。

杨仲贵和妻子杨玉英，为营救红军做了不少事情。杨玉英曾多次接受福音堂医院高金城院长和王定国的委托，装扮成福音堂修女，坐在木制铁轮马拉小轿车前边，把在福音堂养好伤的红军装在车子里面，护送出城，直到县城以东八里堡较安全的地段。

日历翻到了新中国成立。杨仲贵一家由张掖迁居酒泉，1958 年响应党的号召，报名下乡支援社办工业。1963 年，杨仲贵因病去世。

中华人民共和国成立后，担任中央民委副主任、全国政协常委的胡嘉宾，始终没有忘记在危难之中营救他脱离险境的杨仲贵师傅。他曾多方托人到张掖打听，未能找到。后得知杨仲贵一家迁居酒泉，1965 年又委托北京出差来甘肃的同志，亲临酒泉红旗被服厂询访杨仲贵，才得知杨仲贵一家已经下乡，杨师傅本人在两年前病故。

1981 年 4 月，胡嘉宾邀请王定国，一道给省、地、市有关领导写信证明杨仲贵和其妻杨玉英对革命是有贡献的。希望对杨的遗属及其子女给予照顾。酒泉市委和政府按照中央领导同志的要求和关照，对杨仲贵的遗属及其子女给予了安排照顾。除已婚子女外，其妻杨玉英和他的小儿子杨元明由农村迁入城市落户，安排住房，给杨元明安置了工作。

第二十一章

高金城及其夫人牟玉光

永恒的记忆

高金城烈士的遗像，高高悬挂在兰州华林山烈士陵园纪念馆里。因至今未能找到尸骨，安放在骨灰盒里的是他的一把手术刀和牺牲前留在书桌上的一副眼镜、一支钢笔。

当年跟随父亲高金城赴河西的小儿子、现定居美国的企业家高士杰先生，重访甘肃时说："我十分怀念先父！照当时的情况看，先父什么都不缺，有钱有地位，受人尊敬。而共产党当时还在发展阶段，离成功还十分遥远。先父却有眼光，有抱负，在道义上金钱上援助共产党，甚至连生命也奉献给了共产党。这些，都留给我以永恒的记忆！"

张秀玉——

1938 年正月初四，高金城突然失踪。初六时，士杰来叫门说："大娘，我爸爸走了两天，还未回来！"我说："你不要慌，慢慢说是怎么回事。"士杰说："爸爸同我住在一块儿。天还没亮时，来了两个当兵的，说韩起功病了让我爸爸去看，爸爸就走了，今天还没回来。"我一听慌了，赶忙去找陆鹤林，一块儿去高院长的家。只见韩起功前天送的大米、食盐原封不动地放在地上。高的钥匙、眼镜、银杆水笔都在桌子上放着。我一想不对，这几件都是高大夫出诊时必须带的，为什么给韩看病没带？我把眼镜等放到抽屉里锁了，把钥匙交给士杰，与陆商定，给牟玉光去电报：“孩子有病，急速返甘。”

牟接电后，把正在吃奶的小女孩安顿好，于正月十五日来到张掖。她进门就哭，我安慰说：“走了几天路，先休息一下再说。”18 日我到韩起功处，哨兵不让进，只好返回。于是牟玉光给韩写了封信，大意是：固亭突然失踪，要求寻找。信写好后，由医生李柏林以给韩送韭黄、百合的名义带去。韩收下了礼物和信，19 日派了两名士兵送来一封信，上写：“高大姐，你回兰州吧！固亭的事没发现，我没法找。”牟玉光没有办法，只好返回兰州。临行时我建议用大车带走两个女红军。一个是杨淑兰有病住院，一个是王志英在倪家营子战斗中负伤，大腿截肢。当时风声很紧，路上盘查很严，牟冒着危险把人带回兰州八路军办事处。

四季的风给河西走廊的林木刻上了深刻的年轮，伟大与柔美、静穆与热烈交织的世界，取代了脚下大地的沉郁忧虑。

新中国建立后，担任国家内务部长的谢觉哉没有忘记党的忠诚朋友高金城。他向党和政府建议，追任高金城为革命烈士。

1951 年，中华人民共和国内务部通知张掖县为高金城烈士修纪念塔。福音堂医院的正中间为高金城树了纪念碑，建了纪念塔。1952 年 2 月 3 日，甘肃省委在张掖主持召开了纪念高金城烈士遇难 14 周年大会。谢觉哉寄来题词，省委书记张德生、副书记孙作宾等人送来挽联。

谢老当时工作很忙，无暇参加高金城烈士的追悼会，会前给高夫人牟玉光写了一封信：

玉光先生：

你为高金城先生所发的讣告已收到。

金城先生往年负八路军兰州办事处使命去甘州作收容工作，由于热情奔放、严肃认真，负伤战士赖以获得安全，但他因此为匪帮所捕而光荣牺牲了！他对人民事业的忠诚是值得崇敬的。闻已建纪念塔，更可传之久远。

你也是一位热心人，希望为“发扬革命传统，争取更大光荣”，而继续努力！

谢觉哉

档案摘录

韩起功旅副官长赵述——

高金城主动为被俘红军伤病员治疗。旅长韩起功听到风言风语说高金城可能是共产党，流露出疑惑的神情。1937 年夏，韩起功赴西宁开会，遂将有关高金城的传说告诉了马步芳。马步芳即令韩将高金城就地杀害。高金城失踪消息传出，满城风雨，议论纷纷。高的夫人牟玉光，多次向韩要求寻找她丈夫的下落。韩虚与周旋，不作答复。牟玉光送了一筐苹果，韩起功心虚，随口对赵述说："收下给别人，我们吃不得。"赵述大为诧异，遂向卫士们打听底蕴。卫士们透露："今春正月初四晨，旅长派人趁高金城每天拂晓到校场体育活动时，把高从校场就近拉到张家花园，活埋在城墙根的防空洞里。"

诱捕并杀害高金城烈士的凶手马兆祥——

……夜里 10 点钟，我到福音堂去找高大夫。我说韩旅长叫你去看病，他说去。这是我一个人去的，把他带到营房。到营房的有相子、接子、孟全录和我四个人。由我们四个人把高大夫带到北门外，首先商量好由孟全录叫相子打。到了北门外，相子一枪把高大夫打死了。打死以后，孟全录说，你回去吧，我就回去了。我们怀疑高大夫是红军地下工作人员。孟全录是五九九团二营营长，相子、接子是孟全录的传令兵。死尸埋了，目的是为了保密。我当时是勤务，韩匪叫我去的，和孟全录一起杀害的。

张掖人民法院布告

查及反革命罪犯马兆祥、赵延岑、宋本英等三犯，均为杀害我红军战士罪大恶极的反革命分子。马犯在充任韩匪起功中校副官时，除积极参与阻击我红军西进外，于 1937 年奉韩匪之命，亲自负责指挥搜捕我红军战士 139 人，活埋于张掖东校场、王母宫等地，并与韩匪同谋杀害了进步人士高金城。同年秋充任匪童子军大队长时，竟惨无人性地鸡奸儿童六人，因奸不从打死七人，以各种残酷手段虐害致死 70 余人。特依据《中华人民共和国惩治反革命条例》第二条、第七条三项、第九条四项规定之精神，判处马兆祥、赵延岑、宋本英三犯死刑，剥夺政治权利终身。经报请中华人民共和国最高人民法院批准，10月1日将该犯验明正身，绑赴刑场，执行枪决。

1958年10月1日

她为营救西路军将士作出过贡献

朔风呼啸，寒气逼人，光秃秃的原野上只有衰草和枯枝在西风中瑟瑟发抖。刚过春节，河西走廊仍是一片肃杀，人迹罕见。一匹老马扑哧扑哧地喘着粗气，独驾着因风剥雨蚀而显得枯朽的木辕，左一摆右一摇地行驶在丝绸古道上。牟玉光与三名她从张掖救出的女红军坐在车上，明媚的眼眸里闪烁着泪珠。她透过茫茫泪眼，仿佛又见着高金城的音容笑貌。往事历历，怎不叫她椎心泣血。

牟玉光，山东德州人，家境贫寒，曾勤工俭学就读医学。她与高金城虽然同在一所医院共事多年，但相互间很少接触，连话也没多说过。尽管如此，秉性和品德的一致，又使彼此似乎很熟悉。高金城是活跃分子，作为显而易见；牟玉光为人耿直，勤勤恳恳，也早引起高金城的注目。

高金城的妻子牟玉光

1930年，高金城前妻病重，由张掖带着四个孩子到北京治疗不愈而去世。1934年，高金城告别北京协和医院再赴西北，来到兰州。他多年东奔西跑，难得安定，到兰州后一段时间较为平静，脑海里才让出一点空间，融进牟玉光的形象。高金城按捺不住内心深处的情感，提起笔来一诉衷肠。好像早就在等这封来信似的，牟玉光埋藏在心底的爱情，也像干渴的大地得到了雨露。收到信后，她二话没说，立刻打点行李，从香山慈幼儿园领上高金城的小儿子高士杰，长途跋涉28天，来到了高金城的身旁。

高金城对牟玉光说：“你是助产士，西北妇女太可怜了，你要见到她们生孩子的痛苦时，定会愿意帮助她们的……”

高金城和牟玉光开医院，进行宗教活动，触怒了外国教会势力和同行中嫉贤妒能的小人。他们纠集在一起，不断地对他俩进行刁难和倾轧。他们通过高金城曾在河北医学院当教授时的一个学生，此时为兰州中央医院院长的宋××，串通地方卫生管理部门，提出要对高金城进行业务考试的侮辱性条件，否则“福陇医院”即是不合法的医院。

在著名的协和医院任职多年的医生，怎么能接受无名之辈的考试？高金城宁折不弯，坚决予以拒绝。当局有了借口，命令医院停办。这伙人又密告高金城有反政府活动。1934年12月25日圣诞节，高金城和牟玉光举行婚礼，军警联合稽查处居然派兵到现场检查，并在大门口插上三条铁腿的“稽查处”的大红灯笼，给过往行人造成高金城犯了大案的印象。真是欺人太甚！

面对邪恶势力，高氏夫妇处之泰然。医院不让办，作为医生照样看病，造福百姓。由于他们医术高明，心肠又好，门前仍车水马龙，看病就医者络绎不绝。对贫苦病人，他们少收甚至不收医药费，有时还解囊接济；对达官贵人，他们就毫不客气地高价收费。

牟玉光遵照高金城的嘱托，以在兰州仓门巷开设的助产事务所为联络点，接收和转送高金城介绍来的红军人员。有时碰上警察查户口，她就让女红军躺在产床上装作产妇，把军警们一一撵走，化险为夷。

1937年10月的一天，牟玉光告诉王定国，收容所里有一些失散的女红军。办事处以雇用炊事员为名，让王定国找到了柳秀英、罗明秀两人，后来经王定国等多次去收容所联系，又找到了失散的红军20多人。这些红军经兰州办事处营救，多数回到了延安，年老有病者则由组织资助回原籍老家。

监狱里关着一个女的要生孩子，请牟玉光去接生。她了解到这位女士叫林坚，是共产党员，同狱中还有位女红军，是西路军妇女团的政治处主任华全双。

牟玉光立即告诉了王定国。办事处遂找省政府交涉，救出了华全双。鉴于林坚在第三国际工作的特殊身份，谢老去找贺耀祖设法帮助释放。贺了解到真实情况后，来到办事处找谢老，告诉他监狱里关押的那个女犯人是从苏联方面骑骆驼过来的。贺又向谢老说明，他同意放，只是怕蒋介石追究起来负不起责。他向谢老建议，请以周恩来名义直接给重庆蒋介石的军政部发个电报，请放出这女人。谢老向中共中央发了电报，通过营救，林坚被释放了。林坚在办事处住了半个多月，而后去了延安。

高金城被韩起功杀害，牟玉光接到电报后，心急如焚，赶到兰州办事处告诉谢觉哉。谢老考虑到张掖情况不明，担心牟玉光去有危险。牟玉光哭着说："我们夫妻一场，现在出事了，我怎么能不去?"谢老再三嘱咐她要特别小心。

在高金城大夫失踪的日子里，谢老和办事处的同志十分着急，一面设法打探消息，一面关照高太太的生活。谢老曾两次送给牟玉光200块银洋，让她请人帮助寻找高大夫。谢老还赶赴省政府，找当时的省主席朱绍良，要他出面找马步芳和韩起功查问、要人。

牟玉光赶到张掖，心如刀割，悲痛欲绝。就在这种极其悲愤的情况下，她在返回兰州时，除带回了10岁的小儿子高士杰外，还冒着生命危险，用大车带回了三位女红军杨淑兰、王志英、钟成秀（钟一平）。

牟玉光在丈夫蒙难后，更加坚定了革命的意志和对党的深厚感情，毅然要求加入中国共产党。谢老考虑到当时的历史条件，告诉她暂时留在党外继续为党工作更为有利。

1940年3月，王定国准备随路过兰州的周恩来回延安。当时王定国身边有两个孩子，定定、飘飘，都是牟玉光接生的。牟玉光对孩子很有感情，考虑王定国一个人带着两个孩子去延安路途遥远，边区又被国民党封锁，物资缺乏，生活困难，希望把一岁多的大女儿定定留下为王定国抚养。

牟玉光的盛情王定国很感谢，但王定国想，牟玉光被敌人害得家破人亡，女儿又病死，还要为别人分担困难，她已经为林坚抚养了一个孩子，怎么能再加重她的负担呢！王定国说："我们走后，你的处境更加险恶，我不能再给你增添麻烦!"

林坚去延安，留给牟玉光的婴儿取名安安。当时日寇飞机经常轰炸兰州。

牟玉光为躲警报，携带着安安和自己的小女儿雪梅四处奔跑。两个孩子都因患肺炎而相继夭折了。

1946 年，张治中先生任国民党西北行辕主任兼新疆省主席。他遵照国共两党在重庆的《双十协定》，释放了在新疆被盛世才关押的共产党人 100 多名，并派遣刘亚哲将军护送回延安。新疆的同志路过兰州，住在东校场营房内。刘亚哲将军是牟玉光的女婿。牟玉光从刘亚哲处知道这一情况后，心情非常激动，一定要看望这些同志，因为其中有些人是当年路经兰州去新疆工作的，她认识。牟玉光化了装，戴上墨镜，终于见到张文秋等。他们紧紧地握着手，热泪盈眶，诉说久别衷肠。

牟玉光告诉张文秋说："你们是真正回到家了——延安。护送你们的刘亚哲是我的女婿，一路上会照顾大家的。你回到延安后，务必代我问候谢老和王定国，问候彭加伦、伍修权、朱良才等。祝你们一路平安！"

新中国成立前夕，马步芳据守兰州。为了躲避马步芳的迫害，牟玉光迁居张掖，住在福音堂医院。9 月 19 日，中国人民解放军第一兵团，从青海翻越祁连山，解放了张掖。牟玉光欣喜万分地跑上街头，迎接当年的红军。这时，医院里另有一件意想不到的喜事在等待着她。

当一兵团司令员王震了解到当年为营救西路军而牺牲的高金城的夫人牟玉光在张掖时，就和几位首长来医院看她，不巧，牟玉光上街去了。牟玉光回来后十分懊丧，没想到，晚上王震和几位首长又来了，她真是又感动又兴奋。

王震代表中共感谢他们夫妇二人为革命做的好事，还诙谐地说："现在是我们的天下了，我拔根毫毛比腰粗，你有什么事要办，就说吧！"

有位跟随王震来的魏主任，激动地说："我在这个医院住过，我就是当年由高院长送走的。今天我们回来了，有什么事要办，请尽管说！"

听着，看着，牟玉光不禁热泪盈眶。她声音颤抖地说："别的事没有，杀害高金城的刽子手韩起功由青海逃窜到河西，现在躲在祁连山里。你们一定要把他抓回来呀！""你放心好了，他逃不掉的！"首长们说。

1976 年 6 月，牟玉光获悉当年她曾营救回来的红军女战士杨淑兰逝世后，竟不顾八旬高龄，从兰州到北京参加追悼会，表现了她对革命战友的一腔深情。在京期间，王定国留她住了些日子。她邀请王定国一定要重返兰州一趟，要陪王定国到当年高金城蒙难和她们共同战斗的张掖看望一些健在的老同志。牟玉光说："别看我老了，我还能为党工作几年啊！"王定国答应了她的要求，但是，当王定国准备成行时，却传来了她逝世的噩耗，终年 87 岁。

1980 年，牟玉光已是 85 岁的高龄，不负初衷，她加入了中国共产党，实现了多年的夙愿。

转瞬间，半个世纪血与火的奋斗已载入历史的回忆之中。高金城和牟玉光这对知识分子革命夫妻的高贵品质，永远激励着后人。他们的伟大献身精神，光照千秋。

河西走廊，曾经是严峻的荒凉，巨大的悲壮。这片土地容不得轻浮，也容不得粉饰。仿佛是命中注定，这悲壮的土地有着悲壮的历史。

第二十二章

甘州中心县委

建立与失败

“五月甘泉清且冽，祁连万古犹封雪”。相传西魏时把张掖更名为甘州，就因为张掖有个甘泉。甘泉边上，修有甘泉楼。当年的甘泉楼与张掖城楼一般高，楼上有匾额，题有“河西第一泉”五个大字。

黑河由黑河口飞出，哗哗作响，隆隆如雷，雪花四溅，白雾茫茫。黑河水冲走了多少往来者的足迹，却记住了西路军曾在黑河口一带活动过的“甘州中心县委”。

西路军二返倪家营子，总政治部通知民运部白兵工作科科长吴建初接受新任务。

总政治部主任李卓然告诉他：中共中央指示，要西路军开展地方工作，配合作战行动，因此决定在张掖一带成立三个地方党委。一个是“甘州中心县委”，一个是“高抚县委”，一个是“山永县委”。高抚县委负责高台、抚彝（临泽）两地，山永县委负责山丹、永昌两地，这两个县委受“甘州中心县委”统一领导。因情势恶变，中心县委一直未能和高抚县委、山永县委取得联系。

吴建初为甘州中心县委书记，组织部长岳太华，宣传部长阮自强，民运部长是一位姓张的同志，李天义是县委委员。因吴建初等都是四川人，为便于开展工作，抽调甘肃籍战士六人。

徐向前、陈昌浩两位首长当面向吴建初指示：甘州中心县委和高抚、山永两个县委的主要任务是开展地方工作，宣传群众，组织群众，配合西路军的军事斗争。

山野一片漆黑，只有天上的星星在寒风中瑟瑟发抖。吴建初一行向东南方向急速行进，天亮到达祁连山黑河口。

几缕炊烟，丝丝袅袅。他们判断北面戈壁边缘有村庄，决定先派两名甘肃籍战士试探试探。

这个不大的村子叫龙首堡，散落四处的农舍，断壁残垣，苍凉荒芜，死气沉沉。这里离倪家营子不远，那边战事正紧，村中的青壮年都被拉夫去运粮草了。保甲长已通知各家各户，遇到生人要立即报告，知情不报者以通匪论处。老乡们家家闭门不出，惶惶不可终日。

他们决定先到南山，借助煤窑进行隐蔽。

灰条沟两面山壁上，小煤窑和住人的小窑洞比比皆是。煤窑都是原始的手工开采，是项十分劳苦的营生。窑工们赤条条地背着煤筐，四脚着地爬进煤窑，用铁镐一点一点把煤刨下来，再四脚着地将煤一筐筐背出来，常常弄得遍体鳞伤。窑工们除眼睛和牙齿露点本色以外，全身墨黑。相互见了面，如果不开口说话就谁也认不出来。窑工们都是断了生计的贫苦农民，来煤窑上挣几个卖命钱。煤窑大多数掌握在窑官和把头手中，他们疯狂地榨取着窑工们的血汗。

县委的同志混在一堆堆买卖煤炭的人群中，一边帮着干活，一边以找帮工的名义，打听着这一带煤窑的情况。灰条沟煤窑集中，车来人往，络绎不绝。往东沿山根的浅山区里，稀稀落落分布着不少煤窑，规模虽不大，但煤是无烟煤，质量颇好，销路较宽。

天色暗下来，大家来到沟后山梁。吴建初提出自己的看法："灰条沟的煤窑太集中，人也杂，不适合县委隐蔽。既然往东都有煤窑，我们就再往前去，找一个安全可靠的地方。"

星光微弱，勉强可以辨认出坎坷的山路。万籁俱寂，只听见大家沉重的脚步声。他们翻了几座山包，穿过几道沟壑，看见对面半山上有一线昏黄的亮光。

门口挂着破麻袋片的小窑洞里，有位四十开外的汉子。当吴建初和两位战士钻进窑洞时，那汉子迅疾抓住身旁的镐头。吴建初赶忙按住他的手，说：“老乡，别害怕，我们是过路人，想歇歇脚！”汉子见吴建初善意的面孔和外乡人的口音，便放下心来。

汉子叫王有福，煤窑是他自己开的。因为这里煤少、难挖，路又不好走，窑官们看不上，可他要按时进贡、交税。当地人叫这地方为“石灰窑”，因为离王有福煤窑不远处山脚下有烧了几十年的石灰窑。王有福得知他们是红军，打算在这里避一避，马上一口答应：“我的煤窑里空地方大，十天半月也没人来。”

通过王有福的介绍，县委的同志都分散到远近的煤窑上当帮工，和窑工们交朋友，掌握这一带的社会情况。中心县委的主要活动地点在黑河口以东，西羊圈一带。这里的煤窑吴建初都钻过，煤窑成了他们开展活动的根据地。

中心县委有了立脚点，吴建初化名“老周”，先后两次派组织部长岳太华回倪家营子向总部汇报。

王有福热心为他们办事，实际上成了他们的联络员。敌人每次搜山，都是他下山摸敌情。王有福最先被发展为党员。他们在灰条沟煤窑发展了两名党员，在其他煤窑发展了四五名党员。

县委为了安全，对窑官和把头采取相应的对策。他们有时全副武装，趁黑夜“拜访”窑官和把头，让这些家伙感到这是一群身份不明的武装团伙，来无影去无踪，很不好惹。他们递话：“大路朝天，各走一边，不管闲事，彼此相安。如若不然，决不轻饶！”窑官和把头占山为王，各有各的势力范围，他们最关心的是自己煤窑的经济利益，都认为不冒犯这帮人为好，井水不犯河水。磨子沟有个窑官，其弟就是山下民团团长，他不仅不敢给其弟透一点风声，而且吴建初他们每次去时，都是客客气气，好吃好喝地招待。

一次，县委接到党员报告，马家散兵由此经过。吴建初领人追赶，原来是青海民团开小差的逃兵，于是缴了枪后就释放了。又一次有党员报告，山下有支三四十人的红军队伍，往东面去了。吴建初很纳闷：这支队伍是从哪里来的？这时候他们要干什么去呢？难道有什么特殊使命？他只身前往了解，确是一队红军。吴建初向领队人询问情况，可对方始终不回答，只管往前走。中心县委的情况只有总部掌握，没有向任何人泄露，吴建初苦于无法说明自己的身份，只好随着队伍走了一大段路。他想进一步取得信任，但不料那位领队人拔出手枪来，严厉地说："你什么也不要打听，再跟着走，那就别怪我不客气了！"吴建初无奈，只好眼睁睁目送这支队伍走了。

不久，就有被打散的红军途经石灰窑一带，破衣烂衫，面黄肌瘦，不少人还带着枪伤和冻伤，沿祁连山往东走。县委的同志见到后就供应饭吃，指引路线。中心县委通过他们才知道战斗失利，部队全部退入祁连山。各种说法都有，也有人说总部的首长都牺牲了。

小煤窑在严寒中战栗，马家军和当地民团在沿山的煤窑、村镇、交通路口，大肆搜捕流散和隐藏在群众里面的红军，并疯狂报复救助过红军的群众。

县委在一次转移中与敌人遭遇，民运部张部长当场牺牲，组织部长岳太华被俘，宣传部长阮自强失散，六名甘肃籍战士，或牺牲，或打散。岳太华被俘后曾在马家军做过文书，在延安审干中，思想一时不通而自杀。阮自强打散后离开张掖回到延安。

吴建初和李天义转移到平川大满介村的王有福家里，后又搬到王的岳父温和太家。温和太家在大满堡西南角上，当时和他们一起住的还有给温和太家干活的红军小战士金子荣。在大满堡经过秘密串联，除王有福外，先后发展潘发生、阮文章、阮文云、王克勤等人入党。

祁连山黑河口的杜鹃花，像无声的红色音符，演奏着一曲曲热烈的奋进的歌。

掩护战友

西路军总部警卫排长萧永银——

我和总部参谋陈明义同志护送徐向前、陈昌浩二首长回延安途中，路过黑河分开走时，陈昌浩同志对我们说：你们从东乐方向走五六天后，有个石灰窑，要碰到困难，就到那里去找一个姓王的"王大哥"，通过"王大哥"找到"周五哥"想办法。"周五哥"是我党"甘州中心县委"书记。

我们正在想着见不到周五哥怎么办的时候，忽然门吱呀开了，接着闯进来一个反穿着皮袄的大汉子。一进门就喊了声："大哥！"

王大哥急忙问道："老五，你回来了！怎么样？"

听王大哥喊来人老五，我们估计这人就是周五哥。心里多想赶快向周五哥说个一清二楚，可是，在王大哥没有向我们正式介绍之前，我们不敢冒失，仍要把满肚子话窝在心里。

他们扯谈了一阵生意经后，王大哥才说："啊！这二位老弟在等你哩！"

王大哥一介绍，我们急忙向周五哥丢了个眼色，他说道："啊！你们等久了，请到我那里去。怎么样？办法还好吗？"我们也随着搪塞了几句，然后离开了王大哥。

到周五哥家后，我们避开谈徐、陈首长的情况，只谈党要他帮助我们过黄河到陕北的事。周书记听后，低着头捏着手，为难地说："最近这边风声也很紧，前几天敌人还来抓我们的人，办法一时难想，活动也不方便。我看，先给你们找个煤洞躲藏起来，等风声好些，就尽力送你们走！"

第二天，周书记就把我们藏到一个30多丈深的煤洞里。找到了党，也就找到了希望。我俩满怀信心等着周书记的消息。

我俩在终日不见太阳的煤洞里整整藏了18天，周书记还没有想出办法来。当时他的处境也十分困难。我们决定不再等了，不管怎样也要走，也要把首长的信送到延安！我俩商量后，决定穿过沙漠到东乐，然后再顺着长城往东走；并决定当晚出发，不向周书记告别，避免他劝留，延误了时间。

当天晚上，我们爬出煤洞，继续向前赶路。在煤洞里，18天不见太阳，洞内又潮湿，身子简直瘫软了，走起路来摇摇晃晃，只觉得头重脚轻。第一夜，走走歇歇，只走了10多里路天就明了。

回到延安

燕子飞来了，它们的全身披着春天的阳光，它们的翅膀捎来春天的信息。国共两党合作之后，张掖一带的紧张形势逐渐缓和下来。幸免于难的一些红军伤病员，大白天可以谋生了。

吴建初装成瘸腿伤员，以打短工为掩护在大满堡乡下流动。那时这里遍种鸦片，割烟的技术要求很高。穷乡僻壤纸张奇缺，老乡用野草沤制麻纸。这是很热手的活计，吴建初很快成了这方面的能手。乡亲们夸他心灵手巧，争先雇他。他走村串户，四处活动，有时还和乡亲们一道，进到驻有敌人重兵的张掖城。

高金城开办的福音堂医院，以护士身份作掩护的王定国，常和医生们一道以行医为名各处秘密寻访和营救红军人员，还秘密散发印有兰州办事处地址的纸条。这些活动在乡亲们中悄悄传开了：张掖城里来了共产党的人，兰州有共产党的办事处，正在找红军的人回去等等。这些口头传闻经过加工，带上神秘的色彩。

吴建初风闻这些消息，十分振奋。他决定派王有福进城到姐姐家去探亲，打听消息。高金城开展营救工作，得到群众的可贵协助。说来也巧，王有福的一位亲戚也参与了此事。几经联络，王有福在西街路北的一个面馆和地下党支部的邱均品、蔡文良接上头。

吴建初听了王有福联系的情况后，亲自进城，在面馆与邱均品、蔡文良见面。邱、蔡穿的是马家军队的旧军装，在面馆不便谈。他们一起出西门往南走，边走边谈。邱、蔡谈了他们的活动情况，吴建初也谈了中心县委的情况。双方约定了重新见面的时间。

吴建初按照约定时间再一次进城，被带到福音堂医院，见到了高金城等。吴建初将甘州中心县委的情况告诉了地下党支部。地下党支部是在特殊境遇下自发组建的，回答不了这个问题，他们要吴建初到兰州八路军办事处请示谢觉哉。

高金城把吴建初和西路军野战医院院长丁世芳带到张掖县长马鹤年处，由马鹤年安排他们去兰州。中秋节的第二天，他们以给马鹤年的朋友韩澍恩——国民党的放赈委员搬运行李为名，到了兰州，找到兰州八路军办事处。

他们向谢老作了汇报。谢老决定吴建初回延安，在张掖大满堡的同志由高金城安排回兰办。

吴建初回到延安，一个充满希望和生机勃发的世界。太阳似乎更加娇艳，远近禾苗涌碧，菜花溢金。从延河畔飞出的抗日歌曲旋律，弥漫在湛蓝的空宇。中共中央六届六中全会后，他先到山西八路军总部，后到一二九师冀南军区工作。

吴建初离开张掖不久，大满堡民团头子曹明借自己家马跑车翻的事故，诬赖是王有福等所为，加以“窝藏共匪”的罪名，将王有福、潘发生、阮文章、阮文云等抓了起来，严刑逼供。这些新党员均不承认所加的罪名。曹明借机敲诈勒索。王有福的岳父温和太变卖两头犍牛，送礼说情，才把王保释出来。潘发生也由家里变卖田产赎出。阮文章、阮文云兄弟二人被顶作壮丁，送到马步芳部队当兵。阮文章在马家军返回青海时，想乘机打死班长逃跑回家，被班长发觉，将他捆绑，交民团头子曹明。曹明将阮文章吊在房梁上毒打，又让阮老三套车送至扁都口，被马家军打死。阮文云被马家军带到祁连山伐木，眼睛被扎瞎，释放回家后悲惨地死去。民团头子曹明和张成仁搜捕红军，残害群众，是两个杀人如麻的刽子手。当时的民谣曾这样表露了群众的愤恨心情：“要使甘州平，先杀曹明、张成仁！”

1937 年 11 月，李天义领着王有福、潘发生、王克勤、金子荣等，通过高金城的关系，马鹤年让他们以便衣警察的身份，押送皮衣到了兰州。兰办又将他们转送到延安，进入抗日军政大学学习。

王有福 1938 年 1 月至 12 月在延安中国人民抗日军事政治大学学习，结业后在兰州搞地下工作，担任榆中党组织的组织干事，后被叛徒出卖被捕，重庆和谈后被释放，返回榆中继续从事地下工作。他在新中国成立后曾任兰州市农牧局、园林局副局长等职，“文化大革命”中被迫害致死。

第二十三章

红旗，为你流淌过热血的家庭

一件有 50 圈年轮的往事

高台，曾经被弹雨洗礼、被热血浸染，曾经凝固了西路军五军将士赤诚的灵魂。黑河出张掖，经临泽，绕高台城向西流去，将那低沉或亢奋、喑哑或粗苍的呐喊声汇聚成世世代代的缅怀和沉思。

高台烈士陵园位于高台县城东南。陵园大门正中有朱德题字“烈士陵园”，背面有郭沫若题字“浩气长存”。由大门径直向前，可见喷泉如注，池水涟漪，树木成行，花圃葱绿，烈士纪念堂就坐落在红花绿柳之间。由纪念堂穿过，可见高耸屹立的烈士公墓，墓碑上刻有：“中国工农红军四方面军第五军阵亡烈士公墓”。在纪念堂左右两旁的果树林中，矗立着董振堂和杨克明纪念亭。烈士陵园陈列室中有国家领导人朱德、徐向前、叶剑英等书写的碑文和挽词。1985 年 10 月 3 日，中共中央总书记胡耀邦来到高台烈士陵园瞻仰视察，说：“把烈士陵园搞好，用这个场所教育人，就是精神文明建设!”

1985 年夏，一位两鬓银丝的妇人，头缠蓝布团帽，身着蓝色大襟衣裤，带着儿孙，抬着花圈，迈着沉重的脚步，来到杨克明烈士纪念亭，敬献花圈。“树成，我的亲人啊……”随着一声悲痛欲绝的哭声，她与儿孙扑倒在杨克明烈士纪念碑前。她，就是杨克明的夫人魏淑俊。

高台烈士陵园大门

“杨克明”对魏淑俊来说，是一个陌生的名字。

这是一件已有50圈年轮的往事。

杨克明1905年出生在四川省涪陵县罗家庙。小学念书时父亲给他取名陶正，又名陶树成。中学时代，陶树成在四川省委地下党组织负责人童庸生培养下参加了革命活动，1926年加入了中国共产党。

1927年，陶树成在省四中毕业后，返乡和近邻的魏淑俊结婚。他以新时代的民主平等精神感染妻子，为她起名魏淑俊。婚后不久，他化名洪涛尔，到丰都，在县城、高镇等地以教书为掩护，从事党的秘密工作。

八七会议精神传达以后，陶树成坚定了建立农民武装的信念。他和另一位同志装扮成补锅匠，挑着担子昼夜不停地到各地联系，弄取武器。一次，陶树成途遇暴雨，重感风寒，病倒异乡，生命垂危。幸得同行速报家中，魏淑俊专程赶往，亲伺汤药，才把他从死神手中夺了回来。

陶树成与进步青年刘绍尼、冉云樵等筹集武器，组织了一支30多人的农民武装，点燃革命火种，在华中乡、中心场一带熊熊地燃烧起来。一时，云集中心等乡的农协会组织相继建立起来。当时，中心场花垣庵恶霸地主黄汉清等霸占了贫苦农民冉荣桥的女儿，陶树成即与程均甫、刘少尼等人将黄汉清等六人诛杀，为民除了害。在家乡，陶树成成为乡亲们心目中的亲人，那些封建地主见了他，又恨又怕，即告陶树成是共产党。郭汝栋即派一个连到云集捉拿陶树成，将其住宅包围。陶树成在乡亲们掩护下，逃脱险境。敌军无奈，对其母亲和妻子施行残酷的捆吊毒打，逼她们交出陶树成来。他们抓不到陶树成，即打断魏淑俊手指，杀掉和陶树成一起诛杀黄汉清等人的刘少尼，涪陵县政府派人四处寻捕陶树成，并悬重赏通缉，生擒者赏大洋 1000 元，获尸者赏大洋 500 元。陶树成为免遭毒手，化名洪涛、洪陶尔。1931 年，陶树成化名杨克明，以做布生意为掩护，和营山的同志一起，开展农民斗争。人们叫他“杨布客”。

陶树成自化名杨克明远离家乡之后，活跃于梁山、达县一带，同王维舟等一起积极开展川东游击军武装革命。1933 年 10 月，红四方面军抵达川东，游击军改编为中国工农红军第三十三军，杨克明任军政委。西路军西征，杨克明任红五军政治部主任。

当年送别亲人的魏淑俊，与儿子相依为命，苦度春秋，迎来全国解放。她殷切地期待丈夫的信息，多方打问查找，但时间一年又一年地流逝，仍毫无音信。1952 年大儿子陶森林大学毕业，分配到贵州省委工作，全家跟随迁往贵阳市落户。烈士的家乡涪陵县罗家庙，改为长寿县云集乡。烈士的战友大多牺牲，即使幸存者也很少知其隐姓埋名的秘密。

高台血战后被敌人集中残杀的西路军被俘将士遗体

1954年，高台人民为纪念死难的红五军烈士，经省政府批准，筹建了烈士陵园。当时在搜集烈士资料中获得了杨克明生前的一些真实情况，曾向各地去信，发函，访问，通过多种渠道寻找烈士的亲属。但是，由于烈士亲属的姓名和真实地址不详，加之随后而来的动乱年代，查找夭折。

1983年8月，当年随杨克明长征的红三十三军九十师师长王波来高台悼念烈士，得知还没有找到烈士亲属。他回去立即信查函调，终于在贵阳市找到了烈士眷属。至此，魏淑俊也才知道亲人血洒西征路。

王波以烈士部下和亲属的名义，向贵州省委和民政部写报告，要求抚恤烈士遗属。1985年4月，民政部正式批准魏淑俊为烈士家属，并发给抚恤金。同年8月，经甘肃省有关部门邀请，魏淑俊带着儿媳、两位孙子、一位孙媳，来到亲人牺牲的地方，祭奠为中国人民革命事业英勇捐躯的忠魂。

长长的日光伴着亲人，湛蓝的月光伴着亲人……

“历史造成的，战争造成的！”

街上弥漫着热烈，心中沸腾着欢乐。在武威进入新历程的第一天，张怀碧和另外两名流落女红军，一人抱着一个西瓜，含着热泪站在欢迎解放军的人群中。她们把西瓜高高地捧到行进的解放军面前。

她们捧着西瓜，捧着火辣辣的思念，向亲人诉说：“我们是红四方面军的，我们的领导是张国焘！”

“张国焘是叛徒，跑到国外去了！”

晴朗的日子，雷鸣突然在半空闷声闷气地钝响。张怀碧仿佛被冷酷的冰雹击中，瘫软在地，哭了起来。

首长听了她们的诉说，让人领她们到部队营房里吃饭。吃的是大米饭和芹菜炒肉。自从参加红军离开四川，她们就再也没吃过大米饭。当时闻着大米饭那个香啊！可心里难受，有股说不出的滋味，一边吃，一边吧嗒吧嗒地往碗里掉泪。

首长让人给她们写了介绍信，找地方政府。地方政府安排她们参加土改工作。党组织审查了她的经历，给她恢复了党籍，安排她当了县委招待所副所长。多年来提了几次工资，她都让给了其他同志。她感谢党，感谢政府，使她有了今天，她从不计较个人得失，只是一门心思干工作。每次评先进评模范都有她，每次长工资她都坚决不要，一定要让给别人。

张怀碧曾到沈阳去看望自己红军时代的丈夫，沈阳铁路局的主要领导。他说："这件事是历史造成的，战争造成的！"两人都低着沉重的头，潮水一般的思绪哟，又漂向当年……

张怀碧，四川达县人，1930 年在川东的达县参加革命，曾任区、县妇女部长。红一、四方面军会师后，朱德、康克清一直和红四方面军在一起。康克清在总部党校任支部书记，张怀碧任家属连连长。康克清希望张怀碧和她一起去陕北，红四方面军政治部组织部长张琴秋介绍张怀碧到妇女独立团任组织干事，介绍赵应兰任宣传干事。这是组织决定，她个人决不能有二话。她和赵应兰随妇女抗日先锋团西渡黄河，而她俩的丈夫东去陕北。

康克清大姐和她告别时对她说："全国解放后，咱们再见！"她相信革命会胜利，大家会再见的。

妇女抗日先锋团紧跟主力过了黄河，在景泰县一条山就和敌人接过火，还缴获了 30 匹骆驼。妇女团在一起目标太大，曾分散到各部。在倪家营子又组织到一起，她被分到一营三连任指导员。

血雨飞，腥风卷。她们放哨，救伤员，挖战壕，还配合主力打仗。一次，她在火线抢救伤员时，头被马家兵砍了一刀，鲜血直流。她顾不上包扎，一边救伤员，一边还和其他同志拣回了七支步枪和六袋子弹。当时，部队缺弹药呀。进祁连山时，她们在梨园口打了仗。弹药没了，她们在山头上垒起石头堆，敌人上来就用石头打。进到祁连山中，部队分散游击。她们走了一夜，遇到一个悬崖，下不去，大家把绑腿解下来拧成绳子，接起来一个一个往下吊。部队还是被打散了，他们一起逃出来七个人，其中连她有四个女的。敌人在后面追赶，为了减小目标，大家男女分开走。

她们四个女的走了几天，没吃一顿饭。到张掖西花寨子已是下午，她们向村里的老乡要了点吃的，又分两路往东走。她和陈玉莲一路，碰到一个老大娘，在她家里住了两夜。老人怕被马家兵搜查，送她俩到一个窑洞住了两夜。她俩告别老人继续向东，走着走着，发现后面有敌人追，分头朝两个方向跑，跑散了。她走到山丹黑城滩，遇上方面军油印科长等三人，又一起向东走。在永昌南山，四五条恶狗窜出来追着咬，她们几个又跑散了。她跑到武威下双，失足掉进水沟，等老乡把她捞出来，就剩下她一个人了，在这里的龙王庙住下。马家军动不动来搜查红军。一位老大娘看她可怜，把她藏在家中，到秋天庄稼下来，她就在地里拾麦穗活命。她看无法回去了，就在这里安了家。

命运濡染，悸颤着她希望的梦，勃发的心灵。

“我们全家八口，就剩下你我两人”

西路军将士以及亲人，洒下自己鲜红的热血。昭昭历史壮阔，一头连着消逝的亡魂，一头连着灿烂的新生。

“幺妹，我把你找得好苦哇！你走时我们全家八口，现在就剩下你我两人！”1968 年春，肖汝存的三哥肖明存从四川巴中县来到青海大通县黄家寨公社黄东大队，千里寻亲。兄妹见面，痛哭失声。

1933 年夏，红军到了四川巴中，穷苦人像干柴遇到烈火一下子燃烧起来，都闹起了革命。肖汝存的父亲被选为乡苏维埃政府主席，母亲被选为乡妇女代表，以后当上了村妇女主任。大哥肖明内是乡里的游击队长，四哥肖明金给游击队运粮。肖汝存不愿再当童养媳，先是在苏维埃县委当宣传员，第二年就和年仅 13 岁的五弟肖明亮一起参加了红军。

西路军红军老战士光荣证

红军出川，国民党、豪绅地主卷土重来，到处烧房子，抢东西，搜捕、残杀苏维埃政府干部和红军家属。肖汝存的父亲、母亲和大哥、四哥被还乡团抓去，严刑拷打，然后押到天原寺屠杀。敌人先是一刀砍死大哥肖明内，接着又一刀一个杀了父亲肖文礼和四哥肖明金。母亲见亲人被杀，愤怒得发抖，不顾死活地和匪徒厮打，叫骂："你们这些没人性的豪绅土匪，连一条根也不给我留，为啥不把我也杀掉?"杀红了眼的刽子手又举起了屠刀，砍死了母亲。父母兄弟在血与火中倒下，死得好惨。

反动派杀人以后，还不准乡亲们掩埋尸体，硬是放在野外发臭，眼看着被野狗吃掉。大哥死后，嫂嫂回了娘家。当时，三哥肖明存外出给人做工，逃了一条性命。参加红军的老五肖明亮至今下落不明，生不见人，死不见尸。

肖汝存跟着部队，过草地，爬雪山，历尽千辛万苦。部队西渡黄河后，打得十分英勇。她们在倪家营子，抬担架、护理伤员，还要打仗。有一次，她们200多妇女和伤员，被敌人包围在一个堡子里，她们把枣树砍下，树头朝外，作障碍物，对付马家骑兵的冲锋。四面都是马家的骑兵，当官的狂叫："弟兄们冲啊！堡子里都是女的，打开了堡子，每人赏两个做老婆！"她们也向马家兵宣传："我们都是中国人，中国人不打中国人，联合起来打日本。我们是到新疆去的，向你们借条路。"疯狂的敌人哪管这些，继续疯狂地进攻。敌人是骑马，她们是步行；敌人穿皮衣、皮鞋，她们是单衣、草鞋；敌人吃得饱，她们吃上顿没下顿；敌人有飞机、火炮支援，她们是步枪、大刀，还缺少子弹。实在没办法了，甩石头打敌人，怎能不败！

西路军兵败，对任何一个女战士来说，都是不祥的时刻。她被俘，受尽折磨和凌辱，先是给一个马家军官太太当丫鬟，擦屎端尿侍候人，以后又被赏给了马夫，到了青海。

解放前，人家叫她们"共产婆"，受尽歧视；解放后，有人受旧社会的影响，仍然看不起她们。她承受着幸存的艰辛，还经常会遭受突如其来的打击和伤害。1961年，她在黄东大队劳动，向饲养员借一头牲口用，生产队长硬是不给，还从她手里夺了过去。她说："队长，你这是干啥呀！"队长气呼呼地说："我见了你这个共产婆，×都多哈了！"她实在受不下这口气，就回骂了队长。骂过之后，她的气是出了，可队长在生产上处处刁难她。她向县上的干部反映了情况，队长挨了批评，当面答应得好，过后仍然处处刁难她，逼得她没办法生活，只好到互助县讨饭，吃尽苦头。

党和政府给老红军落实了政策，每月都给生活补助，逢年过节，领导还来看望她们，她心里很感激。

肖汝存的命运，她的悲苦与欢乐，不是她个人的，是历史，是一段沉重的历史。

无私奉献的血浆和生命

杨翠兰一家人，为中华民族的解放事业付出了高贵的代价，那不是金钱，而是血浆和生命。她的父亲杨家禄1934年参加红军担架队在战斗中牺牲，兄杨世栋参加红军过草地时牺牲，两个弟弟参加儿童团在红军撤出巴中后被杀害，母亲因寻找他们连饿带病去世。

人生旅途的酸甜苦辣，催促杨翠兰参加到红军的行列。她16岁时，在四川巴中家乡给人家抱娃，放牛，干杂活。一天，她正在放牛，过来一支红军队伍。红军张队长问她愿意不愿意参加红军，她说："愿意，我还可以约七八人一起参加!"

部队把她送到巴中县城苏维埃学校，校长是张九波，副校长是陈方伯。学校除学习外，主要是到各地宣传打土豪分田地，发展人员，壮大队伍。她1934年4月入党。

西渡黄河后，她在红九军政治部文工团担任指导员。康隆寺突围时，她右

1936年红四方面军第五军及卫生队被马步芳、马步青在甘肃高台县集体掩埋之遗体

腿中弹，左腿也被弹片炸伤。浓浓的夜把大地罩住了，她慢慢挪动身子，从死尸下爬出来，碰到一个姓王的战友。他俩相依为伴，顺着山势往上爬，看见一个帐篷，里面有炒面、肉。两人几天未吃东西，又饿又渴，用凉水拌了点炒面吃了。两人在山沟底碰到两个战友。

大家在疲惫中睡去，杨翠兰没有睡。马家军来搜山，她赶忙向一位连长报告后，滚到梢林刺棵中。马家兵用马刀砍死了小号兵，其余的人都被抓走了。她爬到小号兵身旁，合上了他的两眼，并齐了双脚。

祁连山是母亲，起伏的山坡是宽厚的胸怀，葱郁的雪松是动人的青丝，黑河是她绵长的歌。年轻的战士躺在祁连山的怀里，紧紧贴住母亲的胸膛。

杨翠兰爬了三天，因为没有医药，腿伤化脓了。她咬着牙，用手使劲挤出脓血，觉得轻松多了。她用盆子烧水，火光跳动着，将她的身影变幻不定地投射到广阔的黑暗之中。不知哪来的一枪把盆子打翻，她赶忙向灌木丛中躲去。两个敌人走来，发现她的包袱，只顾分包袱中的东西。

她把土踏溜了，从坡上摔下来，正巧碰上两个失散的男战友。他俩给了她一点炒面，她给他俩几个冰块。三人钻到山洞里歇息，来了个拾粪的老乡。

荒山野洼中的人家，日月清贫，可人善良。老乡叫姚天录，回寨子把外甥岳志宽叫上，给他们送来青稞面馍和一缸子面条。他们把一点大烟、银牙签、手帕送给了姚和他的外甥。一周后，岳志宽把他们领到山上养牲口的地方藏起来。两个男的考虑人多不方便，说她有伤让她留下，他俩走了。

岳志宽和父亲在驴圈里挖了个洞，外面用一块大石头堵住，堆了些驴粪。她藏在洞里六个多月，岳家管她吃喝，岳的母亲还把陪嫁衣裳拿给她穿。她的伤渐渐好起来，回到寨子里岳家住下，帮别人做活，挣碗饭吃，有时还给乡亲们唱歌。

一天，遇上给马家军贩羊的贩子，冒充“副官”，把她押到张掖县城，威逼嫁给马家军官。她几次反抗不从，经好心的杨奶奶劝说，匆忙和一个比她大20岁的四川老乡、理发工人傲宝荣结婚。

清晨，细雨霏霏，空气渗透凉意。马家副官对傲宝荣说：“师长（韩起功已成师长）叫你呢！”老傲跟着去了，直到下午不见回来。一位大嫂说：“老乡，老乡，你们老傲叫马家队伍在王府街打了一顿！”大嫂叫她和店里招用的几个红军学徒娃子赶快藏起来。学徒娃娃藏到房上，把她吊在一个烟囱里。烟囱又细又黑，连气都出不来。大家又把她吊上来，藏到房上。

她托人把老傲保了出来。当时是马家的天下，没有办法，只好随回民习俗了。

1942 年，马家军队走了，张掖换成了国民党军队。杨翠兰和几位流落红军，总是想着离开这里，去找红军。不知谁坏了事，国民党把她、杨嫂和一个姓何的抓了去，押在南关马车店里，吊起来拷打。她咬着牙，忍着疼，始终不说实情。敌人什么也没得到，只好放人……

巍峨的祁连山，被鲜血浸润过的祁连山，在 1949 年的阳光照耀下，绽露出全部光辉。

酸涩的泪往肚里咽

1961 年，鸣禽呖呖，彩羽闪闪。王能香怀抱小女，回到阔别 20 多年的四川通江探望亲人。谁知含辛茹苦的父母由于长期忧子忧女，在中华人民共和国成立的前夕，在贫困和孤独中相继溘然长逝。陪伴两位老人枯骨的是凄风惨雨、萋萋荒草。两个弟弟也在她参加红军走后，被反攻倒算的还乡团拉了壮丁，至今杳无音信，生死未卜。她把酸涩的泪往肚里咽，强忍悲痛返回安西。

王能香七八岁就开始挖野菜，割猪草，带弟妹，做家务，8 岁过继给二叔。1933 年，18 岁的王能香出脱成能干的大姑娘，二婶张罗着要给她找婆家。对二婶的刻薄再也无法忍受的王能香，愤然离家出走，参加了红军，成为四川省委宣传队的一名女战士。1934 年春，她被调到妇女独立团，先后升任班长、排长，1935 年 6 月宣誓加入中国共产党。

河西浴血奋战，部队撤入祁连。王能香与何秀英、赵碧贤、刘紫玉等人同部队失去联系。她们爬冰卧雪，四处寻找部队，与红三十军的三个传令兵相遇。传令兵向她们介绍了部队失败情况，留下仅有的两头牦牛，两头凝聚着战友情谊的牦牛。牦牛挽救了四个女战士的生命。她们在山中周旋了半月之久，得知封山的马家军已经撤离的消息后，便匆匆走出了祁连山。

“红军向西走了！”当地老乡说。

她们星夜兼程，向西追去，直到嘉峪关。马家队伍重兵密布，向西过不去。

在萧瑟寒风的悲吟声中，她们辗转来到酒泉北乡，不得已分散躲避在老乡家里。王能香在名叫袁青山的50多岁的农民家里隐蔽，一面帮助干些家务，一面打听部队的消息。5月的一天，袁老汉突然从城里带来一个壮实的小伙子，要介绍给她。她婉言谢绝老汉的好意，并向小伙子解释："我是红军，要向西去找部队，过不去只好暂住于此！"小伙子没有生气，反而答应帮助她。小伙子叫徐临贵，家住嘉峪关外的安西县，为谋生计来到酒泉城里给开药铺的老板拉骆驼跑生意。

一个漆黑的夜晚，王能香随徐临贵的骆驼起程，沿途多方打探，得知红军早已上了新疆。便相随徐临贵来到徐的家乡安西布隆吉九上村。

王能香与徐临贵成了亲。徐临贵用积攒的一点钱，垒起了几间土屋，购买了几亩薄地。两人起早贪黑，披星戴月，忙完家务忙农事，还常给人家打短工、薅草、割麦、浇水、犁地等。

高台血战后被敌人集中残杀的西路军被俘将士遗体

1949年9月27日，安西解放。她按捺不住内心的喜悦，风急火燎地找到领导，含泪陈述了自己的经历，迫切要求参加工作。她担任了村妇联主任，信念铁样坚硬，锐气剑般锋利，建农会，组政权，拥军支前，清匪反霸……

岁月倏忽而悲怆，“文化大革命”中她被扣上种种帽子，受尽折磨。在充满希望和生机勃发的日子，春风吹散了笼罩在她头顶的乌云。历史向人们推出不寻常的悲喜剧，并给人们提供了博大而又深邃的想象空间。

第二十四章

小草，在春日下舒展朴素的叶片

云恋山岫，泉思海洋

云恋山岫，泉思海洋。红军老战士侯玉珍得知兰州解放，带上大饼，背上背篓，拿上铲子假装铲草，从青海乐都到兰州去找解放军。她走了三天两夜，在兰州一个招待所找到了一军贺军长和罗师长。

她边哭边说："我要回娘家，你们就是我的家人。我这次来了，你们要把我安排个地方，我要革命！"

贺军长笑着说："你已经有了丈夫和孩子，还是回地方吧！一边工作，一边照顾家庭，地方工作同样是干革命嘛！"

她睁着困惑的眼睛，似乎明白了什么，欣慰地笑了。

百花竞妍、百鸟争鸣，丽日和风中总能让人换个心情。侯玉珍揣上一位干部交给她的一张条子，回乐都县交给了赵海峰书记。侯玉珍在西门村先是当民兵连长，后来又当妇女主任，上面来调解民事纠纷，又让她当陪审员。她对工作负责，组织吸收她参加了中国共产党。1966 年，大家又让她当托儿所所长。她没有文化，但有为人民服务的热心，凡是组织上分配的工作都尽心做好。

明丽的秋日是那样令人神清气爽，在尽力濡染秋色的灿烂时，没忘多多羁留原野间的深绿来匹配大地的辉煌。

飞鸟恋旧林，游鱼思故渊。唐正福打听到解放青海的一军军长，就是红四方面军甘孜检阅部队时，自己见过的独臂营长贺炳炎，便找到一军司令部。贺军长热情地接见了他，鼓励他发扬红军的优良传统，在地方工作中作出新贡献。贺军长还亲自通知中庄的驻军领导机关，帮助他解决生产生活困难。

唐正福，四川省仪陇县人，参加红军任过通信员、教官等职。河西被俘，押到西宁郊区中庄马家军旅长马彪家中做苦工，直至新中国成立。

天好高好远，无风亦无云，只有日头闪金光。骑兵团团长、政委、主任，根据贺军长指示，给他送来军骡两匹，粮食300斤。

苦难经历，唤起他奋发向上的激情，并为之勇敢地奋斗。他任中庄地区三乡乡长，积极开展工作，协助驻军清剿残匪。1949年底，大通地区残匪二三百人窜到乐家湾、小峡一带山上骚扰。他给驻军带路，将这股残匪歼灭，匪徒无一漏网。他1951年元月加入中国共产党，同年被任命为西宁市建设科副科长。1952年，他筹建乐家湾农场，任支部书记兼场长，1958年下放到中庄大队任党支部书记。

这个在旧社会被人歧视的“共产娃”，解放青海时的积极分子，新中国成立后的基层干部，“文化大革命”中成了“叛徒”，受尽了苦难。但苦难打击之后，他依然继续努力，愈加奋斗不止。

马晒买，原名张才扬，四川通江县阴山坪人，曾在红九军政治部宣传排任宣传员、副排长。她被俘后，分给民团士兵马福源，随其回到化隆家中。任何人都可以从她的经历中感受到倔强的生命的颤动。

化隆县是马家军官和士兵比较集中的地方。新中国成立前夕，谣言四起，她所在的尖巴昂村，不少群众准备向深山逃避。她挺身而出，向群众解释，说明共产党是为人民服务的，解放军纪律严明。一个诚实人的心声，能唤起一群诚实人的共鸣。全村60多户回族群众无一人外逃。

新中国成立不久，马家八十二师师长马忠义，带领匪徒七八十人到尖巴昂村扩大土匪队伍。由于她对群众进行了耐心细致的宣传解释，群众对共产党解放军有了初步认识，无一人参加匪乱。马忠义知道是马晒买做了工作，气愤地吼叫：“这个共产党的情报，不抓下还得了！”

马晒买一边向深山野谷躲藏，一边给驻在昂思多乡附近的解放军报了信。解放军赶到尖巴昂，当场击毙匪徒二人。马忠义带着其余土匪向黑城方向逃窜。她还协助县武工队，在尖巴昂村收缴马家散兵带回的三八枪 11 支。

马晒买的眼睛，从压低的眉毛下，亮闪闪地窥探着明天。她参加了县委主办的土改训练班，参加了土改运动。她先后任乡和公社妇联主任、生产大队长、县妇女代表、县人民代表、县政协委员。1957 年 7 月，她出席全国妇代会，在北京受到毛主席、刘少奇、周恩来、朱德等中央领导亲切接见，同年 10 月 1 日曾作为少数民族代表团成员参加了国庆观礼。

马晒买年老多病，无儿无女，孤身一人，但她是生活的乐观者、奋进者，令人鼓舞，让人感动。她自然受到群众的尊敬和爱戴。

门源县第一个女乡长

门源县城解放了，马秀英满怀喜悦来到县上找领导。县委书记兼县长郭力中勉励她团结群众，做好基层工作。她竭力忍住高兴的泪水，使劲点了点头。马秀英内心沉睡的力量被希望唤醒。

马秀英，四川巴中人，1933 年刚刚 12 岁时就参加了红军，1935 年在红五军卫生部妇女排任排长。西路军西征，她在高台战斗中不幸被俘。

马秀英被押到西宁，先在马元海家为其大女儿当奴仆。马元海的女婿马绍武在门源当国税局长，她被带到门源，茹苦含辛，艰难度日。四年后，马绍武把她转送给马莲沟有名的恶霸马四爷，她的处境更坏了。马四爷指定她与长工马福全结婚。马福全被马四爷治得服服帖帖。马四爷让把马秀英管“严”些，他就动辄即打。马秀英的泪水常常濡湿衣襟，忍无可忍接连逃跑，但逃跑一次，被毒打一次。经过这样几次反抗，马四爷答应她两口子离开另过。

星移斗转，东方的地平线上终于闪烁出一片灿烂的光芒。

门源解放的当年 12 月，发生叛乱。马莲沟的恶霸地主几乎都是叛乱的匪首和骨干。叛乱平息后，那些头头心还不死。匪首马成彪、马应财一伙散布谣言说：“共产党、解放军二番回来，架上大炮，要把庄子扫光哩！不要忘了，民国十七年回回造反，官家调来兵马见回回就杀，大河里淌的全是血水。咱这次杀了解放军，解放军能不报仇?”

马秀英不顾丈夫阻拦，开展艰苦的说服工作，对大家说：“凡是被强迫参加暴乱的人都不要害怕，我马秀英用性命担保！共产党、解放军决不会不分青红皂白乱杀人!”经过她的劝解，许多原来准备逃往深山的人稳定下来，庄子里的恐慌气氛缓解了。以后政府发动群众揭发检举，马莲沟上中下三个庄子组织暴乱的首恶分子马应财、马富财、马简赛尔、马成彪等被依法枪决。从这些匪首家中搜出长短枪15支和许多子弹。

马秀英被群众选为县各族各界人民代表会议代表，工作更加积极，日夜操心着庄子里的事情。

马莲沟三个庄子和邻近的葱花滩有1000多亩旱地，产量很低。庄子跟前就是浩门河。群众要求政府投资帮助修渠。她把群众的意见带到县人民代表会议上，县政府拨出专款，并且派人帮助勘察。有个隐藏的反革命分子马德清伪装积极，被任命为乡长，继续与逃入深山的残匪联系，给他们送粮食开路条，同时利用各种机会打击马秀英。她动员群众参加修渠，马德清却煽动群众不要参加，说：“马秀英是公公背着儿媳妇去朝拜。几千年来祖祖辈辈种下的旱地，说改就能改为水地?”她积极投身减租反霸斗争，清查马莲沟一带参加“西革会”“反共救国军”的七八个反革命分子。马德清也因与残匪的关系被依法逮捕。马秀英带领400多群众奋战两个月，终于修成五六华里长的水渠，把旱地改成了水地，为群众办了一件好事。

冬日里竟也有这样怒放的阳光吗？如春天般富丽地泼洒在大地上。马秀英1951年12月被任命为进胜乡乡长，是门源县第一个女乡长。她和全体农民一道，以最大的热情投入轰轰烈烈的土改运动之中。1953年4月，她被任命为县妇联副主任，两年后又提拔为妇联主任。她到县妇联工作后，经常和大家一块儿走区串乡，把区乡两级妇联组织起来，使全县的妇女工作有了明显的进展。

“文化大革命”中，有人揪斗她，说她是“叛徒”，大会小会批斗。马秀英被揪斗时，抬起沉重的目光悲愤地说：“从被俘到新中国成立的12年中，我日日夜夜想红军。一个红军战士思念党的心情你们懂吗？马匪统治时，我受了那么多折磨，差一点被折磨死，你们知道吗？你们说我是叛徒，拿出证据来！”马秀英从身心备受煎熬的忍耐中，再一次磨炼了坚强的意志与从容的品性。她不灰心丧气，坚信党会纠正这次祸及全国的内乱。她身上所散发的坚毅、顽强的性格和无所畏惧的勇气和力量，无不折射出西路军精神的光芒。

1973 年 12 月，在修梯田的劳动中，她被塌方的土层压住，左腿骨折，双眼鼓出，三四节腰椎劈裂，成了终身残废。可她不愿躺在病床上，伤情稍有好转，就拄着拐杖坚持上班。

1974 年 3 月，她被任命为中共门源县委统战部部长。4 月，伤势恶化，再也不能走动了。

马秀英在革命的路上曾大步走着，走得那么匆忙，连喘息一下的时间都没有。她两袖清风，带着年迈多病的身子走了。

纱幔般的薄雾从远山近岭升腾出来，在天空悄然飘浮，给古朴的山乡留下湿气、露珠和银白色的宁静。

“为了 100 多娃娃活命”

春天来了，微风吹起，小草摇曳，整个原野被绿色浸透，空气中弥漫着淡淡的草香。面对生命力极强的小草，任何人的灵魂都会产生强烈的震颤，会感到自己的生命被一个强大的生命所照明、所吸引、所征服，一切渺小、卑琐、哀怨和消沉都被驱除了。

1949 年 9 月 5 日，人民解放军进入西宁。

蒲秀英欢喜若狂，热泪纵横，跑到大十字，迎上解放军，跪下磕起头来，将自己 12 年来亲身经受的种种磨难，哭诉给亲人听。

蒲秀英，妇女独立团二连指导员，在山丹战斗中，双腿受伤，不幸被俘。敌人从她腰间系的一条皮带断定她是红军指挥员。她在山丹和张掖被隔离关押 28 天，手上铐，脚上镣，头部扣上铁丝罩。敌人严刑拷打，逼她说出在红军中的职务，指出被俘红军中谁是当官的。

马家军一个姓牟的参谋命令士兵将她紧紧绑在长条凳上，威胁说：“你要是再不说，就把你绑死在这条凳子上，永不解开！”她被打得遍体鳞伤，昏死多次，两腿溃烂，肿胀厉害。

她把仇恨注入了自己的牙根中，在那里化为青色的冷酷，始终未透露任何情况。

西宁市红西路军纪念碑

她被押解到西宁，先分到羊毛厂做苦工，又分到马家军乐队队长家做佣人。她不堪忍受风刀霜剑的逼迫，逃到东稍门姓张的商人家做佣人，熬着漫漫长夜，盼望早日黎明。她一直等到西宁解放，才第一次迈出商人家的大门，到大南门外一家马车店当了杂工。

一天，她正在店里烧水，几位解放军走了进来，联系过往部队住房事。其中一人指着蒲秀英对另一个说："你看，拉风箱烧水的妇女长得多像你啊！"那位解放军听后，走到她跟前仔细一看，喊了声："幺妹！"眼泪已经流下来了。她抬头一看，愣了半天，认出站在眼前淌着眼泪的解放军是自己的大哥蒲定忠。兄妹见面，喜出望外，痛哭一场。

蒲定忠和蒲秀英兄妹都是在四川参加革命的红军老战士，都在河西被俘，押解到西宁。蒲定忠分到补充团，蒲秀英分到羊毛厂，后来，蒲定忠逃跑回到自己的部队，一直在寻找失散多年的妹妹。

时光流逝，蒲定忠从军队转业到地方，在民政厅招待所工作，不幸于1962年病故，葬在西宁市南川烈士陵园。1953年，蒲秀英全家响应政府号召，迁到贵德县参加农业生产。

蒲秀英渴望着重新点燃心灵的炬火。她到贵德以后，先后在基层担任乡妇女代表、陪审员、农业社副社长等职。

1958年大办托儿所时，她兼管托儿所。翌年秋冬，农村粮食紧张。冷风飕飕地刮着，遮天的黄尘一阵阵荡来，似要把人埋了。为了保证托儿所100多娃娃的温饱，她倔强地迈着碎步，带领托儿所的保育员们，到地里收庄稼，到山上砍柴火，从菜地里“偷”菜，从仓库里“偷”油。当时农村不少地区出现饿死人的事，有些托儿所的娃娃就饿病甚至饿死，可是她负责的托儿所却保证了孩子们的基本温饱，安全度过了生活困难时期。

县公安局把一批有偷盗行为的基层干部拘留了起来，她也被拘留。

“蒲秀英，你偷了生产队的粮、油、柴、菜没有?”

“偷了!”

“偷了多少?”

“我也说不清有多少，反正100多娃娃吃用了一年多!”

“你为什么要偷?”

“为了100多娃娃活命！我看到有的生产队干部往自己家里偷，我要不给娃娃们争上点，娃娃们非受孽障饿坏不可。现在组织上怎么处理，我都毫无怨言!”

蒲秀英在保持清晰的看法、作出果决的判断和抉择方面，正如她带的娃娃，朴实、纯净、坦然、不折不扣。公安局派专人调查，最困难的时候，托儿所的娃娃们吃的是粮食和蔬菜，她家里完全靠野菜、树皮及烂洋芋度日。半月以后，县公安局宣布蒲秀英无罪。

她回到生产队，继续担任领导职务，工作比以往更积极更负责了。

1984年2月的一天下午，哀云密布，寒风凛冽。出席青海省民政厅召开的部分州、县西路军红军老战士座谈会的全体老红军，来到西宁南川拜谒烈士陵园。在朱德亲手题词“革命烈士永垂不朽”的纪念碑前敬献花圈和默哀之后，红军老战士们奔向陵园最高处的红军墓。一位鬓发斑白，额上刻着风雨历程纹路的老人跑在最前面，扑在红军墓上，泪如雨下，泣不成声，不断呼唤着死难战友和她的大哥蒲定忠的名字。她就是蒲秀英，曾在坎坷不平的路上留下奋进的足迹……

“我还能在街道上跑跑，做做群众工作!”

“我是红军战士又是军属，虽已退休了，但还能在街道上跑跑，做做群众工作，为四化建设贡献一点力量！”红军老战士陈世英带着夕阳疲惫的背影，也带着心愿和期望的亢奋。

日历翻到了1981年，她从礼让街办事处纸盒厂退休，参加了街道工作，当选为居委会小组长。她对街道工作冬寒夏热，抱冰握火。

街道上搞治安联防，她不顾年老有病，坚持巡逻守卡，在巷子里转转，到院子里看看，日日夜夜为群众安全操心。这年春节，她一人就在居委会连续值班七天七夜。她被评为城中区治安积极分子和西宁市治安积极分子。

大同街居委会共有军属七户、五保户五户，残疾人十名。她经常到各家问寒问暖，解决困难。五保户陈苏氏已经78岁了，长年有病。她和居委会干部抽出时间为她买面、打油、提水、洗衣、拆洗被褥。京番娥两口子都是盲人。她和居委会干部一道上京家把堆在院中的煤末打成煤砖，把又脏又乱的院子打扫得干干净净，水缸提得满满的。盲人两口激动地说：“你们真是共产党的好干部！”

拥军优属是居委会的一项活动。从这项活动中，可以看出她对子弟兵的一片挚爱之情。1982年八一、春节期间，她带着微笑温热的眼神，和居委会干部三次上门到省委警卫连开展拥军活动，拆洗被子和床单。警卫连的战士们也给她们拍照，帮助居委巡逻，打扫卫生。真是军爱民、民拥军，大同街上气象新。

1982年6月，国务院发出关于第三次人口普查的通知。她和普查员两人包了一个小组，58户。她每家每户地做深入细致的宣传工作，使人口普查的意义家喻户晓人人皆知。登记户口时，她和普查员一户一户上门，确保各项资料的准确性。她的这个组没有发生错登、漏登、重登，质量高、效果好。在最忙的日子里，她从早到晚，有时连中午饭都顾不上做，喝点水，吃个馍就又走了，一直忙到深夜。一次她从楼梯上跌下受伤，一连两天痛得动不了，但没等好利索，又继续干起来。人口普查结束时，她又被评为人口普查积极分子。

1983年，中央宣传部等24个单位发出继续开展“五讲四美三热爱”活动的号召，她当然又是积极参加。冬季，自来水站门前积的水都冻住了，过路人不小心就滑倒摔跤，她和居委会干部拿上铁锨一点一点将冰搗掉。大同街下水道冻住，污水流得满街都是。春天一到，她找了铁棍、铁榔头，开始捅下水道。她和居委会干部一连捅开四个下水道，脸上身上沾满了污泥、脏水，但街面上的脏水流走了，街道干净了。

霞光里，人群中，陈世英走了过来，脚步匆匆。贡献，充满活力的贡献，是她生命的主旋律。她感到自己的双腿迈得坚强，迈得有力。

“这不能感谢我”

吴生霭是流落酒泉的西路军红军老战士。新中国成立初期，他向卫生部副部长苏井观写信诉说别后的一切。苏副部长立即复信动员他到北京工作。他盘算再三，考虑到家小妻室拖累，婉言谢绝了苏副部长的盛情相邀。1951 年 2 月，他到酒泉专区医院参加了工作。

20 世纪 70 年代，酒泉地区医疗卫生条件还较落后，特别是缺少医疗器材。吴生霭肩负着酒泉人民的厚望前往北京，见到了他昔日的通信员，当时在卫生部任政治部主任的周毅胜。卫生部领导给酒泉调拨了一些心电图机、X 光机、救护车等医疗器材。人们以羡慕的目光向他祝贺，他抖着眉毛笑了，说：“这不能感谢我，还是要感谢我们的党！”

西路军被俘将士中，吴生霭可能是唯一的青海人。吴生霭，字云亭，1907 年 3 月出生于青海省乐都县高店东村，家境小康。1926 年 8 月至 1929 年 9 月，他在兰州陆军军医教练所学医，10 月起在国民革命军第二十六路军医院任上尉军医。宁都暴动的 1931 年 12 月 15 日，西方天穹处，一片氤氲的橘红的雾霭。董振堂把他叫到跟前说：“今晚你跟着我，哪里都不能去！”董振堂带着随从人员巡营察看，三步一岗，五步一哨，戒备十分严密，口令也换得频繁。他身临其境，处处都感到一桩非常重大的事情就要发生。拂晓之前，三颗信号弹从城头腾空升起，宁都起义了。他于 1933 年 5 月参加了中国共产党。

兴国扩红，成立少共国际师，吴生霭调任该师卫生部部长，接着又调任教导师卫生部部长。

长征路上，中央红军成立干部休养连，他被调去为年老体弱的徐特立、谢觉哉等老一辈革命家防病治病。教导师政委何长工疟疾发作十分严重，他从收容掉队伤病员的后卫来到师部为何长工打针服药；邓颖超咳嗽吐血，他参加制定医疗方案；周恩来重病缠身，他单骑飞奔送去了急救药品。红一、四方面军会师，他三过草地，两爬雪山，吃草根，啃皮带，备尝艰辛。组织上为他配备了坐骑，但他的马背上总是伤病员。

悲壮西征时，吴生霭在西路军野战医院任医务科长。二返倪家营子，军政委员会主席陈昌浩的爱人、总政治部组织部部长张琴秋分娩，到野战医院想要副担架。他愁肠百结，怎么也想不出办法，最后只能给点纱布。进入祁连，西路军卫生部和野战医院已是七零八落，只剩下苏井观部长和他两个人了。夜像一堵黑色的墙，他从悬崖跌下。他听说李卓然、李先念等带着左支队朝西去了，就忍饥受冻化装成当地群众一瘸一拐，经酒泉、玉门、安西等地不顾一切地往西追赶，但途中听到一个不幸的消息，左支队被打垮。西进受阻，又折返向东，他心想，到不了新疆就去陕北。

他踽踽地向东而行，在张掖城南庙里寄宿，突然遇到马家军搜捕。他满口青海土话，敌人奈何不得，但要讨保才能释放。他举目无亲，找不到保人，还是落入魔掌。他被用绳子绑着胳膊，和难友们串在一起，抬着马家军的伤员。荒凉的山丘上，晃摇着稀疏的野草，裸露出峥嵘的石头。过了扁都口，途经祁连俄博，他心中盘算："这样到了青海，岂不真相大白，自己难活，还会连累亲人！"黄昏，寒风从浑黄的山野飘来。他趁敌人麻痹，松开绑绳，从悬崖纵身跳下。"轰"的一声，敌人掷了一颗手榴弹，却没有炸着他。从此，他凭着一身医术，一口土话，浪迹祁连与河西各地。

1937 年夏，他来到酒泉。萤火般的路灯惨惨白白地照在街道上，城市空旷而寂寞。马家队伍搜查得紧，但因他是青海口音，却也没人注意。他在邮电街一家旅店遇上同乡、幼年的同学周永恒。周此时任驻防肃州的马步康旅的书记官。两人相遇，各自吃惊，他想躲避已来不及了。周见他惊慌失措的神情，心中已明白七八分。周把他领到自己家里安顿了吃住，叮咛说："你别瞒我，现在北会馆里押着共产党，天天在抓人呢！暂且不要乱跑，不要到外面去。"周让他喂马、磨面、干点杂活，对外说他是自己的亲戚。吴生霭结识了当地一些群众，公开在酒泉城里办起了诊疗所，并到金塔、玉门等地行医。

岁月没有粉碎吴生霭的梦，他终于迎来人民解放军解放河西的隆隆炮声。他 1987 年 5 月病逝，享年 80 岁。吴老仙逝后，国务委员姬鹏飞送了花圈，中央卫生部政治部主任周毅胜，海军卫生部部长萧邦定等发了唁电表示哀悼。

牺牲战友的守墓人

符泽攀在高台烈士陵园为死难战友守陵，直到去世，和忠魂相伴了20余年。

夜幕之下，透过临风摇曳的劲树柔枝，面对红军将士公墓，他从没有那种临尸悚惧、与鬼为邻的感觉。他常对人说："每当夜深人静时，在陵园能听到欢呼声、歌唱声，好似部队围着篝火，战友们在尽情欢唱。"他的战友、流落在高台县新坝乡的杨发才对他说："你是最幸运的人，能为烈士忠魂守灵，白天能看到首长的身影（雕像和图片），夜晚能梦见战友，仿佛仍和千军万马在首长的带领下为不朽的事业而奋斗！"这道出了他的心声，能长年在烈士身边陪伴，他为之骄傲，感到无比的自豪。

符泽攀，四川省宣汉县人，小时拾柴放牲口。王维舟领导川东农民起义，建立了川东游击队和革命根据地。他1932年参加赤卫军，1933年入党。川东游击军和宣达地区农民赤卫军合编为红三十三军，他成为一名红军战士。红三十三军和红一方面军五军团合编为红五军，他任连指导员。西路军时，红五军攻占山丹县城，立足未稳，马家军已开始进攻。红军出东门迎击，在暗门滩展开了激烈的战斗，符泽攀中弹负伤被转送临泽沙河总医院。五军占领高台，被马家军攻陷，军长董振堂、政治部主任杨克明及守城将士大部壮烈牺牲。沙河的总医院遭到攻击，人员被打散。符泽攀死里逃生，

高台烈士陵园内董振堂烈士纪念亭

在高台北山挖煤糊口。他挣下一点钱，办了些日用杂货，走乡串户当了货郎，1940 年成家落户高台羊达子。

高台解放是 1949 年 9 月 24 日，解放军第一野战军三军七师进驻县城。第二年，一个温暖的日子，符泽攀和流落高台的 17 名红军战士，被七师首长请到县城，参加流落红军座谈会。符泽攀和每一个难友一样，满怀激动，热泪盈眶。

七师师长张开基也是西路军红军老战士，曾是红三十军八十九师二六七团的一位连长，参加了所在部队大大小小艰苦卓绝的战斗，亲眼见到许多战友倒在血泊中。西路军失败后，他被俘押到兰州拱星墩集中营。从兰州押往西安的途中，他和许多人都逃走了，回到了援西军。面对眼前的这些流落红军，自己的战友，他自然心生感慨，满怀同情。

符泽攀向张师长叙述了西路军失败后流落的艰辛，并请求再次加入革命队伍。七师党委对这批幸存的同志视如珍宝，立即做出决定，在高台中学进行培训，所有适合条件的同志分配区乡政府工作。符泽攀担任了高台县第四区公所公安助理员。1950 年春，他被送到酒泉地区干校学习，先后调任第三区民兵自卫队队长、定平乡乡长、第三区公安特派员等职。1957 年符泽攀年过半百，响应党和政府的号召，回乡参加了农业生产。

为纪念在高台浴血牺牲的红五军军长董振堂、政治部主任杨克明等红军将士，甘肃省人民政府批准，1957 年在高台修建了烈士陵园。符泽攀受组织委托，1965 年来到烈士陵园工作。走进烈士陵园，他顿觉心胸眼界也像苍穹碧海一般辽阔。他把自己一直珍藏的红军时期的一把海螺号、一条毛毯、一件羊皮夹袄，捐献给烈士陵园。他把陵园当成了自己的家，认为自己真正归了队。他要与忠魂相伴，做牺牲战友的守墓人。

烈士事迹，攫取人心，令人徘徊瞻顾。在烈士陵园工作的 20 多年间，他接待了一批又一批前来悼念先烈的群众、领导以及解放军战士、首长。他向来人一次又一次地讲述红军爬雪山过草地的峥嵘岁月，追忆西路军的悲壮征程和大无畏精神。他一次又一次的哭诉，是对死难战友春蚕般的全身心的献祭，蜡炬似的彻底的燃烧。

1986 年 1 月 18 日，他无忧无虑、毫无牵挂地走了，走进了他思念已久的战友的行列。

她，一遍又一遍地唱着红军歌谣

一劝我的郎，你细听，我劝嘛我郎当红啰军，
月亮弯儿月，红军的主张为穷啰人；
二劝我的郎，要认清，红军嘛不比军阀啰们，
月亮弯儿月，吃穿一律都平啰等；
三劝我的郎，要放心，优待嘛条例说分啰明，
月亮弯儿月，家中田地有代啰耕；
四劝我的郎，要知道，现在嘛革命正高啰潮，
月亮弯儿月，刮民狗党命难啰逃；
五劝我的郎，要向前，要把嘛敌人消灭啰完，
月亮弯儿月，家里事情我承啰担；
六劝我的郎，要小心，站岗嘛放哨多留啰神，
月亮弯儿月，切莫放走反革啰命；
七劝我的郎，要勇敢，不顾嘛生死冲在啰前，
月亮弯儿月，快快赤化全四啰川；
八劝我的郎，要宣传，鼓动嘛白兵齐跑啰散，
月亮弯儿月，活捉刘湘与老啰田（田颂尧）；
九劝我的郎，莫迟延，跟着嘛红军好好啰干，
月亮弯儿月，争当英雄和模啰范；
十劝我的郎，永向前，革命嘛胜利再团啰圆，
月亮弯儿月，人民江山万万啰年。

红军老战士张绍清至今还能熟唱许多红军歌谣。红军歌谣，伴着她走过风雨，走到今天。每当她用四川口音唱起婉转悦耳的红军歌谣，一种特殊的情感就充溢心间。当年，她们唱着这些歌谣，发动群众，参军支前，扩大苏区，巩固政权。今天，她唱着这些歌谣，思念红军，思念战友。一缕春光会唤起一首

歌，在乡野的树丛飘散。

张绍清不识字，怎么学会唱那么多歌呢？她说：“那时红军中的首长、教员，教我们都很耐心，歌词也简明易懂，很合穷人的心意，口口相传几遍、十几遍也就学会了。张琴秋教唱《夹金山》，从上山开始还没到下山，只三四小时就学会了。”

张绍清，四川宣汉县黄金乡人。父母原籍重庆，1920 年逃荒到宣汉。穷人帮助穷人，大伙借刀送竹，父亲学会编织。8 岁的张绍清随母亲一边卖竹器一边讨饭要钱，为父母的肩头减轻一点儿负担。1933 年 10 月，红军解放了黄金乡。张绍清母亲杨兴容被选为工人代表，到通江后还担任过省工会妇女部长。张绍清当了红军宣传员，她的嗓音像泥土一般纯朴，像绿叶上滚动的露珠儿一般清新。

四川军阀刘湘发起六路围攻，红军退出张绍清的家乡。父亲张久贵在大敌压境的情况下，毅然带着张绍清、张绍益两姐弟到万源罗文坝去找红军。在一个斜风细雨的清晨，父亲被“白兵”打死。张绍清带着弟弟日伏夜行，辗转跋涉，历尽艰辛，终于找到红军。

会宁会师塔

张绍清被分配到医院当护士，一面精心护理伤病员，一面教唱革命歌曲，鼓励伤员快快治疗，勇敢杀敌。新剧团到医院挑人，张绍清和张绍益、朱学珍、党文秀、陈淑娥、赵全贞、吴尚凯、李汉炳、赵天林等十余人到了新剧团。多么清甜的红军歌谣啊！新剧团到哪里演出，哪里就招来潮水般的人流。

会宁会师，张绍清见到母亲，倾诉了父亲惨遭杀害的经过。母亲说："你要战斗到革命胜利，为父亲报仇!"张绍清随文工团西渡黄河，从此再也没见到母亲。

高台战斗，张绍清被马刀砍伤头部和右手，摔倒在地。红军战友的尸首不断在地上堆积，鲜血浸透了她的衣裤，凝成了冰块。她心想，稍微一动就会被发现，便似死非死地躺在地上。

月亮拱出了云层，好寡淡，夜岚弥漫在寒风之中。张绍清从尸丛中爬出，偷偷地跑出了城，改换衣着，日伏夜行，寻找自己的队伍……

她一心想到延安找红军，但延安在哪个方向都不知道。她感到一阵悲凉，一分冬的萧瑟，独自一人只是乱走。

她在武威四十里铺被抓，送到青海，进了马步芳的"新剧团"。新剧团里她顶小，16 岁。剧团后来解散，把她送给姓郭的特派员当丫鬟。一天，主人家里给了她两毛钱让她上街割肉，她乘机跑了。她逃到临夏，就在穷户人家马继云处落户，成为回族。从此变找为盼，天天想念党，日日盼红军。

漫长的岁月中，她思念红军，思念战友，只有暗中一遍又一遍地唱红军歌谣来寄托自己的思念。风风雨雨染白了她的双鬓，然而她忘不了那些红军歌谣。新中国成立后，她更是放开嗓门唱了，敞开自己的心怀，鼓足自己的勇气，宣传红军的业绩。

盼红军，迎红军，
红军好比爹娘亲；
打土豪，分田地，
穷苦农民大翻身。

太阳出来遍地红，
红军来了大不同；
工农建起苏维埃，
穷人掌权真光荣。

一棵大树万条根，
红军和穷人一家亲；
枝繁叶茂靠根深，
穷人翻身靠红军。

盼红军，迎红军，
红军好比骨肉亲；
同生死来共命运，
骨肉相连不离分。

第二十五章

西路军红军老战士得到关心

朱总司令说："这些同志的生活和工作，政府应该想个办法！"

1958 年 7 月，朱总司令和夫人康克清到青海视察。总司令在西宁市郊视察时，由当时任西宁市委第一书记的余光陪同。

在去付家寨的路上，总司令问到西路军在河西走廊、祁连山战斗中牺牲和失散同志的情况，指示说："这件事很重要，这些同志的生活和工作，政府应该想个办法！"总司令说："他们没有错误，当时战斗打得激烈，很艰苦，损失很大，光师以上指挥员就牺牲了不少。对牺牲和失散在青海的同志，你们一定要搞清他们的情况！"

总司令还提出了几点要求：把牺牲的同志的情况查清楚，军师级指挥员，每个人要出个简历材料，姓名、籍贯、年龄、职务、牺牲地址、时间、表现；把失散后活下来的同志调查登记起来，如没有重大叛党行为，都应该承认他们是红军，生活上给予照顾，安排适当工作。

谈到马步芳杀害西路军将士的万人坑时，总司令说："万人坑要好好清理一下，还应将马步芳如何杀害红军的罪恶也记下来，教育后代！"

（引自青海省民政厅党史资料专题征集组《西路红军战士在青海附件资

料》)

陈云说：西路军不能说是张国焘分裂路线的产物

1981 年 11 月 22 日，陈云同李先念谈西路军问题，指出这个问题不能回避，西路军过河是中共中央为执行宁夏战役计划而决定的，不能说是张国焘分裂路线的产物。

1982 年 2 月 27 日下午，陈云在住所内出席中共中央政治局常委会议。会后，同李先念谈话。李先念提到邓小平去年批给他看的一篇有关西路军问题的文章，陈云说：西路军是当年根据中央打通国际路线的决定而组织的，我在苏联时，曾负责同他们联系援助西路军武器弹药的事，而且在靠近新疆的边境上亲眼看到过这些装备。西路军问题是一件和自己有关的事，我今年 77 岁了，要把这件事搞清楚。谈话中建议李先念准备一份有关西路军问题的材料。

1983 年 1 月 5 日，陈云委托秘书电话转告李先念办公室，说：送来的电报（注：有关西路军的 29 份历史电报）已看过了，可以送小平同志。西路军打通国际路线，是党中央、毛主席过草地以前就决定的。当时，共产国际也愿意援助，200 门炮都准备好了，我亲眼看见的。西路军的行动不是执行张国焘的路线，张国焘路线是另立中央。西路军的失败也不是因为张国焘路线，而主要是对当地民族情绪、对马家军估计不足。

（引自《陈云年谱》下卷，中央文献出版社 2000 年 6 月第 1 版，第 282 页、291 页、318 页）

邓小平批示“赞成这个说明”

1983 年 3 月 8 日，陈云致信李先念，说：“你写的关于西路军历史上几个问题的说明和所有附件，我都看了两遍。这些附件都是党内历史电报，我赞成把此件存中央党史研究室和党的中央档案馆。可先请小平同志阅后再交中央常委一阅。”3 月 22 日，邓小平在李先念写的说明和附件上批示：“赞成这个说明，同意全件存档。”

（引自《陈云年谱》下卷，中央文献出版社 2000 年 6 月第 1 版，第 318 页）

胡耀邦对王定国关于西路军红军老战士有关问题的汇报的批示

任穷同志：

此事请你牵个头，找民政部、劳动人事部、总政治部以及还有什么有关部门议一议。

定国同志的建议集中在第三页末到第五页。我差不多逐条批了一点话。据我看，不要把事情搞得太复杂，有些事要这么办，办起来很难办，甚至吃力不讨好。

但再适当照顾一下，我也赞成。怎么适当法？比如，在国庆节和春节两个节日，赠送给他们二三百元钱，表示慰问一下。每人一年两次共 500 元，1000 人不过 50 万元。这笔钱可由民政费开支，负担并不大，而对他们则不无小补。

其他还有什么事可以办？请细细考虑一下，只要可以做的再加两三件也可以。

胡耀邦

11 月 16 日（1983 年）

民政部、财政部、卫生部、总政治部《关于解决在乡西路军红军老战士称号和生活待遇问题的通知》

甘肃省、青海省、四川省、宁夏回族自治区、新疆维吾尔自治区民政厅、财政厅、卫生厅：

经报请党中央、国务院领导同志批准，现对解决在乡西路军红军老战士的称号和生活待遇问题通知如下，请贯彻执行。

一、凡经当地政府确认为西路军流落人员的，在没有发现重大政治历史问题的情况下，一般应当给予承认，并统一称为西路军红军老战士。

二、凡确认为西路军红军老战士的，都发给定期补助，其标准应略低于退伍红军老战士的定期补助。一般可在每人每月平均三十五元范围以内掌握，最低不得少于二十五元，最高不得超过四十五元（注：随着近些年生活费提高，老红军的定期定量补助也已提高）。具体标准，由各省、自治区民政厅确定。对确认为西路军红军老战士的，其待遇的提高部分，从1984年2月起执行。对尚未确定身份的，其待遇从批准之月起执行。所需经费，由财政部增拨专款，另行下达。

三、凡确认为西路军红军老战士的，曾因作战负伤致残，现又符合评残条件的，可以补办评残、发证手续，并从批准之月起发给残废抚恤金。

四、凡确认为西路军红军老战士的，他们的伤口复发和疾病医疗，由当地卫生部门列入公费医疗范围，使他们的伤病得到治疗。

五、凡确认为西路军红军老战士的，对他们中自理生活有困难的孤老，在本人自愿的原则下，可以安排他们到优抚对象光荣院供养；没有光荣院的地区，可以安排到公社敬老院供养；不愿到光荣院和敬老院去的，由所在社队（乡、村）安排专人照顾，对负责照顾的人员可以给予二十元左右的护理费，切实把他们的生活照顾安排好。

六、教育干部和群众尊重西路军红军老战士，从政治上关心他们，生活上体贴他们，同时要号召西路军红军老战士发扬革命传统，争取更大光荣。

一九八四年二月二十九日

（引自中共青海省委党史资料征集委员会编《血染河湟》，青海人民出版社，第3页）

附录：“二马”及其属下的背影

梦断何处续

马步芳出国前后

夏凉如秋，这的确道出了西宁的夏天。唐代诗人王昌龄有诗说：“烽火城西百尺楼，黄昏独坐海风秋。”李贺也写道：“朔风吹叶雁门秋，万里烟尘皆戍楼。”中原的诗人们不约而同地用一个“秋”字道尽了边城的凉意。亲临河湟（河，黄河；湟，湟水）的高适在“高兴殊未平，凉风飒然至”的诗句中，更直接点出了这个“凉”字。柳中庸吟咏青海的诗题索性就叫“凉州曲”。

1949年的夏天对于马步芳来说更是未凉已寒。

8月26日拂晓，解放兰州的炮声轰响。

人民解放军西北野战军在彭德怀司令员统率下长驱西进，势如破竹。马步芳自知大势已去，老巢难保，遂亲自决定外逃的家族成员，以重金雇用飞机，从西宁运送黄金、财物、眷属经广州到香港。

香港，楼群崛起，仿佛无数个巨大的惊叹号。所有到香港的人员和家属，都住英皇大道100号。大人小孩共计200多人，在香港逗留20多天，办理出国手续，包了英国航空公司的三架飞机。

飞机腾空而起，从香港飞往沙特阿拉伯王国首都利雅得。”

马步芳飞抵利雅得后，沙特阿拉伯国王特地接见并赠送小汽车一部，他婉言谢绝。他自己购买小汽车四部，和一些亲属前往麦加朝觐，并到麦地那朝拜穆罕默德陵墓。

当地气候炎热、暑热蒸腾，生长在中国大西北的马步芳等人难以忍受酷暑的煎熬，朝觐之后都避暑于塔伊夫省。马步瀛因中暑去世。马步瀛字子洲，马步芳同父异母弟，曾任西宁城防副司令。

马步芳等人从塔伊夫省迁往吉达海港。吉达迎着海洋温润的风，气候凉爽，是各国驻阿拉伯领事馆驻地。马步芳住在台湾国民党政府的领事馆内，由王领事陪同。不久，王领事和马耀宗前往埃及首都开罗，在马尔地 33 号买得公寓一院，作为马步芳的私邸，另外买得 13 层楼房一幢，由所有家属及随员居住。

马步芳出国以后，说："打天下，坐江山，谁胜谁坐，还不是那么一台戏！""到哪个山里砍哪个柴，这有什么不行的！"

他和儿子马继援见面时，面带笑容地说："啊！你来了，你来是好！把军队交给他们了吗？"

"都交给他们了。"

"那就对了！"马步芳强打精神，勉强愉快地说，没有逃国沮丧的表情。

"台湾当局"曾让马步芳出任驻埃及大使、土耳其大使，他都谢绝了。他说："过去的一切就过去了，再也不说了，当一个自由自在的人就对了，何必忙忙碌碌，自找苦恼，图谋个啥哩！"

定居开罗以后，马步芳请了一位既懂中文又懂阿文的教师，每天在家里一面学习阿拉伯文字，一面学习《古兰经》教义，决心做一个埃及籍的华人了。小孩和大人们也都学习阿拉伯语言和文字。

9 月 24 日，骑五军军长马呈祥从新疆到巴基斯坦（当时为印度）的卡拉奇海港。马继援由香港前往卡拉奇迎接，两人一同前往埃及开罗。大家在各自逃命的情况下异域相会，欢欣之至，谈起风云变幻，沧海桑田，不禁感慨万端，倾诉不已。马继援和马呈祥二人一同学习阿拉伯文，消度时光。

不久，王领事从台湾发来电报，叫马步芳、马继援、马呈祥三人携眷去台湾，并汇来旅费和安家费美金 1 万元。他们经过一番考虑和研究后，决定马继援、马呈祥带眷属前往台湾，马步芳和其他人仍住开罗。

在开罗，马德清随从马步芳，料理琐碎事务。马德清曾任青海省政府驻重庆、南京办事处参谋。在马步芳由西宁逃广州、香港、沙特阿拉伯王国，以及麦加朝觐和定居开罗期间，始终随从侍奉。马德清虽然不愁吃不愁穿，但人非木石，他异常眷念故国骨肉。他把自己的一半，丢失在大西北那浑莽的世界里了……

有一天，开罗报纸上刊载了周恩来总理的谈话：欢迎国民党在国外军政人员归回大陆，既往不咎。周总理的谈话拓宽了马德清的胸怀，开启了他的眼界。马德清和马呈祥的副官陈广清暗中密议，找机会回家。

告别祖国西陲已是一度春秋，马德清总难收拢那纷纷扰扰的思绪，萦萦回回的魂魄。他终于找到了机会，马步芳的岳母要到麦加朝觐。马德清和陈广清动员马世俊，三人为护送人员，一同从开罗前往沙特阿拉伯麦加。朝觐之后，由马世俊护送老阿奶回开罗。

马德清和陈广清二人搭船到广州，经登记准予上岸，到北京报到和登记之后，返回青海乐都，合家团圆。

马步芳1957年担任“中华民国驻沙特阿拉伯大使”，1961年因桃色丑闻自动辞职，1974年病死于沙特阿拉伯麦加，时年76岁。

马继援出走点滴

夏天的黄昏来临了。西天云朵经过那煊赫的一瞬，仿佛被太阳烤炙得疲惫了，斜依在山脊上喘息着。一辆吉普车从兰州开出，奔驰在炎热而干燥的公路上。马继援和他的上校高参马得福坐在里面，随车上下颠簸。

马继援，马步芳之子，字少香，1943年任八十二军军长，1944年赴重庆入中央训练团党政班和陆军大学甲级将官班第一期受训，1949年7月任西北军政长官公署副长官，8月担任守卫兰州的总指挥。

此时是1949年8月26日，马家军在兰州全线溃败。

马继援看上去很年轻，精力过人，不过此时显得很疲倦。汽车融进暮色渐临的山野。他们在一处民房住下，休息过夜。

“现在我要剃头，再不留发了，要作打游击的准备！”马继援对马得福说，

“马得福，你会说藏话，到了藏民的地方，你是不是就把我丢掉不管了？”

“军长，你怎么这样说呢？你提拔了我，我怎么会丢掉军长不管呢？你放心吧，我一定要跟你跟到底的！”

马继援27日上午到永登，次日到达岔口驿。各部骑兵零零散散地集结到这里，也停留有不少团级以上军官。

马继援对马得福说：“除了现有的卫士大队外，再选拔40名连、排级军官作为卫士，陕成礼（窑街民团团长）也在内，先到西宁去！”

马继援让马得福到军需处向军需处长要了3000银元，分发给副官、传令兵、厨房里和马号里的人各300元。然后立即动身，离开岔口驿到达天堂寺，在树林中烧茶便餐，又迅速过天堂河，29日上午到互助县，在公园休息吃饭。

马步銮从西宁派人开来一部卡车和一部吉普车来接马继援。马继援命令卫士队长带领卫士队约150人到大通等候。他坐上吉普车，在岔口驿选拔的40名卫士由马得福带领乘坐大卡车，当天下午到达西宁东关湟中实业公司。马全义、冶成荣、马步銮、高文远等人都在这里。马继援和他们一同吃了午饭。

马继援叫马得福，说：“阿大（父亲）走的时候没有带上钱（黄金），现在冶成荣送钱去。你和冶成荣把钱送到乐家湾机场，亲自装上飞机，点清箱子数，起飞后再回来。我们这里开个会，准备打游击的事情。”

马得福将汽车开到湟中实业银行，叫几个搬运的人从地下室搬出28个用生牛皮包好钉好的木箱。每箱内装黄金70斤。箱子装上汽车，马得福和冶成荣送到乐家湾机场，已是下午5点钟。

在机场等候的有孟全礼、大小二丑（丑辉瑛、丑辉瑗）、罗平、马禄（财政厅长）等人。马得福立即将机舱内装着勃朗宁机枪及子弹的三个木箱拉下来，将28箱黄金装入，由冶成荣负责，随即起飞。

马得福从乐家湾回到实业公司时，太阳已经落山。马继援仍在等着送黄金的消息，见到马得福忙问：

“飞机起飞了吗？”

“起飞了。”

“今晚我们住到馨庐去！”

馨庐。内院空无一人，一片凄凉景象。外院有几个用人，其中有做西餐的厨师。马继援带着马得福看了看所有的房屋，各室内尚保持整洁。他还指给马得福看了他的母亲和妻子住过的房间。

馨庐，始建于1942年，次年6月建成，为马步芳私邸。国民政府主席林森题写的“馨庐”二字镶砌在大门门楣上部。因私邸许多建筑墙面均镶有玉石，故人们亦称“馨庐”为“玉石公馆”。

太阳的余火已经熄尽，地平线上的雪山正生出一片幽蓝。是夜，二人睡在外院的北房。马继援睡在炕上，马得福在地毯上铺了一张熊皮，和衣而卧。

皎月渐升，星斗转移。空灵的世界里，添三两声活力的，是一只远处的长毛狗。马继援久久不能合眼，对马得福说：“现在我们要走，不走不行。胜败是军队的常事，倒也没有什么，但是共产党一定不会放过我和阿大的，所以一定得走！这里的事情我已经全部靠给谭呈祥负责代办。明天一早你坐车去接谢公仁（中山医院院长）、马步銮（一二九军军长）、高文远（省政府秘书长），我们一同走。”

“对，我去接来。可是，军长！你们走，我不能去了！”

“你为什么不走?”马继援听了这话，很惊讶地问。

“我今天去飞机场时见到了孟全礼（马得福妻的舅父），他说我岳父韩起功带着我的妻小等人走了张掖，我想他们会上新疆的。今年新疆可能不要紧，到明年如果他们在新疆扎站不住时，也会进印度的。我得找他们去!”

马继援听了这番话，觉得有些道理，于是口气缓和地说：“好吧！既是如此，那么你明天先送我们起飞，你再走!”

“这个请军长你放心吧!”

一夜恍惚，已是30日了。马得福去执行接人的命令。他先到湟中实业公司接马步銮，马步銮说：“你去接别人吧，我有车自己去!”又说，“军长指示，给团长以上官长每人一根金条，赵遂、马文鼎、谭呈祥、马振武等人每人两根金条。”当时就把金条和写好的名单都交给了马得福。马得福到省政府见到高文远时，高也是如此说法。

马得福到谢公仁家。夫妇俩焦急万状，坐卧不安，一见来接他们，如同喜从天降，立刻高兴地上了车。

回到馨庐，马得福看见马继援的两个私人秘书，在西房写了一个晚上的信。马继援交给马得福两封信，一封是给赵遂（八十二军副军长），一封是给谭呈祥（一〇〇师师长）的。

马继援命令他的卫士马起汉和马全义的阿訇二人，到三角城接回马呈祥的父亲马庆、妻子等全家人，给了马庆八根八两重的金条，让他随带使用。

忙乱一阵，马继援、马步銮等急忙乘车赶到飞机场。驾驶员尚未走进机舱。大家站在飞机周围，面面相觑，心神不定。

这时，马英来了，挨近马继援身旁。马继援说：

"现在我们要走，这里的事情由谭师长负责。你的打算是什么？"

"我打算到陇东去打游击，那里地广粮多，可以待下去。"

"也好，你现在就去见见谭师长再说！"

马继援从自己的日记本上撕下一页纸，给三角城牧场的总队长马三福写了一个字条，批给马英500匹马，500头牛，500只羊。

马得福插嘴说："军长，你现在还定牛羊马匹的数目吗？整场整场地拨给他不是很好吗？"马继援听马得福在一旁多嘴有点不高兴，斜视了他一眼，随即在写好的批条上盖上私章，交给了马英。

马英是一二九军骑兵第八旅少将旅长，青海省湟中县上五庄人，因其矮小，外号叫"尕马英"。兰州战役时，骑八旅由马继援抽调化隆甘都一线防守黄河，因而无大伤亡。西宁解放以后马英即行投降，不久又收集残部约一团人马叛乱，被人民解放军在大通击毙。

马英刚刚离开，马璋又急急赶来，带着哭声喊："军长！你把我丢下不管吗？"马继援瞅了他一眼，马璋立即住口。飞机轰鸣起来，机场一阵紧迫气氛。与马继援同机起飞的有马步銮、高文远、马璋、谢公仁夫妇、赵珑夫妇、马耀宗、马庆全家等。

飞机起飞之前，马璋从机舱口喊马得福，扔下来一件马继援穿的美式卡衣，叫马得福穿上。

飞机起飞了，开始是在白云的边缘上轰鸣，片刻已飞到远处的地平线上低吟，消失在团团的云絮深处。

马呈祥出走经过

太阳还未出山，但其金碧辉煌的玉体，已经辉映着东边的天空了。一山浓墨变成了锦缎，一弯乌黑现出了银白。最后的一丝黑暗，终于沉到了山下去了。

军官们在那幢四周是草坪的苏式房子前列队站好后，马呈祥步履迟缓地从门洞走出来，站在台阶上。

他脸色苍白，精神抑郁，举手向大家敬礼表示谢意后，用低沉的语调说：“时局变化太快，真出人意料。……我决定离开新疆出国。我不走不行，因为我们和共产党积怨太深。我把成千上万的河湟子弟从青海带到新疆，却不能照旧带回青海，不得不丢下大家，只身出国……”他的声音有点发颤。

马呈祥是马步青的女婿、马步芳的侄女婿，又是“二马”的外甥。河西战役时，他是马步青骑五师手枪团团长。他在“二马”的直接栽培下，平步青云，当上了骑五军军长。1944 年底，为了阻止伊犁、塔城、阿山三区民族民主革命运动蓬勃发展，经马步芳同意，蒋介石调骑五军进入新疆。骑五军在新疆几经整编，先后有“骑兵指挥部”、“整编骑兵第一师”等番号的更动，但人们仍习惯称骑五军。

马呈祥把师长职务交给所部整七旅旅长韩有文代理，随即准备启程。9 月 24 日，即陶峙岳将军通电起义的前一天凌晨，马呈祥从迪化老满城军部出发。护送人员有特务连的一个排、卫士队的一个班，共 60 人。马得勋以随从副官身份，护送马呈祥到新疆和巴基斯坦交界的国境线上。跟随马呈祥出走的有参谋长张尊山以及随从副官马崇义、马显武、陈广清、许保寿和两名警卫员，共八人。和马呈祥同时出走的有七十八师师长叶成、一七九旅旅长兼迪化市城防司令罗恕人、省政府秘书长艾沙、民政厅长王曾善、公安局长刘汉东、骑五军政工处长马次伯以及他们的一些家属、子女、警卫，还有当时来新的蒙藏委员会副委员长周昆田、宣传委员会委员胡恩钧。路过焉耆时，当地驻军一二八旅旅长钟祖荫也跟着随逃。

汽车开近阿克苏的时候，扑来的是海一般壮阔无边的卵石，这是石戈壁，古海的遗址。马呈祥等到达阿克苏，住在二三五旅旅部，护送人员被分别安排住在县政府和青年服务社。吃过晚饭，马崇义、马显武等上街转转，发觉大门加岗，警卫森严。有个卫兵还对他们提出："你们出国，带着枪没啥用，不如留下作个纪念吧！"他们见势不妙，立即返回报告。马呈祥认为事出非常，立即采取脱身措施，但门卫已经禁绝他们与住在外面的护送人员的任何联系。

翌日中午。叶成上厕所时，有人朝他打了一枪。子弹从左肩的毛衣穿出，他吓了个半死，提着裤子跑回房里，面如土色，连连央求马呈祥保护。马呈祥不明究竟，非常懊恼，但无可奈何，便派马得勋和卫士马成虎二人在套间外屋为叶成守夜。深夜的静谧中，马得勋带的烟抽完了，到里屋向叶成要烟，发现叶成的老婆睡在床上，他自己却钻在床底下睡觉。叶成取了条英国烟，嬉皮笑脸地说："马副官，你们二位辛苦了，需要什么尽管说！"

马呈祥为了摸清底细，尽快脱身，也就顾不上面子，去找该旅旅长李祖堂攀谈。原来叶成部下有个士兵开小差被抓回，叶要枪毙他，他闻讯在好友的支持下逃跑了。他现在李祖堂部特务连当班长，如今叶成逃跑路过此地，便鼓动旅部官兵报复叶成。他公开地说："我当逃兵，你要枪毙我；现在，你当逃兵，我也要枪毙你！"他趁机给叶成一枪，其他人见叶成等所带黄金甚多，也想乘机打点"秋风"。

马呈祥据此召开了旅部士兵大会。士兵们说："我们和马指挥无冤无仇，你住、走都可以，叶师长要走，是不行的！"也有人说："我们半年都没关饷了。叶师长给我们几个月饷也可以走！"马呈祥立即向叶成说明事情的经过，叶却油腔滑调地说："军长看着办吧！"

马呈祥知道叶成是蒋介石的老乡、学生，而且在"委员长侍从室"干过，算是蒋介石的一名亲信。他想逃到台湾后还有用到叶成的地方，因此对叶既很生气，又没办法，只好自己掏腰包，拿出黄金500两，以犒赏的名义交给尚在等待答复的士兵大会，这才"买路"过关。

在阿克苏，参谋长张尊山拿来一份电报，大意是挽留马呈祥，不要出国。马呈祥叹口气说："红军长征时，我们就在河西打过共产党，积怨太深了，他们不会原谅我们的。电报上都是些骗人的话，像哄着给野马戴笼头一样，戴上了笼头，就身不由己了。我们还是走吧！"

第四天，马呈祥一行从阿克苏出发。叶成已是惊弓之鸟，惴惴不安，不坐小车上大车，头上蒙了件大衣，蹲伏在护送人员的脚跟前。直到离开阿克苏好远，叶才取下头上蒙着的大衣，跳下大车，换坐小车。

喀什，是新疆警备副司令兼整编四十二师师长、南疆警备司令赵锡光的驻地。赵对马极表欢迎，殷勤招待，临行时还设宴欢送，并馈赠黄金500两。赵锡光为什么要送这样厚的礼？一是马呈祥将阿克苏事件的经过向赵谈过，赵锡光知道后甚为生气，因李祖堂旅是其所部，所以他照样拿出500两黄金作为补偿；二是过去酝酿新疆警备副总司令人选时，原拟由马呈祥出任，但马认为那是个副职，又怕离开部队，实权旁落，遂顺水推舟，给赵锡光做了个人情。赵为此感激在心，所以厚赠路费，作为酬答。

从喀什出国有两条路。原定走叶城、玉田一线，但叶成大讲忌讳，怕过叶城于己不利，极力反对，遂改道英吉沙、蒲犁一线。这条路山高坡陡，别说汽车不能通行，就是单骑通过也很困难。

他们出发了，面前是苍莽的戈壁，行80里抵英吉沙，即改乘车为骑马和骆驼。就地买马70多匹，每匹黄金1两；购买骆驼10多峰，每峰黄金3两。有些太太小姐，既不会骑马，又不敢骑骆驼，只好做了几个木箱。一峰骆驼两个木箱，一个木箱坐一个人。翻越冰大坂时，山路贴着山梁，左盘右旋，缠山绕岭，一直升到云端里去了。太太小姐箱不能坐、马不能骑。这就苦了护送人员，除过照料马呈祥、叶成等人外，还得背着拖着这些寸步难行的小姐太太。经过半个多月的跋涉，翻越喀喇昆仑山，到了蒲犁。

出国人员要在蒲犁出示护照，登记携带财物、去向。马呈祥登记黄金8000两，叶成登记7500两。当时，从这里出国的国民党党政军官吏三五成群，络绎不绝。但有些人因没有护照不能过境，就如热锅上的蚂蚁，急急忙忙地流窜他方。

蒲犁到边界还有一天路程，交界处丘陵起伏，荒无人烟。在交界处住下后，马得勋等便商量了第二天惩治叶成的办法。叶成平时克扣军饷，贪污投机，嗜财如命。这次出逃对护送人员还很苛刻。他引以为憾地对马呈祥说：“把你的卫兵拨几个给我使唤，再过几天想使唤也使唤不上了！”这种话，连马呈祥都很反感。马得勋等听到后更气炸了，决心狠狠教训他一番。但不知是谁泄了密，让马呈祥知道了。

马呈祥立即召集大家讲话："听说你们要为难叶师长，我希望不要那样做，我这次去台湾，许多方面还得靠他。你们现在整他，我以后怎样靠他呢？"

士兵们用眼睛望着马得勋，让他表态。马得勋立即说："叶师长平时对待士兵太苛刻了，我们并不想过分为难他，只是让他知道当兵的厉害就行了！"

马呈祥沉思片刻说："既然如此，就按你们的意见办吧！不过，我明天得先走一步，否则当着我的面就说不过去了！"

翌日早晨，马呈祥带着他的参谋长、副官四人，以先到巴基斯坦边卡联系为名前面去了。

马得勋等写了个条子面交叶成，内容是回程盘费不够，想暂借黄金500两，改日奉还。叶成看了条子，不理不睬，好像已经到了边境，对他也无可奈何了。马得勋看他那副模样，十分气愤，立即朝叶成脚下放了一枪，接着四面八方都响起了枪声。叶成像触电一样，立即返回账房取出4根金条，共100两，交给马得勋，连连说道："对不起，是我的不对，应该给大家奉送一点盘费嘛……"

马得勋没等他说完就厉声责问："就这一点，你问一问弟兄们答应不！"

叶成赶快点头哈腰地说："是少了些，但我所带有限，力不从心，请弟兄们多多原谅！"

马得勋本想再敲他一下，但考虑到以后可能对马呈祥不利，也就把他放过。钟祖荫、罗恕人、刘汉东、王曾善目睹这一情景，不禁心寒骨栗，纷纷拿出金条首饰等，以表谢意。对此，马得勋都一概谢绝，并说明："弟兄们对你们确实没有什么过不去，不必破费，还是带着用好了！"但钟祖荫等再三说这是一点心意，最后总共收了约有50两黄金。

马呈祥在临别前，亲自发给士兵每人黄金一两，连长、排长一两五，马得勋二两。他说了一些道别珍重的话，挥泪而去……

黑云在电闪雷鸣中颤抖

马元海的归宿

《贵德县志》说：“贵德土地肥美，气候温和，近有平川，远依山原，宜耕宜牧，宜水宜旱。岁无酷旱之苦，亦无雨涝之灾。春则百花灿烂，清香四溢；夏则绿荫盈野，宜人纳凉；秋则果实累累，嗜其所好。田亩交错，黄云满畴，清水绕畔潺潺有声，此情此景形如图画，亦不亚于江南之风味也。”

1949 年 9 月 5 日，中国人民解放军手持正义之剑，直捣马步芳的最后巢穴青海。“贵德王”马元海虽占有青海的江南，但惶惶不可终日，只好夹起尾巴逃跑。

9 月初。共和县东巴村。在地图上无法刻出印记的这个小村在现实中不断地显示自己的存在和作用。

入夜时分，天色晦暗而朦胧。兰彦民家里来了一大群不速之客。为首的两人穿着讲究，手拄拐杖。一个坐着两匹马驮一副担架的“夹窝”，一个乘着搭有凉棚的马拉轿车。这伙人带着一大帮妻妾丫鬟和随侍，走进门来，不问三七二十一，就号房子安排住处。

那个坐“夹窝”的，便是马步芳的表兄，当年河西战役前线总指挥马元海。那个乘轿车的，是马步芳的堂兄马步祥，曾在青海警备旅任团长，马麟时代任过十五营营长，故人们称他“十五营”。两个将军模样的人，一是马元海的儿子，八十二军少将高参马仲彪，一是河西战役时被红军击毙的骑五师参谋长马廷祥之兄马元祥。西宁解放，马元海等席卷钱财，遑遑而逃，打算取道柴达木经西藏逃印度。

兰彦民心中陡然掀动层层波澜，盘桓叠转。兰彦民，回族，甘肃平凉人，自幼当过牧童、童工、店员。他16岁时为逃避壮丁，开始漂泊流浪，以卖苦力为生，从南京下关漂泊到四川内江当船夫拉纤，听说川北有穷人的队伍，打土豪，分田地，便找去参加了红军。他被分配在红九军供给部，不久又改做侦察，随九军南征北战。河西梨园口血战，九军掩护全军进入祁连山，炮火的鸣响和血腥的硝烟一起在碧空旋转。他被冲散，流落到青海祁连县，给大通峡门一个金掌柜当沙娃，不堪虐待盘剥，又辗转漂泊到湟中鲁沙尔。兰彦民当店员时学过兽医，在当地士绅马兴泰的支持下，开了个民兴堂药铺，专治骡马疾病。这时已有人知道他是"共产娃"，他害怕落入敌手，便经湟源至共和县东巴村落户，为牲口治病，以后又为人诊断，渐渐成了遐迩闻名的"兰先生"。

9月22日，夕阳没了，夜幕降了。兰彦民家里又来了一大群人，但这次和上次迥然不同。来人待人和气，入乡问俗，原来是解放军指战员。兰彦民按捺不住心里的激动，开口就是："同志们，辛苦了！"解放军显然有点茫然：这儿哪来的"同志"？一阵寒暄，大家熟悉了。为首的是一军政治部直工科长马芳富，他是新任命的共和县县委书记兼县长。

这一夜，他们言志抒情，晤谈甚欢。马芳富了解到兰彦民是个回民，又是医生，在此住了十来年，对当地风土人情非常熟悉，便向这位红军老战士提出要求，请他协助开展工作。

兰彦民慨然应诺，并提出前往招降马元海。

马元海途经共和，逃到都兰县（今乌兰县）希里沟。希里沟有三股力量：一股是县长吴可瑞。不久前莫河驼场韩场长，害怕周围部落进行报复攻打该场，便带着人马投奔了吴可瑞，住在县政府内，成为人数最多的一股。马元海到后让吴可瑞把"德兴海"所占的大堡子腾出来让他们住下，他是青海省参议长，这是地位最高以老子自居的一股。还有一股是"青马"骑八旅在海晏三角城投降时不愿意放下武器的一些兵痞，以班长贾克信为首，共约二三十人。

马元海原打算经西藏逃往国外，可是手下人都不愿意离土叛根，抛弃家室，越走人心越散，到了希里沟就有些收拾不住了。他见西藏去不成了，又想把这股残匪拉到新疆，但所率官兵也不愿意远去。有天晚上，两个班长冯宝山和贾克信动员部分士兵突然将马元海包围，提出坚决不去新疆，并要求马元海给每个士兵发20块白洋，如不答应就要动武。马元海只得答应，随后残部便由都兰县流窜到共和县切吉地区，搜集给养，骚扰百姓。

马元海放出风说共产党杀回灭教，汉人和“番子”都不可靠，妄想把当地的回族、撒拉族、哈萨克族群众拉到自己一边。县长吴可瑞是循化汉民，经常提心吊胆，害怕马元海算计。果不其然，一个昏黑夜晚，马元海唆使部下在吴可瑞住室外面朝他打了一枪，把这个60多岁的心脏病患者吓了个半死。吴可瑞审时度势，派出代表，到西宁向人民解放军表示敬意，但派员不力，中途折返。马元海孤家寡人，也动了投降之念。他利用自己的电台向西宁解放军发出乞降电。

中共中央西北局1949年10月22日的“西养”电讲述了这件事：“马元海等匪首流窜都兰一带，今来电要求投降。该匪曾任过马匪旅长，打四方面军时任前线指挥，最反动，压迫人民最残酷，贵德一带人民更恨之入骨。我们已电该匪，建议其率部投降后，再酌情处理，并令部队有准备，以防意外，特报。”

马元海等三股人马掉头向东，打算向人民解放军投降。三股力量之间还是剑拔弩张，互相戒备，加岗上哨，你提他防，不论白天行军还是夜间宿营，相互距离都必须在四华里以上。他们还互相敲诈，敲诈的头号对象当然是马元海。马仲彪一次骂冯宝山、贾克信：“娃达啦（下边人）！板颈上血涨着哩，要杀几个！”冯宝山、贾克信立即拔刀相见。马元海、马步祥只得跪下求情，还给了些鹿茸、麝香和2000发子弹。冯、贾等人还胁迫马元海给他们那一股每人八元硬币、一个元宝和大约两钱黄金以及十头牦牛。

兰彦民披着高原10月的阳光，跋涉几百里来到都兰，在莫河找到了马元海。马元海见来受降的代表竟是兰彦民，大吃一惊，说：

“你是能看病的兰先生，怎么成了共产党的人？”

“我是个共产娃！”

“你何不早说，我路过你们那时，你说了，我就不会到这儿来了!”

“我早说，你早就把我杀了，还能等到现在我来找你吗?”兰彦民哈哈大笑。

马元海这时已收到省军政委员会准其投降的电报，绝处逢生，喜不自胜，连忙请共产党派的代表给部下讲了一次话。

兰彦民让一同来的回民阿里麻突回去向马芳富报告了情况。马芳富带领一个排来切吉。马元海一行于10月25日在切吉滩缴械投降。

当地千百户要马元海赔偿以前抢掠他们的全部财产，否则不让通过。经马芳富调处，马元海情愿给切吉、都秀两千户各送一斤黄金，才算了事。

马元海投降后，人民政府按照约法八章予以宽大。他1951年3月病死家中。

兰彦民招降马元海后，以赤子归队的报效心情，不顾一切地为党工作，在剿匪肃特方面尤为突出。反革命武装叛乱分子对他咬牙切齿恨之入骨，扬言要把他“剁成片片肉”。兰彦民不屑一顾，只是让家人化装成藏民到帐房里去躲一时。叛匪把他的牛羊赶走了，把他的平房烧为灰烬了，他还是任劳任怨，照样工作。他把自己的命运置于这片土地上，感情染上这片土地的颜色。他先后任共和县牧场和省畜牧厅莫河骆驼场场长。

1952年，在积雪还未化尽的日子里，兰彦民被以莫须有的罪名判处有期徒刑五年。刑满出狱后，他把最深沉的苦涩咽进肚里，拉架子车度日，一拉就是20多年。“文化大革命”中，亲人们受不了他的牵连，妻子离婚了，儿子不跟他过了。幸逢盛世，苦尽甘来。1980年，有关单位以青法刑字第237号撤销原判，宣告无罪，给他定了行政22级，按离休老干部对待。兰彦民头发白了，皱纹多了，走起路来已不像当年那样轻快自如了。他常坦然地说：“千秋功过，自有公论！好在当年那些罪魁元凶，一个个都趴倒在人民的面前。西路军死难先烈九泉有知，我就感到无限欣慰了!”

韩起功的下场

1949年9月17日。祁连山中。灰条沟的小沟门。

树枝在秋天黎明的凉风里微微颤抖着，给人以清新、肃穆的恬静。任廷栋住的窑洞下面，突然传来一阵人喊马叫的声音。他被山里少有的声音惊动了，眨眨两眼，翻身下炕，钻出窑洞。

晨光已涂抹在山上。一群男女身着长袍马褂，吆喝驮着箱子、包袱、行李的牦牛队，慌慌张张地往深山里奔去。其中有个胖子，蜷伏在马上，头戴礼帽，黑黑的长胡子散在胸前，几个带枪的士兵簇拥着他。

这家伙是马家军新编骑兵军军长，当年河西战役时的旅长韩起功。韩当年杀害了大批被俘红军，杀害了营救红军的高金城先生。据甘肃省委和张掖地委党史部门调查，韩起功在张掖活埋、枪杀、火烧致死的红军被俘人员多达2093人，其中活埋的有1633人。

解放军兵临张掖城下，韩起功匆忙带着新娶的小老婆——大满堡民团头子张成仁的孙女，辗转进山逃避，企望找到再生之地。

张掖解放的9月19日这天下午，一个背着枪穿着马家军装的人，走进小沟门，走到任廷栋跟前，说是从甘州来，路过这里，要喝点水休息一下。他把这人让进窑洞。

马家兵进到窑洞，喝了一碗水，说：“日奶奶的，共产嘛，一挂进了城。你看，他们的票子我还拿着呢！”来人掏出一张解放军的票子给任廷栋看。

“你上哪儿去？”任廷栋问。

“前几天来的牦牛队你们都看见了么，那就是韩军长的，我去找他，我就是他派上到甘州城里打探消息的。”

听了这话，任廷栋想要更多地了解情况，便挽留马家兵一起吃饭。饭后躺在炕上聊天，他问：“你说的韩军长是谁？”

马家兵诡秘地笑了笑说：“我看你够朋友，就不瞒你了。韩军长就是韩起功嘛，就是原来驻在张掖的韩旅长。他当了马长官的骑兵军长，在洮河被解放军打败了，退到了青海，西宁又被解放军占了，又退到了张掖，不料张掖也被解放军占了，又退到祁连山中来了。我们军长在山里火烧沟台子，我是赶去报信的！”

这一夜，任廷栋怎么也睡不着，当年韩起功在张掖枪杀、活埋红军的事，在他脑海中不断涌现。翌日，马家兵一走，他便直奔张掖城，赶了90多里路。

城内到处红旗招展，解放军来来往往。解放军的宣传队在各处演出、演讲，热闹非凡。解放军帽子上的红五星，最让他心动。他当红军时，就戴着红五星。他望着战士们军帽上闪亮的五角星，不由得掉下泪来。红五星，透着充满生机的红光，湿润了他的记忆。

任廷栋，原名林寅，安徽省霍山县人。1928 年 7 月，中共霍邱县委发动“文字暴动”，一夜之间，全县集镇和交通要道到处张贴着革命标语、传单，对霍山地区也有很大影响。他就是从那些标语和传单上知道共产党和红军的。1930 年 14 岁时，他在家乡参加红军，当过战士、排长。西路军西渡黄河时，他在总部三局的无线电通讯学校随营学习，部队紧缩编制充实基层，他下到红三十军当战士。左支队错打安西城，败退白墩子，他和 100 多名指战员被俘，被押送到张掖，关在北街的骆驼店中。骆驼店关押一百五六十人，有一段院墙是用一根根圆木扎在地里围成的。夜里，他和一个姓苟的战友拔出一根松动的圆木，侧身挤出栅墙逃了出来。

河西大地一片萧瑟。他俩靠着两只脚板，跋涉千里，到了兰州。两人没敢进城，又顺着马衔山到了临洮的上银村，给人家赶毛驴、背柴、送粪，什么活都干。他俩隐姓埋名，林寅改名为任廷栋，对人说是国民党的兵，开小差逃出来的。干了一年，被当地保长发现，又把他卖了壮丁，编进国民党骑兵第十师。1941 年十师开到张掖驻扎，他不愿当国民党的兵，便开了小差。当时，张掖到处都在抓兵，城里待不住，乡里也待不住，就逃到祁连山灰条沟的小沟门煤窑背煤。他在窑工们的帮助下和一个穷苦人家的女儿成了亲，在煤窑上熬过了几个冬夏，迎来了金色之秋。

任廷栋找到解放军领导机关住的陈家花园，见到几位解放军，都背着手枪，戴着胸章，胸章上写着“中国人民解放军”的字样。他走上前说：“同志，你们辛苦了！”几位解放军听他喊“同志”，都很惊奇，赶忙问他的情况。他说：“我是西路军的，等你们等得好苦啊！”解放军忙把他请到政治部，他汇报了韩起功的情况。解放军说：“你立了一大功，我们马上向上级报告。”解放军劝他住下，他说：“我得赶回去，山里还有我们的同志，得向他们报告解放的消息，也让他们高兴高兴。”

第二天一大早，他又赶到张掖城，解放军领他到军管会，军管会治安科长范江海接待了他。他谈了自己的经历，特别详细地汇报了韩起功逃进山里的情况。范科长问：

“军管会给韩起功写封信，你敢不敢去送?”

“我当过红军，咋就不敢哟!”

翌日，任廷栋约上姓苏的流落红军一起进山。他俩走了 100 多里路，经过碴子峡，到了火烧沟台子。那里有一些土窑洞，韩起功一伙就藏身在土窑洞。他大喊一声：“谁是韩起功?”

这时的韩起功一伙已成惊弓之鸟，纷纷把枪端了起来。他俩目不斜视，径直走到韩的窑洞，对韩说：“这是中国人民解放军张掖军事管制委员会的信!”韩接过信，但不识字，拿着信和几个部下研究去了。

韩起功走了出来，对他俩说：“二位先行一步，我随后下山。”

“不行，军管会叫你投降，要我们陪你下山!”任廷栋口气强硬地说。

韩起功无奈，说：“好，我这就下山。”

韩起功叫手下人套了一辆三牲马车，带上他的小老婆和随从，驮上行李，由任廷栋两人跟着下了山，到张掖县以南 22 里的张成仁家。范科长早已布置一排人等在这里受降。

任廷栋受到军管会的表彰、奖励。范科长介绍他到张掖县参加工作，还发给他一支快慢机。他背上手枪，当了自卫营长。1950 年，他重新入党，任过区长、供销社主任，并当选为县委委员。

1951 年 4 月 7 日《甘肃日报》载：“甘肃省人民法院临夏分院及某师兼临夏分区军法处，于 3 月 26 日，联合宣判并处决了一批罪大恶极的反革命分子。在所处决的 36 名反革命匪徒中，有解放前血债累累，解放后又不接受我军宽大教育，反而策动反监暴动的原马步芳‘新编军’军长韩起功。”

“砰!”一声沉闷的枪响。韩起功罪恶的身躯扭曲着倒地了，那一摊污血似乎是他残害红军恶贯满盈的注脚!

马元祥股匪被歼记

晴空丽日，群山如黛。滔滔黄河水，带着阿尼玛卿山的秀气和灵气滚滚东流。三五民兵持枪巡山放哨，隔河发现三名土匪，立即开枪。一人倒毙，正是匪首马元祥。

马元祥，原骑五师参谋长马廷祥之兄，河西战役时，因其弟被红军击毙，他把被俘的红军战士缚在桩上，随手开枪残杀不下数百人。西宁解放，他跟随马元海逃走。马元海投降后，他也一起缴械，被送往西宁。11 月，马步祥、马元祥等四人从西宁叛逃到切吉南山一带。西路军红军老战士兰彦民又一次单枪匹马出征，在乡亲们的协助下，三天以后在切吉滩千户班玛让卓的家里，找到了马步祥、马元祥一伙人。兰彦民晓以利害，马步祥、马元祥再次投降。根据当时的宽大政策，没有追究他们的叛逃罪行，送到西宁集训班学习。不久，马步祥、马元祥再次叛逃。

马元祥等流窜到青海南部，勾结当地反动头人和寺院的反动分子，煽动威胁牧民群众，拼凑了一股武装的反革命土匪，号称“反共救国西北军”。马元祥自任司令，马得福为副司令。

1953 年 3 月，青南剿匪指挥部成立，4 月上旬进入河南蒙旗。据侦察，马元祥股匪主要活动在青海南部同德、泽库、河南、兴海、玛沁、久治以及与甘南交界的大片地域。阿尼玛卿山雄踞在这片土地上。在藏胞的心目中，阿尼玛卿是“众山之王”。这一带山高沟深，森林茂密，绿幄翠帱重重叠叠地遮蔽着大大小小的山峰。股匪时而集中，时而分散，时而又伪装潜伏，飘忽不定，出没无常。

高山草甸，一片青葱。侦察部队终于在河南县与久治县交界处的山腰发现小股匪徒，并与之交上火。一阵猛烈密集的扫射，匪徒们丢盔弃甲，仓皇逃命。三名土匪当场被擒，其中一人身穿草绿色军服，背一个精巧小皮包，带一支美制卡宾枪，战战兢兢，恐惧万状，对每个人都行以 90 度鞠躬礼。该匪名叫袁达禹，湖南人，23 岁，其姨夫是国民党海军军官。1949 年上海临解放时，袁随其姨夫逃往台湾，1952 年在台湾加入国民党特工队，接受报务训练，随后就被空投执行“光复大陆”的“特殊使命”。

袁懊丧地说：“临来时，我们的头头说，我们在大西北已有 2 万多人的武装力量，全部美式装备，控制着青海、甘肃的大部地区，去后绝对安全。中美两国已联合制定了反攻大陆的计划，一两年内即可光复大陆，到那时你们就是功臣。没想到刚来两天就被你们抓住了！”

4 月中旬的一天上午，指挥部电台收到特急绝密电报。机动营轻装出发，指挥部全体指战员也急急踏上征程。经过 20 多个小时的急行军，翌晨 5 时在外斯与马元祥的主力接火。马元祥股匪约有 200 多人，抢占险要山头，以 14 挺轻重机枪居高临下猛烈扫射。

部队恨不得一下子把敌人吃掉，没有来得及调配重火力掩护，就靠冲锋枪、步枪发起冲锋。结果，不少战士刚冲到半山腰弹药已经耗尽，不得不撤下来。许多战士壮烈牺牲，负伤的为数更多。部队果断改变战术，配合选点设防，在迫击炮、机关枪的猛烈火力掩护下，再次发动攻击。

当薄薄的晨雾被阳光染得绯红的时候，部队终于攻克山头。马元祥股匪一部分被击毙，一部分被俘，一小部分狼奔豕突、死里逃生，14 挺轻重机枪和大部分枪支弹药被缴获。马元祥、马得福仓皇逃遁，成了漏网之鱼。

马元祥在外斯战斗中漏网之后，凭借黄河天险，在河南岸的丛林中像蝙蝠那样昼伏夜出，抢食群众牛羊，太阳当空之时便躲藏起来。这天上午，他带着两名亲信，在同德拉加寺附近，沿着黄河查看逃遁路线。河对岸巡山放哨的群众看他们缩头缩脑，形迹鬼祟，认定是残匪，立即开枪射击。一人当场倒毙，死者正是匪首马元祥。

剿灭马忠义股匪

夜幕降临了。解放军骑兵排的战士，正悄悄地向村中一所院子接近。一阵枪声，惊得马忠义从炕上滚下来。他光着脚，从预先看好的房顶挖了一个洞钻出，妄想越墙逃命。守马的战士甩出一颗手榴弹。“轰！”一声炸响。马忠义在硝烟散尽处倒下，当即毙命。他的血腥狂歌，至此弦断曲终。

马忠义，青海省化隆县二塘乡龙欠村人，曾任马步芳部的团长、师长、高参等职。1936 年任团长时，在河西走廊堵截和屠杀西路军将士，双手沾满鲜血。他早年在帮会中排行第五，故人称马老五。他在乐都、互助等地，搜刮民财，草菅人命，故群众称之为“马老虎”。马老五原系横行临夏、化隆一带的大盗，被马步芳收编。他，把牧民作活靶枪杀，取人头祭奠；把长发牧民用布裹头，浇以滚沸的酥油像燃灯一样活活烧死；把牧民包在牛皮里一面滚一面用枪击毙。他有次率队碰上由西藏朝佛归来，行装累累的僧伽11人，见财起意，入夜派心腹将无辜僧伽挖胆致死，将他们所携贵重物品及一木碗多的黄金全部吞没。他把人胆悬挂于行军帐篷周围暴晒，还公然对人说："这是贵重东西！"

西宁解放之后，马老五等人密谋活动，策划匪乱，联络匪首谭呈祥等组织所谓"新八二军"。马老五自称军长。土匪所到之处，烧杀抢掠，严重地威胁着人民的生命财产和新生的人民政权。

1949年农历十月十九日，在马老五的指使下，匪冶进禄等拼凑兵痞、流氓，共约400多人，胁迫群众，在扎巴镇围攻区人民政府。顷刻，平静的小城一下变得紧张起来。当时区政府只有武装人员20多人，立即打电话向县上报告情况，但电话线已被匪徒切断。黄昏时刻，扎巴镇四周山头上，枪声、喊叫声，愈来愈凶。战士也遭到土匪伏击，两人牺牲一人负伤。区政府所有人员一面奋力抵抗，一面派扎巴乡三个农民，星夜向昂思乡区政府送情报，要求县治安大队前来救援。土匪火烧北门，情况万分紧急。救援部队及时赶到。区政府的人冲出南门和县大队会合，击溃了来犯的土匪，打死30多人，活捉10人。

头道河山丘起伏，显得格外宁静。马老五股匪利用地形，伏击县上前往西宁给军区送马的人员，当场打死县税务局长刘锦文及阎之发、范积卫等16位干部战士，打伤多人。

部队栉风沐雨，风餐露宿，追击马老五股匪9天9夜，马老五走投无路。县人民政府动员当地绅老、副县长马柏龄、李文绣做争取马老五的工作。马老五生怕追究既往，难得宽恕，于是马柏龄、李文绣答应将儿子作为人质，马老五即表示愿意投诚。

县上成立治安委员会，马老五被任命为副主任委员。不久，县上动员马老五到省上军官训练团参加学习。他来省上不久，便以请假探亲为名逃跑，继续密谋匪乱。

马老五、马全彪等在贵德、尖扎流窜。股匪内部发生矛盾，马全彪逃往牧区，马老五窜回化隆。1951年1月10日晚，解放军在昂思多关山口将股匪围歼，马老五单身逃脱。

原马老五油坊的租户韩六十三听王木海买的小孩讲："昨夜家里来了一个

老汉，拿着一支尕枪，今早和阿爸一块儿走了。”韩六十三断定这老汉就是马老五，马上赶到上滩去找王木海买。

“和你一起来的老汉是谁，到哪里去了？”

“是大老五，他很狼狈，满脸是土，连鞋都没穿。他被解放军追得没办法，藏在山洞里三天三夜。我把他送到后沟张团团家去了。”

他俩当天到后沟将情况报告给村干部。村干部商量后，立即布置自卫队将张团团的院子暗暗包围起来，韩六十三马上进城将情况报告给县人民政府。县上派一个骑兵排火速赶到后沟，向马老五住处靠近。

一声正义的轰响，结束了马老五罪恶的一生。

从黑暗中走出

“我情愿为解放青海出力！”

临夏城临大夏河北岸，故名。临夏在秦时设枹罕县，明为河州，民国初年叫导河县，后来改成临夏，是近代西北历史上一个很有名的地方。明清以来回族势力逐渐强盛，并造就了一大批回族人物。其中在清末民初势力最大的主要有三家，马占鳌、马海晏、马千龄，世称之为“河州三马”。这就是后来的马安良家族、马步芳家族和马鸿逵家族。除马安良家族为进驻甘青地区的冯玉祥国民革命军消灭外，马步芳、马鸿逵两家都成为雄踞西北的土皇帝。所谓的“西北四马”——马步芳、马步青、马鸿逵、马鸿宾，便是这两个家族的主要代表。

这是一个天高气爽的日子。

“丕烈先生，你能同我们一起去解放青海吗？”西北野战军一兵团司令员王震问马丕烈。

“过去我在青海做过事，认识很多人，我情愿为解放青海出力！”

马丕烈，原名马朝伟，大哥马朝选是马步芳的岳父。其父马占奎是清末甘肃回民起义领袖马占鳌从弟，曾任甘肃督标中军副将。马丕烈曾任青海省财政厅长，1940 年前任过八十二军少将副官长，河西战役时任一〇〇师副官处处长，因在师部未至河西战场。

王司令员突然问马丕烈：“你有几个孩子？”

“有两个，一个已经在兰大附中毕业，另一个还小。”

“我保他去北大继续念书好不好？”

“那很好，好得很！”马丕烈高兴地回答。

参谋处的干部送来了去青海的路证和保送马丕烈儿子去北大入学的介绍信，连孩子去北京的50元路费也送来了。王司令员这种恺恺为怀和雷厉风行的作风，使马丕烈非常感动。

晴朗的天空，若有若无地飘着几块柳絮似的白云。马丕烈、马良和两名汉族代表组成的和平代表团和王司令员一同出发了。他们在离循化五华里的地方遇到一条十几丈宽的深沟，沟上架的木桥已被韩起功撤退时烧毁。解放军正在抢修，汽车短时间内还无法通过。

王司令员向跟前的解放军要了两匹马，和马丕烈各骑一匹，绕深沟，抄小路，走进荒凉大滩。在滩里走了半个时辰，连一个人也看不见。轻风习习，周围静谧得只听见“嘚，嘚”的马蹄声。马丕烈边走边想，司令员过这样的大滩身边连个警卫员也不带，真不愧是个有胆有识的将军。

两人通过大荒滩，穿过循化城，来到一个叫草滩坝的庄子，见到王恩茂。大家连鞋上了炕。

王恩茂向王司令员汇报黄河对岸敌军的防线情况，说：“对岸马家部队和民团已经挖好战壕，准备抵抗，指挥官是马全义……”

马丕烈听到马全义的名字，心里一动，说：“马全义是我的侄子，对我还是尊重的，我可以写信给他，叫他不要阻止大军前进。”

“那很好！”王司令员说。

马丕烈立即动笔写了信，告诉马全义：临夏已经解放，解放军纪律严明，秋毫无犯，鸡犬不惊，各清真寺、拱北都受到了保护，士兵连居民家的上房都不进。信最后写道：“吾侄见信后，千万莫阻止大军，立即放弃阵地撤退，弃暗投明，不要让各族子弟再为国民党反动派当炮灰了。”

信写好后，马丕烈先签了名。马良和马全义有亲戚关系，也盖了手印。他们找了一个撒拉族水手，让水手泅水把信送到对岸马全义手里。

夜深人静。马丕烈向黄河对岸喊话，劝他们不要阻挡大军西进。

“敌军已全部撤退，我们正在搭浮桥，桥修通了马上就过河去!”王司令员高兴地告诉马丕烈。

马丕烈心里很急，浮桥修好至少还要一两天时间，就向王司令员建议：“让我先过去吧！我早点过河去西宁，争取时间劝说马步芳官兵投诚!”

王司令员问他怎么过河，他说：“附近有个查汗都斯庄，以前我在那里办过木料，渡口的水手们我熟悉，他们可以用木排把我送过去!”又说，“我打算让马良也去，再派两个军代表!”

王司令员派卢德和李骥两位参谋与马丕烈和马良同去。他们走后，两位汉族代表要求回临夏去了。

当日，四人来到查汗都斯，找到熟人，绑好木排。木排驶过水势勇迈凶猛的黄河，到达河对岸的阿华庄。他们找熟人借了四匹马，骑马向西宁行进。

他们到三堂牙壑时，看见迎面驶来一辆大卡车，上面坐着马辅臣、沈海珊、马子乾等20多人，全是西宁的绅士，说是来迎接解放军的。马丕烈告诉他们：“大军正在过黄河，今天还来不了，来了两个军代表。”他们听了，马上请军代表上汽车，掉头向西宁开去。

西宁一片混乱，到处发生抢劫事件。马丕烈急忙派人找来西宁市警察局的督察长，说：“你要赶快设法维持社会秩序，制止一切抢劫事件的发生!”这位督察长集合了30多名警察，暂时担任维持社会治安的任务。

第二天早晨，他们了解到，在兰州失败后退到青海的部分官兵在上五庄。马丕烈立即找了两辆车，同马良、李参谋一起去上五庄。行至中途，看见散兵由北向南走，沿途放枪。马丕烈担心李参谋的安全，就打发马良陪李参谋返回西宁，独自一人去上五庄。

他来到上五庄，在马步芳的“洋楼”里找到八十二军副军长赵遂、参谋长马文鼎、一〇〇师师长谭呈祥、一二九军副军长韩得铭和师长杨修戎等人。马丕烈对他们说：“你们能集合多少人就编制多少人向解放军投诚，立功赎罪。愿意回家的，可以把枪支弹药放下骑马回家。”经马丕烈多方劝说，他们终于打消顾虑，答应投诚。

马丕烈连夜返回西宁，向两位军代表报告了情况。军代表当即写了证明：你们的行动很好，我们表示欢迎，你们的生命安全和财产将受到解放军的保护等。马丕烈又立即返回上五庄。赵遂等人见了证明，非常高兴和感激。

马丕烈了解到三角城有一批正准备逃跑的官兵，又急忙赶到三角城，见到一九〇师师长马振武、副师长马子俊、参谋长李少白，还有八十二军二四八师师长韩有禄、骑兵十四旅政治部主任应焕章、参谋长马尚武等。三角城还有一个骑兵旅，旅长是马英。他们正准备逃跑，赶了不少马和牛，驮东西，杀着吃。

马振武说：“我们可以听你的，愿意投诚，但是要你作担保！”

“好，好！我可以作担保！”马丕烈连声说。

马丕烈要走时，远远看见湟中公司疏散货物的四辆大道奇车开了过来，全是空的。马丕烈让挡住，准备装运枪支、电台等。汽车没有停，马振武坐上吉普车鸣枪拦截，司机才停了下来。

马丕烈回到西宁，把马振武等愿意投诚的情况汇报给军代表。军代表很高兴，立刻仿照上五庄的方式写了一张证明。

马丕烈在西宁没有久停，就又往三角城赶去。走到上五庄天已经黑了，就在上五庄住了下来。第二天，马振武派人来上五庄迎接马丕烈和马文鼎一同到三角城。马丕烈把解放军的证明交给了马振武等人。他们高兴地把枪支弹药一齐装上汽车，让团以上的20多名军官上到一辆车上，到上五庄与赵遂等人会齐，一同前往西宁。

第二天，王震司令员来到西宁，住在湟中实业公司。马丕烈去时，王司令员非常高兴地说：“你辛苦了！”

王震司令员听完他的汇报后很满意，说：“明天在东关大寺召开群众大会，投诚的军官也参加。到时你先到这里来，我们一块儿去会场。”

翌日早晨，马丕烈和王司令员一同从湟中实业公司动身到大会场。会场上人很多，院子里都挤得满满的。大会开始，王司令员让马丕烈先讲话，马丕烈将解放军纪律严明和尊重少数民族风俗等情况向参加大会的群众作了宣讲。

王司令员也讲了话，一针见血地驳斥了马步芳的“拼命保命，破产保产”。他说：“拼命保命，是拼你们大家的命，保他的命；破产保产，是破你们大家的产，保他的产！”会场一片寂静，不少人感动得流出了眼泪。

马丕烈由青海返回到兰州，彭总两次接见了他。彭总说：“你辛苦了，你们做得很好！”

彭总看到王震给他的电报，目光炯炯，高兴地说：“少数民族政策不是一句空话，必须通过各种形式认真贯彻落实。王震同志的做法很好，把它具体化了。”

马丕烈在进军青海中做了工作，党和人民也给了他荣誉，新中国刚成立初就让他担任甘肃省农业厅副厅长。1950年马丕烈参加了西北少数民族致敬团，到北京参加了国庆，受到了毛泽东、刘少奇、朱德、周恩来的接见。

“遥望新中国、新青海，前途无限光明！”

青海的回民主要分布在境内的东北部，以化隆和门源两个回族自治县以及民和与大通两个回族土族自治县最为集中。从化隆越过省境，一直到甘肃省的临夏回族自治州，几乎全是回族村寨。

化隆全境多山，县城所在的巴燕镇也被群山环抱。在它西北30里的地方，有一座雄伟的高山，民间叫它玛燕山，实际是巴燕的转音。《今县释名》指出，隋唐时代，巴燕山写作拔延山。

隋朝大业五年（609），为了借阅兵向已经臣服的突厥、东胡等少数民族的首领炫耀武力，并随即向占据青海的吐谷浑部发动大规模进攻，农历四月，隋炀帝杨广亲率大军到西平（今青海乐都）。农历五月，他“大猎于拔延山”。旌旗蔽日，战马遍野，鼓角震天，数十万大军列成方阵齐头并进。百万野兽纵横奔突，无处藏身。“拔延山南北周二百里”。这次围猎，像一把铁篦一样，把整个拔延山梳了个遍，射获的野兽数以十万计，使得各少数民族的首领大开眼界，大为慑服，同时也为征战吐谷浑举行了实战演习。不久，在隋军攻击下，吐谷浑的优允可汗全军覆没，败走党项。巴燕之行，作为封建皇帝的杨广，把他的事业推上了顶峰，也为后人留下了一段千秋遗闻。

1949年9月3日。巴燕山昂首耸立，像个巍巍巨人，伸开有力的臂膀。人民解放军部队向西宁挺进，路过化隆扎巴。马朴联络当地各界人士和各族群众，聚集街道两旁，热烈欢迎解放大军，给解放军担茶送水。人们的笑脸，在阳光下熠熠生辉。马朴亲眼见到解放军秋毫无犯的严明纪律，对各族人民的和蔼态度，严格尊重少数民族的风俗习惯，深为感动。

马朴，字怀庵，回族，1878 年出生于甘肃临夏，后寄居青海湟中多年，壮年加入戎行，曾先后在马步芳部任旅长、副师长等职。河西战役时，他是第一〇〇师独立骑兵旅旅长，任骑兵第二路指挥，所指挥部队为一〇〇师骑兵旅及西宁鲁沙尔上五庄民团、湟源民团等。他在倪家营子战斗中为流弹所中，由被俘红军抬回青海。他后因与马步芳政见不合，赋闲在家。

青海解放初期，青马残余部队的官兵大量溃散于民间，到处流窜、造谣惑众、鸣枪闹事、持枪抢劫，甚至聚众叛乱。马朴与西宁军管会取得联系，常常反映一些社会上的情况。他利用各种机会宣传共产党的有关政策，帮助一些人消除疑虑和恐惧。因为他曾是马家军的高级将领，在回族中很有威望，许多回族群众听他劝说，很快转变为拥戴共产党，热爱解放军。马朴想方设法与一些溃散逃回乡间躲避的青马军官接触，晓以大义，指出只有立即向军管会携械投降，才是唯一出路。他还打通溃散士兵家属的思想，动员散兵向当地人民政府报到登记，争取宽大处理。马朴的言行，对维护社会治安，安定民心起到良好作用。

1950 年元旦，青海省人民政府正式成立，马朴荣任省政府副主席，后又兼任青海省民族事务委员会主任。他参加政府工作后，认真学习有关政策，诚恳接受党政领导的帮助，虚心听取各方面的意见，在联系社会各界人士，帮助政府推进工作以及加强民族团结等方面，做了许多有益的事。但不幸的是，他年老体弱，身体不适，2 月下旬入中山医院治疗。西北军政委员会彭德怀主席莅省视察时，特意前往探视，并面嘱保重。六七月间，他病情转剧，留下遗言：“朴病虽已无望，遥望新中国、新青海，在伟大领袖毛主席和省人民政府领导下，前途无限光明。敬希我回族同胞与各族人民，认清敌我，紧紧地团结在人民政府周围，永远跟着共产党走。”

马朴 1950 年 8 月3 日病逝，享年 71 岁。

彭总说：“新疆起义你们是有功劳的！”

韩有文作为新疆爱国人士参观团团长，访问了北京、天津、上海、杭州、福州等20多个大中城市。当他在海防前线用特大望远镜望着金门、马祖、大担、二担时，多么想说，他就是当年的韩有文。他想大喊一声：回来吧！祖国的儿女们。

此刻，韩有文沉浸在回忆中。新疆留下了他追求光明的脚步，留下了他青年的跋涉和壮年的蹉跎岁月……

马呈祥弃军出国，交出军权。骑七旅旅长韩有文成为整编骑一师师长。韩有文，撒拉族，由一个给地主放牛赶马的牧童被抓壮丁当上了马家的勤务兵。由于长期放牧，手脚粗大有力，跑得快。那时，谁能跟得上马跑，就可以得赏。为此，他20多年一步一步升到了少将。

1949年9月25日的夕阳是辉煌的。这一天对韩有文来说，翻开了崭新的篇章。当晚，他毅然决然地在陶峙岳为首的起义通电上签了名。

破晓前的天空黑沉沉。特务头子刘汉东、饶铁珊在临逃之前做了二线布置，要火烧乌鲁木齐市。少数坏人和起义部队中的顽固分子勾结起来，乘机扰乱社会治安。陶峙岳找韩有文商谈，要驻疆的最有战斗力的骑一师作出贡献，从速安定大局，迎接解放军进疆。韩有文觉得这确是立功赎罪之机，也是鉴别真假起义的有力证据，马上调了一个团和一个营到乌鲁木齐。

这时已传来焉耆、哈密被烧，银行被抢的消息。乌市开始混乱，夜晚特务到处打枪，民不安生。韩有文命令部队加强岗哨，提高警惕，防止破坏。在马市巷发生了抢劫韩部士兵枪支的流血事件，但被很快制止，防止了事态扩大。韩有文去找代理罗恕人旅的罗汝正，商议互相配合，维护乌市。呼图壁叶成部队的一个营叛乱，韩有文派团长马希哲率部完全收复了叛军。

金秋十月之初，青海知名人士马辅臣、马振武、绽福寿等人受王震司令员的委托先后到达乌鲁木齐。青海代表团的成员都是韩有文在青海时的老朋友，来新疆的目的主要是动员骑一师的官兵走起义的光明之路。他们在途中听说骑一师已经起义，就临时改为慰问团了。

11月7日是一个值得纪念的日子，当苏联苏维埃政权成立32周年的时候，王震从酒泉飞到乌鲁木齐小地窝堡机场。韩有文和陶峙岳、包尔汉、屈武等人前去迎接。王震走出机舱，穿着一件和士兵一样的短皮大衣，棉裤两个膝盖上的补丁已经开线，棉花都露出来了，脚上是一双布鞋。王震一面和他们紧紧握手，一面咧着嘴笑哈哈。在晚上举行的庆祝十月革命晚会上，王震还唱了一支歌。初次见面，气氛十分融洽。

彭德怀副总司令是在王震到乌鲁木齐20天后到的。同机到达的还有张治中将军以及参加了全国第一次政治协商会议的赛福鼎。当彭总的飞机徐徐降落在东门外机场时，韩有文他们高兴地迎了上去。彭总穿着草绿色的披风，显得十分魁梧、严肃，尤其是他那过人的长眉毛，十分威严。

当天晚上，彭总在新大楼二楼接见了大家。新大楼灯火辉煌。彭总说，陶峙岳将军和包尔汉主席领导了新疆军政起义，这是一件大好事，人民避免了损失。你们的起义说明你们拥护共产党的领导。

彭总走到韩有文的面前，拉着他的手亲切地说：“韩师长，新疆起义你们是有功劳的，你们骑兵师保卫了起义的成功，保卫了迪化。大家都拥护起义，说明起义这条路是对的。人民忘不了你们，人民会感谢你们的！”

远山近水映着朝阳，云杉挑起一片飘忽无形的早霞。在彭总的指导下，新疆人民政府于11月17日成立。省人民政府有20多位委员，而只有韩有文是起义军人。没过几天，新疆军区奉中国人民解放军革命军事委员会命令，彭德怀司令员、王震司令员签发了一号通令，正式任命韩有文为中国人民解放军二十二兵团骑兵第七师师长，于青山为七师政治委员。

回忆的原野上升起一缕缕轻烟，还跳动着红色的彩带。这是失去平衡的记忆，是心碰心迸发出的火花。不幸的事发生了，骑七师的三个团分别驻守在奇台、昌吉、阜康，昌吉的二十团中的一些下级军官煽动士兵叛逃。

凝固的浓浓的黑夜。韩有文从睡梦中被急促的电话铃惊醒，和政委于青山急急奔向司令部。

王震一见他，就大声喊道：“韩师长，你的部队叛变了，叛变和捣乱是没有前途的！”

韩有文这是第一次见王震发火，他想，他是骑七师师长，他管的部队叛变了，不向他发火向谁发呢？

王震大概也意识到有些过火，又拉着韩有文的手，拍着他的肩膀小声说：“韩师长，不要着急，我们一同把他们搞回来！”

韩有文和于青山立即带上警卫人员和六军参谋长陈海山一起赶往阜康，一部分战车也开动了。

叛逃者已经到了阜康附近，韩有文上前面喊话。骑七师是以回族为主，撒拉族为骨干的部队，宗教意识很浓厚。凭着韩有文平日的威望和他的亲笔信，加之战车团也围了上来。600 多人又回到人民解放军行列，只有 20 多人顺沙漠跑了。

根据新疆军区指示，对骑七师进行整编，又开展了三个对比教育，即两个党、两个政府、两个军队的对比，随之又开展了诉苦运动、放包袱运动。

运动初期，一些士兵和下级军官把矛头指向上层，尤其指向韩有文。许多干部心慌了，韩有文也有些紧张。于青山政委开导韩有文，让他放心，革命也是很痛苦的。随后，于青山陪他去见王震司令员。

王震对于青山说："韩师长在新疆起义中是有大功的。在平息叛乱，安定形势方面有贡献。你们要好好爱护他，保护他！"王震又亲笔写了一道命令："韩师长是我们党培养的一个少数民族干部，不许任何人以任何借口胡斗乱批。"王震亲手交给韩有文看，让于青山回去向骑七师全体官兵宣读。

当初升的太阳穿云破雾给南部天山抹上一道霞光，当乌鲁木齐河谷罩上一片蝉翼似的薄纱，当洁白的鸽子响着哨音在杨树梢头旋绕的时候，新疆召开第一次人民代表大会。韩有文作为特邀代表参加，并被选为主席团成员。他做梦也没有想到，会成为人民的代表。他决心努力学习，真正代表人民。

1953 年，韩有文被任命为新疆军区副参谋长，第二年成立生产建设兵团，他又当了农牧处副处长。这时，他已是新疆政协委员了。

为了解决群众吃鸡蛋问题，韩有文欣然兼任兵团第一养禽场场长。当时养禽场大约有 6 万多只鸡。他学着政委王居昌和职工一块儿劳动，什么种菜挑粪，担食喂鸡，他都干，有时还顶个班。这样，汗和职工流到一处了，职工们和他亲密了，有什么话也喜欢和他聊聊。从伊犁调来一个副场长叫易健凡，是个老红军，年龄比他大。易副场长去外面采购东西从来不坐车，裤子卷得高高的，什么铁锅笼屉、油盐酱醋一根扁担挑上就走，几十里路不在话下。慢慢他才知道，这就是无产阶级本色。易副场长在场里开辟了一小块菜地，什么萝卜、白菜、大葱应有尽有，而且长得很好。每次都先送给他，说是尝鲜。这些人和事打动了他的心，他渐渐忘了自己是一个起义人员，而是人民的一分子。

60 年代中期，他调任农六师副师长，主管畜牧业。他的足迹踏遍了南山牧场。

“文化大革命”，全国人民都受了苦，韩有文也一样。十一届三中全会以后，他被选为自治区政协副主席，又担任了民革新疆维吾尔自治区委员会主任委员。他面前的原野宽阔而平坦，他的心胸变得像原野一样豁达。

大千世界　沧桑沉浮

毛泽东亲笔题写“抗日英雄”

毛泽东1940年曾亲笔题写“抗日英雄”锦旗一面，赠送马禄。

马禄，字福山，青海省化隆县卡力岗人。卡力岗是藏族居住区，马禄能讲流利的安多地方藏语。据传清乾隆十五年，由于河州“花寺太爷”马来迟的劝化，卡力岗地区藏民改信伊斯兰教。马禄自小参加哥老会，结识红帮哥老会首领王英，早年活跃于内蒙古绥远一带，后为“二马”部下，征战奔杀，深得器重，由传令兵至班、排、连长，扶摇直上，官至团长、旅长、师长。马禄有四房妻室，其中第四房夫人原为西路军被俘红军，后皈依伊斯兰教，取名马奴给牙，当地人称“四太太”。

马禄参与河西地区对西路军的阻击，他的骑五师骑兵第一旅被红军击溃包围于一条山。红军从团结抗日的愿望出发将其放回，后来马禄也对被俘红军采取不杀的态度。马禄部魏珍团俘获红三十军参谋长黄鹄显，马、魏二人秘而不宣，以礼相待。20多天后，他们给黄提供便服，秘密放行，返回延安。马步芳知道此事后，对马禄严厉斥责，最后也不了了之。马禄把200多名被俘红军编入他的部队，有的还给以排长、军医等职务。这些红军战士随马禄部队东赴抗战前线，驻防洛川时，大部分回归延安。

七七事变后，全国抗日运动高涨。蒋介石国民政府命令“二马”调派骑兵，开赴抗日前线。马步芳派出两个旅，马步青派出一个旅，由国民党军事委员会颁令为骑兵暂编第一师，由马步芳的族叔马彪任师长，马禄为第二旅旅长，第一旅旅长和第三旅旅长分别为马元祥和马秉忠。

马禄旅到达定西，得悉第一旅旅长要在大操场处决六名逃兵，亲率所属团、营长到大操场，向马元祥下跪求情："乡亲们送子弟抗日，尕娃们远离家乡，有了错要教育嘛！日本人的面还没见，先杀自己人使不得。看在我们二旅的面情上，叫尕娃们到抗日前线立功赎罪！"马元祥接受劝告，对六名士兵鞭杖处理。

马禄率第二旅先行到达陕西，即派出部分骑兵小队由潼关北渡黄河，至晋南的芮城一带，奇袭驻运城的日军，保卫潼关安全。他奉命剿灭西荆公路龙驹寨一带由日本浪人和汉奸参加的白莲教匪徒，将千余匪徒全部消灭。叛徒带着日军的一个中队和伪军千余人，偷渡黄河侵占了河防的七八个村寨，企图夺取洛阳。马禄旅和另一个旅向侵犯之敌展开进攻，击毙日军三四百人，伪军和自卫队近千人，收复各村寨。1939 年春，马禄部调往陕西耀县后，马步青骑五军给马禄增补两个旅，组成暂编骑兵第二师，马禄升任师长。

暂编骑兵第二师驻守北同官（今铜川）等地，与陕北八路军长期对峙。马禄根据国共合作的方针，为八路军接济粮食、弹药，还先后接待了途经驻地返回延安的朱德、秦邦宪、林彪、贺龙等八路军领导，表示了共同抗日的愿望。

1940 年马禄部奉命开赴绥德驻防，兵至富县东西茹子村时，被驻守该地的八路军阻挡。八路军领导机关派郭化若在洛川交口河与马禄谈判，向马禄递交周恩来信函一封，内容大意是：河西往事，上下人至今都未能释然。要马禄改道延川去绥德，以免发生误会等。马禄派中校参谋白慕真，携函去延安晋见毛主席。马禄信函大意是：我部奉命赴绥德，纯为防御日寇，对八路军无敌意。河西往事已成历史，今愿团结抗日，为免却冲突，接受贵军建议改道前往等。在白慕真赴延安期间，马禄报请西安战区司令蒋眉文批准，取消开赴绥德的命令。白慕真离延安时，毛主席亲笔题写"抗日英雄"锦旗一面，赠送马禄。这成为马禄历史中光彩的一页。马禄旅与八路军的友好往来，受到蒋介石的怀疑，曾派员到马禄部视察。马步芳不久便解除了马禄骑二师师长职务。

马禄任旅长时，就看中了永登县大通河西岸绿树成荫、山川明秀的四渠村，在这里安下家。马禄修建了一进四院的公馆，包括大小楼房 4 座，房屋 108 间，马棚 40 间，草房 20 间。他广置田园和生产工具，拥有水地 400 亩，皮车 20 多辆，铁轮大车 15 辆，骡马 100 多头，犏牛、奶牛 20 多头，使用长工 20 多人。他对当地农民除实行地租剥削外，还用名目繁多的方法侵掠农民财物，甚至自造“东起大河沿，西至卧虎坪，南至大冰沟，北至龙王沟”的土地契约。马禄的这些做法已经被四渠历史的巨鞭抽打，但四渠也以自己的岁月，衔接起对马禄一些善事的记忆。

享堂峡距四渠不远，为四渠通往海石湾及青海的必经之地。马禄 1935 年捐资动员群众劈山开石，修建起长达 15 公里的简易公路。为此，当地群众在路口竖有“流芳百世”的石碑一块，石碑下方刻有“福山修”三字。马禄还在流经四渠的大通河上购置渡船一只，使东西两岸畅通无阻。

四渠原有一条水渠是清朝时期修建的，渠首地势较高，大通河水位下降引不进来。马禄让部队将原渠改线重修，全长 12 公里，可灌溉 400 多亩土地。

四渠群众用石磨加工粮食，人推畜拉，很不方便。马禄用鳌塔地主高全三的河滩地，修了一座水磨，方便了当地群众磨面。

四渠多回民，文化教育素不发达。马禄于 1931 年主持修建起“福山小学”。这是八宝川最早兴办的回民学校，至今仍然存在。马禄还先后兴建了两座清真寺，一座在四渠村，一座在附近的七里村，便利了当地回民的宗教生活。

马禄被解除骑二师师长职务，1946 年元月回到四渠村，便一病不起，于同年 10 月病逝，时 52 岁。

“万民伞”

抗日战争时期，马彪去职休居西安，闲来无事常常遥望远处的秦岭。秦岭背面，曾经有刀剑的闪光，烽烟滚滚的战场，那是他曾和日本侵略者厮杀的地方。

1937 年 8 月，国民党军事委员会颁令暂编骑兵第一师番号，马彪任师长。

骑兵师有回、汉、撒拉、东乡、保安、藏等民族，其中回族较多。

马彪，字炳臣，是马海晏（马步芳的爷爷）六弟马海清的长子。他追随堂伯马海晏在北京参加过抗击八国联军的反侵略战争。他曾任宁海军营长、玉树司令，河西围堵西路军时为骑兵第一路指挥。

暂编骑兵第一师经兰州、平凉，进入陕西。沿途人民群众热烈欢迎抗日将士。部队也精神抖擞，士气昂扬。

日本浪人和汉奸参加的白莲教匪徒，盘踞在华山南麓，不时出没于西荆公路线上，拦截车辆，抢夺物资，严重影响华中战备物资的运输与供应。这股千余人的匪徒很快就被消灭，暂编骑兵第一师得到西安行营的传令嘉奖。

马彪师马禄第二旅调赴兰封、商丘一带堵击西犯日军，正和日军奋战之际，忽奉八战区指挥部紧急电示退守郑州以西待命。这时蒋介石令空军炸毁郑州以东花园口的河堤。黄河决口，淹没了豫东和皖北十余个县区，其效果只是阻止了淮阳西犯许昌的部分日军，另一部分日军乘空投的橡皮船逃走了。可是水灾给当地人民造成生命财产的损失，确是历史上罕见的。

马彪师担任河防期间，马秉忠第三旅三团一营一连的排长马元林暗地勾结河东伪军，枪杀一营营长，带走了几十名士兵，东渡黄泛区叛变。马元林带着日本侵略军的一个中队及伪军千余人偷渡黄河，竟然侵占了河防七八个村寨，并扬言皇军大军即将西进夺取洛阳。

时值严冬，风雪交加。马彪师两个旅带着凛冽的寒气，向日伪军展开进攻，连续收复各个村寨，打死打伤日伪军数百人，同时将叛徒马元林生俘，当场杀头示众。其余溃退的数百伪军仓皇乘船东渡，但因黄河冰块聚集，朔风逆向，渡船很难成行，结果一半被歼，一半跳河溺毙，无一生还。当时，洛阳后方因此敌情搞得人心惶惶。大获全胜的喜讯传来，百姓无不箪食壶浆，犒军慰问，并给马彪赠送“万民伞”一把，以示对抗日将士的崇敬与慰劳。

马彪师调驻周口至界首一带的黄泛区，各旅先后渡黄河，经常以“小骑群”的游击形式，袭击淮阳一带日军，而主要任务是侦察日军在淮阳一带的敌情。先是一、三旅轮流渡过黄河偷袭敌军，任务完成后仍返回黄河南岸。9月，马彪命令第三旅旅长马秉忠率一个团出击。

临出发前，马彪照例准备了大量饭菜，在黄河南岸堤后，亲自分发每人一大碗菜，一大块肉，两个大油饼，激励参战官兵多杀日本鬼子。清醇的饭香，溢出血火搏斗的坚强决心。夜穹星寒，该旅人马分乘木船渡河进驻宝塔孔庄一带。

马秉忠亲临前线指挥。旅参谋长劝他说："主将不宜身临险地!"马秉忠拒绝参谋长的建议，在离前沿阵地约20多公尺的一处草房后用望远镜观察战况。因其身高体胖被敌发现，弹中左前胸部。马秉忠左右的人将草房后墙拆除，匍匐退出，将旅长扶至一处田埂下。带血的夕阳放射出最后的光芒安然落下，马秉忠口念"开里麦"捐躯疆场，年仅29岁。

马彪师以轻骑迂回敌后奇袭，致使日军腹背受击。日军在仓皇溃退中，有两门大炮未及带走。马彪部正在设法拖拉中，敌人又反扑上来，使用催泪性毒气，于烟雾弥漫中把大炮抢了回去。孔庄之战，日军支队司令铃木以下300多人被击毙，在城内中学的中山堂进行火化处理，做"无言凯旋"的善后工作。

1940年3月上旬，黄河北岸宝塔遭到侵略军的重兵进攻，先以飞机狂轰滥炸，继以重炮猛烈袭击。第一旅旅长马元祥见势危急，亲率一骑兵连渡河增援。侵略军以步、炮、空、坦克的优势兵力连续发动进攻。马元祥臂部负伤，第一旅人员伤亡惨重，武器马匹损失过半，中央阵地被突破，迫不得已后退。日军将马部遗弃的拴在木桩上的战马百余匹一一射杀。血色残阳之中，中国官兵遥望目睹，无不咬牙切齿，痛哭流涕。

1940年，马彪师整编为骑兵第八师，共三个团。中秋之夜，月华如水。日本侵略军乘中方军民欢聚过节之际，以大炮、坦克、装甲车配合步兵，围攻龙亢镇。马彪亲临前线督战，立令二团轻骑迂回包剿，袭击敌人侧背，并令三团重整旗鼓，奋力反击。敌人在前后夹击下，夺路向蒙城西北方向溃退，大放毒气，阻碍追击。敌军慌忙撤退时，又在涡、蒙之间的丘陵地带遭到侯镜如师的埋伏截杀。

在沙河以北，涡河两岸地区，只有马彪部和新四军彭雪枫部两支队伍。马彪师三团团长谢高峰将友人介绍他与彭雪枫建立关系的信设法送去，不久彭雪枫即派其副官长和两个人来马彪师建立关系。一次，彭雪枫部送来100匹布给骑八师做军装，马彪师以战马十匹、步枪十支回敬。蚌埠日军六十师团及两个伪军师只要一出动，两部就互通情报，彼此配合，多次成功地阻遏了日寇的进犯和扫荡。但是好景不长，国民党最高当局通过电话和战区长官司令部，告诫马彪谨防上当受骗。谢高峰曾向马彪建议，断绝两方关系就会影响抗日大局，对最高当局的指责，可否在口头上接受，在行动上拒绝。马彪不置可否，但徘徊烦闷心情溢于言表。

骑八师也接受上级旨意，和新四军搞些摩擦冲突。摩擦总计四次，其中两次是奉命行事。来电指明某地有日军驻防，命令他们袭击，奇怪的是到了那里时，不是日军却是友军。双方情况不明，旋即互相对射。有时是国民党九十二军袭击新四军，总要把马彪师拉上去垫背。这样的事多半是在夜间偷偷摸摸干的。

一次，马彪师直属工兵连钻进了彭部的口袋，被俘百余人。彭部经过查询知是友军便将人枪全部归还。但马彪觉得颜面无光，有点动火，即于第三天夜晚派了两个营，偷袭彭部也抓回了60多人枪，以示报复。翌日早晨吃饭时，马彪问谢高峰如何发落，谢因事前毫无所知，大吃一惊。同桌吃饭的人多数主张扣下人枪。谢说：“都是抗日部队嘛！发生点误会，不应该计较，现在既然抓来了他们的人和枪，也算出了气。人家能把我们的人放回来，我们为何不把他们的人放回去呢?”马彪采纳谢高峰的意见，即把彭部人枪如数送还。

1941年以后，马彪兼任何柱国骑兵第二军副军长，并有升任六十四军军长的传言。于是有人向青海马步芳告密，说马彪有野心，想脱离青海，加之马彪师补充兵员多来自豫皖陕等地，也似乎有摆脱青海的迹象。1942年夏，马步芳生怕骑八师的兵权完全落到蒋介石中央军的手里，因而急忙由青海飞往重庆，向何应钦进行活动后，向蒋介石当面报告说：“马彪因年老申请离休，拟由马步康接替……”蒋介石准其所请。

马彪含冤未回青海，索性居住西安。不久接到蒋介石电召，旋去重庆面谒蒋介石，当面诉说并未要求退休，并表示抗战危急关头，宁愿当个老黄忠战死沙场，死而后已。蒋介石少不了嘉许马彪勇敢善战，屡立战功，犒赏了美币10万元，并分别电示西安胡宗南及苏鲁豫皖边区总司令汤恩伯，妥善安置。汤恩伯接电后，便筹备成立骑兵纵队，安排由马彪领导，曾派人到甘肃夏河等地买马数百匹，先成立了第一团。但在继续买马中受到马步芳的忌恨刁难，买马事宜很难进行。马彪看到成立骑兵纵队的计划就要落空，于是返回西安，即以中将参议的名义，休居西安市，以后还是马步芳把他叫回青海。

思念，向着遥远苍茫的故土

“我总算回来了!”

1952 年，秋高气爽。马朝选一行 10 多人离开香港，回到祖国。回国途中，他激动不已，手舞足蹈，竟然两手抓住火车卧铺上的安全带，翻起筋斗，还不时念叨：“我总算回来了!”哦，他回到坚实而又温暖的土地上来了。这土地就是他的襁褓，这土地就是他这漂流的船只的岸啊!

马朝选，马丕烈的长兄，马步芳的岳父，其父马占奎是清朝同治时期河州反清领袖马占鳌之弟，曾任甘肃督标中军副将，故在西北回族中颇有声望。因其性格和顺又终生不仕，故人称“绵大人”!

1949 年夏日清晨。马朝选全家住在青海湟中县上五庄马步芳“公馆”，将金条和贵重首饰分别装入小皮箱和子弹袋内，将子弹袋各个缠裹于身，外着宽松衣服掩人耳目。

马朝选之子马全义时任新编步兵军军长，驻防青海循化附近黄河沿岸，堵截挺进的解放军。马朝选老两口牵肠挂肚，焦急不安。一天，马全义突然回家，进门后气喘吁吁地说：“五大（马朝选五弟马朝伟，即马丕烈）陪同共军王震部，到了甘都河沿，给我写了一封信，叫我放弃阵地撤退，不要阻拦共军渡河。我昨晚将部队解散，让他们各自逃命，就连夜赶回来了!”马朝选见儿子回家，焦急不安稍解。

马继援来说：“外爷，阿舅，你们坐的飞机我已安排好了，赶快去机场。现在拉人要紧，把所有笨重的东西和银元全部扔掉。我坐另一架飞机，不能和你们同行!”说罢向马朝选和马全义致“赛俩目”（阿语问候之意）告别。

马朝选一家乘车直奔西宁乐家湾机场。此时正常运行的航班早已停飞，只有马步芳租用的美国陈纳德“飞虎队”的飞机，来往运送马步芳家族及其军政要员。由于飞机架次少，乘机外逃者多，携带的行李又很沉重，想坐飞机比登天还难。为了逃命，那些平时衣冠楚楚的达官贵人太太小姐，争先恐后，辈无伦次，真是一派树倒猢狲散的残败景象。在马朝选一家出走之前的8月29日，还发生了马步青乘坐的飞机，因携带的黄金白银和贵重物品过多，飞机超载，刚起飞即坠落折断左翼的事故。

马朝选和马全义为减轻飞机负荷，登机时将拉到机场的一汽车银元、贵重的玉器和绫罗绸缎之类，送给了马全义的副官，只带了些干肉片、锅盔、面大豆之类的充饥食物。尽管这样，美国驾驶员还不断刁难，不予起飞。不得已，马全义给二位驾驶员各送黄金50两，才得以起飞，仓皇南逃至重庆。

全家人连日精神过分紧张，加之携带沉重的黄金，到重庆后人人精疲力竭，疲惫不堪，只好小住几天。先期到达的宁夏省主席马鸿逵赶来告别，并嘱咐他们通过青海省政府驻重庆办事处，将随身携带的黄金，兑换成轻便的美元。

马朝选一家换机从重庆飞往广州，离开大陆去香港，在香港又将美元兑换为黄金存入银行。

香港，一面是灯红酒绿、赌场烟馆、夜总会、酒吧间；一面是浮沉着秽物的水面、湫隘破旧的街道、阴湿的菜市场、醉醺醺的水手以及油漆剥落的木楼上那睡眼惺忪强颜欢笑的女郎。这使长期生活在西北边陲，虔诚信奉伊斯兰教的马朝选老两口极不适应，格格不入。华楼美厦，一下子全在马朝选的心中轰然崩塌。特别使他震动不安的是，听说香港黑社会将逃到香港的冶成英、冶成华兄弟绑架，用重金才赎了回来（冶成英，曾任青海省财政厅长，湟中公司总经理）。

满街流泻出来的灯光忽明忽暗，陌生而又喧嚣。马朝选每每回转意念去捕捉那片已成为千里之遥苍茫之地的故土。他不时在高阁楼顶伫立遐思，面朝家乡唉声叹气，老泪纵横地做着祈祷："真主啊！千万要保佑我们全家老小，平安回到家乡！"

见此情景，马全义、马全礼兄弟于心不忍，竭力相劝，并托人四处打听家乡解放后的实情。可是，家乡远在西北高原，消息闭塞，想知实情，谈何容易。

万般无奈之中，从宗教信仰的感情上，大家产生了侨居沙特阿拉伯的念头。马朝选和儿子马全义多次商量，权衡利弊，决定马朝选老两口和马全礼两口等人去沙特阿拉伯侨居。马全义等人居留香港，等待家乡消息，再作打算。尽管如此，马朝选依然难下决心，难离故土，故而沙特之行只好作罢。马朝选曾派管家二人返回兰州，寻找五弟马丕烈，询问家乡解放后的情况，了解共产党的政策，说明返回故里的愿望，但没有得到回音。

有一天，马全礼在香港《大公报》上看到一则消息，得知马辅臣和马鸿宾由党和政府委以要职，在西安开会。他忙不迭地将这个消息告知父亲马朝选。

马朝选闻之大喜，含泪而言："知感真主的襄助，这就好了。马辅臣、马鸿宾都是国民党的大官要人，又是我们家族亲戚，既然共产党没杀他们，反而给予高官，我们回去后共产党也不会杀的。俗话说飞到怀中的麻雀掐不死！回到家乡后别无他求，只当个老百姓种庄稼。"

1952 年秋，第一片落叶开始试探清新得有点凛冽的微风。马朝选也以试探的口气，经西安清真寺发了电报，诚恳委托该寺阿訇将其电报转交马辅臣呈交西北军政委员会。马朝选电文大意是：贵党对国民党军政人员，以宽宏大度既往不咎待之，敝人实乃敬佩，愿带家下老小返回故里，祈望恩准。

马朝选万万没有料到，时隔不久，西北军政委员会秘书长常黎夫派马少坚去香港接他们。马少坚当时在西北军政委员会工作，其父及他本人和马全礼有深交。

马全义在河西战役时任一〇〇师团长，与西路军纠缠厮杀。他顾虑重重，深感戎马生涯，长期与共产党作对，怕共产党清算自己，不敢回国，表示要继续等待和观察。后来马全义转去台湾，任台湾"国防部"中将委员，林业部顾问。

马朝选抵达西安后，受到有关方面的热情接待，小住之后起程回到兰州。甘肃省委书记张德生请马朝选吃饭，征求意见说：“马老先生，你要去临夏居住，还是留在兰州？”陪坐的马丕烈说：“我看阿哥住在兰州吧！他的全部财产已交给了人民政府，临夏什么也没有，况且他年龄大了，生活方面也不方便，我在兰州对他照管方便些。”张书记和马朝选都同意马丕烈的意见。

马朝选全家居住兰州。不久，甘肃省人民政府将其在临夏的80多间店铺房舍，退还给了他们。由于家中无人经营，便将这些店铺出租给临夏百货公司等单位和私人，以房租维持全家生活。是年底，马全礼将临夏莫泥沟老家埋藏的银元三万块挖出，与马辅臣等人合资，创办了临夏第一座电厂，支援社会主义建设。

尼罗河畔的情思

尕兔娃吃草（者）翻山哩，
天黑时，
要回个自家的窝哩；
出门人漂洋（者）过海哩，
老来时，
心想到老庄上坐哩……

“我怎么也没有想到政府会请我参加故乡的州庆典礼！”马师援先生激动地说，“我在遥远的尼罗河畔捧着精致的大红烫金请柬，惊疑地问夫人，这不会是在做梦吧？”

马师援，临夏县莫泥沟人。其父马步康是马步芳的堂兄，河西战役时任旅长，西路军九军军长孙玉清为其部所俘。新中国成立前夕，马师援夫妇随父从青海西宁出国，辗转到了沙特阿拉伯，1950年旅居埃及首都开罗。1986年9月，马先生和夫人马遐龄应邀回乡参加临夏回族自治州成立30周年庆祝活动。

马先生虽少小离家，但乡音未改。他健谈好动，州庆期间的各项活动每每必到。9月1日的庆祝大会上，马先生被请上主席台，夫人登上了观礼台。他认为这是一种很高的荣誉，当天晚上就向埃及挂了国际电话，向开罗的亲友报告喜讯。

马先生回首往事感慨万千："家乡的变化真大呀！"他到临夏的第一天，就偕夫人上街，看看当年的八坊。别人指说这就是八坊时，他简直不敢相信自己的眼睛。眼前是笔直的马路，林立的楼房，曾留存在他记忆中的那些简舍陋宅和骡马车店早已无影无踪。

马遐龄的母亲住在毛园村。还没等"伏尔加"停稳，她早已跳下车去。"阿娜！安色俩目阿来孔目！"随着一声深沉的呼唤，马女士扑到母亲的怀中。马先生劝了岳母劝夫人："多少年不见啦，应该高兴，笑才对呀！"但他自己却不住地拭着夺眶而出的泪水。

马师援夫妻两人一天也不能忘记烙印心间的家乡，尽管他们在海外生活了40年。

在世界奇观金字塔的故乡，在风景秀丽迷人的尼罗河畔，居住着一家中国人，他们喝过甜美的黄河水，闻过幽雅的沙枣花香！

这里有一个店铺，招牌上用阿拉伯文字写着"艾哈麦德·绥尼店"（中国人艾哈麦德店）。这家店主在招牌的设计上颇费了一番心思：为了避免阿拉伯人记不住中国人姓名的麻烦，入乡随俗，取了个阿拉伯人名，但却不忘告诉光顾者，自己是一个中国人。

1984年的一天，有位中国留学生走进店铺，见橱窗柜台里摆满五光十色的项链、首饰等妇女装饰品。主人正操着一口地道的开罗方言与几位太太、小姐洽谈买卖。倘若不是他的肤色和比阿拉伯人略显扁平的鼻子，留学生简直不敢断定，他是一个中国人。留学生激动地站在一边看着，等几位客人离去便走了过去，试着用中文说了一声"您好"，没想到回答他的是一口浓重的甘肃河州腔的中国话。当主人知道来人也是祖国大西北的回回时，惊喜之情难以言表，竟抱着来人的肩膀浑身颤抖着抽泣起来。

中国人艾哈麦德店的主人正是马师援先生。

第二天，马师援先生和他的小儿子驾驶两辆小车，接中国留学生去他家做客。盛情难却，同学们欣然前往。

汽车停在开罗的纳赛尔区的一栋楼房前，马先生引客人来到三楼。门铃响过，一位穿旗袍的妇女微笑着出现在门口。马先生介绍说这就是他的妻子。也许，彼此都太激动了，主人竟忘记了让道，客人也并未迈步，就这样默默地相互对视了许久。哦，马太太的眼睛湿润了……

马先生住了一套有六间厅室的住宅。客厅里摆着红檀木中式家具，墙上挂着古雅的清代山水画和精美的孔雀开屏中国刺绣，壁橱内收藏着许多中国的工艺品、瓷器和古玩。

马师援夫妇和几位中国留学生越谈越融洽，不觉已是正午。女主人邀请客人一同吃午饭。走进餐厅，只见长方形的大餐桌上摆满了丰盛的菜肴，有红烧牛肉、烤羊腿、辣子鸡、糖醋鱼……哦，还有家乡的羊肉包子、花卷。在整日食面包的国家里，这丰盛的佳肴对来自中国的留学生多么具有诱惑力呀！而且，这些菜色香味俱佳，可见烹饪师具有相当的烹饪技艺，其水平不亚于银川“京津春”餐厅的挂牌厨师。客人赞不绝口，提出要见见这位烹饪师。

马先生听后开怀大笑，说道：“这位‘烹饪师’远在天边，近在眼前，她就是我太太！”留学生万没想到，一位家财万贯的阔太太居然有如此高超的烹饪手艺。马师援见客人十分惊异，忙解释说：“这也是生活所迫，我们中国人吃不惯西餐，也不习惯食阿拉伯饭，在这里又雇不上中国厨师，我太太只好自己动手了！”

话题一下扯到家乡饭上，留学生向主人讲述了西北的羊杂碎、酿皮子，以及那汤汤水水热乎酸辣的甘肃风味的牛肉拉面，不想竟引动马太太的游子心故乡情来。她遗憾地说：“多少年没吃过家乡风味了，真想尝尝，可惜我小时候没有学会拉面，不然今天可以用牛肉拉面招待你们了。什么时候有机会回家乡，我一定吃个够！”她说起家乡饭俨然口有余香。马先生特意拿出自己用铁丝编的蒸笼子给客人看，说：“我们是中国人，无论走到哪里都不忘自己的风俗习惯，埃及没有蒸笼子，我就自己编了一个。我们对孩子从小就从语言、饮食、衣着上进行教育，让他们永远不忘是中国人！”留学生看着那编织得密密的铁丝子，不禁感慨万千，对马先生肃然起敬。这编的仅仅是个蒸笼子吗？不，他用思念祖国的灼灼炽情，在小小的笼上编织了一颗无法改变的中国心。

马先生开始在开罗闹市区开了一家餐馆，起名“福星饭店”。饭店分上下两层，正门两侧悬挂两盏大红灯笼，餐厅摆着一色的中国漆木家具，几道屏风上绘着古色古香的仕女图和山水画。到这里光顾的除少数慕名而来意欲尝鲜的埃及有钱人外，大部分是朝鲜、日本人，还有来自台湾、香港的中国旅游者。饭店开张后，顾客络绎不绝，受聘掌厨的中国师傅难以应付，马太太便亲自帮厨，天长日久，就暗暗地将厨师的手艺学到了手。后来，那位师傅辞职而去，马太太便正式挂牌掌勺。夫妻二人，马先生跑外，马太太操内，老大、老二两个儿子帮助剥葱拣菜，再加上几个雇来的小伙计，饭店的炊烟常年不息，真可谓"福星"高照，财源滚滚。近些年，由于马先生夫妇年迈体衰，无力继续经营饭店，便将它转卖给另一位华侨经营，自家则开了两家商店，一家经营金银首饰，另一家专售妇女化妆品，分别由两个儿子做老板。

20 世纪 50 年代初，中埃两国建立了外交关系，马先生成了中国驻埃使馆的座上客。建馆初期，马先生是中国使馆的一名工作人员，为使馆工作了近十年之久，每当回忆起那段时光，仍不免流露出一股幸福的自豪感。是的，在有些场合，他是中国人民的代表，怎能不为此而自豪呢？

在每年的开罗国际电影节上，在开罗举办的中国电影周里，总有一位热心的观众在向埃及朋友滔滔不绝地介绍着中国电影；在每年的国际书展上，总有一位中国人不辞辛苦地充当售货员，时而向顾客推荐中国书，时而又给人们介绍中国工艺品，传播中国的文化艺术。他是谁呢？他便是身在异域，热恋祖国的马师援。每当马先生说起这些事时，总是无比感慨："作为一个中国人，每当我看到埃及朋友欢天喜地地争购中国东西，每当我听到埃及朋友对中国电影倍加赞赏时，我的心就满足了！"

叶剑英元帅发表告蒋经国先生书后，马先生对此感慨万分，他激动地对客人说："我们生活在海外的华侨，多么希望祖国能完成统一大业啊！不说别的，像我们这些年过半百的人哪个不想回家乡？谁死后不愿葬在家乡的故土上？"马先生从中国驻埃及大使馆转录了许多中国电影，一有台湾朋友来家中，便放给他们看，他在为祖国统一大业默默地做着工作。

第二十三届奥运会开幕后，中国体育健儿的成绩，牵动了中国人的心。马先生在那段日子里显得格外精神。由于不能及时看到国内报纸，马先生一大早便驾驶汽车去买当天的早报。

他仔细地把有关中国体育战况的报道收集在一起，每天计算着获得金牌的数字。那几天，马先生逢人便津津乐道，大谈中国获得的金牌数，不曾想这样做竟刺伤了埃及邻居。这位邻居以为马先生不顾多年的朋友交情，竟以中国获得的金牌来讥笑埃及未取得金牌。结果，两人大动肝火争吵起来。事后马先生不好意思地说：“不知为什么，那几天我就像孩子一样任性，恨不得让所有的埃及人都知道，我的祖国已经开始腾飞了！”

马先生家养着三只白色的小狗，有一种料不到的聪灵。它们能在来访的客人中，准确地分辨出谁是中国人，谁是埃及人。倘若来的是埃及客人，它们竟与主人的热情好客截然相反，态度极不友好，扑上去又叫又咬。马先生只好准备了铁链，埃及客人走后，方还其自由。而对中国人，即使第一次登门拜访，小狗也绝不扑咬，反而亲昵地迎上去与其玩耍。它们用后腿支立起来，两只前爪不停地作揖，表示对来客的欢迎。当留学生离开马先生家时，小狗总是紧紧地咬住裤腿，不让他们走。低头望去，狗的眼角隐约可见泪水。

马先生三子一女，两个老大早过了而立之年，但仍是“光棍”两条，大家闺秀的小女儿总不能厮守在闺阁，最小的儿子也“当仁不让”地把自己摆在了父母的面前。这四桩儿女婚事使马先生夫妇伤透了脑筋，他们固执地坚持着“要找中国人”。这在仅有三家半华侨的埃及谈何容易！终于，妈妈不忍女儿的青春在闺阁里飘逝，在“嫁出的女儿，泼出去的水”这一世俗观念的安慰下，把女儿嫁给了她大学同窗的埃及青年。中国大使馆吴参赞等一行人参加了马先生女儿的婚礼。马先生兴奋地向来宾宣布：“这是我们女家的亲戚！”

女儿总算让父母松了口气，可天天面面相视的三个高大、魁梧的大小伙子还在揪着马先生夫妇的心，尽管懂事的儿子们从不在父母面前提起婚事。他们恪守父母的信念，理解父母一片心，苦苦厮守着。马先生感慨地对留学生说：“看着不违抗我们的‘意志’的孩子，我们难过极了。谁不晓得‘可怜天下父母心’，可是，我们怎么办？祖祖辈辈烙下的中国印总不能到我们这一代眼看着让它销迹吧！值得安慰的是，咱们大使馆的朋友们已经帮助我们在祖国找媳妇了。”

留学生毕业了，分别的一天到了。马先生紧紧拥抱着留学生，留学生感到他的浑身在颤抖。一个走南闯北历经沧桑的硬汉子，竟哽咽得说不出完整的一句话：“你们回去了，多幸福……别忘记我们，告诉家乡的人，在尼罗河边有我们一家人。……我，终有一天要回去的，就是回不去，也要让儿孙把尸骨带回故土去……”

尕兔娃吃草（者）翻山哩，
天黑时，
要回个自家的窝哩；
出门人漂洋（者）过海哩，
老来时，
心想到老庄上坐哩……